AF546610

Thomas Ertl

Bauern und Banker

Für zwei Lauser, die reich werden wollen

Thomas Ertl

BAUERN UND BANKER

Wirtschaft im Mittelalter

Die Deutsche Nationalbibliothek verzeichnet diese Publikation in der Deutschen Nationalbibliografie; detaillierte bibliografische Daten sind im Internet über www.dnb.de abrufbar.

wbg Theiss ist ein Imprint der wbg.

Lektorat: Katharina Gerwens, Eichendorf
Satz und Herstellung: Arnold & Domnick, Leipzig
Die Herausgabe des Werkes wurde durch die Vereinsmitglieder der wbg ermöglicht.
Gedruckt auf säurefreiem und alterungsbeständigem Papier
Printed in Europe

Besuchen Sie uns im Internet: www.wbg-wissenverbindet.de

ISBN 978-3-8062-4357-4

Elektronisch sind folgende Ausgaben erhältlich:
eBook (PDF): 978-3-534-27323-2
eBook (epub): 978-3-534-27324-9

Inhalt

Vorwort

Geschichtswissenschaft ist keine Wissenschaft für den Elfenbeinturm, denn Historikerinnen und Historiker interpretieren die Texte und Überreste der Vergangenheit, um Diskussionen der Gegenwart zu bereichern. Mit ihrem Tun beziehen sie daher zumindest indirekt Stellung zu Themen, die uns als Gesellschaft heute bewegen. Die Geschichtswissenschaft ist somit ein Fach mit gesellschaftlichen und politischen Dimensionen. Dies gilt auch für die mittelalterliche Wirtschaftsgeschichte, insbesondere wenn ihre Ergebnisse dazu herangezogen werden, Standpunkte in aktuellen wirtschaftlichen Debatten zu verteidigen oder zu verwerfen. Häufig geht es dabei um das Verhältnis zwischen Staat (Herrschaft) und Wirtschaft oder um die ungleiche Verteilung von Ressourcen. Die Kontroversen zwischen Anhängern des Ordoliberalismus (ein schlanker Staat soll einen sicheren Rahmen für die Wirtschaft bereitstellen und sich sonst nicht einmischen) und des Keynesianismus oder des Sozialismus (der Staat soll durch Staatsausgaben, Umverteilung und andere Maßnahmen die Wirtschaft und die sozialen Verhältnisse mitgestalten) spiegeln sich auch in den Deutungen der mittelalterlichen Wirtschaftsgeschichte. Das ist nicht verwunderlich, ist doch die Frage nach der richtigen oder gerechten Verteilung der vorhandenen Ressourcen zeitlos und wird immer wieder neu gestellt. Der Leserin und dem Leser werden meine Bemühungen, das Mittelalter in diese Debatten einzuordnen und meine persönlichen Standpunkte nicht verborgen bleiben.

Beim Schreiben dieses Buches bestand mein Ziel darin, die mittelalterliche Wirtschaftsgeschichte einerseits möglichst zugänglich darzustellen und andererseits auf den Gang der Forschung und aktuelle Kontroversen hinzuweisen. Das Ergebnis ist eine Mischung aus empirischer Beschreibung und räsonierendem Forschungsbericht. Zugleich unternehme ich den Versuch, die Wirtschaftsgeschichte nicht als einen hermetischen Diskussionsraum zu präsentieren, sondern mit Kultur und Gesellschaft zu verbinden und zu entgrenzen – geografisch über das mittelalterliche Westeuropa hinaus und zeitlich über die Epochengrenzen hinweg. Wie in der Gegenwart wurde die mittelalterliche Gesellschaft von einem Zusammenspiel aus Wirtschaft, Politik und Kultur geformt. Diese integrative Herangehensweise ist methodisch nicht neu, hatte doch bereits Karl Marx die sozialen Produktionsverhältnisse in die politische und technische Struktur eingebettet, und die Vertreter der französischen Annales-Schule versuchen seit bald einhundert Jahren, Wirtschaft, Politik und Kultur zu einer *histoire totale* zu verknüpfen.

Die Gliederung des Buches vereint chronologische und systematische Kapitel. Chronologisch widmen sich drei Kapitel dem frühen, hohen und späten Mittelalter und folgen damit der konventionellen Binnengliederung der Epoche. Daneben werden Strukturen und Institutionen, der mittelalterliche Lebensstandard, die Welt des Konsums und Shoppings sowie Europa im Vergleich in systematischen Kapiteln behandelt. Am Ende des Buches stehen zwei Abschnitte, in denen die Arbeit der Wirtschaftsgeschichte im Mittelpunkt steht: einmal ein Überblick über die schriftlichen und nicht schriftlichen Quellen als Grundlage unseres Wissens und zum zweiten eine kurze Charakterisierung der mittelalterlichen Wirtschaftsgeschichte als akademische Disziplin im Wandel der Zeit.

Die Grenzen meiner fachlichen Kompetenz verleihen dem Buch eine eurozentrische Perspektive, die sich auf die wirtschaftlichen Kernräume Europas zwischen Mittelitalien und Südengland konzentriert. Dem westlichen Europa werden in den chronologischen Kapiteln das byzantinische Kaiserreich (Südosteuropa) und die arabischen Länder, vor allem im Nahen Osten, gegenübergestellt. Der vergleichende Blick auf die Regionen im Süden und Südosten, die sich wie große Teile Westeuropas auf dem Boden des ehemaligen römischen Imperiums entwickelten, soll das Profil der unterschiedlichen Entwicklungspfade verdeutlichen. Unter Westeuropa im weiteren Sinn wird in diesem Buch jener Teil Europas verstanden, welcher im Mittelalter der römisch-katholischen Kirche angehörte und in dem Latein die Gelehrtensprache war. Im Laufe des Mittelalters weitete sich der Einflussbereich dieses lateinischen Europa immer weiter aus und erfasste die iberische Halbinsel, die britischen Inseln, Skandinavien und das östliche Mitteleuropa. Im Gegensatz dazu gehörten Südosteuropa und Osteuropa kirchlich und kulturell zum Einflussbereich der griechisch-orthodoxen Kirche. Als Europa wird der Kontinent mit dem europäischen Teil Russlands bis zum Ural verstanden.

Großregionen in Europa und im Mittelmeerraum. In diesem Buch wird von Westeuropa, Osteuropa, Südosteuropa, Nordafrika, Nahem Osten und Mittlerem Osten gesprochen. Die Grenze zwischen West- und Ost- bzw. Südosteuropa wird durch die Zugehörigkeit zur lateinisch-katholischen bzw. griechisch-orthodoxen Kirche markiert. Gelegentlich wird innerhalb Westeuropas weiter differenziert zwischen Westeuropa (im engeren Sinn) sowie Nord-, Mittel- und Südeuropa.

Einleitung

Die mittelalterliche Wirtschaft Europas bildet einerseits die Grundlage der modernen Wirtschaft, weist andererseits aber wesentlich andere Strukturen als diese auf. Die Unterschiede werden häufig durch die antagonistischen Begriffe »Feudalismus« und »Kapitalismus« verdeutlicht. Unter Kapitalismus wird ein Wirtschaftssystem verstanden, in dem Transaktionen auf dem freien Markt stattfinden. Private Akteure bestimmen mittels ihrer Entscheidungen die Produktion und den Konsum von Gütern und Dienstleistungen. Der Staat sichert lediglich die Einhaltung der vereinbarten Spielregeln. Gemeinsam ist den Marktteilnehmern, dass sie nach persönlichem Gewinn streben. Das Konzept eines freien Spiels der Marktkräfte ist ein abstraktes Modell, denn in der Realität unterliegt auch die kapitalistische Wirtschaft einer mehr oder weniger dichten staatlichen Regulierung – mit heute beispielsweise einer Staatsquote von annähernd 50 Prozent.

Im Gegensatz dazu gilt die starke Regulierung der Wirtschaft durch die Obrigkeit als ein wesentliches Merkmal des mittelalterlichen Feudalismus. Im Rahmen von Lehenswesen und Grundherrschaft sei die mittelalterliche Wirtschaft von politisch-militärischen Autoritäten (Fürsten und Grundherren) gelenkt geworden, was wiederum eine wettbewerbsorientierte Marktwirtschaft verhindert habe. Nicht Angebot und Nachfrage, sondern Autorität und Abhängigkeit hätten den Austausch von Waren und Dienstleistungen im Mittelalter bestimmt. Prägendes Merkmal der feudalen Wirtschaftsform sei insbesondere die Ausbeutung der Bauern durch die Grundherren gewesen. Auch dieses Bild ist ein abstraktes Modell, das der Realität nicht gerecht wird, denn die mittelalterliche Wirtschaft war stets geprägt von einem Spannungsverhältnis zwischen obrigkeitlicher Regulierung und individuellen Freiheiten bzw. zwischen Ausbeutung und Ausgleich. Viele Bauern konnten tatsächlich nicht völlig frei über ihr Leben entscheiden, doch die Grundherren konnten ebenso wenig neue Abgaben und Frondienste einfach nach Gutdünken einführen.

Dieses Spannungsverhältnis wurde bereits von den Zeitgenossen wahrgenommen. Allerdings betrachteten sie die Wirtschaft häufig als ein Mittel zur Steigerung des Gemeinwohls (*bonum commune*). In dieser Sichtweise spielte privates Gewinnstreben keine Rolle und alle materiellen Güter sollten auf angemessene Weise unter den Mitgliedern der Gemeinschaft verteilt werden. Der anonyme Autor der *Reformatio Sigismundi* formulierte dieses Prinzip im Jahr 1439 auf folgende Weise:

> »Das Handwerk wurde dazu erdacht, dass jedermann sein tägliches Brot damit gewinnen kann. Wenn niemand den anderen bei seinem Handwerk stört, dann leidet die Welt keine Notdurft und jeder findet sein Auskommen.«

Aussagen wie diese prägen die moderne Vorstellung einer mittelalterlichen Wirtschaft, die sich nicht dem Gewinnstreben, sondern dem sogenannten »Nahrungsprinzip« verpflichtet fühlte. Der Wirtschaftshistoriker Werner Sombart erklärte dieses Prinzip 1902 zum Kern einer angeblich mittelalterlichen »Wirtschaftsgesinnung«, nach welcher sich die Menschen ein standesgemäßes Leben sichern wollten, darüber hinaus aber kein persönliches Gewinnstreben an den Tag gelegt hätten. Konsequenterweise hätten Handwerker und Kaufleute nur so viel produziert und verkauft, wie zum Auskommen der eigenen Familie nötig gewesen sei. Für die Vermehrung des Profits mittels höherem Arbeitsaufwand oder Investitionen habe man sich dagegen nicht interessiert. Jacques Le Goff sah dies 1987 ähnlich und sprach von »einer Wirtschaftsform, [...] die keine Hast, kein Streben nach Präzision, keine Sorge um Produktivität kennt«. Von einer ähnlichen selbstgenügsamen Gesinnung hatte bereits Alexis de Tocqueville (1805–1859) gesprochen: Im Ancien Régime habe die große Mehrheit der Bevölkerung fast ohne Bedürfnisse und ohne existenzielle Not gelebt, während die Gegenwart zwar viele Annehmlichkeiten, doch auch viel Armut hervorgebracht habe.

In der Tat war die mittelalterliche Wirtschaft an allen Ecken und Enden durch eine Politik protektionistischer Beschränkung limitiert. In jeder Stadt bestanden Monopole beim Handel und im Gewerbe. Die Zünfte reglementierten das städtische Gewerbe seit dem 13. Jahrhundert mit detaillierten Statuten. Mit der Hilfe von Zöllen, Mauten und Geleitrechten versuchten Landesherren und Städte, den Handel im eigenen Territorium zu steuern und finanziell abzuschöpfen. Einflussreiche Handelszentren wie Nürnberg oder Venedig sicherten sich mittels Zollfreiheiten und Handelsprivilegien einen Zugang zu Märkten, die anderen Akteuren verschlossenen blieben. Stapel- und Niederlagsrechte dienten dazu, die wirtschaftliche Stellung einer Stadt im regionalen und internationalen Handelsverkehr zu bewahren oder zu stärken. In der Regel waren es Handelsstädte, die das Stapelrecht erhielten und dadurch von ihren Landesherren gefördert wurden. Entsprechend der jeweiligen Ausgestaltung des Privilegs mussten Kaufleute ihre Waren in der betreffenden Stadt von einem Transportmittel auf ein anderes umladen, für eine bestimmte Zeit (häufig für drei Stapeltage) zum Verkauf anbieten oder aber zur Gänze an einheimische Kaufleute verkaufen. Wichtige Stapelplätze im Reiche waren Köln und Wien. Im hansischen Stapelrecht verpflichteten sich die Hansekaufleute, ihre Waren in den Niederlanden ausschließlich in Brügge zu kaufen und zu verkaufen.

Diese städtische Wirtschaftspolitik wurde von der historischen Forschung unterschiedlich bewertet. Positive Interpretationen betonen die am Gemeinwohl orientierte Wirtschaftspolitik, die als praktische Sozialpolitik jedem Bürger sein Auskommen sichern wollte. Kritische Sichtweisen betrachten die städtischen Eingriffe in die Wirtschaft eher als einen Ausbeutungs- und Unterdrückungsmechanismus, mit dessen Hilfe die in der Stadtregierung vertretenen Eliten ihre Herrschaft durchsetzen und die eigenen ökonomischen Interessen fördern wollten.

Trotz der Betonung des Nahrungsprinzips und trotz der zahlreichen protektionistischen Maßnahmen war das Streben nach ökonomischem Gewinn im Mittelalter allgemein verbreitet – selbst unter Kirchenleuten. Der berühmte Abt Suger von Saint-Denis schrieb um 1140 eine Abhandlung über die Verwaltung seiner Kirche (*De administratione*) und beschäftigte sich dabei im ersten Teil mit der »Vermehrung der Einkünfte«. Sorgsam notierte der Abt darin Höhe und Art der Einkünfte seines Klosters und fügte in vielen Fällen stolz hinzu, welche Steigerung unter seiner Amtsführung gelungen war:

»Während wir einst aus dem Dorf Tremblay entweder kaum oder niemals auch nur 90 Scheffel Getreide haben konnten, haben wir die Angelegenheit dahin gebracht, dass wir jetzt 190 Scheffel von unserem dortigen Meier bekommen.«

Um diese Einnahmesteigerungen durchzusetzen, waren Suger viele Mittel recht: Er kramte im Klosterarchiv nach alten Urkunden, reiste durch die Klostergüter und machte sich ein Bild von den Verhältnissen vor Ort, forderte angeblich entfremdetes Klostergut zurück, rief den Bauern die vergessenen Verpflichtungen in Erinnerung und gründete neue Dörfer und Höfe. Ob die Bauern mit diesem Vorgehen immer einverstanden waren, darf bezweifelt werden. Doch die Darstellung Sugers liefert wohl ein verzerrtes Bild, denn willkürlichen Abgabenerhöhungen stellten sich Bauern zu allen Zeiten mit Vehemenz entgegen. Suger präsentiert sich als strahlender Held und kehrt die mühsamen Aushandlungsprozesse vor Ort einfach unter den Teppich.

Wir können annehmen, dass die eifrigen Bemühungen Sugers keinen Sonderfall darstellen. Das Streben nach mehr Einnahmen und Vermögen war unter Klerikern ebenso verbreitet wie unter weltlichen Grundherren oder Kaufleuten. Mit großer Anschaulichkeit hat der Prediger Bernardino von Siena (1380–1444) Habgier und Gewinnsucht der Kaufleute gegeißelt. Die Schlimmsten waren in seinen Augen die Reichen, die Vermögen anhäuften, ohne jemals genug zu bekommen, zugleich aber immer neue Ausreden zu ihrer Verteidigung erfanden. In einer Predigt heißt es:

»Der Reiche verteidigt seine Gier, indem er angibt, dass er zwar jetzt genug besitzt, dass er aber im Alter kein Einkommen habe und so könne er den Armen nichts geben. Zuerst, so behauptet der Reiche, müsse er an sich denken und erst dann an seine Mitmenschen. Aber sage mir, was macht der Alte, wenn er einst 100 Jahre alt sein wird und 10 000 Gulden besitzt? Die braucht er gar nicht und sein Sparen ist nichts als sündhafter Geiz.«

Texte dieser Art sind kein Zeugnis dafür, dass Habgier und Egoismus im Mittelalter besonders stark ausgeprägt waren, sie deuten jedoch darauf hin, dass die Menschen vor den Jahren um 1500 nicht weniger auf ihren eigenen Vorteil bedacht waren als die Menschen in späteren Zeiten.

Das Bild einer genügsamen und wettbewerbsfernen Gesellschaft, die sich mit Bescheidenheit in die überlieferten Verhältnisse fügte, ist ein Wunschbild von Autoren, die das Mittelalter zum Gegenbild der kapitalistischen Moderne machen. Dies kann auf zweifache Weise geschehen: Werner Sombart stellte die Andersartigkeit der mittelalterlichen Welt als ein Defizit dar, weil dadurch die wirtschaftliche Entwicklung gebremst worden sei. Jacques Le Goff hingegen empfand das Fehlen von Gewinnstreben als positiv, weil die mittelalterliche Welt dadurch nicht von den Übeln der Moderne geplagt worden sei.

In Wirklichkeit agierte der *Homo oeconomicus* (»Wirtschaftsmensch«) im Mittelalter zwar innerhalb anderer Rahmenbedingungen, verhielt sich dabei jedoch nicht gänzlich anders als der *Homo oeconomicus* der Gegenwart. Niemals handelten oder handeln Menschen freilich allein nach ökonomischen Kriterien. Vielmehr waren es immer auch kulturelle und moralische Vorstellungen, die ihr Handeln bestimmten. Selbst die Bauernaufstände und die Zunftrebellionen des Mittelalters lassen sich nicht nur ökonomisch erklären. Die meisten Aufständischen strebten nicht einfach nach materieller Besserstellung, sondern nach Verhältnissen, in denen sie die ihnen (in ihren Augen) angemessene und gerechte Wertschätzung und Entlohnung erhielten. Um die enge Wechselwirkung zwischen Moral und Wirtschaft zu ergründen, wurde das Konzept der »moralischen Ökonomie« (*moral economy*) in die Diskussion eingeführt. Damit soll unterstrichen werden, dass auch Gewohnheiten und Sitten das wirtschaftliche Verhalten prägen und Profit keineswegs die einzige Handlungsmaxime darstellt. Für die Betrachtung der Wirtschaftsgeschichte des Mittelalters ist diese Perspektive zweifellos hilfreich, da die ressourcenarme mittelalterliche Wirtschaft von vielen formalen und informellen Geboten gelenkt wurde.

Kritik an institutionellen oder politischen Beschränkungen des Handels wurde bereits im Mittelalter geübt. Die Venezianer machten sich beispielsweise in der zweiten Hälfte des 14. Jahrhunderts für die »Freiheit des Meeres« (*libertas maris*) stark. Was sie damit meinten, war indes nicht eine gleichberechtigte Teilnahme aller Interessierten am Mittelmeerhandel, sondern eine Gleichstellung mit der Handelsrivalin Genua, nachdem Genua sich eine Vorrangstellung im Schwarzmeerhandel gesichert hatte. Die Venezianer hatten damit ein Prinzip formuliert, das Hugo Grotius 1609 in seiner Schrift *Mare Liberum* (»Das freie Meer«) ausführlich beschrieb. Bemerkenswerterweise wurde das Prinzip des Freihandels bei Grotius und in späterer Zeit immer von jener Seite eingefordert, die sich Vorteile davon versprach.

Eine Beschwerde der Leipziger Universität 1470 gegen das Verbot des freien Fleischhandels belegt ebenfalls die mittelalterliche Kritik an institutionellen Zwängen. Die Universität beklagte sich darüber, dass stadtfremde Fleischer ihre Ware nicht mehr in die Stadt bringen durften und dass die städtischen Fleischer nun alleine den Markt versorgten und dieses Monopol dazu benutzten, um minderes Fleisch zu überhöhten Preisen zu verkaufen. Es wäre wohl besser – so die Universität – wenn die ganze Stadt von einem Freimarkt profitieren würde, als dass einige privilegierte Handwerker sich zum Schaden der großen Mehrheit übermäßig bereicherten. Im *Codex diplomaticus Saxoniae (II/11, Nr. 152 [1470])* findet sich die Beschwerde der Universität über das Verbot des freien Fleischhandels in Leipzig:

> »Der Freimarkt bringt keinen Schaden und das ist unzweifelhaft, denn je mehr auf den Markt gebracht wird, desto preisgünstiger ist es, und die fremden Fleischer legen ihr Geld wieder bei der Stadt an. Wenn auch die städtischen Fleischer klagen, dass sie ihres Nutzens beraubt wurden durch die freien Märkte, meint hingegen die Universität, dass diese städtischen Fleischer sich bisher nicht geärgert hätten, selbst nicht wegen der Zahl (der Märkte), und es ist besser, Sechstausend werden wohl versorgt, als dass sechs, acht oder zehn, die nun das Handwerk mit Bewilligung des Rats ausüben, sich stark bereicherten bei gleichzeitigem Nachteil aller anderen.«

Noch prinzipieller hatte der Autor der bereits erwähnten Reformatio Sigismundi geurteilt: Die Zünfte sollten aufgehoben werden, da sie mit ihren Preisabsprachen und Klüngeleien nur die eigenen Interessen zum Schaden der Allgemeinheit vertreten würden.

Kritische Stimmen dieser Art belegen ein Unbehagen mit der institutionellen und politischen Regulierung der Wirtschaft. Noch deutlicher wird das Streben nach wirtschaftlichem Gewinn in moralisch-theologischen Texten oder in Urkunden thematisiert, die Regelüberschreitungen dokumentieren. Für viele kirchliche Autoren stand ohnehin fest, dass sich Kaufleute immer nur selbst auf betrügerische Weise bereichern wollten. Bereits Gregor von Tours (538–594) berichtet in seinen Historien von einem Weinhändler, der Wein mit Wasser mischte, ihn verkaufte und dies so oft wiederholte, bis er eine große Summe erworben hatte. Auf ähnliche Weise beschuldigte der Franziskanerprediger Berthold von Regensburg 650 Jahre später die Wirte seiner Zeit, den von ihnen ausgeschenkten Wein mit Wasser bzw. guten Wein mit »faulen Wein« (*fulen win*) zu mischen und damit für den eigenen Profit die Gesundheit der Kunden aufs Spiel zu setzen.

Die kirchliche Kritik am Kaufmann und seinem wucherischen Treiben nahm seit dem hohen Mittelalter zu und begleitete damit die Entfaltung der »kommerziellen Revolution«. Zweifellos war das Urteil der Kleriker kein Abbild der Wirklichkeit. Dass jedoch in der Realität die Marktakteure nach persönlichem Gewinn strebten und dabei die etablierten Spielregeln verletzten, vermitteln unzählige urkundliche Texte, in denen Verstöße gegen Moralvorstellungen oder Rechtsordnung beschrieben werden. Die beklagten Tatbestände waren dabei so bunt wie das Wirtschaftsleben selbst: Qualität oder Quantität der Waren entsprachen nicht den Angaben, Liefertermine wurden nicht eingehalten, Waren wurden gehortet und später zu überhöhten Preisen verkauft, Schulden wurden nicht beglichen. Die literarischen Erzählungen des Mittelalters liefern ebenfalls moralisierende Geschichten über wucherische Geizhälse und entlarvte Betrüger.

Im Mittelalter existierte beides nebeneinander: eine vielschichtige politische Regulierung wirtschaftlicher Aktivitäten und ein individuelles Gewinnstreben. Das sich zeitlich und regional beständig wandelnde Mischungsverhältnis von autoritativen Eingriffen und privater oder genossenschaftlicher Initiative verleiht dem Mittelalter sein spezifisches wirtschaftsgeschichtliches Profil und machte es zugleich zur Grundlage der weiteren Entwicklung. Feudalistische und kapitalistische Elemente waren in diesem System ineinander verwoben, falls man diese Begriffe überhaupt verwenden möchte. Möglicherweise war das unterschiedliche Mischungsverhältnis von Steuerung und Laissez-faire eine Ursache für das ungleiche Wirtschaftswachstum in Europas Regionen. Allerdings gibt in der Forschung widersprüchliche Meinungen zu der Frage, ob eine intensive Regulierung der Wirtschaft durch starke Institutionen wachstumsfördernd oder -hemmend gewesen sei. Derzeit überwiegt die Meinung, dass das Wirtschaftswachstum in

Nordwesteuropa im späten Mittelalter und der frühen Neuzeit zumindest teilweise auf schwache Institutionen und viel Freiraum für Unternehmer zurückzuführen sei. Die wirtschaftlichen Divergenzen innerhalb des Mittelalters sind nicht nur wegen der Sonderentwicklung im Nordwesten enorm und machen es nötig, die vielen regionalen Entwicklungspfade nicht aus den Augen zu verlieren.

Zahlreiche im Mittelalter entstandene Phänomene und Strukturen überdauerten die Epochengrenze. Weder Arbeitstechniken noch Lebensstandards oder soziale Schichtungen änderten sich grundsätzlich zwischen 1000 und 1800. Aus globaler Perspektive war das Wirtschaftswachstum aller Gesellschaften dieser Erde über viele Jahrtausende schwach ausgeprägt, bis es im 19. Jahrhundert plötzlich und dramatisch anzusteigen begann. Bis kurz vor dem Ersten Weltkrieg blieben auch die Steuereinnahmen der europäischen Staaten im Vergleich zum 20. Jahrhundert gering und erreichten nie mehr als zehn Prozent des nationalen Einkommens. Dies war eine höhere Steuerquote als im Mittelalter, aber dennoch konnten die Regierungen damit nicht viel mehr als Militär und Administration finanzieren. Die Einführung progressiver Steuern, die Anhebung der Staatsquote auf 30 bis 50 Prozent und der Aufbau des Sozialstaates erfolgten allesamt erst im Laufe des 20. Jahrhunderts. Aus wirtschaftsgeschichtlicher Perspektive ist es deshalb wichtig, die Kontinuitäten zwischen Mittelalter und Frühneuzeit, die erst in der Industriellen Revolution zu Ende gingen, nicht zu vergessen. Bis dahin bildete die Landwirtschaft – übrigens in allen Ländern der Erde – den zentralen Wirtschaftssektor, in dem die meisten Menschen tätig waren.

Die Herausforderungen des 21. Jahrhunderts haben der Beschäftigung mit der Wirtschaftsgeschichte des Mittelalters neuen Auftrieb verliehen. Nachwuchswissenschaftlerinnen und Nachwuchswissenschaftler überprüfen die alten Antworten auf klassische Fragen oder bereichern das Fach mit neuen Fragestellungen. Die großen Themen unserer Zeit, wie zunehmende Ungleichheit, wachsende Migration und ein beschleunigter Klimawandel, haben bei dieser Neuausrichtung deutliche Spuren hinterlassen. Zudem hat die Wirtschaftsgeschichte Anregungen der Kulturgeschichte aufgegriffen und bettet die ökonomischen Verhältnisse stärker als früher in die Lebenswelt der Menschen ein. Die Wirtschaftsgeschichte des Mittelalters hat sich auf diese Weise inhaltlich und methodisch diversifiziert. Interkulturelle Vergleiche, die Auswirkungen von Migration, das Verhältnis von Normen zur täglichen Praxis sowie klima-

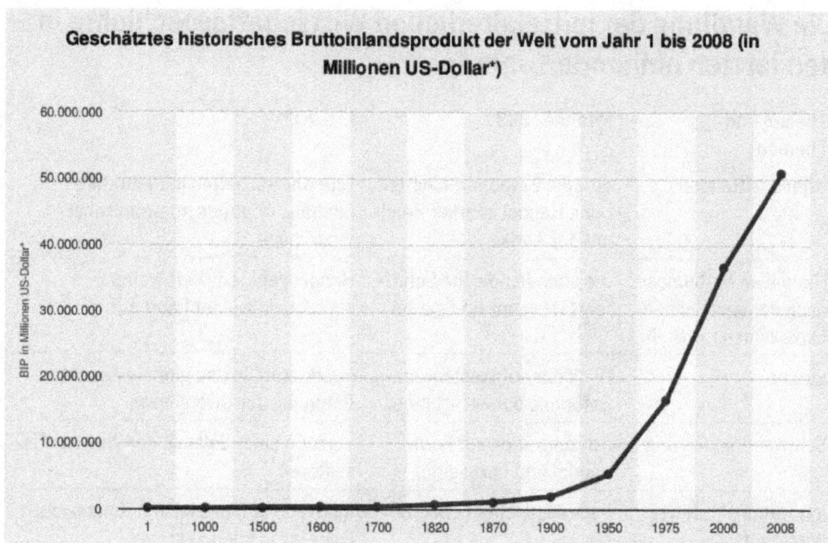

Geschätztes globales Bruttoinlandsprodukt vom Jahr 1 bis 2008. Aus der Perspektive des Wirtschaftswachstums bildet die Vormoderne eine einheitliche Epoche, die mit der Industriellen Revolution zu Ende ging. Die Konzentration auf das Wirtschaftswachstum allein verdeckt jedoch die wirtschaftliche Entwicklung vor 1800 und die strukturelle und institutionelle Vorgeschichte der Industriellen Revolution. Deren Ursprünge sind seit vielen Jahren ein kontrovers diskutiertes Thema.

historische Studien gehören heute ebenso zu ihren Themen wie das regional divergierende Wirtschaftswachstum mit seinen Schattenseiten von Umweltzerstörung und Verarmung. Die Abholzung der europäischen Mischwälder begann im Mittelalter, und auch einer der ersten Ökozide ereignete sich am Ende dieser Epoche, als die Spanier die indigene Bevölkerung und Vegetation der Kanarischen Inseln ausrotteten, um die Inseln in eine koloniale Plantagenwirtschaft zu verwandeln. Die mittelalterliche Wirtschaftsgeschichte ist damit eine Disziplin mit großer Gegenwartsrelevanz. Ihr Studium kann die offenen Fragen des 21. Jahrhunderts nicht beantworten, doch es kann die Breite und Tiefe unseres Nachdenkens über sozioökonomische Verhältnisse (und wie sie sein sollten) erweitern.

Wie sich die mittelalterliche Wirtschaftsgeschichte in den letzten knapp einhundert Jahren gewandelt hat, soll ein Vergleich zwischen dem 1933 er-

Die Wandlung der mittelalterlichen Wirtschaftsgeschichte in den letzten einhundert Jahren

Thesen und Themen	Pirenne 1933	Ertl 2021
frühes Mittelalter	autarke Grundherrschaften ohne Handel, starker Bruch mit der Antike	Grundherrschaften mit Marktanbindung, Adaption spätrömischer Traditionen
Handel im Mittelmeer nach der islamischen Expansion im 7./8. Jh.	die abendländische Schifffahrt ist »ganz und gar tot«	Handel geht reduziert weiter und nimmt bald wieder Fahrt auf.
Europa	Blick nur auf Westeuropa, Betonung der Kerngebiete	interkulturelle und globale Aspekte, Betonung der Divergenzen
Schwerpunktsetzung	Konzentration auf Fernhandel und Luxusgüter	Versuch einer Balance der Wirtschaftssektoren
Innovationskraft der Wirtschaft	kapitalistischer Fernkaufmann	Innovationspotenzial und Kommerzialisierung in allen Sektoren
Zünfte	wettbewerbs- und innovationsfeindlich, protektionistisch	gleichermaßen hemmend und fördernd für wirtschaftliche Innovationen
Institutionen als Rahmenbedingungen	keine explizite Rolle	eine Erklärungshilfe
Spätmittelalter	soziale Unruhen, Kapitalismus und Merkantilismus	unterschiedliche Erklärungen für die wirtschaftliche Neuordnung, Demografie und Klima wichtig
Erkenntnisinteresse	der bürgerliche Kaufmann als wagemutiger Unternehmer	die Folgen für den Menschen (Lebensstandard, Konsum, Ungleichheit, Klimawandel)
Narrativ	kohärente Aufstiegserzählung	Wirtschaftsgeschichte als Teil einer Gesellschaftsgeschichte sowie als Forschungsgeschichte

Henri Pirennes Buch ist ein Klassiker der Sozial- und Wirtschaftsgeschichte des Mittelalters. Im Laufe der letzten Jahrzehnte haben sich einige Interpretationen verändert, neue Themen sind hinzugekommen und die kulturgeschichtliche Einbettung der Wirtschaft hat sich verstärkt. Obwohl der Umfang der Spezialforschung und der edierten Quellen massiv zugenommen hat, ist unser heutiges Gesamtbild der mittelalterlichen Wirtschaft weiterhin von Arbeiten wie jener von Pirenne geprägt.

schienenen Klassiker von Henri Pirenne zur Sozial- und Wirtschaftsgeschichte Europas im Mittelalter und der vorliegenden Arbeit veranschaulichen. In der folgenden Tabelle werden Thesen und Schwerpunktsetzungen der beiden Studien gegenübergestellt. Dabei zeigen sich sowohl Kontinuitäten als auch Unterschiede. Dieser Befund ändert nichts daran, dass Henri Pirenne 1933 ein Meisterwerk geschrieben hat, das heute noch lesenswert ist.

Der Blick zurück dient unter anderem der Deutung und Bewertung von Gegenwart und Zukunft. Die interessengeleitete Verflechtung des Mittelalters mit der Gegenwart zeigt sich unter anderem in der Vielfalt der vorhandenen Mittelalterbilder. Dies gilt auch für die Wirtschaftsgeschichte als Teil der historischen Wissenschaften. Die wirtschaftliche Entwicklung des Mittelalters spielte im ökonomischen Denken des 20. Jahrhunderts häufig eine ambivalente Rolle, eingebettet in einen allgemein verbreiteten Beurteilungskatalog der Epoche. Dabei werden in der Regel zwei Bewertungskriterien miteinander kombiniert, was zu vier vorherrschenden Deutungen des Mittelalters im Vergleich zur Moderne führt:

Verhältnis	Zitierte Autoren
ähnlich und positiv	Friedrich August von Hayek
ähnlich und negativ	Frühneuzeitforschung, Bas van Bavel
anders und positiv	Jacques Le Goff, Karl Polanyi, Thomas Piketty
anders und negativ	Werner Sombart

Beurteilungsmatrix des Mittelalters in der Moderne. Die Tabelle zeigt die vorherrschenden Sichtweisen auf das Mittelalter und ordnet sie einigen Autoren zu, die auf den nächsten Seiten zitiert werden. Es handelt sich um eine subjektive Auswahl.

Bei der negativen Interpretation der Wirtschaftsgeschichte des Mittelalters dominiert das Bild von Rückständigkeit und Stagnation. Ähnlichkeit oder Andersartigkeit spielen dabei meist eine untergeordnete Rolle und hängen hauptsächlich vom veranschlagten Grad der Rückständigkeit ab. Eine besondere Betonung der Rückständigkeit erzeugt meist das Bild der mittelalterlichen Andersartigkeit, wie Werner Sombart es in seinen Studien zur Entstehung des Kapitalismus gezeichnet hat. Der frühneuzeitlichen Wirtschaftsgeschichte, die sich mit dem Aufstieg des *Fiscal-military State* (womit ursprünglich Großbritannien gemeint war: Dessen erfolgreiches Finanzsystem gestattete es, besser ausgerüstet und länger Krieg zu führen als die konkurrierenden Kontinentalmächte.) und der *Great Divergence* (d. h. der ökonomischen Ungleichheit: Sie ermöglichte es Europa, sich wirtschaftlich schneller und nachhaltiger zu entwickeln als andere Teile der Welt.) beschäftigt, dient das europäische Mittelalter häufig als negative Folie und als Epoche, in der die modernen Entwicklungen möglicherweise ihre Wurzeln, allerdings noch keine festen Konturen angenommen haben. Häufig stehen solche Interpretationen im Zusammenhang mit malthusianischen Ansätzen und gehen davon aus, dass die vormoderne Bevölkerung stets schneller wuchs als die wirtschaftliche Entwicklung.

Die Divergenzen bei einer positiven Sichtweise sind stärker ausgeprägt und haben zudem größere Relevanz für die Bewertung ökonomischer Prozesse der Gegenwart. Diese Ansätze betonen in der Regel nicht die Stagnation der landwirtschaftlichen Produktion, sondern die Dynamik der kommerziellen Entwicklung. Methodisch stehen diese Interpretationen in der Tradition von Adam Smith und werden daher smithianische Theorien der Kommerzialisierung genannt. Die Gegenwartsbezogenheit dieser Narrative will ich anhand von zwei Schlüsselwerken veranschaulichen, die beide im Jahr 1944 erschienen sind. Friedrich August von Hayek ließ in *The Road to Serfdom* den Weg hin zur freien Marktwirtschaft im europäischen Mittelalter beginnen. Insbesondere die italienischen Kaufleute hätten einen wirtschaftlichen Individualismus ausgebildet, der später zum Kennzeichen der europäischen Kultur und Wirtschaft geworden sei. Wo hingegen das Prinzip der persönlichen Freiheit aufgegeben werde, entstehe zwangsläufig die Tyrannei des Staates über das Individuum, verbunden mit einer zentralen Wirtschaftsplanung – in der ersten Hälfte des 20. Jahrhunderts sowohl im Faschismus als auch im Sozialismus verwirklicht. Freiheit und Rechtsstaat könnten daher, so Hayek, nur in einer Marktwirtschaft gedeihen. Der sich selbst regulierende Markt, der seine Wurzeln im späten Mittelalter habe, bleibt für die Anhänger einer (neo-)liberalen Wirtschaftspolitik bis heute der beste Garant von Wohlstand und Freiheit. Vergessen wird dabei häufig, dass im Mittelalter keine freie Marktwirtschaft existierte und dass die neoliberale Wirtschafts- und Finanzpolitik seit den 1980er-Jahren neue soziale Verwerfungen hervorgebracht hat.

Karl Polanyi entwarf in *Great Transformation* (1944) ebenfalls eine positive Bewertung der wirtschaftlichen Verhältnisse im Mittelalter. Sein Interesse gilt vorrangig der großen Umwandlung der Gesellschaft im 19. und 20. Jahrhundert aufgrund von Industrialisierung und Marktwirtschaft. Im Zuge dieses Prozesses seien Land und menschliche Arbeitskraft in frei handelbare Güter verwandelt worden. Das Ergebnis war demnach eine Verselbstständigung oder »Entbettung« der Wirtschaft gegenüber der Gesellschaft. Dagegen sei die Wirtschaft vor der Industriellen Revolution *in* die Gesellschaft eingebettet gewesen. Das Ackerland und die Arbeitskraft der Landbewohner seien keine frei verfügbaren Waren, sondern im Rahmen von grundherrschaftlichen Rechten und Pflichten fixiert gewesen. Wirtschaft und soziales Leben hätten eine Einheit gebildet, in der die Verteilung von Gütern allen ein Auskommen gesichert habe. Das freie Spiel der Marktkräfte habe dieses Verhältnis nach 1800 gelockert, die soziale Ungleichheit verstärkt sowie physische und moralische Schäden bei der besitzlosen Klasse hervorgerufen. Einen Ausweg sah Karl Polanyi in der Rückkehr zu einem Wirtschaftssystem, das die Faktoren Arbeit, Boden und Geld wieder dem Zugriff des Marktes entzieht und demokratisch kontrolliert. Im Zeitalter der neoliberalen Wirtschaftspolitik wird diese kapitalismuskritische Diagnose seit den 1980ern verstärkt rezipiert. Mariana Mazzucato zeigt in *The Entrepreneurial State: Debunking Public vs. Private Sector Myths* (2013), dass der Erfolg der amerikanischen Wirtschaft der letzten Jahrzehnte keineswegs das Ergebnis eines freien Marktes war, sondern dass der Staat mittels öffentlicher Investitionen in Technologie und Innovation den Grundstein dafür gelegt hat. Bas van Bavel vertritt in *The Invisible Hand?* (2016) die Ansicht, dass die Kontrolle der Faktoren Boden und Arbeit durch die wirtschaftlichen Eliten in verschiedenen Zeitaltern zur Krise des kapitalistischen Systems geführt habe – dies sei im italienischen Spätmittelalter ebenso zu beobachten wie in den westlichen Staaten der Gegenwart. Auch Thomas Piketty beschreibt in *Capital and Ideology* (2020) die Überwindung der vormodernen dreifunktionalen Gesellschaft als einen vorrangig negativen Prozess, der die Unterschiede zwischen Reich und Arm im 19. Jahrhundert dramatisch vergrößert habe. In diesen und vielen anderen Studien dient die mittelalterliche oder vormoderne Wirtschaft als Referenzsystem, an dem gegenwärtige Entwicklungen gemessen werden.

Die mittelalterliche Wirtschaftsgeschichte nimmt mit ihren Beiträgen zur Welt des Mittelalters daher teil an der großen Debatte darüber, in welcher Gesellschaft die Menschen in Zukunft leben wollen. Letztlich ging es in der Vergangenheit und geht es in der Zukunft um die gerechte oder angemessene Verteilung der Ressourcen. Doch was ist gerecht und angemessen? Bereits im Mittelalter versuchten die Menschen, diese Frage zu lösen und die ihnen von Machtverhältnissen und Umweltbedingungen gestellten Herausforderung zu bewältigen – und wie in der Gegenwart wurde diese Suche von Unterdrückung und Ausbeutung sowie von Ausgleich und Kompromissen geprägt. Eins steht dabei fest: Bereits im Mittelalter strebten die Menschen, egal ob sie Bauern oder Banker waren, nach Freiheit und Wohlstand.

Transformationen

Das frühe Mittelalter (500–1000)

Das frühe Mittelalter von 500 bis 1000 ist eine für die Wirtschaftsgeschichte wichtige Epoche, weil sich in dieser Zeit umfangreiche Transformationen der Wirtschafts- und Sozialordnung vollzogen haben und weil diese Veränderungen von der Geschichtswissenschaft seit über einhundert Jahren widersprüchlich bewertet worden sind. Im Zusammenspiel mit anderen Erklärungsmustern spielten wirtschaftsgeschichtliche Argumente in diesen Diskussionen stets eine prominente Rolle. Zwei zusammenhängende Fragen stehen dabei meist im Mittelpunkt: Wie vollzog sich der Übergang von der Spätantike zum Frühmittelalter und wie sahen die Grundzüge der frühmittelalterlichen Wirtschaft aus? In den letzten Jahrzehnten hat sich die Bewertung dieser Fragen geändert: An die Stelle der Zäsur trat die Transformation und an die Stelle des Niedergangs trat der Wandel. Problematisch geworden ist sogar die Periodisierung selbst, denn Spezialistinnen und Spezialisten dieser Epoche des Übergangs betrachten die Zeitspanne vom 4. bis zum 9. Jahrhundert mit guten Gründen als eine eigenständige, »expandierende« Epoche.

Kontinuitäten und Diskontinuitäten sind freilich nur im historischen Rückblick erkennbar, weshalb ihre Bewertung stets von einer selektiven Wahrnehmung geprägt ist. Dies gilt ganz besonders für den Übergang von der Antike zum Mittelalter. Hinzu kommt eine selbst für mittelalterliche Verhältnisse spärliche Quellenlage. Seit dem 5. Jahrhundert ging die Schriftlichkeit im westlichen Europa zurück. Erst aus der karolingischen Zeit sind schriftliche Zeugnisse wie Urkunden, Urbare (das Urbarium ist ein Verzeichnis über die Besitzrechte einer Grundherrschaft und die zu erbringenden Leistungen ihrer Untertanen [Grundholden] und somit eine bedeutende Wirtschafts- und

Rechtsquelle der mittelalterlichen und frühneuzeitlichen Agrarverfassung) und historiografische Texte wieder in größerem Umfang erhalten – diese Texte der Karolingerzeit überformten zudem die ältere Überlieferung.

Während sich im westlichen Europa die Gesellschaften der römischen Provinzen Italiens, Galliens, Germaniens und der iberischen Halbinsel aufgrund der Ausbreitung des Christentums und der Integration neuer Volksgruppen nachhaltig veränderten, bestand im Südosten das römische Imperium in Gestalt des byzantinischen Reiches weiter. Doch auch hier wandelte sich die Bevölkerung nach dem Zuzug slawischer und anderer Gruppen. Der Norden und der Osten des europäischen Kontinents wurden durch Missionierung, Handel und Kriege zunehmend mit den politischen und wirtschaftlichen Zentren verbunden. Seit dem 7. Jahrhundert schufen die Araber neue Herrschafts- und Wirtschaftsformen im Nahen Osten und darüber hinaus. Die wirtschaftliche Entwicklung verlief in diesen Großregionen sehr unterschiedlich. Selbst innerhalb der einzelnen Räume kann von einer einheitlichen Entwicklung nicht die Rede sein. Die kleinräumigen Entwicklungspfade divergierten so stark, dass sogar die Frage gestellt wurde, ob es überhaupt sinnvoll ist, von einer einzigen großen Transformation zu sprechen.

Das Ergebnis der verschiedenen Wandlungsprozesse war die Entstehung einer mittelalterlichen Welt, deren Gesellschafts- und Wirtschaftsform häufig als Feudalismus bezeichnet wird. Der Begriff ist unscharf, wird häufig zur Abgrenzung vom Kapitalismus verwendet und weist zwei Dimensionen auf. Einerseits ist damit das Lehenswesen gemeint, also die Beziehung zwischen einem landbesitzenden Herren (*dominus*; einem Fürsten, hohen Geistlichen oder Adeligen) und einem von ihm abhängigen Mann (*vasallus*), die durch die Übergabe (Leihe) von Land (*feudum* oder *beneficium*) oder staatlichen Hoheitsrechten gegen Dienst und Herrschaftsteilhabe gekennzeichnet ist. Über Entstehung und Ausgestaltung des Lehenswesens wird in der aktuellen Forschung heftig und kontrovers diskutiert. Andererseits bezeichnet Feudalismus die Herrschaft einer grundbesitzenden Klasse über die abhängige Landbevölkerung im Rahmen der Grundherrschaft. Dieser Begriff ist in den letzten Jahren ebenfalls in die Kritik geraten. Das feudale Produktionssystem – bestehend aus landbesitzenden Herren oder Institutionen und ausgebeuteten Bauern – existierte nicht nur in Europa und nicht nur im Mittelalter. Bis weit in die frühe Neuzeit hinein dominierten auf Grund- und Bodeneigentum beruhende ländliche Herrschafts- und Wirtschaftsverhältnisse alle anderen Wirtschaftssektoren, und zwar in allen Ländern der Erde.

Feudale Verhältnisse wirken somit auf doppelte Weise der allgemein üblichen Definition eines modernen Staates entgegen: Es gab keine Zentralregierung, die das Gewaltmonopol ausübte und von allen Untertanen Steuern erhob, und es existierte kein rechtlich homogenes Staatsvolk, da der Großteil der bäuerlichen Bevölkerung nicht vom König, sondern von Grundherren abhängig war. Wirtschaftlich bedeutet dies, dass es bis zum späten Mittelalter kaum freie Lohnarbeit gab, weil viele Bauern Land bewirtschafteten, das sich nicht in ihrem Eigentum befand. Für die Nutzung mussten sie Abgaben in Form von Geld und Naturalien sowie Frondienste (Arbeitsdienste) leisten. Öffentliche Aufgaben und Befugnisse wurden in diesem System von vielen kleinen und großen Herrschaftsträgern auf unterschiedlichen Ebenen – von der kleinen Grundherrschaft bis zum großen Königreich – durchgeführt und ausgeübt.

Der Untergang des weströmischen Reichs

Die humanistischen Gelehrten der Renaissance betonten den Unterschied zwischen der Antike und ihrer eigenen Epoche auf der einen Seite und der dazwischen liegenden finsteren mittleren Zeit auf der anderen. Die Epochengrenze zwischen Antike und Mittelalter, meist festgemacht am Sturz des letzten Westkaisers im Jahr 476, verfestigte sich in den folgenden Jahrhunderten und prägt noch heute die in der westlichen Geschichtswissenschaft übliche Einteilung in Perioden. Einher ging damit eine Betonung des radikalen Bruchs zwischen Antike und Mittelalter. Für den Untergang des weströmischen Reichs wurden verschiedene Faktoren verantwortlich gemacht, von denen drei die Diskussion bis ins 20. Jahrhundert dominierten: Die außenpolitische Erklärung sieht die Ursache im Eindringen germanischer und anderer Völker ins Imperium Romanum und interpretiert dabei die Germanen entweder als positive Erneuerer eines im Verfall befindlichen Staats oder als barbarische Zerstörer einer Hochkultur. Die innenpolitische Erklärung führt dagegen die Verwandlung des römischen Reichs in einen repressiven Zwangsstaat als Hauptursache des Untergangs an. Sozioökonomische Erklärungsansätze betonten wiederum den wirtschaftlichen

Niedergang der Sklavenwirtschaft sowie den damit verbundenen Rückgang des Städtewesens und der Bevölkerung. Alle drei Erklärungsmodelle sind selektive Interpretationen. Insbesondere die positive oder negative Bewertung der Germanen und der Römer diente von der Renaissance bis ins 20. Jahrhundert einer Legitimierung nationaler Geschichtsbilder.

Im 20. Jahrhundert veränderten sich die Sichtweisen. Bereits in den Jahrzehnten vor und nach 1900 machten Numa Denis Fustel de Coulanges und Alfons Dopsch auf die großen Kontinuitäten zwischen Spätantike und Frühmittelalter aufmerksam. Der duale Antagonismus zwischen »Germanen« und »Römern« hat sich in der Forschung der letzten Jahrzehnte ebenfalls relativiert, da beide Gruppen nicht mehr als homogene Einheiten wahrgenommen werden. Als eine Zäsur wird heute zudem das Ende der Expansion des römischen Reiches im 2. Jahrhundert wahrgenommen, weil dadurch die Zufuhr von importierten Ressourcen und vor allem von Sklaven zum Erliegen kam. Insgesamt dominiert gegenwärtig die Überzeugung, dass monokausale Erklärungen der komplexen Entwicklung nicht gerecht werden. Aus moderner Sicht war es ein umfassendes Zusammenspiel zahlreicher Faktoren, das einen komplexen und Jahrhunderte andauernden Transformationsprozess auslöste, der den Übergang von der Antike ins Mittelalter prägte. Diese Zeit großer Veränderungen wird zudem nicht mehr als eine Periode des Verfalls, sondern als Zeitraum kreativer und produktiver Adaptierungen gesehen. Da die einzelnen Faktoren des Prozesses weiterhin unterschiedlich gewichtet werden, gibt es bis heute keine einheitliche Sichtweise darüber, welche wirtschaftlichen Faktoren welche Auswirkungen hatten.

Die Wirtschaft im frühmittelalterlichen Byzanz

Die Deutung der oströmisch-byzantinischen Geschichte hat sich im 20. Jahrhundert gleichermaßen verändert. Seit dem Mittelalter dominierte im westlichen Europa eine vorurteilsbeladene Sicht, die das oströmische Kaiserreich als dekadente und halborientalische Despotie wahrnahm. Edward Gibbon verewigte dieses Bild in seiner berühmten *History of the Decline and Fall of the Roman Empire*, die zwischen 1776 und 1789 veröffentlicht wurde. Aus dieser Perspektive wurde die Entwicklung der byzantinischen Wirtschaft als eine Geschichte des Niedergangs geschrieben. Allerdings interessierte sich die ältere

Geschichtsschreibung wenig für sozial- und wirtschaftsgeschichtliche Faktoren, sondern konzentrierte sich vor allem auf Verfassung und Außenpolitik. Die moderne Geschichtsforschung zeichnet ein differenziertes Bild des oströmisch-byzantinischen Kaiserreichs und betont insbesondere seine Vermittlungsfunktion zwischen West und Ost. Im Zuge dieser Revision erfolgte auch eine Neudeutung der byzantinischen Wirtschaftsgeschichte.

Byzanz umfasste die reichen östlichen Provinzen des Imperium Romanum, in denen Griechen, Armenier, Syrer, Ägypter und andere Völker lebten, die alle seit Jahrhunderten hellenisiert, also vom griechischen Kulturkreis beeinflusst waren. Politisch standen der Kaiser, seine Verwaltung und das Militär immer wieder vor großen Herausforderungen, da das Reich im Nahen Osten von den Sassaniden und auf dem Balkan von Germanen, Slawen und Awaren bedrängt wurde. Zu politischen Turbulenzen kam es unter anderem aufgrund von internen Streitigkeiten über die Nachfolge des Kaisers sowie über die richtige Auslegung der christlichen Glaubenslehre. Die sozioökonomischen Strukturen des oströmischen Reichs blieben in den ersten Jahrhunderten seiner Geschichte stark den überlieferten Traditionen verbunden. Bis zur Justinianischen Pest in der Mitte des 6. Jahrhunderts und der Expansion der Araber im 7. Jahrhundert besaß das oströmische Reich möglicherweise den größten Wohlstand in der damaligen Welt. Diese Finanzkraft bildete die Basis für die kurzfristigen Rückeroberungen in Italien und Nordafrika im 6. Jahrhundert. Die Kriege sind zugleich ein Zeichen für den Antagonismus, der sich zwischen den ehemaligen Reichshälften in West und Ost herausgebildet hatte.

Die Grundlage der wirtschaftlichen Prosperität bildete die Landwirtschaft. Ihr Erfolg zeigte sich unter anderem in der Vielfalt an Nahrungsmitteln, die Reisende aus dem Westen in Konstantinopel bewunderten. Geografie und Klima der topografisch heterogenen Reichsteile sorgten dafür, dass die Landwirtschaft unter sehr unterschiedlichen Bedingungen gedieh. In den meeresnahen Gebieten dominierte der Anbau von Getreide, Wein und Oliven. An den Ufern des Nils in Ägypten lagen seit Jahrhunderten die Anbauzonen mit dem höchsten Getreideertrag des Mittelmeerraums. Bis zur arabischen Eroberung blieb dieses Land die Kornkammer des Reichs. Im Landesinneren, auf dem Balkan und in Kleinasien wurde dagegen hauptsächlich Viehzucht betrieben. Die Organisationformen der byzantinischen Landwirtschaft waren ebenfalls vielfältig: Es gab Großgrundbesitzer mit abhängigen Bauern und Lohnarbeitern, daneben aber auch freie Bauern, die ihr eigenes Stück Land bebauten.

Die Versorgung mit ausreichend Nahrungsmitteln ermöglichte einen Bevölkerungsanstieg im oströmischen Reich von geschätzten 17 Millionen im 4. Jahrhundert auf 26 Millionen im 6. Jahrhundert. Konstantinopel war in dieser Zeit mit bis zu 400.000 Einwohnern die mit Abstand größte Stadt Europas. Dies förderte wiederum den Handel innerhalb des Reichs und über die Reichsgrenzen hinweg. Während des frühen Mittelalters blieb Konstantinopel das wichtigste Handelszentrum Europas. Erst im 12. Jahrhundert wurde es von Venedig abgelöst. Bis dahin war die Stadt am Bosporus der Verkehrsknotenpunkt mit dem größten Warenumschlag zwischen Mittelmeer und Schwarzem Meer sowie zwischen Europa und Asien.

Die Wirtschaft von Byzanz wurde durch einen zentralistischen Staat gesteuert und als wichtige Steuerquelle gefördert. Der Staat kontrollierte sowohl den Binnen- als auch den Außenhandel und behielt sich einzelne Warenmonopole sowie das Monopol der Münzausgabe vor. Die von Konstantin I. (275–337) eingeführten Goldmünzen (*Solidi*), die ein Gewicht von 4,55 Gramm und eine Reinheit von 24 Karat hatten, blieben das gesamte frühe Mittelalter der Standard für den internationalen Handel im östlichen Mittelmeerraum. Die staatlichen Einnahmen, die hauptsächlich für das Heer verwendet wurden, beruhten auf einem Steuersystem, dessen Strukturen bis ins römische Imperium zurückreichten. Der Großteil der Einnahmen stammte aus direkten Steuern auf Land und Vermögen. Indirekte Steuern sowie Einnahmen aus staatlichen Betrieben und Zöllen machten einen weiteren Teil der staatlichen Einnahmen aus. Die individuelle Belastung der Bauern wurde von Präfekturen und deren administrativen Unterabteilungen berechnet. Ab dem 7. Jahrhundert belief sich die Grundsteuer auf circa vier Prozent.

Das Eparchenbuch Leos des Weisen (ein Eparch war ein Statthalter) ist ein Handbuch aus dem 10. Jahrhundert zur Regulierung von Handel und Gewerbe in Konstantinopel. Es enthält Zolltarife, Zunftstatuten, Preise, geografische Bestimmungen für die Ausübung von 19 verschiedenen Gewerben sowie allgemeine Verhaltensregeln für die Kaufleute. Ob die detailliert ausformulierte

Norm auch der Praxis entsprach, ist schwer zu sagen. Das Buch belegt jedoch den Anspruch des byzantinischen Staates, Handel und Gewerbe zu kontrollieren. Folgende Bestimmungen betreffen den Seidenhandel:

> »Um die Aufnahme in die Zunft der Seidenhändler zu erhalten, müssen fünf Mitglieder des Handwerks gegenüber dem Eparchen bezeugen, dass der Kandidat eine Person ist, die würdig ist, das Handwerk auszuüben. Er wird dann in die Zunft aufgenommen und kann ein Geschäft eröffnen. Sein Eintrittsgeld in die Zunft beträgt sechs Nomismata.«

Die ältere Forschung hat insbesondere die Veränderungen ab dem 8. Jahrhundert als einen Niedergang, eine Feudalisierung oder Vermittelalterlichung des byzantinischen Reichs interpretiert. Diese Veränderungen hätten zu einem stetigen Rückgang der Bevölkerung geführt, die im 11. Jahrhundert ihren Tiefpunkt erreicht habe. Insbesondere für die Landbevölkerung sei dies mit einer Verschlechterung der rechtlichen und ökonomischen Situation verbunden gewesen, da sie ihre Eigenständigkeit verloren hätte und in großen Grundherrschaften (Latifundien) von den Grundherren ausgebeutet worden sei. Den Kaufleuten sei es in dem verkleinerten und zunehmend verarmten Reich nicht besser ergangen. Während sich ihr Umsatz verringerte, habe die Steuerlast zugenommen. Byzanz sei auf diese Weise immer mehr zu einem bürokratisch erstarrten und repressiven Staat geworden.

In der Tat veränderte sich das oströmische Reich in Folge der Justinianischen Pest, der in der Mitte des 6. Jahrhunderts circa ein Viertel der Bevölkerung zum Opfer fiel. Allein in Konstantinopel sank die Bevölkerung von mehreren Hunderttausend auf 50.000. Zudem brachte die Expansion der Araber im 7. Jahrhundert den Verlust der wirtschaftlich prosperierenden Reichsteile im Nahen Osten und nördlichen Afrika mit sich. Die neuere Forschung interpretiert diese Entwicklung freilich nicht mehr allein als Niedergang, sondern als Transformation und Anpassung an neue Verhältnisse. Durch den Verlust der südlichen Provinzen verlagerte sich der wirtschaftliche Kernraum des Reichs nach Kleinasien, auf den Balkan und in die Regionen am Schwarzen Meer und somit in bisher weniger dicht besiedelte Regionen. Zwar weitete sich der Großgrundbesitz aus, doch die ländliche Wirtschaft basierte weiterhin auf kleinen Familienbetrieben, unabhängig vom Status der Menschen oder den Rechten der Bauern an ihrem Land.

Die Verwandlung des oströmischen Reichs folgte einer anderen Chronologie als die des westlichen Europas. Bis zu den Erschütterungen im 6. und 7. Jahrhundert änderte sich wenig an den antiken gesellschaftlichen und wirtschaftlichen Strukturen, und das Reich erlebte eine Phase ökonomischer Prosperität. Der Übergang zum »mittelalterlichen« Byzanz begann im 8. Jahrhundert. Die jüngere Forschung sieht allerdings bereits im 10. Jahrhundert Ansätze eines wirtschaftlichen Aufschwungs, der wie in Westeuropa das hohe Mittelalter über andauerte, im Falle von Byzanz genauer gesagt bis zum Vierten Kreuzzug 1204. Zeichen dafür sind beispielsweise die enger werdenden Kontakte zu den Warägern im östlichen Europa. Im Jahr 988 konvertierte Wladimir, der Fürst der Rus, zum Christentum. Damit begann die enge religiöse, kulturelle und wirtschaftliche Verbindung von Byzanz mit dem östlichen Europa, in dem sich der orthodoxe Ritus ausbreitete. Im Süden wurden Städte wie Antiochia und Inseln wie Kreta im 10. Jahrhundert wieder zurückerobert. Die Handelskontakte zum fatimidischen Ägypten, welches mit dem Kalifat in Bagdad um die Vorherrschaft in der islamischen Welt kämpfte, verstärkten sich. Pilger und Kaufleute aus dem europäischen Westen besuchten Konstantinopel ebenfalls in verstärktem Maße, um in der größten Stadt Europas Handel zu treiben, die berühmten Reliquien zu bewundern oder um von dort weiter ins Heilige Land zu reisen. Die politischen und wirtschaftlichen Erfolge des 9. und 10. Jahrhunderts bildeten das Fundament für die sogenannte Makedonische Renaissance, in der das Reich eine neue kulturelle Blüte erlebte.

Die frühmittelalterliche Wirtschaft in Westeuropa

Die Grundlagen für die mittelalterliche Gesellschafts- und Wirtschaftsordnung wurden in der Spätantike gelegt. Seit dem 3. Jahrhundert sank im weströmischen Reich die Bevölkerungszahl aufgrund von Kriegen und Seuchen. Die Anzahl der landwirtschaftlichen Großbetriebe (Latifundien) nahm zu. Bewirtschaftet wurden sie von Sklaven oder von Kleinpächtern (Kolonen), die zwar persönlich frei waren, aber aus steuerrechtlichen Gründen an die Scholle gebunden wurden. Gleichzeitig ging die Geldwirtschaft zurück und die Städte schrumpften. Die Einwohnerzahl Roms sank von bis zu einer Million im 2. Jahrhundert auf

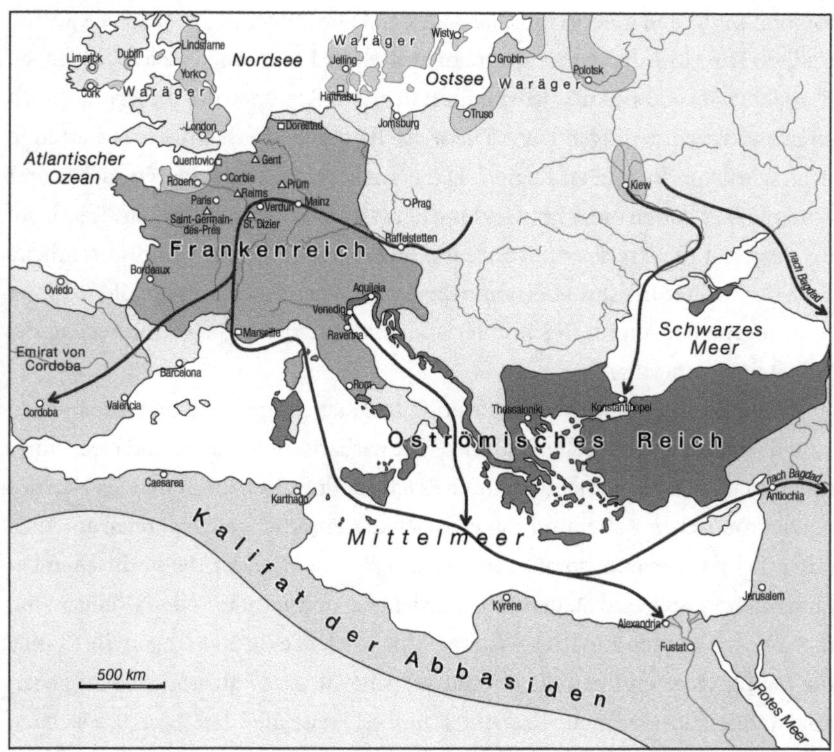

Europa im frühen Mittelalter. Die Karte zeigt die großen Herrschaftsbereiche des 9. Jahrhunderts, wobei diese in Wirklichkeit keine festen Grenzen hatten. Insbesondere die Herrschaft der Waräger in Osteuropa (Kiewer Rus) bestand aus verschiedenen Zentren und nicht aus klar abgegrenzten Gebieten. Als Waräger werden jene aus Skandinavien stammenden Händler und Krieger bezeichnet, die seit dem 8. Jahrhundert im Gebiet von Dnepr, Düna, Wolga und Don bis ins Kaspische und Schwarze Meer nachgewiesen sind. Bei den eingezeichneten Orten handelt es sich vorrangig um bedeutende Städte und Herrschaftszentren (○) wie Rom und Konstantinopel oder um wichtige Handelsorte (▭) wie Marseille oder Haithabu oder um die im Text erwähnten Klöster und Kirchen mit großen Grundherrschaften (Δ). Haithabu war eine bedeutende Siedlung der Wikinger und gilt als Hauptumschlagsplatz für den Fernhandel zwischen Skandinavien, Westeuropa, dem Nordseeraum und dem Baltikum. Die Stadt wurde um 770 gegründet und 1066 endgültig zerstört. Die Pfeile zeigen die Hauptwege des Sklavenhandels des 10. Jahrhunderts.

100.000 im 6. und 30.000 im 7. Jahrhundert. Die Steuerquote stieg dagegen an und erreichte in Ägypten bis zu einem Drittel der Einnahmen eines bäuerlichen Betriebs, während sie im 4. Jahrhundert in vielen Regionen des Imperiums noch circa 20 Prozent betragen hatte. Die wirtschaftlichen Verhältnisse variierten jedoch stark von Region zu Region. Die germanischen und anderen nicht-römischen Völker hatten diese Entwicklung teilweise beschleunigt, indem sie sich auf Reichsgebiet niedergelassen, Land und Steueranteile erhalten und wesentliche Teile des Militärdienstes übernommen hatten. Dies beschleunigte die Regionalisierungstendenzen im Reich unter anderem durch die Dezentralisierung der Soldatenrekrutierung.

Die mittelalterliche Wirtschaft entfaltete sich aufgrund dieser Prozesse in einem neuartigen politischen Rahmen. Die barbarischen Könige und Heerführer sahen sich nach der Errichtung ihrer Reiche auf römischem Boden als Nachfolger der römischen Kaiser und eigneten sich die kaiserlichen Ländereien an. Auch schriftliche Verwaltungspraktiken wie die *gesta municipalia*, die städtischen Dokumentenregister, und Steuerlisten wurden von den germanischen Königen und ihren Verwaltungen zunächst weitergeführt. Gleichzeitig übertrugen die Könige, die häufig einer einflussreichen und selbstbewussten Führungsschicht gegenüberstanden, immer mehr Krongüter an die Kirche und den Adel, um sich auf diese Weise ihre Loyalität zu sichern. Die dauerhafte Entfremdung dieser Güter ließ sich nicht aufhalten, obwohl Karl Martell und andere dem entgegenzutreten versuchten. Entsprechend passten sich die staatlichen Strukturen in den frühmittelalterlichen Königreichen auf ehemals römischem Boden sukzessive den veränderten Gegebenheiten an: Die Könige besaßen keinen Verwaltungsapparat, der ihnen den Zugriff auf das gesamte Land und alle Untertanen erlaubt hätte. Finanziert wurden die Königsherrschaft und das Militär nur noch teilweise aus Steuern, daneben aber durch Einnahmen aus den königlichen Grundherrschaften (Domänen), okkasionellen Abgaben, Strafen und Zöllen, der Vergabe von Land sowie durch Kriegsbeute. Die Mediatisierung der Staatsgewalt, die in der Spätantike im weströmischen Reich begonnen hatte, setzte sich fort. Allerdings herrscht in der Frühmittelalterforschung kein Konsens darüber, ob das römische Steuersystem gänzlich untergegangen war, ob die Kirche es zumindest teilweise übernommen hatte oder ob die karolingischen Polyptycha des 9. Jahrhunderts sogar als eine Fortsetzung der antiken Steuerregister zu deuten sind. Als Polyptycha (von altgriechisch »vielfach gefaltet«) werden Besitz- und Abgabenverzeichnisse karolingischer Klöster bezeichnet.

Zweifellos lebten administrative Strukturen zur Finanzierung der Herrschaft und zur Rekrutierung des Heeres sowie einzelne Abgaben, die im römischen Imperium von der Bevölkerung geleistet wurden, in veränderter Form in den frühmittelalterlichen Grundherrschaften weiter.

Am Übergang zum Mittelalter ging der Wohlstand weiter Teile der Bevölkerung zurück, sowohl der Bauern als auch der Eliten. Es kam zudem zu einer Ruralisierung, einer Bevölkerungsverschiebung von der Stadt auf das Land. Viele Städte schrumpften und ihre ehemals öffentlichen Flächen füllten sich mit privaten Bauwerken oder wurden landwirtschaftlich genutzt. Auf dem Land entstanden kleine Dörfer und Weiler. Zeugnisse für diese Wandlungsprozesse sind indes selten und hauptsächlich archäologischer Natur, beispielsweise der Rückgang von Funden hochwertiger Keramik oder das vermehrte Aufkommen simpler Holz- und Grubenhäuser. Alle Regionen waren von diesem Wandel berührt – besonders Italien, das im 6. Jahrhundert in der Folge der Gotenkriege und der Reichsgründung der Langobarden politisch fragmentiert und wirtschaftlich ruiniert wurde. Kriege und Gewaltexzesse prägten die Geschichte des fränkischen Reichs seit dem 6. Jahrhundert. Doch König, Kirche und Aristokratie im Frankenreich gelang es besser als den Eliten in anderen germanischen Königreichen, die ländlichen Regionen zu durchdringen und auf dieser Grundlage Militärorganisation und Münzprägung lokal zu verankern. Der Zugriff auf die landwirtschaftlichen Ressourcen und die räumliche Ausweitung von Rodungen wurden auf diese Weise ebenfalls vorangetrieben. Aus der wachsenden Schicht reicher Grundherren bildete sich eine Reichsaristokratie mit fränkischer Identität.

In diesem politischen Rahmen entstand die mittelalterliche Grundherrschaft – allerdings gehen die Meinungen über deren Ausbreitung und Formenvielfalt in der Forschung weit auseinander. Der Begriff Grundherrschaft bezeichnet die rechtlichen und wirtschaftlichen Beziehungen zwischen einem Grundherrn und den Personen, die auf seinem Land wohnen und arbeiten. Die Bauern standen in sehr unterschiedlichen Abhängigkeitsverhältnissen zum Grundherrn. Für die Überlassung von Land hatten sie verschiedene Abgaben zu leisten und waren teilweise zu Frondiensten verpflichtet. Die Abgaben in Geld und Naturalien sowie die Frondienste waren stark von lokalen Gegebenheiten geprägt. Die Gesamtheit der abhängigen Bauern bildete zudem keine homogene soziale Gruppe, sondern setzte sich aus Freien, Halbfreien und Unfreien zusammen, die unterschiedliche Leistungs- und Abgabepflichten hatten und verschiedene Funktionen in der Grundherrschaft ausübten. Selbst innerhalb des fränkischen Reichs war die Formenvielfalt so groß, dass Ludolf Kuchenbuch den Vorschlag machte, auf den Begriff Grundherrschaft gänzlich zu verzichten. Vermutlich lässt sich der Begriff jedoch weiterhin sinnvoll gebrauchen, vorausgesetzt, dass damit nicht eine bestimmte Herrschafts- und Betriebsform verstanden wird.

Die zweigeteilte (bipartite) Grundherrschaft, Villikation genannt, bestand aus dem Salland (Herrenland) und abhängigen Bauernstellen (Mansen / Hufen / Huben). Das Salland wurde von Hörigen bewirtschaftet, die auf dem Hof des Grundherrn wohnten, während das Hufenland stückweise an Bauern und ihre Familien ausgegeben wurde. Die Hufenbauern bewirtschaften diese Güter selbstständig und leisteten dafür Abgaben; zusätzlich waren sie zu Frondiensten auf dem Salland verpflichtet. Beauftragte des Grundherrn, Meier genannt (*villicus*), sorgten für die Übergabe der Abgaben aus den verstreut liegenden Hufen, gehörten sozial aber ebenfalls der bäuerlichen Schicht an. Eine feste, generationenübergreifende Hierarchie von Meiern und Funktionsträgern hatte sich in den Dörfern der abhängigen Bauern noch nicht gebildet. An den Fronhöfen arbeiteten hörige Handwerker für den Bedarf des Hofes und teilweise wohl auch für den örtlichen Markt. Frauen und Mädchen verrichteten in eigenen Tuchwerkstätten (*genitium* / Gynäceum) Spinn- und Webarbeiten für die Grundherrn. In der bayerischen Grundherrschaft Staffelsee gab es beispielsweise eine Tuchmacherei, in der 24 Frauen arbeiteten.

Die überlieferten Urkunden von Klöstern wie beispielsweise St. Gallen sowie die Besitz- und Abgabenverzeichnisse (Polyptycha) karolingischer Klöster wie Saint-Germain-des-Prés bei Paris, Saint-Remi in Reims, Montier-en-Der bei Saint-Dizier, Sankt-Peter in Gent und Prüm in der Eifel bilden die ältesten Zeugnisse für diese Form der Grundherrschaft mit Salland und Hufenland. Über die Verbreitung der Villikation gehen die Ansichten abermals auseinander. Ein Teil der Forschung vermutet, dass die klassische Villikation auf bestimmte Regionen des Frankenreichs mit guten Böden für den Getreideanbau und günstigen Siedlungsverhältnissen beschränkt geblieben ist. Dagegen wurde eingewandt, dass es vermutlich wenig sinnvoll ist, die frühmittelalterliche Grundherrschaft in Zonen mit unterschiedlichen Agrarverfassungen einzuteilen, weil Mischformen die Regel waren. Solche Mischformen wurden bereits innerhalb einer Grundherrschaft praktiziert, beispielsweise vom Kloster Werden, das zwar Sal- und Hufenland besaß, von den Bauern auf entfernten Höfen hingegen hauptsächlich Abgaben erhielt und keine Frondienste forderte.

Der weltliche Adel bezog seine Natural- und Geldeinkünfte ebenfalls aus großen und kleinen Grundherrschaften. Da Urbare des Adels erst seit dem 13. Jahrhundert überliefert sind, ist die Erforschung der weltlichen Grundherrschaft im frühen und hohen Mittelalter auf andere Quellen wie Traditionsurkunden (Schenkungs- oder Tauschurkunden) oder Chartulare, in denen Urkundeneingänge an einen bestimmten Empfänger gesammelt wurden, angewiesen.

Im *Capitulare de villis* (um 800) entwarf Karl der Große ein Reformprogramm für die königlichen Grundherrschaften, auf deren Erträge er bei seinen ständigen Reisen durchs Land angewiesen war. Das Kapitular widmet sich vor allem dem Wein- und Obstbau sowie der Viehzucht. Detailliert werden einzelne Arbeitsabläufe beschrieben, um die Erträge der Betriebe zu steigern und die Versorgung des Hofes zu gewährleisten. Im 70. Kapitel werden 73 Nutzpflanzen und 16 verschiedene Obstbäume genannt, die angepflanzt werden sollten, falls es die klimatischen Gegebenheiten zulassen würden. Über die Aufgaben der königlichen Verwalter heißt es unter anderem:

> »17. Für jeden Gutshof in seinem Amtsbezirk soll der Amtmann Pfründner bestellen, die Bienen für uns zu warten 18. Bei unseren Mühlen halte man der Größe der Mühle entsprechend 100 Hühner und 30 Gänse, auf den Vorwerken mindestens 50 Hühner und 12 Gänse 19. Bei den Scheunen auf unseren Haupthöfen halte man mindestens 100 Hühner und 30 Gänse, auf den Vorwerken mindestens 50 Hühner und 12 Gänse. 20. Jeder Amtmann lasse während des ganzen Jahres reichlich Gutserzeugnisse zum Fronhof bringen und besichtige sie außerdem drei- bis viermal im Jahr oder noch öfters.«

Ob dieses Kapitular ein unrealistisches Idealbild darstellte oder die Entwicklung der karolingischen Grundherrschaft wirklich beeinflusste, ist strittig.

Außerhalb des Kernbereichs fränkischer Herrschaft entwickelte sich die Struktur der Landwirtschaft jeweils abhängig von den topografischen, klimatischen und sozialen Verhältnissen. In Südfrankreich und Italien bewirtschafteten die Grundherren häufig kein eigenes Herrenland und die Bauern schuldeten keine Frondienste, sondern einen festen Anteil der Erträge (Teilbausystem) oder festgelegte Abgabemengen. Selbst in den Kernräumen des Frankenreichs nördlich der Alpen existierten neben den Villikationen Grundherrschaften, die vorrangig auf Abgaben abhängiger Bauern in Naturalien und Geld beruhten. Daneben gab es stets freie Bauern, die zwar kaum in den Quellen auftauchen, aber einen beträchtlichen Teil aller Bauern ausmachten. Einige von ihnen wurden von den adligen und kirchlichen Grundherren, die ihre Grundherrschaften ausdehnen wollten, bedrängt und unterdrückt. Die Klagen der Bauern wurden in unterschiedlichen Quellen überliefert. Insbesondere an den Rändern des fränkischen Reichs wie in Spanien oder Friesland, außerdem in abgelegenen Rodungs- und Gebirgszonen stellten die persönlich freien Bauern die Mehrheit der Bauernschaft. Die Ausbreitung der Landwirtschaft im südlichen Frankreich und in Katalonien erfolgte im 9. und 10. Jahrhundert durch solche freien Bauern, die in kleinen Siedlungen zusammenlebten. Bisher ungelöst ist die damit verbundene Frage, ob die landwirtschaftlichen Innovationen des frühen Mittelalters eher auf die großen bipartiten Grundherrschaften oder auf die kleineren Betriebe freier Bauern zurückgehen.

Der großen Bandbreite der persönlichen Rechtsverhältnisse entsprachen sehr unterschiedliche ökonomische Verhältnisse. Am unteren Ende der Skala standen rechtlose Sklaven, die auf den Herrenhöfen lebten und arbeiteten. Ihre Zahl nahm ab, weil viele von ihnen von den Grundherren eigene Bauernhöfe erhielten und so zu behausten Sklaven (*servi casati*) wurden. Mit ihrer wirtschaftlichen Teilautonomie verbesserte sich ihre Rechtsstellung und dieser Prozess näherte die ehemaligen Sklaven den persönlich freien, aber schollengebundenen Bauern (Kolonen) sowie den abhängigen Bauern (Grundholden, Hörige) an. Aus den Sklaven der Spätantike (lat. *servus*) wurden im frühen Mittelalter unfreie Bauern, in der deutschsprachigen Forschungsliteratur als Hörige oder Leibeigene (engl. *serf*) bezeichnet. Die Meinungen über diesen

Prozess und die weitere Existenz rechtloser Sklaven im hohen und späten Mittelalter gehen jedoch auseinander. Obendrein stellt sich die Frage, ob zwischen Sklaven, unfreien und freien Bauern tatsächlich eine klare rechtliche Grenze vorhanden war oder doch eher ein sozialer Raum mit Zwischenformen. Weitgehender Konsens herrscht darüber, dass im frühen Mittelalter eine »Vergrundholdung« oder »Verbäuerlichung« einsetzte, die die unterschiedlichen sozialen Gruppen der abhängigen Personen bis zum 11. Jahrhundert in einem Bauernstand vereinte, wobei diese Entwicklung die rechtlichen, sozialen oder wirtschaftlichen Unterschiede zwischen den bäuerlichen Haushalten niemals nivellierte. Ein Bauernstand mit einheitlichen Lebensformen existierte nur in den Köpfen von Gelehrten und Dichtern, wenn diese über die sozialen Stände schrieben und sich dabei – meist vorurteilsbeladen und zum Amüsement des adligen oder bürgerlichen Publikums – über die Bauern ausließen.

Die Beziehung zwischen Grundherren und Bauern wurde vom Gewohnheitsrecht geprägt, sodass der Grundherr die Abgaben nicht willkürlich festsetzen konnte, die Bauern hingegen in der Regel bereit waren, die vorhandene Abgabenlast zu akzeptieren. Probleme und Widerstände ergaben sich meist in Momenten, in denen in die herrschenden Verhältnisse eingegriffen wurde. So wird im Kapitular von Pîtres im Jahr 864 von Bauern berichtet, die gewisse Fuhrdienste verweigerten, weil diese nicht von alters her (*ex antiqua consuetudine*) gefordert worden waren. Die Stellung vieler Bauern erlangte spätestens im 9. Jahrhundert zudem größere Rechtssicherheit wegen der Erblichkeit von Nutzungsrechten. Bauern, die das ihnen übertragene Land rechtlich gesehen nur bis auf Widerruf des Grundherrn nutzten, konnten ihren Hof samt Ackerland in der Praxis nicht nur über Generationen innerhalb der Familie behalten, sondern ihr Land oder Teile davon verkaufen bzw. die eigene Landwirtschaft durch den Kauf weiterer Äcker erweitern. Meist setzte dies allerdings die Zustimmung des Grundherrn voraus. Bis in die Neuzeit hinein blieb das Verhältnis zwischen Grundherren und Bauern von dieser Suche nach für beide Seiten erträglichen Kompromissen bestimmt. Aufgrund des Wandels klimatischer, ökonomischer und regionaler Rahmenbedingungen saß mal die eine Seite und mal die andere am längeren Hebel.

Schon im frühen Mittelalter begann ein Prozess der landwirtschaftlichen Expansion, der sich unter anderem an Rodungen und einer Erweiterung der landwirtschaftlich genutzten Flächen erkennen lässt. Der Einsatz des schweren Pflugs (Räderpflug), der die gepflügten Schollen nicht nur ritzt, sondern umwendet, die Anschirrung von Pferden mit dem Kummet (Pferdehalsgeschirr) und die Dreifelderwirtschaft waren technische und organisatorische Hilfsmittel in manchen Grundherrschaften nördlich der Alpen. Die Überschussproduktion wurde bereits seit dem 7. Jahrhundert auf lokalen Märkten und in nahen Städten verkauft, sodass die frühmittelalterlichen Grundherrschaften keine autarken Wirtschaftseinheiten bildeten.

Die Erträge blieben indes gering. Das Verhältnis von Saat zu Ernte liegt heute zwischen 1:20 und 1:30. Damals lag das Verhältnis zwischen 1:2 und 1:5, was bedeutet, dass von einem ausgesäten Getreidekorn zwischen zwei und fünf Körner geerntet wurden. In schlechten Erntejahren führte dies unweigerlich zu Mangelkrisen und Hungersnöten. Im Jahr 792/93 erließ Karl der Große deshalb Höchstpreise für Getreide, um in einer Zeit des Mangels die Versorgung zu sichern. Trotz solcher Maßnahmen berichten die karolingischen Chronisten allein im 9. Jahrhundert in 26 verschiedenen Jahren von regionalen Hungersnöten.

Innerhalb der heterogenen bäuerlichen Gesellschaft (*peasant society*) des frühen Mittelalters bildeten die bäuerlichen Haushalte eine Produktions- und Konsumgemeinschaft, die in Abhängigkeitsverhältnissen und in Bereichen der Eigenständigkeit gleichermaßen verankert war. Aufgrund der Quellenlage ist es in der Regel nur indirekt möglich, etwas über das bäuerliche Alltagsleben und die bäuerliche Mentalität im frühen Mittelalter zu erfahren. Die schriftlichen Zeugnisse über Bauern stammen nämlich ausschließlich aus Fremdzeugnissen, verfasst von den kirchlichen Grundherren oder von Theologen, in deren Traktaten und Heiligenviten die ländliche Bevölkerung Erwähnung fand. Dennoch zeigen die Quellen, dass die Angehörigen der bäuerlichen Schichten bereits im frühen Mittelalter mobil waren – sowohl geografisch, etwa durch das Verlassen einer Grundherrschaft, als auch sozial, etwa aufgrund von Heirat oder von Funktionen in der grundherrschaftlichen Verwaltung. Über das Ausmaß dieser Mobilität wird weiterhin diskutiert. Was die Mentalität der Bauern betrifft, so sind wohl viele übliche Vorurteile (konservatives Weltbild, Friedfertigkeit, Sesshaftigkeit und Aberglaube) falsch oder zumindest nicht belegbar. Dagegen zeigen verschiedene überlieferte Texte, dass die Bauern versuchten,

Monatsbild-Zyklus einer karolingischen Handschrift von circa 818. Die Monatsbilder orientierten sich nicht nur in dieser Handschrift am bäuerlichen Leben. Das ist nicht erstaunlich, da im frühen Mittelalter über 90 Prozent der Bevölkerung auf dem Lande lebten, und selbst die adlige und kirchliche Oberschicht vom agrarischen Leben und Arbeitsrhythmus geprägt war. Die Monatsbilder sind für die wirtschaftsgeschichtliche Forschung zudem wichtig, weil sie die jahreszeitspezifischen Arbeiten darstellen.

ihren Besitzstand zu wahren oder zu verbessern, dass sie dem Familienverband große Bedeutung beimaßen und dass sie ihre persönliche Freiheit mit Vehemenz verteidigten. In der Vita des heiligen Gerald von Aurillac (855–909) aus dem 10. Jahrhundert begegnet der Heilige einer Bauersfrau am Pflug:

»Während er einst einen öffentlichen Weg entlangschritt, führte auf einem angrenzenden kleinen Acker eine Bauersfrau den Pflug. Er fragte sie, warum sie als Frau sich diese Männerarbeit zumute. Sie antwortete, ihr Mann sei schon länger krank, die Zeit der Aussaat verrinne, sie sei allein und habe niemand zur Hilfe. Und da jener ihr Unglück bemitleidete, ließ er ihr Geldstücke geben, ... damit sie sich für einige Tage einen Bauer anwerben und fortan von der Männerarbeit ablassen konnte.«

Diese Quellenstelle zeigt zweierlei: Selbst im Leben von Bauern spielte Bargeld eine Rolle. Wichtiger noch: Bauersfrauen arbeiteten nicht ausschließlich im Haushalt. Vermutlich übernahmen Frauen nicht nur in Notsituationen Arbeiten auf dem Feld. Geschrieben wurde darüber nur in Ausnahmefällen – und wenn, dann nicht zur Würdigung von Frauenarbeit, sondern um die traditionellen Geschlechterrollen zu festigen.

In den Debatten um die Kontinuität oder Diskontinuität zwischen Antike und Frühmittelalter spielt die Funktionsweise der Grundherrschaft eine wichtige Rolle. Historikerinnen und Historiker, die eine starke Kontinuität betonen, vertreten unter anderem die These, dass Herrschaft und Wirtschaft in Westeuropa bis zum Jahr 1000 stark den antiken Traditionen verpflichtet gewesen seien: politisch dank der Fortdauer eines starken Königtums mitsamt einer effizienten Verwaltung und wirtschaftlich durch den intensiven Einsatz von Sklaven. Dies habe sich erst um das Jahr 1000 geändert und den Beginn des »zweiten Feudalzeitalters« im 11. Jahrhundert markiert (Marc Bloch). Eine solche Sichtweise unterstreicht zu Recht, dass die grundherrschaftlichen Strukturen in Europa vielgestaltig waren und das Villikationssystem sicherlich nicht als alleiniger Maßstab gelten kann. Andererseits werden die vielen Belege für die Ausbreitung der mittelalterlichen Grundherrschaft und die darauf beruhende agrarwirtschaftliche Erfolgsgeschichte des Frühmittelalters unterschätzt. Zudem wird nicht unterschieden zwischen der antiken Sklaverei und frühmittelalterlichen Formen der Minder- und Unfreiheit. Für die Einschätzung des politischen und wirtschaftlichen Wandels bleibt indes die Vermutung anregend, dass sich im 11. Jahrhundert ein Prozess herrschaftlicher Verdichtung vollzog. Bei der wissenschaftlichen Interpretation dieser Entwicklung wurde von der Forschung entweder die Usurpation öffentlicher Rechte durch den

Adel (*seigneurie banale*) oder die Etablierung der autogenen Adelsherrschaft stärker betont. Ob diese Veränderungen ausreichen, um von einer feudalen Revolution um die Jahrtausendwende zu sprechen, ist fraglich. Überzeugender erscheint die Annahme, dass die langsame Transformation von den antiken zu den mittelalterlichen Herrschaftsformen und Agrarstrukturen in der Spätantike begann und bereits im frühen Mittelalter zu einer langsamen Verdichtung von Herrschaftsverhältnissen sowie zur wirtschaftlichen Effizienzsteigerung agrarischer Betriebe führte – jedoch in regional sehr unterschiedlichen Formen und Ausmaßen. Um das Jahr 1000 ereignete sich demzufolge keine feudale Revolution, sondern eine weitere Transformation der Verhältnisse – möglicherweise in manchen Regionen in beschleunigter Geschwindigkeit.

Aus anderer Perspektive bildeten der Wandel staatlicher Strukturen für Chris Wickham in seiner Arbeit *Framing the Early Middle Ages* (2005) den Ausgangspunkt für die sozioökonomische Transformation zwischen Spätantike und Frühmittelalter. Das frühe Mittelalter ist aus seiner Sicht von schwachen staatlichen Strukturen, einer militarisierten und wenig begüterten Aristokratie sowie einem Rückgang des Fernhandels gekennzeichnet. Dies habe die Herrschaft der Eliten über Gruppen kleiner Grundbesitzer und Pächter verringert und deren Autonomie erhöht. Seit dem 8., vor allem aber seit dem 9. Jahrhundert sei die Macht der Aristokratie wieder angewachsen und der ökonomische Handelsspielraum der Bauern sei wieder stärker eingeschränkt worden. Auch in der Interpretation von Chris Wickham setzten sich im hohen Mittelalter neue Formen herrschaftlicher Verdichtung durch. Der Weg dorthin unterscheidet sich hingegen stark von den Thesen der zuvor genannten Forschungsrichtung. Anregend bleibt in beiden Ansätzen der Versuch, die Geschichte der politischen Macht eng mit der Wirtschaftsgeschichte zu verknüpfen.

Die Frühmittelalterforschung streitet also weiterhin über Fragen der Kontinuität und Zäsur und interessiert sich dabei insbesondere für die frühmittelalterliche Adaption antiker Traditionen. Im Bereich der Grundherrschaft ist hierbei bemerkenswert, dass öffentliche Abgaben wie das Bereitstellen von Pferden, Transportdienste, Holzlieferungen etc. sowie die Rekrutierung von Wehrpflichtigen über die Epochengrenze hinweg auf der Grundlage von Grundbesitz und Rechtsstand erfolgten und folglich spätrömischen Traditionen verpflichtet blieben. Nun wurden diese Abgaben vorrangig im Rahmen der Grundherrschaften erhoben. Die öffentlichen Leistungen (*munera publica*) der römischen Bürger wurden von den Diensten (*servitia*) der Bauern abgelöst und der frühmittelalterliche *mansus* (Flächenmaß) wurde zur Grundlage einer an den Grundbesitz gebundenen Wehrpflicht. Davon profitierten einerseits das Königtum durch die Aushebung der Soldaten, andererseits hauptsächlich jedoch die Grundherren. Selbst die Wehrersatzleistungen von Personen, die nicht in den Krieg zogen, wurden von den Grundherren meist als Geldleistungen eingezogen. Ob der Grundherr das Geld behielt oder an den König weitergab, ist umstritten. Das Fortleben antiker Institutionen im Rahmen der frühmittelalterlichen Grundherrschaft ist damit ein anschauliches Zeugnis des Transformationsprozesses zwischen Antike und Mittelalter, der unter anderem eine neue Form der Herrschaftsausübung hervorbrachte, die einen öffentlich-privaten Charakter hatte. In diesem Rahmen ist das Lehenswesen als Übertragung von Herrschaftsrechten in römischer Tradition zu sehen, da bereits der spätrömische Staat die Steuererhebung in den Provinzen an Steuerpächter bzw. Land an die in Grenzgebieten stationierten Truppen übertrug. Beides führte zu einer »Dezentralisierung der staatlichen Finanzverwaltung« (Stefan Esders). Die frühmittelalterlichen Könige versuchten die militärischen und adligen Führungsschichten an sich zu binden, indem sie ihnen Landbesitz und Einkünfte übertrugen oder deren Herrschaften als königliche Übertragungen interpretierten. Die Formen dieser Übertragungen waren vielgestaltig, entsprachen aber in der Regel nicht dem späteren Lehnswesen. Die Bindung der Elite an den König war örtlich und zeitlich ebenfalls unterschiedlich erfolgreich. Viele mächtige Grund- und Kriegsherren betrachteten die eigenen Herrschaftsrechte über Land und Leute nicht als königliche Übertragung, sondern als autochthone Herrschaft.

Die Einschätzung des Lehenswesens als Vertrag zwischen Fürsten und Adel sowie als Grundlage der politischen und wirtschaftlichen Ordnung hat sich in den letzten Jahrzehnten freilich dramatisch gewandelt. Im Jahr 1994 veröffentlichte Susan Reynolds ihre bahnbrechende Studie *Fiefs and Vassals* und vertrat darin die These, dass das Lehnswesen eine gelehrte Erfindung frühneuzeitlicher Juristen gewesen sei. In den letzten 25 Jahren wurde intensiv über diese These diskutiert. Während über viele Details heute noch heftig gestritten wird, hat sich als neue Überzeugung allgemein etabliert, dass sich das klassische Lehenswesen (Ausgabe von Land gegen militärische Dienstleistung) erst im 12. Jahrhundert voll ausgebildet hat. Im frühen Mittelalter wurden soziale Beziehungen zwar ebenso bereits auf der Grundlage von Besitzübertragungen gefestigt. Dies ist in jedoch vielen unterschiedlichen Formen geschehen und hatte häufig den Charakter von Pachtverträgen.

Die ältere wirtschaftshistorische Forschung zeichnete auch vom frühmittelalterlichen Handel gewöhnlich ein Bild des Niedergangs. Häufig wurde der Fall Roms mit einem Ende des internationalen Handels gleichgesetzt. Vertreter einer größeren Kontinuität zwischen Spätantike und Frühmittelalter votierten für einen allmählichen Rückgang des Handels, kamen aber dennoch zu einem ähnlichen Ergebnis. Andere Akzente setzte Henri Pirenne in seinem 1937 erschienen Buch *Mahomet et Charlemagne*. Laut Pirenne sei die kulturelle und wirtschaftliche Einheit der antiken Mittelmeerwelt erst durch die islamische Expansion im 7. und frühen 8. Jahrhundert zerstört worden. Im Merowingerreich und den anderen germanischen Königreichen auf römischem Boden sei das antike Wirtschaftsleben zunächst ohne große Veränderungen weitergegangen. Die arabische Eroberung der südlichen Mittelmeerküste und Spaniens habe den Handel im Mittelmeer dann zum Erliegen gebracht. Auf diese Weise habe sich im karolingischen Reich ein neues Wirtschaftssystem gebildet, das von wirtschaftlicher Autarkie und agrarischer Subsistenzwirtschaft gekennzeichnet gewesen sei. Fernhandel habe in dieser neuen mittelalterlichen Welt keine Rolle mehr gespielt. Die Pirenne-These ist weiterhin anregend, jedoch in doppelter Hinsicht überholt: Der Handel über das Mittelmeer kam niemals ganz zum Erliegen, und die arabische Expansion bildete daher keine totale wirtschaftliche Zäsur.

Heute wird die Handelsgeschichte des Frühmittelalters positiver und stärker als ein kontinuierlicher Prozess gesehen. Tatsächlich ist der Mittelmeerhandel bereits in der Spätantike zurückgegangen. Allerdings wurde der Warenhandel sowohl auf dem Mittelmeer als auch auf den Fluss- und Landwegen in verringertem Ausmaß fortgesetzt. Seit dem 7. Jahrhundert ist beispielsweise ein reger überregionaler Handel mit Keramik im Frankenreich nachweisbar und seit der Mitte dieses Jahrhunderts trafen sich englische, friesische und französische Kaufleute regelmäßig auf den Messen von Saint-Denis bei Paris, um vor allem Wein und Textilien zu kaufen und zu verkaufen. Über die Hafenorte

Quentovic in Nordfrankreich und Dorestad am Niederrhein wurde eine Verbindung zwischen England und dem Kontinent hergestellt. So enthalten Londoner Statuten aus dem frühen 11. Jahrhundert Zölle, die von Kaufleuten aus Nordfrankreich und Flandern bezahlt wurden. Ein wichtiges Handelsgut bildeten seit dem 9. Jahrhundert die friesischen Wolltuche (*pallia fresonica*), die von friesischen Kaufleuten im fränkischen Reich vertrieben wurden. Ob diese Textilien indes in Friesland oder entweder in Flandern oder England hergestellt worden sind, ist unsicher. Bereits seit dem 6. Jahrhundert bildete das Rhône-Saône-Tal eine wichtige Verkehrsachse, die den Mittelmeerraum mit Nordwesteuropa verband. Der wichtigste Mittelmeerhafen der Merowingerzeit war Marseille. Aus Zolleinkünften von Fos-sur-Mer bei Marseille erhielt das nordfranzösische Kloster Corbie aus königlicher Schenkung 716 eine Reihe mediterraner Luxusgüter (Öl, Pfeffer und andere Gewürze, getrocknete Feigen, Pistazien, Reis, Papyrus u.v.m.). Der Import orientalischer Güter wie Papyrus, Textilien und Gewürzen in den Westen hörte zu keinem Zeitpunkt gänzlich auf. Arabische und byzantinische Luxusgüter und Münzen gelangten über die Alpen bis in das Frankenreich. In den Orient wurden dagegen Holz, Pelze, Waffen und Metalle geliefert. Sklaven bildeten ein weiteres wichtiges Handelsgut, sie wurden hauptsächlich in Osteuropa verschleppt und auf Märkten in Venedig, Verdun oder Marseille verkauft. Da es sich ethnisch vorrangig um Slawen handelte, entwickelte sich aus dem Volksnamen der in vielen europäischen Sprachen verwendete Begriff Sklave (lat. *sclavus*; engl. *slave*) für unfreie Menschen im späteren Mittelalter und in der Neuzeit. Auch an der Ostgrenze des Frankenreich wurde Handel getrieben und Sklaven spielten hier ebenfalls eine wichtige Rolle. Dies belegt unter anderem die Zollordnung von Raffelstetten (902/906) für den Donauhandel zwischen Bayern und den angrenzenden Gebieten donauabwärts.

Raffelstetten war eine Zollstation an der Donau in Österreich zwischen Linz und Enns. Zwischen 902 und 906 wurden die Zolltarife schriftlich fixiert. Privilegiert wurden einheimische Händler, während Juden und andere Kaufleute den vollen Tarif zu zahlen hatten. Die wichtigsten Handelsgüter waren Salz und Sklaven. Unter anderem wird festgelegt (*Monumenta Germaniae Historica, Legum sectio II*):

»Schiffe, die vom Westen kommen, sollen nach dem Verlassen des Passauer Waldes bei Rosdorf (bei Linz) oder an anderen Stellen, an denen sie anlanden wollen, einen Halbpfennig Zoll bezahlen. Falls sie nach Linz weiterfahren: Für jedes Schiff sind drei Scheffel Salz zu bezahlen. Für Sklaven oder andere Güter wird hier kein Zoll erhoben, und die Kaufleute erhalten die Erlaubnis, bis zum Böhmerwald anzulanden und Handel zu treiben, wo immer sie wollen. Falls ein Bayer Salz zum Eigenbedarf nach Hause transportieren will: Nachdem der Schiffsführer dies eidlich bestätigt hat, muss er nichts bezahlen und soll sicher reisen.«

Mitte des 10. Jahrhunderts wunderte sich ein arabischer Händler darüber, dass es auf dem Markt der Stadt Mainz nicht nur orientalische Gewürze gab, sondern dass obendrein mit arabischen Silbermünzen aus Samarkand bezahlt wurde. Zu erklären ist diese Internationalität des Mainzer Marktplatzes mit der Etablierung grenzüberschreitender Netzwerke des Sklavenhandels, die von Osteuropa auf einer östlichen Route entlang des Dnjepr oder der Wolga und durch das zum Judentum konvertierte Chasarenreich nach Bagdad und auf einer westlichen Route nach Córdoba führten. Umfang und Bedeutung des Sklavenhandels wurden unter anderem von Michael McCormick in *Origins of the European Economy* (2001) betont. In der detailreichen Studie zu den Verkehrs und Warenströmen zwischen Europa, Afrika und dem Nahen Osten gelangte der Autor zu der Ansicht, dass zwischen 775 und 825 eine starke Ausweitung des Handels erfolgt sei und dies als der »Aufstieg der europäischen Wirtschaft«, interpretiert werden könne. McCormicks Opus Magnum zeigt zweierlei: Erstens entfaltete sich die europäische Wirtschaft im frühen Mittelalter langsam, aber kontinuierlich auf einem gegenüber der Antike reduzierten Niveau weiter und blieb dabei mit dem östlichen und südlichen Mittelmeerraum verbunden. Der Fernhandel mit Sklaven aus Osteuropa, die an die islamischen Höfe in Córdoba und Bagdad verkauft wurden, war dabei von zentraler Bedeutung. Neue Forschungen zum Sklavenhandel bestätigen dieses Bild. Es hat sich nämlich gezeigt, dass die vielen archäologischen Funde islamischer Silbermünzen entlang der russischen Flüsse sowie in Nord- und Osteuropa als Beleg für ein riesiges Handelsnetz im 10. Jahrhundert gedeutet werden müssen und dass in diesem Handelssystem nicht Pelze oder Waldprodukte, sondern slawische

Sklaven die wichtigsten Handelsgüter waren. Mehrere zehn Millionen Silbermünzen flossen in diesem Geschäft in den skandinavischen Raum. Zweitens machen die Ergebnisse von McCormick sowie neuere Studien zur frühmittelalterlichen Agrar- und Handelsgeschichte deutlich, dass die hochmittelalterliche Expansionsphase weder aus dem Nichts entstand noch als Gegensatz zu einem archaischen Frühmittelalter gesehen werden kann, sondern dass das Wirtschaftswachstum nach 1000 die Entwicklungen des 10. Jahrhunderts fortsetzte und intensivierte.

Als ein Indiz des Niedergangs der frühmittelalterlichen Wirtschaft und insbesondere des Handels wurde unter anderem der Wandel des Geldwesens interpretiert. Während im römischen Reich der Goldsolidus die Leitwährung gewesen war, wurde Silber im Frankenreich seit dem 7. Jahrhundert zur Grundlage des Münzwesens. Karl der Große brachte diese Entwicklung mit seiner Münzreform zum Abschluss und machte dadurch den Silberpfennig zur einzigen ausgeprägten Münze im Frankenreich. Inzwischen wird dieser Wandel nicht mehr als Zeichen des Niedergangs gesehen: Im Merowingerreich wurden an rund 800 Orten Gold-, Silber- und Kupfermünzen geprägt. Der fortschreitende Übergang zur Silberwährung und damit zu kleineren Münzen ist einerseits ein Zeugnis für die Reduzierung des internationalen Handels, andererseits aber auch eine pragmatische Veränderung, um den Klein- und Lokalhandel im Frankenreich und im westlichen Europa zu erleichtern. Der Übergang zum Silber hat zudem damit zu tun, dass im Westen keine Goldminen existierten und daher das Rohmaterial für die Münzprägung fehlte. Viele Transaktionen – vor allem im Rahmen der grundherrschaftlichen Abgaben – wurden allerdings nicht mit Geld, sondern in Form von Naturalien durchgeführt.

Europas Norden und Osten

Der Norden und Osten Europas waren weniger dicht besiedelt als der Kernraum des fränkischen Reichs und der Mittelmeerraum, sodass auch das Städtewesen und der Handel einen geringeren Umfang aufwiesen. Im Donau- und Schwarzmeerraum siedelten seit dem 6. Jahrhundert Awaren und Slawen. Insbesondere die awarischen Reiterkrieger bedrohten immer wieder die Grenzen des byzantinischen Reichs, bevor sie seit der Mitte des 7. Jahrhunderts an militärischer Schlagkraft verloren. Das »slawische Kulturmodell« war hingegen weniger von Militarisierung und mehr von einer einfachen und anpassungsfähigen bäuerlichen Kultur mit kleinen, unbefestigten Dörfern und Weilern und fortschrittlichen Anbaumethoden geprägt. Möglicherweise war die soziale Ungleichheit innerhalb dieser slawischen Gruppen ebenfalls geringer als im Westen ausgeprägt.

Auch im Norden und Osten Europas entstanden im Frühmittelalter erste Handelsnetzwerke. Ein wichtiger Umschlagplatz für den Handel zwischen Baltikum und der Nordsee war die Siedlung Haithabu, die um 770 von Wikingern aus Dänemark oder Schweden gegründet worden war (s. Karte S. 31). Die mit einem Wall befestigte Niederlassung verfügte über Werkstätten, Befestigungsanlagen, Landestege, Anlegestellen und Speichergebäude. Archäologische Funde belegen, dass in Haithabu Waren aus dem fränkischen Reich, Skandinavien, dem Baltikum, Irland und dem Nahen Osten gehandelt wurden. In Osteuropa waren es vor allem aus Skandinavien stammende Wikinger, hier Waräger oder Rus genannt, die entlang der großen Flüsse Handel trieben und Handelsniederlassungen gründeten. Aus der Mitte des 8. Jahrhunderts stammt der Schatzfund von Staraja Ladoga in Nordrussland, der orientalische Münzen und skandinavische Fundstücke enthält und die ausgedehnten Handelbeziehungen illustriert. Eine besondere Bedeutung hatte der Sklavenhandel, an dem unter anderem Ungarn und Tschechen beteiligt waren. Im Jahr 965 berichtet beispielsweise der jüdische Reisende Ibrahim ibn Jakub über Händler, die in Prag zusammenkamen und Sklavenhandel trieben.

Kiew und die anderen Herrschaftszentren der Waräger verwandelten sich im 9. und 10. Jahrhundert von Handelsstützpunkten zu städtischen Siedlungen. Der Fernhandel hatte diese Entwicklung eingeleitet, die Beziehungen zu Byzanz und die Übernahme des orthodoxen Christentums hatten sie gefestigt. Im östlichen Europa hatte ein wirtschaftlicher Aufhol- und Anpassungsprozess begonnen. Die Waräger vermischten sich mit der slawischen Bevölkerung und gingen bald in ihr auf.

Kirche und Ökonomie

Ein besonderes Merkmal der mittelalterlichen Wirtschaftsgeschichte ist die Rolle der Kirche als Inhaberin von Land, Vermögen, Einkünften und Herrschaftsrechten. Bischöfe und Äbte wurden seit dem frühen Mittelalter von

Königen und Fürsten mit Regierungsaufgaben betraut und erhielten dafür weltliche Herrschaftsrechte über Städte und Länder. Das gesamte Mittelalter über rief diese Nähe der Kirche zur weltlichen Macht Kritik hervor, ohne dass es jemals zu einer völligen Trennung von Geistlichem und Weltlichem gekommen wäre. Fromme Stiftungen sorgten ebenfalls dafür, dass sich der Landbesitz der Bischofskirchen, Klöster und Stifte immer weiter ausdehnte. Hinzu kam, dass die Kirche zwar durch Kriege oder Entfremdung Einbußen an Rechten und Gütern erlitt, dass Kirchengut aber grundsätzlich als unveräußerlich galt. Dies führte dazu, dass sich um 700 bereits circa ein Drittel des gesamten bewirtschafteten Bodens im Frankenreich im Besitz der Kirche befand. Dies konnte nicht ohne kulturelle und wirtschaftliche Folgen bleiben. Eine sichtbare Auswirkung waren massive Kirchengebäude aus Stein oder Backstein, in deren Bau und Erhalt circa ein Viertel der Kircheneinnahmen flossen. Eine andere Konsequenz war die Herstellung von aufwändigen Handschriften aus teurem Pergament, in denen kirchliche und klassische Texte überliefert wurden. Produziert wurden in Klöstern nicht nur Manuskripte, sondern auch Textilien, Werkzeuge und nicht zuletzt sogar Waffen. Nicht nur das Kloster St. Gallen war – modern gesprochen – eine Art »Rüstungsbetrieb« schwarz. Einzelne Klöster und Kirchen wurden dadurch – trotz der Kritik von Asketen und Reformern – zu kleinen und großen Wirtschaftsunternehmen.

Landesherren und Stadtregierungen standen dem kirchlichen Reichtum ambivalent gegenüber. Einerseits war die Kirche auf vielfältige Weise mit der politischen Herrschaft verbunden – zum Nutzen beider Seiten. Andererseits erfreuten sich die kirchlichen Güter häufig einer rechtlichen und steuerlichen Immunität. Bereits Karl der Große hatte 811 den Bischöfen und Äbten in einem Kapitular die Frage gestellt, ob denn derjenige der Welt entsagt habe, der an nichts anderes denke, als wie er auf jede mögliche Art und Weise seinen Besitz vermehren könnte, sei es durch Verheißung himmlischen Lohns, sei es durch Androhung von Höllenstrafen, wobei die rechtmäßigen Erben um ihr Erbe gebracht und aufgrund ihrer Notlage veranlasst würden, ihre Zuflucht zu Diebstahl und Raub zu nehmen. Die starke Zunahme des Kirchenbesitzes führte Jack Goody unter anderem darauf zurück, dass die Kirche zahlreiche Heiratsbeschränkungen durchsetzen konnte, weshalb sich die Kontinuität von Familien und Familienbesitz verringert habe. Dies habe die Chance der Kirche

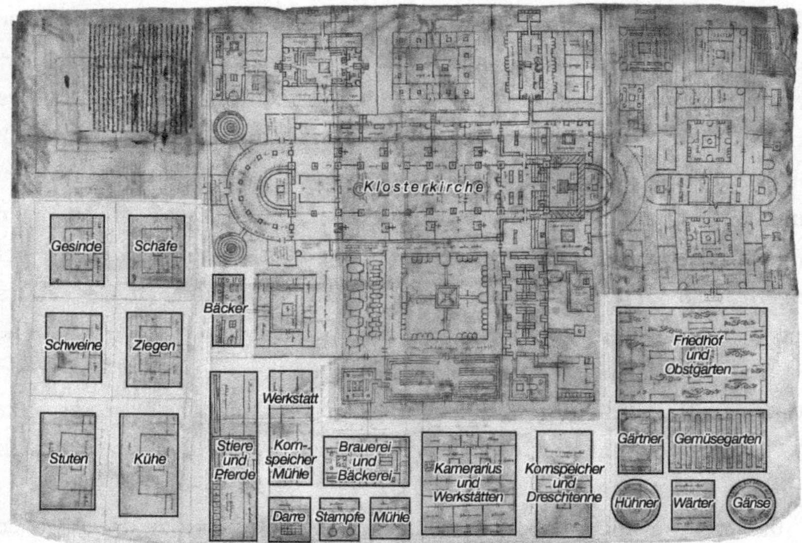

Der St. Galler Klosterplan (vor 830). Der Plan stellt einen Idealplan dar und ist die älteste überlieferte Architekturzeichnung im westlichen Europa. Die einzelnen Gebäude wurden teilweise mit Einrichtungsgegenständen wie Betten oder Tischen gezeichnet. Ein großer Teil der Gebäude, beinahe die Hälfte, war für die wirtschaftlichen Aktivitäten der Mönche und ihrer weltlichen Angestellten vorgesehen. In den Werkstätten sollten u. a. Sattler und Schuhmacher, Schildmacher und Messerschleifer, Gerber und Drechsler, Walker und Grobschmied ihrer Arbeit nachgehen.

erhöht, an die Stelle der Erben zu treten. Über Goodys These wird seit 30 Jahren gestritten. Dagegen steht fest, dass die weltlichen Obrigkeiten das gesamte Mittelalter über versuchten, den Besitz der »Toten Hand« zu begrenzen oder zu Steuerleistungen heranzuziehen. »Tote Hand« bezeichnet zumeist unbewegliche Wirtschaftsgüter, die aufgrund des Stifterwillens nicht veräußert werden dürfen und somit dem Privatrechtsverkehr entzogen sind.

Für den mittelalterlichen Land- und Immobilienmarkt hatte das kirchliche Veräußerungsverbot weitreichende Konsequenzen: Weil ein Verkauf von Kirchengütern nicht vorgesehen war, bildeten sich Transaktionsformen, bei denen nicht Eigentum, sondern Nutzungsrechte übertragen wurden. Wenn abhängige Bauern ihre Bauernhöfe oder einzelne Äcker verkauften, so gaben sie nicht das Eigentum an diesen Gütern weiter, sondern lediglich die jeweiligen Nutzungsrechte. Die Transaktion setzte daher in der Regel den Konsens des Grundherrn als Eigentümer voraus. Eine im frühen Mittelalter häufig auftretende Leiheform bildete die Prekarie, bei der ein Grundherr einem Bauern auf Lebenszeit oder für mehrere (bis zu drei) Generationen einen Bauernhof samt Land übertrug und dafür Abgaben erhielt. Die Prekarie ging in vielen Fällen auf die Initiative von Bauern zurück, die ihr Land – aus Not oder Strategie – einem Grundherrn übertrugen und es als Prekarie zurückerhielten. Das verlorene Eigentumsrecht am Land war manchmal weniger wichtig als der gewonnene Schutz des Grundherrn. Die kirchlichen Grundherren wurden umgekehrt zwar zu den rechtlichen Eigentümern, erhielten aber keinerlei Nutzungsrechte. Ihr Gewinn beschränkte sich auf die Abgaben und die Hoffnung, das Land einmal ganz zu besitzen.

In Bezug auf die landwirtschaftliche Praxis, auf die Höhe der Abgaben, die Anzahl der Frondienste und den sonstigen Umgang mit den hörigen Bauern unterschieden sich kirchliche hingegen vermutlich wenig von weltlichen Grundherrschaften. Für die wirtschaftshistorische Forschung bilden sie aus einem anderen Grund dennoch eine wichtige Quellengrundlage: Kirchliche Grundherren legten seit dem 9. Jahrhundert zunehmend auf eine schriftliche Verwaltung Wert. Texte wie die karolingischen Polyptycha liefern wichtige Informationen zur frühmittelalterlichen Grundherrschaft – und steigerten möglicherweise die Effizienz der landwirtschaftlichen Betriebe. Ob dies das Leben der abhängigen Bauern verbesserte, ist freilich ungewiss.

Kleriker und Mönche beschrieben in ihren historiografischen und hagiografischen Texten auch ihre Vorstellungen einer christlichen Ökonomie, die dem kommerziellen Handeln und dem Reichtum ambivalent gegenüberstand, den Preis- und Zinswucher verdammte und die Genügsamkeit lobte. Dies waren kirchliche Grundpositionen, die das gesamte Mittelalter über wiederholt wurden. Es handelte sich jedoch eher um Idealvorstellungen monastischer Lebensformen als um ein Abbild frühmittelalterlicher Praktiken.

Die Wirtschaft im frühen Islam

Im 7. Jahrhundert eroberten die zum Islam konvertierten Araber den Nahen Osten, Ägypten und Nordafrika. Im 8. Jahrhundert kamen die iberische Halbinsel im Westen und Zentralasien im Osten hinzu. Die Expansion erfolgte kriegerisch oder auf dem Verhandlungsweg, häufig in einer Mischung von beidem. In allen Regionen bildeten die Araber eine dünne Oberschicht. Christen und Juden durften ihre Religion weiter praktizieren, wenn sie bereit waren, eine Sondersteuer (Dschizya) zu bezahlen. Die Islamisierung schritt in vielen Gebieten nur langsam voran. Für die Verwaltung ihres Vielvölkerstaates stützten sich die Araber auf die vorhandenen administrativen Strukturen. Römische Münzen behielten ihre Gültigkeit und traditionelle Rechtsgewohnheiten wurden übernommen. Wie das römische Reich war das Kalifat daher ein Staat mit einer funktionierenden Verwaltung, der durch Kopf- und Landsteuern finanziert wurde und über eine stehende Armee verfügte. Allerdings nahmen die Einnahmen der Kalifen seit dem 9. Jahrhundert ab, weil die regionalen Kommandanten die Steuereinnahmen immer zögerlicher an die Zentrale in Bagdad schickten. Um das Heer weiterhin besolden zu können, erhielten einige Befehlshaber seit dem 10. Jahrhundert Militärlehen (Iqta) mit der Übertragung von Ländereien, in denen sie auf eigene Rechnung Steuern und andere Abgaben eintrieben und dafür eine bestimmte Anzahl von Soldaten stellten. Es setzte eine Mediatisierung der Staatsgewalt ein, die in Westeuropa bereits im 6. Jahrhundert begonnen hatte. Welche Bedeutung die Militärlehen für die gesellschaftliche und politische Entwicklung im Nahen Osten hatten, ist eine kontrovers diskutierte Frage.

Die Kombination von antiken Traditionen und arabisch-muslimischen Erweiterungen führte im Bereich der Wirtschaft zu spezifischen Entwicklungen. In der islamischen Welt, die die ehemals reichsten römischen Provinzen mit Iran und Zentralasien vereinte, entstand eine rege Handelstätigkeit, die angesichts der gemeinsamen Währung des Dinars zusätzlich erleichtert wurde. Bis zu den Eroberungszügen der Mongolen im 13. Jahrhundert bildete die islamische Welt das größte Handelssystem der Welt. Förderlich für den Handel waren organisatorische Innovationen wie unterschiedliche Formen von Geschäftspartnerschaften, Handelsnetzwerke über weite Distanzen sowie ein gut ausgebildeter Finanzmarkt, der den bargeldlosen Zahlungsverkehr und den Zugang zu Krediten erleichterte. Das Kalifat und die anderen muslimischen Fürstentümer profitierten durch die Einnahme von Steuern und Zöllen von dem großen Handelsvolumen. Sie förderten umgekehrt den Ausbau der Stadt Bagdad, das im 9. Jahrhundert zur größten Stadt außerhalb Chinas anwuchs, und die Anlage von weiteren Handelsstädten im Nahen Osten. Fustat/Kairo gehörte im 11. Jahrhundert mit mehr als 100.000 Einwohnern ebenfalls zu den größten Städten der Epoche. Auf antiken Grundlagen aufbauend setzte die Urbanisierung vielerorts in Nordafrika und im Nahen Osten im 8. Jahrhundert ein, mindestens 200 Jahre, bevor derselbe Prozess im westlichen Europa in Gang kam. Zwar bildeten die Städte in der islamischen Welt nicht die kommunalen Selbstverwaltungsstrukturen aus, welche die typische okzidentale Stadt kennzeichnen, ob dies indes zu Unterschieden in ihrer wirtschaftlichen Dynamik und Bedeutung führte, ist umstritten. Die kommerzielle Expansion hatte insgesamt zur Folge, dass die muslimischen Länder im Nahen Osten zwischen dem 8. und 12. Jahrhundert prosperierende Wirtschaftsräume bildeten. Sie profitierten nicht zuletzt von den Handelsbeziehungen zu Sklaven- und Goldhändlern aus Afrika südlich der Sahara sowie zu den Nomadenstämmen in den eurasischen Steppen Südrusslands und Zentralasiens. Aus den Steppen gelangten vor allem Pferde, Pelze und Sklaven in die muslimischen Wirtschafts- und Herrschaftszentren, wobei jüdische und warägische Kaufleute häufig als Zwischenhändler fungierten. Das aus Afrika stammende Gold faszinierte die Europäer zu allen Zeiten. Mit großer Aufmerksamkeit registrierten sie deshalb die Pilgerreise des Mansa Musa (ca. 1280–1337) nach Mekka. Angeblich brachte der König von Mali im Jahr 1325 so viel Gold nach Kairo, dass dort der Goldpreis massiv einbrach.

Die folgende Quellenstelle stammt aus einem Ratgeber für den Sklavenkauf aus dem 11. Jahrhundert. Diese Ratgeberliteratur dokumentiert die weite Verbreitung der Sklaverei im mittelalterlichen Nahen Osten und zeigt zudem, dass Bewohner Afrikas ebenfalls verschleppt wurden und dass zum Sklavenschicksal häufig die sexuelle Ausbeutung gehörte.

> »Von allen Schwarzen sind die nubischen Frauen die anmutigsten, sanftesten und höflichsten. Ihre Körper sind schlank mit einer glatten und weichen Haut, regelmäßig und wohlgestaltet. Sie achten ihre Herren, als seien sie geschaffen worden, um zu dienen.«

Über die Frauen des Bedscha-Volks aus Ostafrika heißt es:

> »Sie haben einen goldenen Teint, schöne Gesichter, grazile Körper und eine zarte Haut. Sie geben angenehme Bettgespielinnen ab, wenn man sie aus ihrem Lande holt, solange sie noch jung sind.«

Der Unterschied zwischen diesem »wirtschaftlichen und politischen Giganten« (Peter Frankopan) und einem christlichen Europa, das ohne Ressourcen und Neugier »in der Finsternis verkümmerte« (derselbe), wurde in den letzten Jahrzehnten mehrfach betont, ist wissenschaftsgeschichtlich als Umkehrung eines lange vorherrschenden Eurozentrismus verständlich, aus wirtschaftshistorischer Sicht vermutlich etwas überzeichnet – und macht die Erklärung der wirtschaftlichen Verschiebungen des hohen und späten Mittelalters schwieriger.

Die Landwirtschaft in der frühmittelalterlichen islamischen Welt bewahrte ebenfalls die vorhandenen Strukturen und war aufgrund der unterschiedlichen geografischen und klimatischen Bedingungen sehr vielgestaltig. Über die Effizienz gehen die Meinungen auseinander. Während ein Teil der Fachleute auf technologisch fortschrittliche Methoden und die Einführung vieler neuer Feldfrüchte und Pflanzen hinweist, vertreten andere die Meinung, dass die landwirtschaftliche Produktion in muslimischen Gebieten zurückging. Nimmt man beispielsweise die Entwicklung der Bevölkerung in Ägypten als Referenz, so zeigt sich der typische Niedergang während der Spätantike von circa 4,5 Millionen im ersten Jahrhundert auf 2,5 im 7. Jahrhundert. Um das Jahr 1000 lebten in Ägypten wohl nur knapp über 1,5 Millionen Menschen. Dies könnte eine Warnung sein, die Landwirtschaft im frühen Islam nicht zu überschätzen. Andererseits betonte Andrew Watson bereits 1974 die weite Verbreitung von aus Asien stammenden Nutzpflanzen (Reis, Zuckerrohr, Baumwolle, Banane, Kokospalme und andere), Verbesserungen in der Viehzucht und die technischen Fortschritte beim Bau von Bewässerungsanlagen, etwa durch unterirdische Wasserleitungen und Wasserhebevorrichtungen, die von Zugtieren betrieben wurden. Diese Transformationen seien so umfangreich gewesen, dass Watson sie als *Arab Agricultural Revolution* bezeichnet hat. Archäologische und archäobotanische Funde haben die Ausbreitung von Spezialkulturen und von Wasserschöpfwerken in der Zwischenzeit gut

Das persische Rad (*Persian wheel*): Mechanische Wasserhebevorrichtungen waren in der islamischen Welt seit dem frühen Mittelalter in Gebrauch – und blieben es mancherorts bis ins 20. Jahrhundert. Hier die Abbildung eines von Ochsen betriebenen Wasserschöpfwerks in Ägypten.

belegt, und so vertreten bis heute viele Historiker das Bild einer innovativen und effizienten Landwirtschaft im muslimischen Teil des Mittelmeerraums und im Nahen Osten seit dem 8. Jahrhundert.

Für die Verarbeitung der landwirtschaftlichen Produkte und anderer Rohstoffe verbreiteten sich in der islamischen Welt bereits früh moderne Techniken, die zum Einsatz von vielen unterschiedlichen Wind- und Wassermühlen führten, mit denen Textilien, Getreide und andere Nahrungsmittel verarbeitet wurden. Zur Versorgung der Landwirtschaft wurden Dämme und Wasserschöpfräder angelegt. Die Textilverarbeitung erfolgte in privaten Unternehmen, aber auch in den Tiraz-Werkstätten des Kalifen und anderer Herrscher. Die Arbeitsteilung sowie der Anteil von Frauen in verschiedenen Berufen waren groß. Viele dieser Gewerbe waren in den Städten angesiedelt, deren Zahl und Größe im frühen Islam rasch zunahm.

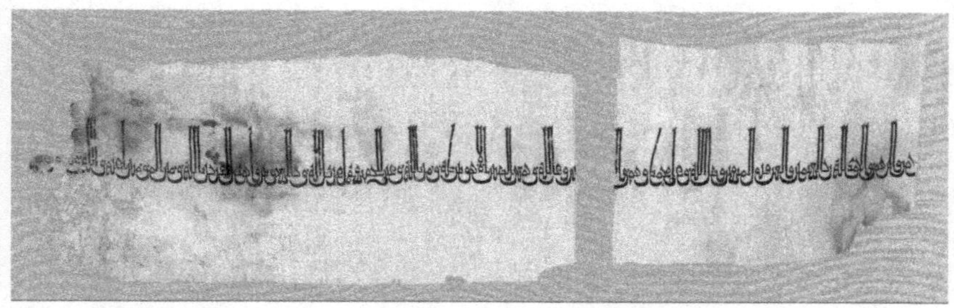

Tiraz-Fragment (Irak, um 1000): Tiraz waren hochwertige Stoffe mit Schriftbändern, die in Werkstätten am Hof hergestellt und als Ehrengewand an Höflinge und Botschafter verschenkt wurden. Die Inschrift umfasst meist eine Lobpreisung Allahs, des Propheten und des amtierenden Kalifen. Ibn Khaldun (1332–1406) schrieb über die Funktion dieser Textilien: »Mit dieser Bortenstickerei an den Gewändern der Herrscher ist beabsichtigt, das Prestige desjenigen zu erhöhen, der ein solches Gewand trägt – sei es der Machthaber selbst oder einer, der unter ihm steht, oder einer, den der Machthaber mit dem von ihm getragenen Gewand auszeichnet, weil er ihn ehren will oder ihn in eines der Ämter seiner Dynastie beruft.«

Aufbauend auf griechischen und hellenistischen Traditionen erörterten muslimische Gelehrte seit dem 8. Jahrhundert Wirtschaftsfragen wie Besteuerung, öffentliche Finanzen, landwirtschaftliche Anbaumethoden und die Vorteile der Arbeitsteilung. Zu Recht wurde von der islamwissenschaftlichen Forschung daher die Ansicht zurückgewiesen, dass es in der Geschichte des Wirtschaftsdenkens im Westen (Europa und Mittelmeerraum) zwischen der Spätantike und Thomas von Aquin im 13. Jahrhundert eine 500 Jahre dauernde Lücke (*Great Gap*) ohne nennenswerte wirtschaftliche Ideen gegeben habe. Möglicherweise wurde die Aufgeschlossenheit muslimischer Gelehrter gegenüber wirtschaftlichen Themen unter anderem durch einzelne Textstellen im Koran und zusätzliche Aussagen Mohammeds, der selbst als Kaufmann tätig gewesen ist, gefördert. Im Vergleich mit der frühmittelalterlichen Christenheit im westlichen Europa stand die muslimische Elite der Wirtschaft im Allgemeinen und kaufmännischer Tätigkeit im Besonderen aufgeschlossener gegenüber. Ob dies Auswirkungen auf das reale Wirtschaftsleben hatte, lässt sich schwer messen. Das dokumentierte Interesse der Gelehrten an Wirtschaftsfragen entspricht indes der insgesamt positiven Wirtschaftsentwicklung in der islamischen Welt zwischen dem 8. und 11. Jahrhundert.

Gute Aussichten

Das hohe Mittelalter (1000–1300)

Das hohe Mittelalter war für Europa und die Mittelmeerwelt ein Zeitalter der politischen Rekonsolidierung. Das Abbasidenkalifat im Süden und das Frankenreich im Westen lösten sich auf und an ihre Stelle traten Königreiche, Fürstentümer und Stadtstaaten bzw. Sultanate und Emirate, die teilweise zu Vorläufern der modernen Nationen und Staaten wurden. In diesen kleineren territorialen Einheiten konnten die Landesherren und Stadtregierungen ihre Regierungsgewalt verstärken und effizienter ausüben. Die politische Fragmentierung und Verdichtung gingen mit einer stärkeren kulturellen und kommerziellen Verflechtung Europas, Nordafrikas und des Nahen Ostens einher. In der Blütezeit des Mongolenreichs in der zweiten Hälfte des 13. Jahrhunderts war die Mittelmeerwelt über die Handelswege der Seidenstraße mit dem Fernen Osten besonders eng verbunden. Schließlich begann mit den Kreuzzügen und dem Landesausbau an Europas Rändern eine räumliche Expansion, welche eine politische und kulturelle Vereinheitlichung des lateinisch-katholischen Europa beschleunigte.

Eine Ursache für die politischen und wirtschaftlichen Wandlungsprozesse war die mittelalterliche Klimaanomalie, in Europa als mittelalterliche Warmzeit (*medieval warm period*) bezeichnet. Dabei handelte es sich um einen Zeitraum, der sich vom 10. bis zum 14. Jahrhundert erstreckte, mit der wärmsten Periode zwischen 950 und 1250. Im Vergleich zum langfristigen Durchschnitt lagen die Temperaturen dieser Zeit 1,5–2°C über dem Mittel. Die damaligen Werte entsprachen den mittleren europäischen Temperaturen in der ersten Hälfte des 20. Jahrhunderts, werden aber inzwischen durch den von Treibhausgas-Emissionen verursachten Klimawandel übertroffen. Die Klimaanomalie des hohen Mittelalters verlief zeitlich und regional uneinheitlich. Von der Erwärmung besonders betroffen waren Gebiete nördlich der Alpen mit warmen und sonnenreichen Sommern, die den landwirtschaftlichen Ertrag steigerten, während am Mittelmeer und im Nahen Osten der sommerliche Temperaturanstieg Dürreperioden mit sich brachte. Die klimatischen Verhältnisse schufen daher in einigen Regionen günstige Voraussetzungen für die Landwirtschaft und damit auch für ein anhaltendes Bevölkerungswachstum.

Die Wirtschaft in Byzanz im hohen Mittelalter

Im hohen Mittelalter erlebte das byzantinische Reich zunächst einen politischen und wirtschaftlichen Aufschwung. Außenpolitisch konnte der Einfluss im Norden nach der Eroberung Bulgariens und im Süden bis nach Syrien ausgedehnt werden. Kulturell erzeugte dies eine Blütezeit unter der makedonischen Dynastie (867–1056), in der die künstlerische Rezeption der Antike wieder stärker in den Vordergrund trat. Die materielle Grundlage für diesen politischen und kulturellen Aufschwung war eine erfolgreiche Entwicklung der byzantinischen Wirtschaft. In der Folge politischer und militärischer Ereignisse kam dieser Aufschwung Ende des 11. Jahrhunderts zu einem vorläufigen Ende. 1071 wurden die Byzantiner von den türkischen Seldschuken bei Manzikert geschlagen und große Teile Kleinasiens gingen verloren. In Süditalien eroberten die Normannen die letzten byzantinischen Außenposten und begannen, in die Westgebiete des Reichs einzufallen. Mittels Reformen des Heer- und des Münzwesens gelang es den Kaisern aus der Dynastie der Komnenen (1056–1185), die Lage im 12. Jahrhundert zu konsolidieren. Ein Zeichen dafür ist ein kontinuierliches Bevölkerungswachstum seit dem 8. Jahrhundert, das im 11. Jahrhundert einen Höhepunkt erreichte und sich auf diesem Niveau stabilisierte – trotz der Verkleinerung des Reichsgebietes. Optimistische Schätzungen veranschlagen die byzantinische Bevölkerung im 11. und 12. Jahrhundert auf rund 19 Millionen Menschen. Das demografische und wirtschaftliche Wachstum wurde durch den Vierten Kreuzzug und die daraus folgende Fragmentierung des griechischen Kaiserreichs zunichtegemacht.

Die Zäsuren der byzantinischen Geschichte waren eine Folge von politisch-militärischen Entwicklungen seit der zweiten Hälfte des 11. Jahrhunderts. Die ständigen Kriege an den Grenzen führten zu einer Militarisierung der Gesellschaft und der Wirtschaft. Über die Hälfte der Staatseinnahmen diente der

Finanzierung der Armee, der Rest wurde zum größten Teil für die Staatsverwaltung gebraucht. Staatlich gefördert und reglementiert wurden zudem die Waffenproduktion in größeren Städten wie Thessaloniki oder die Beschlagnahmung von Nahrungsmitteln in kleineren Städten und Dörfern, die ebenfalls für die Soldaten bestimmt waren. Ab dem letzten Viertel des 11. Jahrhunderts verkleinerte sich das Staatsgebiet, wodurch die staatlichen Einnahmen ebenfalls zurückgingen. Genaue Zahlen liegen zwar nicht vor, doch gelangte die Forschung zu folgender Einschätzung, die eine Orientierung über die langfristige Entwicklung gibt:

Jahr	775	850	959	1025	1150	1303
Einnahmen	2	3,3	4	5,9	5,6	1,8

Die jährlichen byzantinischen Steuereinnahmen in Millionen *nomismata* und *hyperpyra* (ab 1150). *Nomisma* (Plural: *nomismata*) ist die griech. Bezeichnung für Solidus. Da der *nomisma* im 11. Jh. immer weniger Feingold enthielt, wurde der *hyperpyron* als neue Goldmünze eingeführt (4,45 g; 20,5 Karat).

Die steigenden Kosten für die Armee und Tributzahlungen konnten dank hoher Steuereinnahmen bis zum Ende des 12. Jahrhunderts ohne größere Schwierigkeiten aufgebracht werden. Das Steueraufkommen stammte zum größeren Teil aus der Landsteuer und daneben aus der Besteuerung von Handwerk und Handel. Bei der gewerblichen Produktion traten besonders Keramik, Glas und Textilien hervor, die vor allem in Konstantinopel und anderen städtischen Zentren mit einem wachsenden Volumen hergestellt wurden und teilweise bis nach Westeuropa und Ägypten exportiert wurden. Besonders begehrt waren die byzantinischen Seidenstoffe, die als diplomatische Geschenke oder Handelswaren in die Kirchen und an Höfe des Westens gelangten.

Der regionale und internationale Handel erlebte seit dem 9. Jahrhundert einen Aufschwung. Wichtigster Knotenpunkt blieb die Hauptstadt, bei der sich mehrere internationale Handelsrouten kreuzten und die Wirtschaftsströme des Landes zusammenliefen. Der Erzbischof von Athen beschwerte sich Ende des 12. Jahrhunderts deutlich darüber: »Denn was fehlt Ihnen in Konstantinopel? Nicht die Weizenfelder Mazedoniens, Thrakiens und Thessaliens, die wir Provinzler bewirtschaften, nicht die Weine Euböias, Ptelions, Chios und

Rhodos, die wir keltern, nicht die feinen Gewänder, die unsere thebanischen und korinthischen Finger weben, nicht das ganze Geld, das in die Königsstadt fließt.« Der Handel wurde in Konstantinopel und anderen Städten mit zehn Prozent besteuert (*kommerkion*). Die täglichen Einnahmen der Zollbehörde in der Hauptstadt sollen im 12. Jahrhundert circa 20.000 *hyperpyra* betragen haben, das wären 89 kg Gold gewesen. Der Staat griff außerdem in die Wirtschaft ein, indem er Kaufleute verpflichtete, Getreide und andere Waren im Staatsbesitz auf eigene Kosten nach Konstantinopel zu transportieren. Neben dem übermächtigen Konstantinopel spielten andere Handelsstädte wie Thessaloniki, Theben und Trebizond eine wichtige Rolle im regionalen Handel.

Im Jahr 992 schloss Basilius II. (956–1025) einen ersten Handelsvertrag mit der Republik Venedig. Als Gegenleistung für den Transport byzantinischer Waren nach Süditalien erhielt Venedig Zollprivilegien in Konstantinopel. Ähnliche Handelsvorteile erhielten in den folgenden Jahrhunderten die Städte Amalfi, Genua und Pisa. Die Verträge belegen einerseits Konstantinopels zentrale Position im expandierenden Handel im östlichen Mittelmeer, andererseits aber auch die Verlagerung des Seehandels auf italienische Schiffe. Mitte des 12. Jahrhunderts besaßen die drei großen Seerepubliken Venedig, Genua und Pisa ausgedehnte Handelsquartiere in Konstantinopel – jeweils mit eigenen Anlegestellen, Kirchen, öffentlichen Gebäuden und Wohnhäusern. Das Verhältnis zu den Einheimischen war von Spannungen gekennzeichnet, die sich 1177 und 1182 in sogenannten Lateinerpogromen entluden. Zwar konnten die Italiener nach einigen Jahren zurückkehren und die Venezianer erhielten 1198 weitreichende Handelsrechte im gesamten Reich, doch das Verhältnis zwischen den Griechen und ihren Gästen aus dem Westen blieb konfliktbeladen. Die wirtschaftlich übermächtige Stellung der Italiener zeigte sich also bereits einige Jahre vor dem Vierten Kreuzzug. Nach der Restauration des griechischen Kaiserreichs in Konstantinopel 1261 änderte sich daran nicht viel. Venezianer und Genuesen forderten nicht nur erfolgreich ihre Handelsquartiere in Konstantinopel zurück, sondern erhielten darüber hinaus weitreichende Privilegien, die den Handel im byzantinischen Reich in den Dienst ihrer kommerziellen Interessen stellten.

Die byzantinische Landwirtschaft war so vielfältig wie die Landschaft, die mediterrane Küstenzonen und Inseln, trockene Hochplateaus in Anatolien und das Nebeneinander von Hochgebirgen und Beckenlandschaften auf dem Balkan umfasste. Seit dem 10. Jahrhundert breiteten sich große Grundherrschaften immer stärker aus, während der Anteil der freien, steuerzahlenden Bauern zurückging. Wie im Westen waren der Kaiser, der Adel und die Klöster die größten Grundherren. Diese institutionellen Veränderungen wurden unterschiedlich beurteilt. In der aktuellen Forschung dominiert eine verhalten positive Sichtweise, die annimmt, dass die Produktivität innerhalb der Grundherrschaften durch die unternehmerischen Initiativen der Grundherren sowie durch höhere Pro-Kopf-Einkommen der abhängigen Bauern gestiegen sei. Bauern nutzten ihre Überschüsse, um in ihr Land zu investieren, Bewässerungsanlagen oder Spezialkulturen anzulegen. Mit der steigenden Bevölkerungszahl im Reich ging eine Vergrößerung der agrarischen Nutzflächen einher, die sich in dieser Zeit beinahe verdoppelten. Weiden und Wald wurden zu diesem Zweck ebenfalls teilweise in Ackerland verwandelt. Technologisch blieb die byzantinische Landwirtschaft konventionellen Gewohnheiten verpflichtet, sodass weder der schwere Pflug noch die Dreifelderwirtschaft größere Verbreitung fanden. Ob diese für die byzantinischen Bodenverhältnisse überhaupt geeignet gewesen wären, ist umstritten.

Byzanz erlebte im hohen Mittelalter eine Epoche des Wirtschaftswachstums, das weiterhin stark von der öffentlichen Verwaltung reglementiert wurde. Ein Indikator für das Funktionieren der Wirtschaft und das Vertrauen in sie war die Entwicklung der Zinsen für Kredite, die im frühen Mittelalter bei 6 bis 8 Prozent gelegen hatten und im hohen Mittelalter bei durchschnittlich 8,33 Prozent lagen. Damit war beispielsweise die Aufnahme eines Darlehens für Investitionen in Handelsunternehmen in Byzanz kostengünstiger als im westlichen Europa zur selben Zeit, da im Westen die Zinsen höher waren. Die dynamische Entwicklung der Wirtschaft wurde von den Rechtsgelehrten und Juristen kommentiert und zwar auf einem Niveau, das mit dem der westlichen scholastischen Autoren des 13. Jahrhunderts durchaus mithalten konnte. Aufgrund der vielen militärischen Auseinandersetzungen verkleinerte sich jedoch seit dem ausgehenden 11. Jahrhundert nicht nur das Staatsgebiet, sondern auch die Steuereinnahmen gingen zurück. Im Zuge der Ausbildung eines »aristokratischen Feudalismus« (Angeliki E. Laiou) gelangte das Land immer stärker in die Hände von kirchlichen und adligen Grundherren; der Staat und freie

Bauern verloren an Bedeutung. Dennoch war der durchschnittliche Lebensstandard der Byzantiner im 12. Jahrhundert vermutlich noch immer höher als im westlichen Europa. Die Verhältnisse änderten sich, da es den italienischen Stadtstaaten in dieser Zeit gelang, den Außenhandel von Byzanz immer stärker zu kontrollieren. Der Vierte Kreuzzug und seine Folgen waren schließlich am Beginn des 13. Jahrhunderts eine politische Katastrophe, die Wirtschaftskraft und Reichtum in den einzelnen Regionen des fragmentierten Reichs stark verminderten.

Das hohe Mittelalter im westlichen Europa

Das hohe Mittelalter war im westlichen Europa eine Epoche der Expansion und der Verdichtung. Alle Lebensbereiche waren davon betroffen. Nach der Fragmentierung des karolingischen Reichs und der Integration von Wikingern und Ungarn in die christliche Welt expandierte die lateinische Christenheit in den muslimischen Mittelmeerraum, in den heidnischen Osten und Norden und in das christliche Irland. In allen diesen europäischen Randlagen machten sich die Aristokratie und ihre Krieger, die Kirche und ihre Missionare sowie die Bauern und Kaufleute daran, die Struktur der fränkisch-europäischen Kernregion auf neue Gebiete zu übertragen. Die zwei wichtigsten Hilfsmittel hierfür waren eine fortschrittliche Militärtechnik mit Burgen, Rüstungen und Waffen sowie die katholische Ideologie mit ihren universalistischen Ansprüchen. Dieser Prozess führte zur Entstehung eines religiös und kulturell vereinheitlichten Europa. Das große fränkische Reich des frühen Mittelalters machte kleineren politischen Gebilden Platz, in deren Grenzen im hohen Mittelalter die modernen europäischen Nationen entstanden. Die Landesherren intensivierten ihre Herrschaft, nicht zuletzt dank des Aufbaus einer bürokratischen Administration. Der in vielen Regionen erfolgte Wirtschaftsaufschwung hatte unter anderem klimatische Gründe und basierte auf frühmittelalterlichen Entwicklungen. Wenig überzeugend ist dagegen wohl die Erklärung, dass die Wirtschaft in Westeuropa durch den »immensen Zufluss von Silbermünzen aus der islamischen Welt befeuert« wurde und deshalb einen starken Aufschwung erlebte (Peter Frankopan).

Die politische und kulturelle Vereinheitlichung Europas ging mit einer Ausweitung des agrarisch genutzten Landes einher. Die frühmittelalterliche

Entwaldung Europas fortsetzend, wandelten Bauern und Kolonisatoren Wald und Weide in Ackerflächen um. Auf diese Weise wurde der Nahrungsmittel- und Brennholzbedarf einer wachsenden Bevölkerung gestillt. Dieser Prozess dauerte bis zum 13. Jahrhundert an und vollzog sich als Binnenkolonisation in den Kernzonen Westeuropas, daneben aber vorrangig in den noch wenig besiedelten Randzonen des Kontinents. In Frankreich, im Herzen Westeuropas, vergrößerten sich die Anbauflächen beispielsweise um 25 bis 50 Prozent. Die Initiative ging von Bauern und Grundherren gleichermaßen aus. Deren Aktivitäten sind schriftlich gut dokumentiert. Als Abt Suger von Saint-Denis um 1140 einen Traktat über Einnahmen und Vermögen seines Kloster erstellte, beschrieb er unter anderem eine Neugründung:

> »Bei Vaucresson bauten wir ein Dorf, gründeten eine Kirche und ein festes Haus und ließen das unbebaute Land mit einem Pflug aufreißen. Welchen Wert dies haben muss, werden vorwiegend diejenigen verstehen, die sich bemühen, das Dorf zu bauen, da dort bereits 60 Bauern sind und viele immer noch zu kommen beabsichtigen. Jener Ort war früher eine Räuberhöhle, weil er allseits zwei Meilen Wildnis hatte. Deshalb verfügen wir, dass unsere Brüder daselbst Gott dienen, auf dass an Orten, da vormals Drachen hausten, das Grün von Schilf und Binsenrohr aufgehe.«

An der Nordseeküste setzte im 11. Jahrhundert die Landgewinnung mittels der Anlage von Deichen ein. In Gebirgszonen breitete sich die Almenwirtschaft aus. Im selben Jahrhundert begann die Wanderung von Deutschen, Flamen und Holländern nach Ostmitteleuropa. Im Laufe des hohen Mittelalters ließ sich circa eine halbe Million Auswanderer in den dünn besiedelten Ländern nördlich und östlich der Elbe nieder, rodete Wälder und legte Sümpfe trocken. Wie viele Landesherren rief auch der Vizemeister des Deutschen Ordens in Livland, der in Riga residierte, neue Siedler ins Land. In einem Schreiben 1261 forderte er die Bürger der Stadt Lübeck auf, nach Livland zu kommen und stellte ihnen die Übergabe von Land und mehrjährige Steuerfreiheit in Aussicht. Diese Erweiterung der landwirtschaftlichen Flächen um circa 50 bis 60 Prozent, verteilt auf alle Regionen Europas, stellt den größten Einzelbeitrag zum hochmittelalterlichen Wirtschaftswachstum dar.

Helmold von Bosau (1120–1177) schildert eine Werbekampagne, mit der Adolf II. von Schauenburg Siedler nach Holstein locken wollte (*Chronica Slavorum.* 1, 57):

> »Da das Land verlassen war, schickte er [1143] Boten in alle Lande, nämlich nach Flandern und Holland, Utrecht, Westfalen und Friesland, dass jeder, der zu wenig Land hätte, mit seiner Familie kommen sollte, um den schönsten, geräumigsten, fruchtbarsten, an Fisch und Fleisch überreichen Acker nebst günstigen Weidegründen zu erhalten. ... Darauf brach eine zahllose Menge aus verschiedenen Stämmen auf, nahm Familien und Habe mit und kam zu Graf Adolf nach Wagrien [der nordöstliche Teil Holsteins], um das versprochene Land in Besitz zu nehmen.«

Die landwirtschaftliche Produktivität pro Hektar verbesserte sich im hohen Mittelalter aufgrund des wärmeren Klimas und verbesserter Anbaumethoden. Das Verhältnis von Aussaat zu Ernte lag im hohen Mittelalter zwischen 1:3 bis 1:5 und damit ein wenig über dem frühmittelalterlichen Durchschnitt. Weitere Veränderungen kamen hinzu: Der schwere Pflug und die Dreifelderwirtschaft setzten sich in vielen Regionen durch. Bei dieser Anbauform legten die Bauern ihre benachbarten Felder zusammen und bauten auf dem gesamten Großfeld (Zelge) eine einzige Getreideart an, wobei sich Sommer- und Wintergetreide abwechselten. Das dritte Großfeld lag brach und der Boden konnte sich erholen und Nährstoffe sammeln. Jeder Bauer besaß eigene Feldanteile innerhalb der Zelgen, zu denen die öffentlichen und dauerhaft angelegten Flurwege führten. Auf provisorischen Bauwegen gelangten die Bauern zu ihren individuellen Feldanteilen. Die Abgrenzungen zwischen den einzelnen, unterschiedlich großen Anteilen waren immer wieder strittig.

Geregelt wurden diese und ähnliche Fragen innerhalb der bäuerlichen Dorfgemeinschaft, weshalb das Dorf im hohen Mittelalter als Siedlungszentrum und als Rechts- und Friedensbereich weiter an Bedeutung gewann. Schon im frühen Mittelalter siedelten Bauern in dörflichen Einheiten, allerdings existierten in dieser Zeit häufig noch keine völlig fest gefügten hierarchischen Strukturen innerhalb der Dorfgemeinschaften. Im hohen Mittelalter wählten die erwachsenen männlichen Bewohner eines Dorfes Vertreter aus ihrer Mitte, die unterschiedliche Ämter (Dorfvorsteher, Richter, Schöffen) ausübten. »Was der Bauermeister (*burmester*) anordnet zu des Dorfes Nutzen mit Zustimmung der größeren Menge der Bauern, das kann der kleinere Teil nicht widerreden«, schrieb der Autor des Sachsenspiegels zur dörflichen Entscheidungsfindung. Manche Dörfer erhielten von den Grundherren umfangreiche Privilegien, die den zeitgleichen Stadtrechten nicht unähnlich waren. Der »Freiheitsbrief von

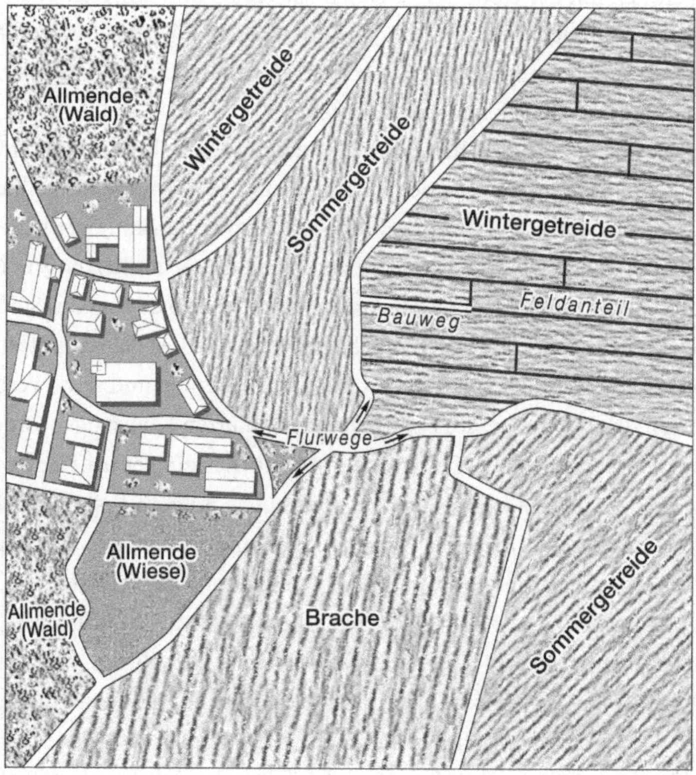

Ein Dorf und die Dreifelderwirtschaft. Seit dem hohen Mittelalter entstanden in vielen Regionen Europas Dörfer und Dorfgemeinden. Die Dreifelderwirtschaft (Dreizelgenwirtschaft) breitete sich in derselben Zeit weiter aus, steigerte die Produktivität, zwang die Bauern aber auch zur Kooperation. Im Bild zu sehen sind neben der gemeinsam genutzten Allmende die Großfelder (Zelgen) mit Sommer- und Wintergetreide sowie die Brache (nicht bebautes Land). Auf provisorischen Bauwegen gelangten die Bauern zu ihren Feldanteilen. Die Dreifelderwirtschaft wurde teilweise noch im 20. Jahrhundert angewandt.

Beaumont«, den der Erzbischof von Reims dem Dorf an der Grenze der Champagne und Lothringens im Jahr 1182 gewährte, wurde beispielsweise zum Vorbild für mehr als 500 Orte und bildete damit quasi ein Dorfrechtsgebiet.

Die Festsetzung geltender Rechtsgewohnheiten und die schriftliche Beilegung von Streitfällen zwischen Grundherrn und Bauern erfolgte seit dem 14. Jahrhundert in der Form von Weistümern. Diese Rechtstexte bildeten das Ergebnis einer Kompromissfindung zwischen Herrschern und Bauern und beschäftigen sich mit der Höhe der Abgaben von freien und unfreien Bauern, der Nutzung der Allmende, der Vererblichkeit der Bauernhöfe, der Instandhaltung von Straßen, Wegen und Brücken, der Grenzen zwischen den landwirtschaftlichen Flächen und vielen anderen Themen.

Die Bildung von bäuerlichen Gemeinschaften stärkte ihren rechtlichen und sozialen Zusammenhalt und erzeugte eine bäuerliche Gruppenidentität. Dies mag ein Grund dafür gewesen sein, dass seit dem 13. Jahrhundert bäuerliche Beschwerden und Widerstandshandlungen gegen die Grundherren zunahmen. Besondere Bekanntheit erlangte der Aufstand der Bauern des Landes Stedingen (westlich von Bremen), die gegen die ihnen auferlegten Abgaben protestierten und ab 1229 eine Fehde gegen den Erzbischof von Bremen und seine Verbündeten führten. Im Rahmen eines päpstlich sanktionierten Kreuzzugs wurden die Stedinger Gemeinden militärisch besiegt. Friedlicher ging es im Tiroler Inntal im Jahr 1312 zu, als der Landesherr ein Steuerbuch anlegen ließ und bei jeder Gemeinde die Beschwerden der Bauern aufgenommen wurden. Das Ergebnis ist ein vielstimmiger Katalog von Klagen der Bauern gegenüber den Grundherren und Landvögten über willkürlich erhöhte Abgaben und Dienste, ungerechte Gerichtsurteile und andere Formen der unrechtmäßigen oder gewalttätigen Repression. Das Bestreben der Bauern und ländlichen Gemeinden, ihren Anliegen Gehör zu verschaffen und die sie betreffenden Angelegenheiten in eigene Hände zu nehmen, brach auch in den folgenden Jahrhunderten nicht ab.

Die Ausweitung der Flächen und Verbesserung der Anbaumethoden erhöhten den Ertrag der Landwirtschaft in der Zeit von 1000 bis 1300 vermutlich auf das Doppelte. Der Zugewinn an geerntetem Getreide bildete die Grundlage für das hochmittelalterliche Bevölkerungswachstum. Da mittelalterliche Angaben fehlen, kann die Zunahme der Bevölkerung nur geschätzt werden. Für England wird in der Forschung eine jährliche Steigerung in der zweiten Hälfte des 12. Jahrhunderts um 0,2 Prozent und um 0,75 Prozent im 13. Jahrhundert angenommen. Für Frankreich und Deutschland lieferten Schätzungen Werte von 0,39 bzw. 0,48 Prozent für das 12. Jahrhundert. Die Bevölkerung in anderen Regionen Europas wuchs sicherlich langsamer. Geht man daher von einem europäischen Durchschnitt von 0,25 Prozent Bevölkerungswachstum im hohen Mittelalter aus, so hätte sich die europäische Bevölkerung in den 300 Jahren von 1000 bis 1300 um den Faktor 2,11 vergrößert. Dies entspricht den Schätzungen der europäischen Gesamtbevölkerung (ohne Russland) um das Jahr 1000 von circa 34 bis 38 Millionen und im Jahr 1300 von circa 68 bis 78 Millionen. Legt man für Frankreich ein durchschnittliches demografisches Wachstum von 0,39 Prozent zugrunde, dann hätte sich die französische Bevölkerung in diesem Zeitraum mehr als verdreifacht. Ähnlich verlief die Entwicklung Englands von 1,8 Millionen am Ende des 11. Jahrhunderts auf 4,2 Millionen im beginnenden 14. Jahrhundert. Im Vergleich zum Bevölkerungswachstum im 20. Jahrhundert mit einer Vervierfachung der Weltbevölkerung in hundert Jahren ist die mittelalterliche Zunahme gering, dennoch ist sie ein Beleg für eine lange andauernde Phase des Wachstums.

Die Grundherrschaft blieb im hohen Mittelalter weiterhin die übliche Organisationsform landwirtschaftlicher Tätigkeit. Um 1300 lebten in England 5 Millionen Menschen, 2 Millionen davon waren abhängige Bauern und ihre Familien. Das von ihnen bewirtschaftete Land umfasste circa 50 Prozent des gesamten für Landwirtschaft und Viehzucht genutzten Gebietes. Wie im frühen Mittelalter verbargen sich hinter dem Begriff Grundherrschaft jedoch äußerst unterschiedliche Arbeits- und Lebensweisen. Eine zentrale hochmittelalterliche Entwicklung bildete die Auflösung der aus Herren- und Bauernland bestehenden Grundherrschaft, ein Vorgang, der als »wirtschaftliche Revolution« bezeichnet worden ist (Philippe Dollinger), im Grunde aber eher eine Fortsetzung der Umstrukturierungen darstellt, die bereits im frühen Mittelalter an manchen Orten greifbar ist. Viele Grundherren gingen dazu über, das ehemalige Herrenland zu parzellieren und an Bauern zu verpachten und die Frondienste auf dem früheren Herrenland in Geldzahlungen umzuwandeln.

Die Auflösung der Villikationen war unter anderem eine Reaktion auf die Schwierigkeiten, einen Großbetrieb zu führen und die Abgaben- und Dienstpflichten der abhängigen Bauern regelmäßig und in vollem Ausmaß zu beziehen. Abt Markward von Fulda berichtet beispielsweise in der Mitte des 12. Jahrhunderts von seinen Versuchen, die Klostergüter und die Abgabepflichten der Bauern wiederherzustellen. Hauptursache für den Niedergang des Klosters und die Armut seiner Mönche seien die vom Kloster eingesetzten Verwalter der Meierhöfe sowie die adligen Familien im Land. Die Verwalter behielten unrechtmäßig die besten Hufen für sich und ihre Familien, sodass sich die Abgaben und Frondienste verringerten. Auch der Adel entfremdete Klostergüter und behauptete, es handle sich um Lehensgüter. Andere Adlige rodeten die Klosterwälder, legten Äcker und Siedlungen an und betrachteten sie als ihr Eigentum. Der Abt zog nun von Meierhof zu Meierhof, tauschte die Verwalter aus, erkundigte sich sorgfältig nach den dazugehörigen Hufen und setzte die Grenzen zwischen Äckern, Wiesen und Wäldern fest. Die Rückgewinnungspolitik des Abtes war – zumindest nach seinen eigenen Angaben – erfolgreich, führte jedoch zunächst zu Widerspruch und blutigen Konflikten. Herausforderungen dieser Art waren für viele Grundherren ein Motiv, die komplexe Struktur der Villikation mit Eigenwirtschaft und Frondiensten auf dem Salland und der zusätzlichen Verpachtung von Bauernstellen aufzugeben.

Die Probleme bei der Kontrolle abhängiger Bauern in einer Zeit geringer Verwaltungsdichte und Schriftlichkeit blieben weiterhin bestehen – und waren mit vielen persönlichen Mühen verbunden. Als Irmgard von Wittgenstein, die Äbtissin des Klosters Herford, im Oktober 1291 eine Reise durch die klösterlichen Grundherrschaften in Westfalen unternahm, beschwerten sich die lokalen Verwalter (Meier) über die Kosten der Verpflegung der Äbtissin und ihres Gefolges oder erschienen nicht zu den anberaumten Gerichtsterminen. Eines Abends erreichte Irmgard mit ihrem Tross den Hof Aldrup, doch dort war nichts für die Unterbringung und Verpflegung der Grundherrin vorbereitet und der Meier des Hofs war verschwunden. Man zog also rasch weiter zum nächsten Hof und fand dort glücklicherweise Aufnahme für die Nacht.

Die Vertragsverhältnisse zwischen Grundherren und Bauern waren im hohen Mittelalter äußerst vielgestaltig, beschränkten sich aber häufig auf wirtschaftliche Belange wie die Höhe und Art der Abgaben und konnten die Form von Lehensverträgen annehmen. Die Grundherrschaft entwickelte sich vielerorts zu einem vorrangig wirtschaftlichen Vertragsverhältnis, ähnlich einer Pacht. Frondienste, Schollengebundenheit, Heiratsbeschränkungen und ähnliche Rechtsbeschränkungen verloren an Bedeutung oder konnten gegen Geld abgelöst werden. Die Vereinbarungen zwischen Grundherren und Bauern wurden nicht nur komplexer, sondern in wachsendem Maße auch schriftlich dokumentiert. Die in diesem Zusammenhang verfassten Urkunden, Verträge, Urteile und Weistümer belegen zweierlei: Gestritten wurde hauptsächlich über die Höhe und Art der Abgaben in Geld und Naturalien sowie über angemessene Sanktionen bei Rechtsverstößen. Bei den schriftlich dokumentierten Diskussionen dieser Fragen zeigt sich zudem, dass die unfreien Bauern häufig eine starke Verhandlungsposition gegenüber den Grundherren und ihren Verwaltern innehatten. Weder konnte der Grundherr sie entschädigungslos von ihren Gütern vertreiben noch die Abgaben willkürlich verändern.

Die Ursachen für den Strukturwandel der Agrarverfassung lagen in der dadurch ermöglichten Reduzierung des Verwaltungsapparats sowie in der Kommerzialisierung der Landwirtschaft. Bauern konnte ihre Überschüsse auf dem Markt verkaufen. Davon profitierten insbesondere jene Grundherren, die einen wachsenden Teil ihrer Einnahmen in Geld bekamen. Um 1300 bezahlte die Mehrzahl der Bauern ihre grundherrlichen Abgaben zumindest teilweise in barer Münze. Die Grundherren versuchten zudem, ihre Betriebe zu rationalisieren und den neuen Gegebenheiten anzupassen. Erzbischof Eudes Rigaud von Rouen (1200–1275) forderte beispielsweise die Klöster in der Normandie auf, regelmäßig und umfassend über Einnahmen, Ausgaben, Vermögen und Landbesitz Buch zu führen. Eudes' Register und andere grundherrliche Dokumente zeigen, wie stark die Klöster im 13. Jahrhundert in die Geldwirtschaft eingebunden waren. So schreibt der Erzbischof von Rouen über Einnahmen und Ausgaben des Nonnenklosters Saint-Saëns in der Normandie, 1257:

> »Zum Nonnenkloster gehören insgesamt 87 Hektar Ackerland, plus 3 Hektar Wiese. Von dem Ackerland werden etwa 46 Hektar mit Getreide, Weizen, Gerste und Hülsenfrüchten eingesät. Sie haben ein Geldeinkommen von 140 Pfund. Ihr (Natural-)Einkommen beträgt 16 Tonnen Weizen, 132 Tonnen Hafer, 220 Kapaune und 111 Schafe. Kapaune und Schafe können als Geldzahlung von 27 Schilling abgelöst werden. Sie haben eine Mühle in Equiqueville und ein Waldstück, von dem sie die Größe nicht kennen. Sie besitzen Einnahmen aus der Schweinmast und der Getreidemühle sowie Strohlieferungen, aber sie kennen deren Wert

> nicht. Sie besitzen 57 Schafe, 12 Pflugpferde und ein Pfluggespann mit 4 Ochsen. Sie haben 18 Tiere, sowohl Kühe als auch Ochsen. Ihre Außenstände betragen 26 Pfund und ihre Schulden betragen 234 Pfund.«

Vieles ist interessant an dieser Auflistung, z. B. die Kombination von Geld- und Naturalabgaben, die Umwandlung von Natural- in Geldabgaben, die mangelhafte Kenntnis der Nonnen vom eigenen Besitz oder das Nebeneinander von Außenständen und Schulden. Die Schwachstellen der kirchlichen Verwaltung waren nicht nur dem Erzbischof von Rouen bewusst. Seit dem 13. Jahrhundert wird in Konzilsbeschlüssen und Provinzialsynoden gefordert, dass Kirchen und Klöster ihre beweglichen und unbeweglichen Besitztümer sorgfältig in Inventaren auflisten und so nicht aus den Augen verlieren, um Entfremdungen zu verhindern.

Zisterzienser und andere Ordensgemeinschaften bewirtschafteten ihre Güter dagegen weiterhin direkt mit Laienbrüdern (Konversen). In neu gerodeten Regionen entstanden auf diese Weise große landwirtschaftliche Betriebe, die eng mit der städtischen Wirtschaft verflochten waren. Im Zisterzienserkloster Rievaulx in Yorkshire lebten im Jahr 1167 beispielsweise 140 Mönche und 500 Laienbrüder. 20.000 Hektar wurden von den Laienbrüdern bewirtschaftet, insbesondere der Verkauf von Schafwolle brachte der Abtei große Einnahmen. Zisterzienser und vermögende Grundherren in England und im nordwestlichen Europa ließen ihre Äcker teilweise von Lohnarbeitern bewirtschaften. Die verarmte Landbevölkerung, die keinen eigenen Grund und Boden besaß, fand in solchen Betrieben Arbeit, ohne jedoch eine dauerhafte Anstellung in der Grundherrschaft zu erhalten. Tagelöhner waren in den stadtnahen Spezialkulturen wie dem Weinbau beschäftigt. Sie wurden saisonweise oder tageweise angeheuert. Lebens- und Arbeitsverhältnisse dieser landlosen Arbeiter waren prekär und von großen Unsicherheiten gekennzeichnet.

Die direkte Bewirtschaftung wurde zwischen dem 12. und 14. Jahrhundert auch von den großen bischöflichen Grundherren Englands intensiviert. Möglicherweise übernahmen die Bischöfe und ihre Verwalter dabei die Verwaltungspraktiken des englischen Schatzamtes. Darauf deuten vor allem die grundherrlichen Rechnungen (*manorial accounts*) hin, mit deren Hilfe der Bischof von Winchester und andere ihre großen Güter verwalteten. Die Bischöfe beauftragten Verwalter mit der Beaufsichtigung ihrer Äcker, Wälder und Weiden, die von zu Arbeitsleistungen verpflichteten Bauern bewirtschaftet wurden. Am Ende eines Rechnungsjahres legte der Verwalter vor dem Bischof Rechnung ab und präsentierte dabei die Einnahmen, Ausgaben und Vorräte der ihm übertragenen Grundherrschaft. Das Ergebnis waren Pergamentblätter, die zusammengebunden und eingerollt wurden. Diese *manorial accounts* enthalten eine Fülle von Details zur hochmittelalterlichen Landwirtschaft auf den britischen Inseln und legen zugleich ein weiteres Zeugnis davon ab, wie vielfältig die mittelalterliche Landwirtschaft organisiert werden konnte.

Die mediterrane Landwirtschaft blieb dagegen geprägt von arbeitsintensiven Spezialkulturen wie Oliven und Wein. In den stark urbanisierten Regionen Mittel- und Norditaliens investierten vermögende Stadtbürger in landwirtschaftliche Güter und ließen diese von Pächtern bestellen. Die Vertragsform, die dafür üblicherweise gewählt wurde, war die Mezzadria (Halbpacht), bei der die Halbpächter (Mezzadri) die Hälfte ihrer Ernteeinkünfte an den Eigentümer abtreten mussten. Während dieser in vielen Fällen die Produktionsmittel (Bauernhaus, Werkzeuge, Land) bereitstellte, mussten die Pächter sich zu deren Instandhaltung und teilweise zur Verbesserung des überlassenen Gutes (Bonifikation) verpflichten. Halbpachtverträge oder Teilbauverträge mit anderen Abgabequoten wurden nicht nur in Italien, sondern in vielen Regionen Europas abgeschlossen, vor allem in den romanischen Mittelmeerregionen, darüber hinaus aber auch in einigen Ländern nördlich der Alpen. Zum Einsatz kam diese Vertragsart im Süden insbesondere in arbeitsintensiven Spezialkulturen wie dem Anbau von Oliven oder Wein. Eine Teilpacht konnte für einen Grundherrn bei der Vergabe von neu gerodetem Land attraktiv sein, da die Ernteerträge noch nicht feststanden und sich in den folgenden Jahren noch steigern konnten.

Die Bevölkerung des hohen Mittelalters lebte weiterhin vorrangig auf dem Land. Allerdings ermöglichte es die Produktivitätssteigerung der Landwirtschaft, dass ein wachsender Anteil der Menschen in Dörfern und Städten nicht-agrarische Berufe ausüben konnte. Das hohe Mittelalter wurde dadurch zu einer Epoche der beschleunigten Urbanisierung. Die Städte auf ehemals römischem Boden hatten ihre Bedeutung niemals ganz verloren. Im frühen Mittelalter waren sie zu Residenzorten der Bischöfe und Zentren der kirchlichen Verwaltung geworden.

Die ehemals römischen *civitates* behielten ihre wirtschaftliche Bedeutung, da sie häufig an wichtigen Verkehrsachsen lagen. Schon im frühen Mittelalter trafen sich hier Kaufleute, Handwerker und Bauern, um ihre Waren zu vermarkten. Ab dem 11. Jahrhundert beschleunigte sich das Wachstum von Städten in Gewerbezonen wie Flandern und Italien.

Mit der wirtschaftlichen stieg die politische Macht. Die Städte Mittel- und Norditaliens wurden zu politisch selbstständigen Stadtstaaten, die sich im 12. Jahrhundert selbst der kaiserlichen Macht widersetzten. In Flandern entstand ein dichtes Netz von Städten, die zum wichtigsten Tuchproduktionszentrum Europas wurden. Die Regionen östlich des Rheins folgten ungefähr ein Jahrhundert später. Die Autoren des Deutschen Städtebuches (es wurde 1939 von Erich Keyser begründet und gilt als Standardwerk sowohl für die lokale Stadtgeschichte, Städteforschung als auch für Stadtplanung oder Lehre an Universitäten und Schulen) zählten auf dem Gebiet des mittelalterlichen Heiligen Römischen Reichs im späten Mittelalter 2256 Städte, wobei die meisten weniger als 5000 Einwohner hatten. Immerhin waren circa 1500 Städte wirtschaftlich so bedeutsam, dass in ihnen ein regelmäßiger Markt abgehalten wurde. Zugleich nahm die Zahl der Metropolen mit mehr als 50.000 Einwohnern zu. Zu den größten Städten in Westeuropa wurden Paris und London. Selbst die Krisen des 14. Jahrhunderts änderten an dieser Expansion des Städtewesens wenig.

Neben diesen Städten mit römischen Wurzeln traten ab dem 12. Jahrhundert die Gründungsstädte. Auf die Bedeutung der frühmittelalterlichen Handelsstädte an Nord- und Ostsee wurde bereits hingewiesen. Die Wikinger gründeten um das Jahr 1000 das in der Nähe des späteren Stockholms gelegene Sigtuna und das an der Ostküste Jütlands liegende Schleswig, die Nachfolgersiedlung Haithabus. Der Zähringerherzog Konrad (um 1090–1152) verlieh Freiburg 1120 das Marktrecht und leitete damit die Stadtwerdung ein. In Mittel- und Osteuropa folgten im 12. und 13. Jahrhundert sehr viele weitere Stadtgründungen. Allein im römisch-deutschen Reich gab es um 1300 mehrere Tausend Städte und stadtähnliche Siedlungen. Die meisten der Städte im Reich waren klein und hatten zwischen 500 und 5000 Einwohner. In den wenigen Großstädten des Hochmittelalters lebten 20.000 bis 30.000 Einwohner. Die Metropolen des 13. Jahrhunderts waren Paris (100.000 bis 200.000 Mailand und Florenz (100.000), London (50.000 bis 100.000), Gent (64.000), Brügge (42.000) und Köln (40.000). Der Urbanisierungsgrad innerhalb Europas schwankte stark und war innerhalb der als »Blaue Banane« bezeichneten Zone am größten (s. Karte S. 235). Damit wird heute der bandförmige europäische Großraum zwischen Irischer See und Mittelmeer bezeichnet.

Flandern und Norditalien bildeten die wichtigsten Städtelandschaften. Dort lebten um 1300 20 bis 25 Prozent der Menschen in den Städten, Ende des 15. Jahrhunderts waren es bereits 35 bis 50 Prozent. In ganz Europa standen zu dieser Zeit noch 10 bis 15 Prozent Stadtbewohner 85 bis 90 Prozent Landbevölkerung gegenüber. Nun bildeten sich auch auf dem Land vermehrt dörfliche Siedlungen, in denen Dutzende Familien gemeinsam lebten und im Rahmen der Dreifelderwirtschaft teilweise gemeinsam arbeiteten.

Wirtschaftsgeschichtlich wurden das hohe und späte Mittelalter von Teilen der Forschung daher als Periode der »Stadtwirtschaft« bezeichnet und damit von einer frühmittelalterlichen »Hauswirtschaft« abgegrenzt. Dieser Begriff macht einerseits deutlich, dass städtische Märkte zunehmend zu Gravitationszentren des wirtschaftlichen Lebens wurden. Andererseits wird mit dem Begriff fälschlicherweise suggeriert, dass sich wirtschaftliche Aktivitäten dieser Epoche hauptsächlich in den Städten abspielten. Dies triff auch im späten Mittelalter nicht zu, lebte die große Mehrheit der Bevölkerung doch weiterhin auf dem Land und arbeitete in der Landwirtschaft. In der Tat gewannen die Märkte in Dörfern und Städten auch für die Bauern an Bedeutung, um eigene Produkte zu verkaufen und um Waren zu erwerben, die sie nicht selbst herstellen konnten.

Der demografische Aufschwung des hohen Mittelalters wurde von technischen Innovationen in vielen Bereichen begleitet. Seit dem 11. Jahrhundert verbreitete sich in Europa die bereits in der Antike bekannte Nockenwelle, durch die eine rotierende Bewegung in eine lineare umgewandelt wird. Mit der Nockenwelle begann im hohen Mittelalter die Verbreitung von Wasser- und Windmühlen und damit die Mechanisierung zahlreicher Gewerbe. Im Département Aube in Frankreich sind für das 11. Jahrhundert 14 Mühlen nachweisbar. Ihre Anzahl kletterte im 12. Jahrhundert auf 60 und erreichte im 13. Jahrhundert die Zahl von 200. In England gab es laut Domesday Book bereits im Jahr 1086 in 9250 Gutsbetrieben 6082 Mühlen. Die Energie von Wasser- und Windmühlen konnte mithilfe der Nockenwelle zum Walken von Textilien, zum Hämmern von Eisen, zum Stampfen von Tierfutter, zum Abschöpfen von Wasser oder zur Bedienung von Blasebälgen verwendet werden. Historiker haben die Bedeutung dieser Entwicklung unterschiedlich bewertet. Marc Bloch vertrat beispielsweise die Ansicht, dass die Verbreitung der Wassermühle zwischen dem 11. und 14. Jahrhundert eine technologische Revolution gewesen sei, die die Grundlage für die weitere technische Entwicklung und sogar für die Industrielle Revolution gelegt habe. Andere Historiker haben den Begriff für das Mittelalter übernommen und von einer »révolution industrielle du Moyen Âge« (Jean Gimpel) gesprochen.

Heute urteilt man meist zurückhaltender, wenngleich weiterhin davon ausgegangen wird, dass sich um 1200 viele technische Innovationen im westlichen Europa ausgebreitet hatten und dass die Mechanisierung insbesondere die Textilverarbeitung in Flandern und Oberitalien gefördert habe. Einige dieser sogenannten Erfindungen stellen dabei Übernahmen aus dem Nahen Osten und China dar, wie beispielsweise gotische Bauformen (Spitzbogen, Rippengewölbe), Papier, Schießpulver, Kompass und vieles mehr. Weitergegeben wurde das technische Wissen überwiegend mündlich, blieb es doch vorrangig ein Metier der Handwerker und Praktiker. Zunehmend fassten Gelehrte seit dem 12. Jahrhundert das technische und naturkundliche Wissen ihrer Zeit aber auch in schriftlicher Form zusammen.

Das professionelle und spezialisierte Handwerk breitete sich insbesondere in den Städten aus. Es entstanden genossenschaftliche Zusammenschlüsse der Handwerker zu Zünften, die die Erzeugung und den Verkauf von Nahrungsmitteln, Textilien und Werkzeugen regulierten. Die Urbanisierung des hohen Mittelalters ermöglichte daneben eine Blüte des Bauhandwerks, das ebenfalls in unterschiedlichen Zünften organisiert war. Den Leitsektor des marktorientierten Gewerbes im Mittelalter bildete die Textilproduktion. Die Herstellung von Stoffen und Kleidungsstücken, Schuhen und Hüten aus Wolle, Baumwolle, Seide, Leinen, Leder und Mischgewebe entwickelte sich zu hochspezialisierten Tätigkeiten mit vielen unterschiedlichen Arbeitsschritten. Beschleunigt wurde dieser Prozess aufgrund der Verbreitung des horizontalen Trittwebstuhls, der bereits im frühen Mittelalter aufkam und den senkrechten Gewichtswebstuhl im hohen Mittelalter verdrängte. Mit dieser verbesserten Technik war das Weben größerer Stoffbahnen möglich. Textilien wurden sowohl in Heimarbeit für den eigenen Gebrauch als auch in professioneller Fertigung für den regionalen Handel und den internationalen Export hergestellt. Qualität, Aussehen und Preis der Erzeugnisse variierten so stark, dass sich Provenienzbezeichnungen in Markennamen verwandelten. In vielen Handelsstädten wurden im 14. und 15. Jahrhundert Tuchlängentabellen erstellt und Zolltarife erlassen, die die variierende Länge der gehandelten Tuchsorten zwischen 35 und 50 Ellen (circa 20 bis 30 Meter) sowie die unterschiedlichen Zollgebühren belegen, welche den jeweiligen Preisen der Stoffe entsprachen. Im 12. und 13. Jahrhundert kamen die besten und teuersten Wolltuche beispielsweise aus Flandern. Für ein Tuch aus der bekannten Tuchstadt Ypern fiel 1401 in Straßburg ein Zoll von zwei Schillingen (24 Pfennige) an, während es für ein Tuch aus Mainz umgerechnet nur sechs Pfennige waren. Tuche aus Flandern wurden von italienischen Kaufleuten erworben und – teilweise nach weiterer Veredelung beispielsweise in Venedig oder Florenz – im Mittelmeerhandel verkauft. Umgekehrt bedienten die italienischen Seidenweber seit dem 13. Jahrhundert fast den gesamten europäischen Markt.

Die Mechanisierung veränderte unter anderem den Abbau und die Verarbeitung von Salz und Metallen. Abgebaut wurden Kupfer, Blei und Eisen, das vor allem in Form des besser bearbeitbaren Stahls für Werkzeug, Waffen, Rüstungen verwendet wurde. Die Qualität des Stahls verbesserte sich seit dem 12. Jahrhundert durch den Einsatz des Stückofens, der meist mit von Wasserrädern angetriebenen Blasebälgen belüftet wurde, sowie den Hochöfen, die um 1300 aufkamen. Die Eisenverhüttung wurde auf diese Weise bereits im hohen Mittelalter zu einem großgewerblichen Verfahren mit Hammerwerken und Eisenhämmern, die die Kraft des Wassers nutzten, um Blasebälge und große Hämmer anzutreiben. Mit diesen Methoden wurden beispielsweise am Erzberg in der österreichischen Steiermark zu Beginn des 14. Jahrhunderts 2000 Tonnen Eisen und Stahl pro Jahr produziert. Wie andere Gewerbe organisierten sich auch die Bergleute in eigenen Zünften.

Während Eisenerz in vielen Regionen abgebaut wurde, waren die Vorkommen von Gold und Silber auf wenige Orte begrenzt. Seit dem 11. Jahrhundert war der Rammelsberg im Harz bei Goslar die größte Silbermine Mitteleuropas. Im 12. Jahrhundert begann der Silberabbau in Böhmen. Der Abbau von Gold und Silber war insgesamt wenig umfangreich, reichte aber aus, um den Umlauf von Gold- und Silbermünzen in Europa zu vergrößern.

Die Ausbreitung und Spezialisierung der Handwerksberufe in den Städten des hohen Mittelalters führten zum Zusammenschluss von Handwerkern ähnlicher Handwerkszweige zu Zünften. Die Stadtregierungen und die Handwerker selbst hatten Interesse an diesen genossenschaftlichen Einrichtungen, dienten sie doch zugleich der Kontrolle wie dem Schutz der Handwerker. Von den Zünften wurden die Rohstoffbeschaffung, die Produktionsmethoden und -qualität, die Löhne und Preise, die Ausbildungszeiten und der Erwerb des Meistertitels sowie das Andenken an verstorbene Mitglieder und die Versorgung von Witwen geregelt. Aus dem frühen 12. Jahrhundert stammen die ersten Zeugnisse dieser privilegierten Gesellschaften im Reich. Die Schuhmacher von Würzburg schlossen sich 1128 zusammen und um 1130 existierten Weberzünfte in London und anderen englischen Städten. In den folgenden Jahrhunderten schlossen sich Handwerker in allen europäischen Städten, in denen es ein diversifiziertes Handwerk gab, zu Zünften zusammen. Während in kleinen Städten nur eine Handvoll Zünfte tätig war, waren in Paris im Jahr 1268 5844 Handwerksmeister in 488 verschiedenen Zünften tätig. Diese Zahlen stammen aus dem *Livre de métiers*, dem ältesten Rechtsbuch der Pariser Berufsverbände, in dem die Statuten der einzelnen Zünfte sowie die dem König geschuldeten Abgaben aufgelistet wurden.

Als wirtschaftliche und soziale Verbände prägten die Zünfte das Leben ihrer Mitglieder – indem sie einerseits Arbeitsprozesse sowie Lebenswandel der Mitglieder überwachten, anderseits aber den Rahmen für geselliges Miteinander und Unterstützung in der Not boten. Im Laufe des hohen Mittelalters vergrößerten die Zünfte ihre Autonomie und konnten ihre Zunftordnungen eigenständig an den Wandel der Bedürfnisse anpassen. Das wachsende Selbstbewusstsein der organisierten Handwerksmeister zeigte sich seit dem ausgehenden 13. Jahrhundert in dem Bestreben, an der Stadtregierung beteiligt zu werden. Ein Teil der historischen Forschung führt das Aufbegehren der Handwerker auf ihre miserablen Lebensumstände und ihre Ausbeutung durch den Stadtadel und die Kaufmannschaft zurück. Die alternative Sichtweise betont hingegen den wirtschaftlichen Aufstieg der Handwerker und das somit gestiegene Selbstbewusstsein, welches die Forderung nach politischer Partizipation nach sich zog. Von einer Klage der Seidenwerberinnen berichtete Chrétien des Troyes bereits im 12. Jahrhundert – hierbei handelt es sich allerdings um eine literarische Quelle, deren historischer Kern durch den Vergleich mit Quellen anderer Art überprüft werden muss.

»Immer Seidentücher weben, doch nie werden wir uns davon kleiden können. Immer bleiben wir arm und nackt und leiden stets Hunger und Durst. Niemals erzielen wir so viel Gewinn, dass wir besser essen werden, morgens wenig und abends weniger: Nie verdienen wir von der Arbeit unserer Hände mehr als viel Pfennige für unseren Lebensunterhalt und davon können wir uns nicht genug Fleisch oder Tuch kaufen. Denn wer in der Woche zwanzig Sous verdient, kann der Not nicht entkommen. Wir wachen die ganze Nacht und den ganzen Tag, um unseren Lebensunterhalt zu verdienen. Wenn wir uns ausruhen, werden uns körperliche Strafen angedroht, weshalb wir uns keine Pause gönnen.«

Kapitalstarke Kaufleute und Handelsgesellschaften gingen in den Städten Nordwesteuropas und Oberitaliens seit dem 13. Jahrhundert neue Wege der Arbeitsorganisation: Als sogenannte Verleger stellten sie verschiedenen Handwerkern Produktionsmittel wie Webstühle und Rohstoffe wie Baumwolle zur Verfügung, die diese in Heimarbeit bearbeiteten und dafür einen Stücklohn erhielten. Dieses Verlagssystem ermöglichte die Produktion von Gütern in großer Stückzahl sowie die Ausrichtung der Produktion nach den Marktbedürfnissen. Insbesondere im Textil- und Metallgewerbe verbreitete sich dieses System der unternehmerisch gesteuerten Arbeitsteilung. An der Wende zum 14. Jahrhundert traten erste Verleger im oberdeutschen Wolltuchgewerbe auf. Damit waren bereits am Ende des hohen Mittelalters im Handwerk proto-industrielle Produktionsformen entstanden. Zugleich führte dieser Prozess dazu, dass sich zumindest ein Teil der handwerklichen Tätigkeit von der Stadt auf das Land verlagerte.

Die Produktionssteigerungen in der Landwirtschaft und im Gewerbe sowie das Bevölkerungswachstum und die Urbanisierung bildeten die Grundlage für eine Verdichtung des Handels. Der kommerzielle Aufschwung war so umfangreich, dass sich dafür der Begriff der Kommerziellen Revolution (*commercial revolution*) eingebürgert hat. Roberto Sabatino Lopez verwendete den Begriff erstmals im Jahr 1971 und sah die Ursprünge dieser Revolution im Mittelmeerhandel der italienischen Handelsrepubliken. Heute wird der Begriff meist allgemeiner verwendet, um das dynamische Wachstum des Handels im hohen Mittelalter zu beschreiben. Dieser Handel zog immer größere Kreise: Basis war und blieb der lokale Handel auf dörflichen und städtischen Märkten. Die mittelalterliche Wirtschaft blieb eine Nachbarschaftsökonomie, in der die Produktion und der Austausch von Waren sowie die Erbringung von Dienstleistungen in der Regel innerhalb der eigenen Nachbarschaft oder Verwandtschaft erfolgten. Hinzu trat ein wachsender regionaler und überregionaler Handel, der Europa seit dem 12. Jahrhundert mit einem Netz von Handelswegen, -orten und -messen überzog. Erfasst wurden zunehmend auch die Räume an den Rändern Europas: Im Norden schuf die Hanse der deutschen Kaufleute ein internationales Netzwerk zwischen Nord- und Ostsee und im Süden machten die italienischen, französischen und spanischen Handelsstädte das Mittelmeer zu einem dynamischen Handelsraum. Um 1300 war die Integration der europäischen Märkte in weiten Teilen Europas auf diese Weise stark vorangeschritten.

Das größte Warenvolumen wurde im hohen und späten Mittelalter weiterhin im Lokalhandel umgesetzt. Die wachsenden Städte und Dörfer mussten mit Nahrungsmitteln versorgt werden, die zum größten Teil aus dem unmittelbaren Umland kamen. Diese Funktion übernahmen vor allem die regelmäßigen Märkte und Messen. Ihre Anzahl nahm im hohen Mittelalter rasch zu. Laut *Domesday Book* (eines der berühmtesten Dokumente der englischen Geschichte) gab es im Jahr 1086 in England 60 Märkte, am Ende des 12. Jahrhunderts waren 150 Messen und viele Wochenmärkte hinzugekommen. Innerhalb von einhundert Jahren hatten sich die Orte des Warenhandels beinahe verdreifacht. Dadurch wuchs die kommerzielle Verflechtung von Stadt und Land: Stadtbürger investierten in Landgüter und stiegen in den Weinhandel oder die Getreideproduktion ein. Bauern vermarkteten ihre Produkte auf den umliegenden Märkten. Mit den Einnahmen bezahlten sie einen Teil ihrer grundherrlichen Abgaben, investierten in ihre Betriebe und leisteten sich Konsumgüter. Trotz der Raub- und Eroberungszüge der Wikinger, Ungarn und Sarazenen war dieser Lokalhandel im 9. und 10. Jahrhundert nicht zum Erliegen gekommen.

Der Handel machte nicht an den Grenzen der nächsten Stadt Halt. Seit dem 12. Jahrhundert steigerte sich der kommerzielle Austausch zwischen benachbarten Regionen. Oberdeutsche Kaufleute reisten nach Norditalien, um orientalische Gewürze, Seide, Glas und mediterrane Lebensmittel zu erwerben und sie nördlich der Alpen zu verkaufen. In Venedig wohnten und arbeiteten sie im Fondaco dei Tedeschi, dem Kauf- und Lagerhaus der Deutschen, nicht weit von der Rialtobrücke entfernt. Das Gebäude wurde 1228 erstmals erwähnt, da waren die deutschen Kaufleute jedoch schon seit mehreren Jahrzehnten in der Lagunenstadt tätig. Im Fondaco hielten sich im späten Mittelalter gewöhnlich 100 bis 120 deutsche Kaufleute auf. Gemeinsam mit ihren Dienern, Köchen und Hilfspersonal bildeten sie eine Gruppe von circa 200 Personen. Über Regensburg und Augsburg sowie – ab dem 14. Jahrhundert – über Nürnberg und die Messe in Frankfurt am Main wurden die Güter im Reich verkauft. Ähnlich intensive Handelsbeziehungen entstanden im 12. Jahrhundert zwischen England und Flandern. Die Flamen importierten englische Wolle, die sie zu Wolltuchen verarbeiteten, welche sie wiederum in England verkauften. Die englischen Zollrechnungen belegen, dass zu Beginn des 14. Jahrhunderts jährlich 35.000 Säcke Wolle (à 182 kg) von mehr als neun Millionen Schafen über den Kanal gebracht wurden. Einen interregionalen Handel dieser Art gab es in allen Teilen Europas.

Fernhandelskaufleute trafen sich seit dem frühen Mittelalter auf regelmäßig abgehaltenen Märkten und Messen, die an den Schnittstellen wichtiger Verkehrswege lagen und von den Landesherren privilegiert und geschützt wurden. Seit dem 11. Jahrhundert nahm die Zahl dieser Orte des internationalen Handels zu. Unter der Schutzherrschaft der Landesherren aus dem Haus Blois entwickelten sich seit dem 12. Jahrhundert die Messen in der Grafschaft Champagne in Nordfrankreich zum Bindeglied zwischen Flandern und Italien. Die gräflichen Amtsträger, die *gardes des foires*, übernahmen richterliche und polizeiliche Aufgaben und kontrollierten Zugang und Ablauf der Messen. Sechsmal jährlich trafen sich die Händler in den vier Orten Troyes, Bar-sur-Aube, Lagny-sur-Marne und Provins. Nur an wenigen Wochen des Jahres ruhte das Geschäft, sodass die Kaufleute ihre Waren beinahe das ganze Jahr hindurch anbieten konnten. Meist waren die ersten Tage einer Messe dem Tuchhandel reserviert. Es folgte der Verkauf von Leder- und Pelzwaren sowie von Waren, die nach Gewicht gehandelt wurden, wie beispielsweise Gewürze. In den letzten Tagen wurde abgerechnet und die Schulden wurden beglichen. Um die eigenen Interessen besser vertreten zu können, schlossen sich Kaufleute zu regionalen Gruppen zusammen. Seit 1230 etwa koordinierte die »Hanse der siebzehn kleiderproduzierenden Städte« (nicht zu verwechseln mit der niederdeutschen Hanse), zu der Orte aus Flandern und Nordfrankreich gehörten, den Verkauf ihrer Waren auf den Messen. Auch die italienischen Kaufleute organisierten sich städteweise in Gemeinschaften (*uni-*

versitates) und gaben sich eine eigene Verwaltung mit einem Konsul an der Spitze. In der zweiten Hälfte des 13. Jahrhunderts trat der Warenhandel der Messen der Champagne immer weiter in den Hintergrund. Sie wurden stattdessen zu Finanz- und Kapitalmärkten. Am Beginn des 14. Jahrhunderts verloren die Messen in der Champagne generell an Bedeutung – nicht zuletzt, weil der französische König Philipp IV. als neuer Landesherr eine Wirtschaftspolitik betrieb, die den grenzüberschreitenden Handel einschränkte, und weil als Alternative der direkte Seeweg zwischen Italien und Flandern immer beliebter wurde.

Kaufmannsgemeinschaften bildeten sich auch an Nord- und Ostsee. Schon im 10. Jahrhundert hatten sich niederdeutsche Kaufleute zu Gruppen zusammengeschlossen, um gemeinsam in der Ferne Handel zu treiben und die Risiken für den einzelnen Kaufmann zu verringern. Im 11. und 12. Jahrhundert nahm der Handel dieser Kaufmannsgruppen (Hansen) zwischen England, Flandern, dem Rheingebiet und den Hafenstädten an der Ostsee samt ihrem Hinterland stark zu. 1157 erwarben Kaufleute aus Köln ein Grundstück an der Themse in London zur Errichtung ihres Gildehauses (Guildhall), an deren Stelle im 15. Jahrhundert der Stalhof als Niederlassung der Hansekaufleute trat. Zu Beginn des 13. Jahrhunderts nahm die Genossenschaft der nach Gotland fahrenden deutschen Kaufleute (*universi mercatores Imperii Romani Gotlandiam frequentantes*), der lübische, sächsische und westfälische Kaufleute angehörten, ihre Fahrten durch die Ostsee nach Schweden, ins Baltikum und nach Russland bis Novgorod auf. Die verschiedenen Gruppen niederdeutscher Kaufleute gründeten feste Handelsniederlassungen, sogenannte Kontore, an den wichtigsten Handelsplätzen in London, Brügge, Bergen und Novgorod und erlangten an diesen Orten Privilegien für ihre Mitglieder. Im späten Mittelalter entwickelte sich aus diesen verschiedenen Kaufmannsgruppen die eine berühmte Hanse.

Auch im Süden expandierte der Handel über die Grenzen Westeuropas hinaus. Italienische Schiffe waren seit dem 10. Jahrhundert regelmäßig im östlichen Mittelmeer unterwegs, um orientalische Luxuswaren wie Gewürze und Seidenstoffe nach Westeuropa zu importieren. Bezahlt wurden diese Waren mit Sklaven sowie Rohstoffen wie Holz und Eisen. Die Eroberung des Heiligen Landes und die Errichtung der Kreuzfahrerstaaten verlieh der Schifffahrt und dem Seehandel in der Levante eine zusätzliche Dynamik, denn der Transport von Kreuzrittern, Pilgern und Handelswaren erfolgte auf italienischen Schiffen.

Diese Monopolstellung ermöglichte es vor allem Venedig, Genua und Pisa, Handelsquartiere und Herrschaftsbereiche im östlichen Mittelmeerraum zu gründen, die als Kolonien angesehen werden können. In den großen Metropolen wie Konstantinopel und Alexandria sowie in den Hafenstädten der Kreuzfahrerstaaten wie Tyros und Akkon konnten sich die Italiener eigene Stadtteile sichern, in denen sie lebten und ihren Geschäften nachgingen. Für ihre logistischen Dienste erhielten sie von den alten und neuen Herrschern in der Levante weitreichende rechtliche Immunität sowie Zoll- und Steuerbefreiungen.

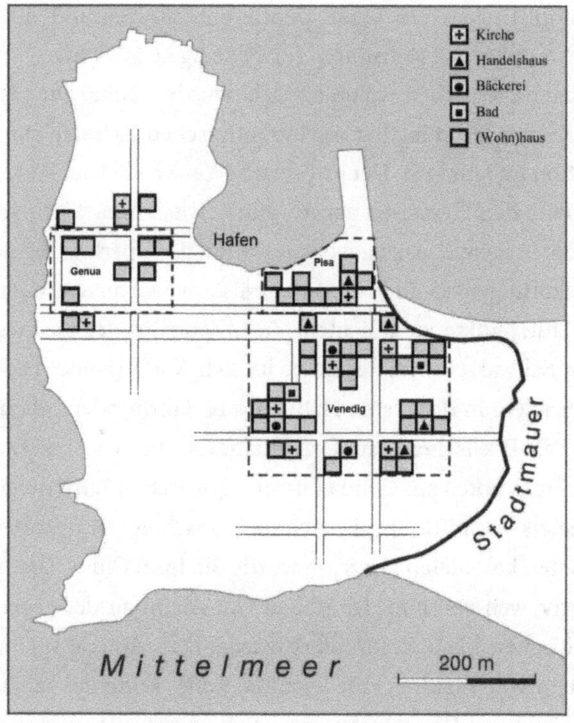

Die Handelsquartiere der italienischen Seestädte in der Stadt Tyros im 12. Jahrhundert. Tyros, heute im Libanon gelegen, lag auf einer Halbinsel vor der Küste und war eine wichtige Hafenstadt im Heiligen Land. Venedig, Genua und Pisa besaßen jeweils eigene Quartiere mit Kirchen, Wohn-, Bade- und Handelshäusern, Bäckereien und anderen Gebäuden. Von diesen Stützpunkten aus konnten die Italiener ihre Geschäfte mit christlichen und muslimischen Handelspartnern durchführen. In der Abbildung ist eine Rekonstruktion der Handelsquartiere zu sehen, die über ein Drittel des Stadtgebietes ausmachten.

Der Vierte Kreuzzug 1204 bot Venedig die Chance, eine mittelalterliche Kolonialmacht zu werden. Im Vertrag über die Aufteilung des byzantinischen Reichs (*Partitio terrarum imperii Romanie*) erhielt Venedig nicht nur einen Teil der Hauptstadt, sondern es wurden der Stadt obendrein drei Achtel des gesamten Reichsterritoriums zugesprochen. Unter venezianischer Oberhoheit entwickelten sich Gebiete wie die Halbinsel Peloponnes (Morea) zu Rohstofflieferanten für den europäischen Westen. Venedigs wertvollster Besitz in der Ägäis wurde die Insel Kreta. Die einheimischen Besitzer von Grundherrschaften wurden enteignet und das Land Venezianern übertragen. Die Insel wurde einer protektionistischen Wirtschaftspolitik unterworfen und auf den Export von Nahrungsmitteln und Rohstoffen für Venedig ausgerichtet.

Zur zweiten italienischen Kolonialmacht wurde Genua. Die Stadt profitierte weniger von der Zerschlagung des byzantinischen Kaiserreichs als von dessen Restauration im Jahr 1261. Der griechische Kaiser Michael VIII. Palaiologos (1224–1282) hatte den Genuesen gegen militärische Unterstützung eine Reihe von Privilegien verliehen. Dazu gehörten sowohl die Überlassung des Stadtteils Pera in Konstantinopel als auch die Erlaubnis, im Schwarzen Meer Handel zu treiben und Stützpunkte zu errichten. Zum Zentrum der Genuesischen Seeherrschaft im Schwarzen Meer entwickelte sich Kaffa (heute: Feodossija) auf der Krim. Vor allem in der ersten Hälfte des 14. Jahrhunderts diente die Stadt als internationale Drehscheibe des Orienthandels. Hier wie in Pera lebten mehrere Tausend Emigranten aus Genua und der ligurischen Küstenregion, die sich in erster Linie als Vermittler im Fernhandel zwischen Ost und West engagierten. Zum zweiten kolonialen Zentrum wurde die Insel Chios. Die Insel war für Genua attraktiv, weil von hier der Abbau von Alaun an der gegenüberliegenden kleinasiatischen Küste kontrolliert wurde. Das Mineral spielte beim Gerben und Färben von Textilien eine wichtige Rolle. Mitte des 14. Jahrhunderts erlangte ein Genueser Händlerkonsortium die Kontrolle über die Insel. Von der Genueser Regierung erhielt dieser Zusammenschluss von reichen Kaufleuten Sonderrechte wie die Erhebung von Steuern und die Leitung der Verwaltung. Das wichtigste Ziel genuesischer Kolonialpolitik war die wirtschaftliche Ausbeutung der beherrschten Gebiete.

Auch das westliche Mittelmeer wurde zu einem Handelsraum, der zunehmend von christlichen Schiffen dominiert wurde. In diesem Fall waren es die

Stadt Genua sowie französische und spanische Kaufleute aus Marseille, Barcelona und Valencia, die ihren Einflussbereich beständig ausweiteten. Zwar waren Franzosen und Spanier auch im östlichen Mittelmeer aktiv, zu ihrem wichtigsten Betätigungsfeld wurde jedoch der Handel zwischen der westlichen nordafrikanischen Küste und Europa. Auch für Genua war der Handel mit Städten an der nordafrikanischen Küste von großer Bedeutung und machte Ende des 12. Jahrhunderts ein Drittel des gesamten Handelsvolumens aus. Diese Westausrichtung Genuas verstärkte sich am Ende des Mittelalters weiter und führte dazu, dass die Genuesen die Entdeckungsfahrten im Atlantik in wesentlichem Ausmaß mitfinanzierten.

Der Mittelmeerhandel hatte sich zwischen 1000 und 1300 stark verändert. Am Ende des hohen Mittelalters waren deutlich mehr Schiffe als am Anfang zwischen Levante und der Straße von Gibraltar unterwegs. Es liegen keine genauen Zahlen vor, aber es ist von einer Verdopplung bis Vervierfachung auszugehen. Während um 1000 zahlreiche Nationen am Seehandel beteiligt waren, drängten die westeuropäischen Kaufleute ihre Konkurrenten zunehmend aus dem Geschäft. Um 1300 waren auf dem Mittelmeer vor allem Schiffe aus dem Westen unterwegs. Es war die militärische Vorherrschaft zur See, die diese ökonomische Dominanz ermöglichte und sicherte. Als in den Jahrzehnten um 1300 im Westen über die Rückeroberung des Heiligen Landes diskutiert wurde, spielte die militärische Herrschaft zur See eine wichtige Rolle: Mittels einer Seeblockade sollte das Mamlukenreich in Ägypten wirtschaftlich isoliert und geschwächt werden. Der Dominikaner Guillelmus Adae schlug sogar eine Sperrung des Roten Meeres vor, um den Handel zwischen Indien und Ägypten zu blockieren. Die Eroberer aus dem Westen errichteten Handelsniederlassungen und proto-koloniale Herrschaften. Zwar blieb das Heilige Land selbst immer eine Region mit wirtschaftlichen Problemen, doch von den Handelsbeziehungen zwischen West und Ost profitierten die italienischen Seehandelsstädte nachhaltig. Der exportorientierte Anbau von Zuckerrohr und Baumwolle auf Inseln der Ägäis und an der syrischen Küste nahm bereits die Struktur frühneuzeitlicher Kolonien vorweg. Während die Europäer um das Jahr 1000 Gewürze und Luxuswaren aus dem Orient importierten und dafür mit Sklaven, Silber und Rohstoffen bezahlten, drehten sich die Verhältnisse in den folgenden Jahrhunderten um. Nun waren es die byzantinischen und muslimischen

Eliten, die gewerbliche Erzeugnisse wie Textilien, Waffen und Rüstungen, Keramik, Glas und Papier aus dem Westen bezogen und dafür mit Rohstoffen und Geld bezahlten. Um diesen lukrativen Markt wetteiferten die westeuropäischen Seemächte seit dem 12. Jahrhundert und griffen zur Durchsetzung ihrer Ziele zu militärischen Mitteln, falls es ihnen erforderlich schien. Der Kampf der Europäer um internationale Marktvorteile und um Kolonien begann in diesen Jahrhunderten und dauerte bis ins 20. Jahrhundert an.

Der westeuropäische Handel hat zwischen 1000 und 1300 so stark zugenommen, dass sich für diesen Vorgang der Begriff der »Kommerziellen Revolution« eingebürgert hat. In der Tat erlebte Westeuropas Handelsgeschichte – angestoßen durch die gesteigerte landwirtschaftliche Produktivität und das Bevölkerungswachstum – eine Phase der Beschleunigung. Allerdings sollte der Begriff nicht vergessen lassen, dass der Handel nur eine Facette einer 300 Jahre andauernden Wachstumsphase darstellt. Diese wirtschaftliche Expansion setzte frühmittelalterliche Prozesse fort und profitierte von einer klimatischen Wärmephase. In diesem weiter gefassten Kontext waren die hochmittelalterlichen Veränderungen vielleicht gar nicht so revolutionär. Zudem sollte man nicht vergessen, dass das Byzantinische Kaiserreich sowie Teile der von Arabern und Mongolen beherrschten Kalifate und Khanate im Hochmittelalter ebenfalls eine Phase des Bevölkerungsanstiegs und Wirtschaftswachstums erlebten. Der Begriff der Kommerziellen Revolution könnte den Blick dafür verstellen und Europas Sonderweg überbetonen.

Die wirtschaftliche Expansion des hohen Mittelalters veränderte Finanzbedarf und Finanzierung der städtischen und fürstlichen Politik. Direkte und indirekte Steuern existierten bereits in den alten Hochkulturen, und sie spielten im römischen Reich ebenfalls eine wichtige Rolle. Im frühen Mittelalter verloren die Steuern jedoch an Bedeutung und an ihre Stelle traten Einnahmen aus Grundherrschaften (Domänen) sowie Formen der konsensualen Herrschaft, die Fürsten und adlige Elite gemeinsam regieren ließ. Seit dem 11. Jahrhundert wurden die Beziehungen zwischen Landesherrn und Adel häufig in das Gewand des Lehenswesens gekleidet. Lediglich die Kirche hielt mit dem Zehnten an einem allgemeinen System von Abgaben fest. Seit dem 12. Jahrhundert wurde für die Durchführung der Kreuzzüge zusätzlich in vielen Regionen Europas der Kreuzzugszehnte (Kreuzzugssteuer) eingetrieben, den im späten Mittelalter auch weltliche Fürsten für ihre militärischen Aktivitäten in Europa nutzten. Dagegen konnten die Landesherren direkte Steuern weiterhin nur in Ausnahmefällen (Krieg, Hochzeit, Not) erheben und waren dabei auf die Zustimmung der Stände angewiesen. In den Städten bildete sich ebenfalls ein Steuerwesen aus, das alle Einwohner erfasste und häufig gleichermaßen auf direkten Steuern (Vermögenssteuer, bezahlt nur von Bürgern mit einem zumindest kleinen Vermögen) und indirekten Steuern (Abgaben auf den Verkauf von Wein und anderen Produkten, bezahlt von allen Konsumenten) beruhte.

Wirtschaft in der islamischen Welt des hohen Mittelalters

Die klimatischen Verhältnisse waren im Nahen und Mittleren Osten im hohen Mittelalter wenig günstig. Zwischen 600 und 950 trat in diesem Raum circa alle 55 Jahre eine Dürre auf, zwischen 950 und 1072 kam es zu äußerst wechselhaften Wetterbedingungen mit Dürreperioden im Abstand von vier bis sechs Jahren sowie überdurchschnittlich vielen Kältewellen. Besonders große Auswirkungen hatte die sieben Jahre dauernde Dürrephase in Ägypten von 1065 bis 1072. Missernten und Hungersnöte waren nur eine Konsequenz dieser Wetterverhältnisse. Indirekt beeinflussten diese ungünstigen klimatischen Voraussetzungen auch die politischen Verhältnisse, weil beispielsweise Nomadenstämme verstärkt Druck auf die sesshafte Bevölkerung ausübten.

Politisch wurde die islamische Welt im hohen Mittelalter vom Niedergang des Kalifats und der Entstehung neuer selbstständiger, häufig wenig stabiler Herrschaften geprägt. Seit dem 8. Jahrhundert war Bagdad der Sitz des Kalifen aus dem Haus der Abbasiden. Bereits im 10. Jahrhundert übten die Kalifen nur noch eine nominelle Herrschaft über das islamische Gesamtreich aus. In Ägypten und Nordafrika errichtete die schiitische Fatimiden-Dynastie ein unabhängiges Kalifat, wurde jedoch 1171 von Saladin im Auftrag des Herrschers von Syrien gestürzt. Die von Saladin gegründete Herrschaft der Ayyubiden musste 1252 den türkischen Mamluken weichen. Aus Zentralasien kamen im 11. Jahrhundert die türkischen Seldschuken in den Nahen Osten, besiegten 1071 die Byzantiner, verdrängten die Buyiden-Dynastie aus dem Iran und beherrschten den Nahen Osten bis in die Mitte des 12. Jahrhunderts. Im 13. Jahrhundert eroberten die Mongolen Zentralasien und den Iran, setzten 1258 den letzten Kalifen in Bagdad ab und gründeten das Il-Khanat, das Iran und angrenzende

Regionen umfasste. In Spanien gründeten die Umayyaden im 8. Jahrhundert das Emirat von Córdoba, das ebenfalls bereits im 11. Jahrhundert zerfiel. Alle diese Staaten hatten eine starke Zentralverwaltung, ein multiethnisches stehendes Heer aus Militärsklaven (Mamluken), hingegen keine einheimischen Dynastien und Adelsgeschlechter mit identitätsbildender und integrierender Wirkung. Die politische Partizipation in den einzelnen Reichen beschränkte sich häufig auf einen elitären Kreis von militärischen Befehlshabern. Die Rivalität zwischen den Regionalherrschern bildete eine Voraussetzung dafür, dass die Kreuzritter ihre Eroberungen in Spanien, Süditalien und im Heiligen Land durchführen konnten.

Von diesen turbulenten politischen Verhältnissen profitierten manche Regionen, während andere unter den kriegerischen Auseinandersetzungen litten. Trotz ungünstiger klimatischer Bedingungen und politischen Umbrüchen blieb Ägypten im hohen Mittelalter ein wohlhabender Staat. Dank seiner geografischen Lage bildete das Land einen Verkehrsknotenpunkt des interkontinentalen Handels zwischen dem Indischen Ozean und dem Mittelmeer. Kontrolliert wurde dieser Handel seit dem 12. Jahrhundert zunehmend von einer Gruppe von Kaufleuten, die Karimi genannt wurden. Es handelte sich dabei um etwa 50 bis 200 Händlerfamilien, die miteinander Geschäftsbeziehungen und Heiratsverbindungen pflegten. In der zweiten Hälfte des 13. Jahrhunderts hatten sich die Karimi ein Monopol im Gewürzhandel gesichert. Macht und Reichtum dieser Familien überdauerten jedoch kaum länger als zwei oder drei Generationen, sodass sich keine Kaufmannsdynastien ausbildeten. Die Geschäfte der Karimi waren als Gemeinschaftsunternehmen organisiert, an denen sich private Investoren beteiligen konnten. Die wichtigste Handelsroute verband Indien durch den Indischen Ozean und das Rote Meer mit Ägypten. In Alexandria und anderen Städten der Levante wurden Gewürze, Sklaven, Textilien und andere Waren aus Asien und Afrika an Venezianer und andere christliche Kaufleute verkauft, die sie nach Europa brachten.

Die ägyptische Landwirtschaft arbeitete im hohen Mittelalter eng mit dem städtischen Gewerbe zusammen. Die Textilindustrie stützte sich auf den Anbau von Baumwolle und Flachs; Grundlage der Zuckerindustrie war der Anbau von Zuckerrohr. Bemerkenswert an den ägyptischen Wirtschaftsstrukturen ist die starke Rolle des Staates, der viele Ländereien und Werkstätten besaß und die Endprodukte unter Aufsicht staatlicher Amtsträger an italienische Händler verkaufen ließ. Man hat deshalb die Sultane des 11. Jahrhunderts in der Forschung mitunter als die größten Kapitalisten Ägyptens bezeichnet. Die staatliche Wirtschaftspolitik diente in erster Linie fiskalischen Interessen. Der Staat benötige hohe Steuereinnahmen, um die Armee zu finanzieren, die seit dem 11. Jahrhundert aus Berufssoldaten unterschiedlicher ethnischer Herkunft mit einem beträchtlichen Anteil an Sklaventruppen bestand. Die staatliche Wirtschaftslenkung gewann daher im 12. und 13. Jahrhundert an Bedeutung.

Auch das muslimische Al-Andalus im Süden der Iberischen Halbinsel erlebte im hohen Mittelalter eine wechselhafte politische Geschichte, geprägt von militärischen Konflikten zwischen rivalisierenden muslimischen Dynastien und dem Vordringen der christlichen Königreiche aus dem Norden. Um 1300 waren weite Teile des islamischen Spaniens wieder unter christlicher Kontrolle. Bis zum 11. Jahrhundert hatte das Kalifat von Córdoba ein kulturelles und wirtschaftliches Zentrum mit großer wirtschaftlicher Ausstrahlungskraft gebildet. Auch der Seehandel im Mittelmeer zwischen der Levante, dem westlichen Nordafrika (Maghreb) und dem muslimischen Spanien erfolgte bis in das 12. Jahrhundert hinein zum größten Teil auf den Schiffen muslimischer Kaufleute.

Eine außergewöhnliche Quelle für die mediterrane Wirtschaftsgeschichte im hohen Mittelalter sind die Dokumente in der Geniza von Kairo. Im Judentum werden ausrangierte Schriftstücke nicht weggeworfen, sondern gesammelt, da sie den Namen Gottes enthalten können. Aus diesem Grund entstand in der Ben-Esra-Synagoge zwischen 9. und 12. Jahrhundert eine Sammlung von rund 200.000 Torarollen und anderen Schriftstücken. Mehrere Tausend Dokumente sind Zeugnisse der Geschäftstätigkeit der jüdischen Gemeinde in Kairo (Fustat). Sie zeigen, dass die jüdischen Kaufleute im hohen Mittelalter im gesamten muslimischen Bereich des Mittelmeers zwischen Spanien und Syrien aktiv waren. Die Waren, mit denen sie handelten, waren vielfältig. Stoffe in allen möglichen Formen von Kleidern bis zu Betttüchern gehörten ebenso dazu wie orientalische Gewürze, Metalle und Silberbarren aus dem Westen, Bücher, Schmuck und Edelsteine oder Häute und Leder aus Tunesien.

Andere wirtschaftliche Strukturen kennzeichneten das Il-Khanat im Iran, in dem die Mongolen von 1256 bis 1335 herrschten. Die Mongolen, die immer nur eine dünne Oberschicht bildeten, behielten ihre nomadische Lebensform bei und hatten den geografischen Schwerpunkt ihrer Herrschaft daher in der Region um die Hauptstadt Täbris sowie in den nördlichen Landesteilen. Kriegerische Auseinandersetzungen gab es immer wieder mit den Mamluken in Ägypten sowie mit der Goldenen Horde im südlichen Russland. Die Landwirtschaft, die im Iran ohnehin aufgrund der vielen trockenen Wüstenregionen nur in wenigen Landesteilen möglich ist, hatte stark unter den Eroberungszügen der Mongolen gelitten. Ein Teil des Ackerlandes wurde in Nomadenland umgewandelt (Beduinisierung). Einen Aufschwung nahmen indes der kulturelle Austausch zwischen den verschiedenen Teilen des Mongolenreichs sowie der Fernhandel zwischen Mittelmeerraum und Fernem Osten. Die Meinungen über die langfristigen Auswirkungen der Mongolenherrschaft in Iran gehen dennoch auseinander. Das frühe Bild der Mongolen als grausame, zerstörerische Barbaren wich in den letzten Jahrzehnten einer Sichtweise, die die Mongolen als kulturelle Vermittler und geschickte Administratoren von Vielvölkerreichen charakterisiert. Nach Ansicht vieler Experten haben hingegen die landwirtschaftlichen Strukturen und die demografische Entwicklung des Iran durch die mongolische Eroberung trotzdem langfristigen Schaden erlitten. Spekulativ ist indes die ebenfalls vorgebrachte These, der europäische Aufstieg seit dem späten Mittelalter sei darauf zurückzuführen, dass der Kontinent im Gegensatz zum Iran beispielsweise nicht von den Mongolen erobert worden sei.

Janet Abu-Lughod hat in ihrem Buch *Before European Hegemony* die internationale wirtschaftliche Verflechtung während der mongolischen Herrschaft untersucht und die Epoche als erstes Welthandelssystem interpretiert. Ganz Eurasien sei in dieses System integriert gewesen, wobei der Nahe Osten ein Gravitationszentrum und Europa lediglich die Peripherie dargestellt habe. Die Krisen des 14. Jahrhunderts hätten zur Desintegration dieses ältesten Welthandelssystems geführt. Der damit verbundene Niedergang des Ostens habe den frühneuzeitlichen Aufstieg des Westens ermöglicht. Abu-Lughods These vom ersten Weltsystem im Zeichen der *pax Mongolica* ist anregend, weil die wirtschaftliche Verflechtung im 13. Jahrhundert mit Nachdruck betont wird. Die Vorstellung von einem Weltsystem vor 1350 hat sich dagegen nicht durchgesetzt,

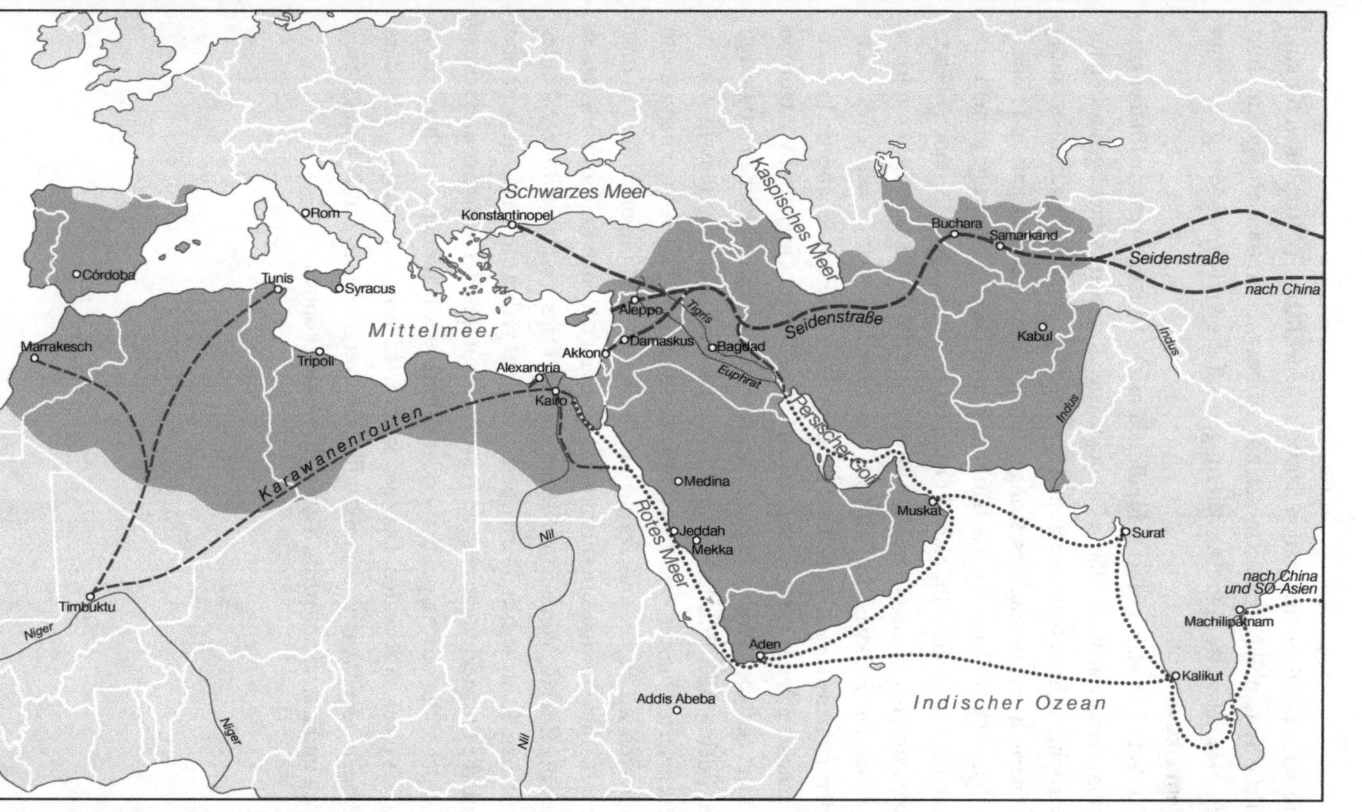

Die Ausbreitung des Islam und der Nahe Osten als Zentrum der afro-eurasischen Handelswelt (um das Jahr 1000). Bis ins hohe Mittelalter hinein waren die wichtigsten Seehandelswege im Mittelmeer und im Indischen Ozean durch die Handelsstädte im Nahen Osten (Badgad, Basra, Fustat / Kairo, Alexandria, Aden) miteinander verbunden. Der Süden (Afrika), Norden (Europa) und Ferne Osten (China) waren auf diese Weise mit dem islamischen Nahen Osten eng verknüpft.

da die wirtschaftliche Integration der unterschiedlichen Weltregionen für eine wirkliche Systembildung zu schwach ausgeprägt war. Preisänderungen im Iran hatten beispielsweise keine Auswirkungen auf die Preisentwicklung in China oder im Hanseraum.

Das hohe Mittelalter brachte für die islamische Welt aus wirtschaftlicher Hinsicht eine durchwachsene Bilanz. Die politischen Rahmenbedingungen waren für die wirtschaftlichen Strukturen wenig förderlich, da dynastische Konflikte häufig zu militärischen Auseinandersetzungen führten, die Landwirtschaft und Handel schädigten. Hinzu kamen wirtschaftliche Krisen durch ungünstige klimatische Bedingungen vor allem im Nahen Osten im 11. Jahrhundert. Dennoch blieben Ägypten und der Nahe Osten ein Knotenpunkt des Handels zwischen Europa und Asien. Die Handelsschifffahrt auf dem Mittelmeer wurde seit dem 13. Jahrhundert beinahe ausschließlich auf Schiffen der Westeuropäer abgewickelt. Zudem scheint sich der Warenaustausch zwischen Nahem Osten und Westeuropa verändert zu haben. Während bis ins 12. Jahrhundert orientalische Fertigwaren gegen Edelmetalle, Rohstoffe und Sklaven aus dem Westen getauscht worden waren, lieferten die europäischen Kaufleute zunehmend im Westen hergestellte Fertigwaren wie Papier und Textilien in den Orient und importierten von dort zwar weiterhin Gewürze, in verstärktem Ausmaßen jedoch Rohstoffe wie Baumwolle oder Zucker. Von einem Niedergang des Ostens oder des Morgenlandes zu sprechen, ist sicherlich übertrieben, allerdings verlief die wirtschaftliche und technische Entwicklung in einigen Teilen Westeuropas dynamischer und schneller. Ob dabei klimatische, politische oder kulturelle Aspekte den Ausschlag gaben, lässt sich nicht entscheiden. Dagegen kann wohl ausgeschlossen werden, dass Religionen oder Weltanschauungen für die divergierenden Entwicklungspfade in West und Ost verantwortlich gemacht werden können.

Neuordnung

Das späte Mittelalter (1300–1500)

Das späte Mittelalter war eine Epoche verschiedener, meist regional wirksamer Krisen, aber auch der Anpassung und Neuordnung. Im 14. Jahrhundert häuften sich in vielen Teilen Eurasiens Kriege und Epidemien, die insgesamt zu einem starken Bevölkerungsrückgang führten. Eine weitere Ursache wirtschaftlicher Rückschläge war die Veränderung des Klimas, was in Europa zu kälteren Temperaturen und stärkeren Regenfällen führte, wodurch agrarische Randlagen aufgegeben werden mussten. Die wirtschaftliche und demografische Expansion Westeuropas kam daher um 1300 zu einem vorläufigen Ende. Prozesse der Neuordnung betrafen indes nicht nur das westliche Europa, sondern viele Regionen in Eurasien. Die Anpassungsprozesse verliefen regional unterschiedlich und die europäischen Reaktionen auf die Krisen des 14. Jahrhunderts bzw. das erfolgreiche Wiederanknüpfen an die hochmittelalterliche Expansionsphase wird von Teilen der historischen Forschung als eine Ursache für den frühneuzeitlichen Aufstieg Europas und die *Great Divergence* gesehen.

Die vom *Yersinia pestis*-Bakterium verursachte Pest breitete sich in der Mitte des 14. Jahrhunderts entlang der Handelsrouten in vielen Teilen Eurasiens aus. Im Jahr 1347 erreichte die Epidemie Europa. Ihr Ursprung lag vermutlich in Zentralasien. In den meisten betroffenen Regionen führten der »Schwarze Tod« in den Jahren von 1347 bis 1353 und nachfolgende Pestwellen zu einem starken Bevölkerungsrückgang und zu dauerhaften Veränderungen der sozialen und wirtschaftlichen Strukturen. Betroffen von der Pest waren dicht besiedelte Städte ebenso wie ländliche Gegenden. Zugleich variierten die Infektions- und Todeszahlen in Europa und darüber hinaus von Region zu Region.

Die sozialen und wirtschaftlichen Veränderungen, die auf die Pest folgten, waren möglicherweise eine Ursache für eine Jahrhunderte andauernde

Verschiebung der politischen und wirtschaftlichen Gravitationszentren im frühneuzeitlichen Eurasien. Die Verbreitung der Krankheitserreger war eine Konsequenz der hochmittelalterlichen Expansionsphase, die dazu geführt hatte, dass mehr Menschen in Eurasien lebten und durch Handel, Reisen und Kriege verstärkt miteinander in Kontakt traten. Die interkulturelle Verflechtung verminderte sich aufgrund der Pest ab der Mitte des 14. Jahrhunderts für einige Jahrzehnte und kam erst ab 1415 wieder in Schwung. Der neue Impuls ging von Westeuropa aus und leitete die europäische Expansion nach Übersee ein.

Byzanz und das Osmanische Reich im späten Mittelalter

Das 14. und 15. Jahrhundert war auf dem Balkan und in Kleinasien eine Epoche der politischen Fragmentierung. Die Kaiser der Dynastie der Palaiologen (1259–1453) konnten zwar das Reich wieder vereinen und die Lateiner aus Konstantinopel vertreiben, das Staatsgebiet umfasste jedoch nur noch den westlichen Teil Kleinasiens und den südlichen Balkan mit Griechenland, Makedonien und Thrakien. Nördlich davon hatten das serbische sowie das bulgarische Königreich längst ihre Selbstständigkeit gewonnen. Ab dem zweiten Viertel des 14. Jahrhunderts eroberten türkische Gruppen den Osten Kleinasiens und drangen immer weiter nach Westen vor. Mehrere Bürgerkriege zwischen 1321 und 1354 schwächten die byzantinische Zentralgewalt zusätzlich. In der zweiten Hälfte des 14. Jahrhunderts vereinten die Osmanen die türkischen Fürstentümer unter ihrer Herrschaft und setzten sich auf dem Balkan fest. 1396 fügten sie den westlichen Kreuzfahrern, einem vor allem von französisch-burgundischen Kräften angeführten internationalen Ritterheer, bei Nikopolis eine vernichtende Niederlage zu. Mit der Eroberung Konstantinopels durch Sultan Mehmed II. (1432–1481) 1453 kam der Prozess der politischen Fragmentierung an sein Ende und es begann eine neue Epoche der Reichsbildung. Im 17. Jahrhundert umfasste das Osmanische Reich ein Gebiet, das einen ähnlichen Umfang wie das oströmische Reich der Spätantike hatte.

Die politische und wirtschaftliche Entwicklung in Byzanz wurde wesentlich von der Pest beeinflusst. Im Jahr 1347 erreichte die Epidemie Konstantinopel und breitete sich im Reichsgebiet und im Nahen Osten aus. Zahlreiche weitere Epidemiewellen suchten das byzantinische Territorium bis zum Jahr 1453 heim.

Vermutlich erlagen 30 bis 50 Prozent der Bevölkerung der Seuche. Am stärksten betroffen war die Hauptstadt Konstantinopel/Istanbul, in der zur Zeit der osmanischen Eroberung Mitte des 15. Jahrhunderts nur noch 30.000 bis 50.000 Menschen lebten. Die Epidemie und die dadurch verminderten Steuereinnahmen reduzierten die kaiserliche Armee und erleichterten die militärische Expansion der Osmanen. Ob die Osmanen aufgrund ihrer nomadischen Lebensweise weniger von der Pest betroffen waren, ist umstritten. Jedenfalls gelang es ihnen, ihren Machtbereich in den Jahrzehnten nach 1347 ausweiten. Der im Jahr 1453 erreichte demografische Tiefpunkt im byzantinischen Reich und seiner Hauptstadt war nach der osmanischen Eroberung bald überwunden und Istanbul bildete von 1500 bis 1750 erneut die bevölkerungsreichste Stadt Europas.

Die politische Fragmentierung veränderte in besonders starkem Ausmaß den internationalen Handel. Bis zum 12. Jahrhundert bildete das byzantinische Kaiserreich einen Schwerpunkt im Handel zwischen Europa, Asien und Afrika. Konstantinopel war neben Venedig der wichtigste Warenumschlagplatz Europas. In byzantinischen Städten hergestellte hochwertige Erzeugnisse wurden in den Westen und Süden exportiert. Allerdings dominierten Venedig und Genua seit dem 12. Jahrhundert den Außenhandel von Byzanz immer stärker. Im 13. Jahrhundert wuchs dieser Einfluss durch die Aufteilung des Kaiserreichs unter westlichen Mächten weiter und bestimmte selbst nach der Wiedererrichtung des byzantinischen Kaiserreichs im Jahr 1261 die byzantinische Außenhandelspolitik. Im Schwarzen Meer und auf den ägäischen Inseln entstanden italienische Kolonien, die wirtschaftlich ausgebeutet und zu Rohstofflieferanten für die Kolonialstädte im Westen gemacht wurden. In Konstantinopel selbst unterhielten die Italiener privilegierte Handelsquartiere. Byzantinische Kaufleute wurden aus dem Geschäft gedrängt und der byzantinische Staat profitierte kaum von den italienischen Handelsaktivitäten, da er den fremden Kaufleuten weitreichende Privilegien und Steuerfreiheit hatte einräumen müssen.

Die italienischen Kaufleute hatten im 12. Jahrhundert die hochwertigen Erzeugnisse byzantinischer Web- und Handwerkskunst exportiert und in Europa verkauft. Zunehmend machten sich die Italiener nun das byzantinische Knowhow zunutze und produzierten Keramik, Glaswaren, Seidenstoffe und andere Textilien in ihren eigenen Städten. Sie verloren dadurch das Interesse an den byzantinischen Fertigwaren und drehten die Lieferkette um: Aus dem Osten wurden Rohseide und andere Rohstoffe wie Baumwolle, Zucker und Getreide importiert, und die italienischen Fertigwaren gingen anschließend wieder dorthin zurück. Zumindest einigen Byzantinern blieb dieser Wandel nicht verborgen – so beispielsweise dem Philosophen Georgios Gemistos Plethon (1355–1452), der klagte:

> »Es ist ein großes Übel für eine Gesellschaft, die Wolle, Leinen, Seide und Baumwolle herstellt, dass sie diese nicht zu Kleidungsstücken verarbeiten kann und stattdessen die Kleidung trägt, die in den Ländern jenseits des Ionischen Meeres aus der im Atlantikgebiet produzierten Wolle hergestellt wird.«.

Gemeint sind damit die in Italien verarbeiteten Wolltuche aus englischer Wolle, die seit dem 13. Jahrhundert in den Ländern am östlichen Mittelmeer verkauft wurden.

Der Fernhandel im östlichen Mittelmeerraum änderte erneut seinen Charakter unter den Osmanen. Die osmanischen Sultane machten ihr expandierendes Reich wieder zu einem Knotenpunkt des internationalen Handels. Sie kontrollierten die Handelswege in der Levante und im Nahen Osten. Die westeuropäischen Kaufleute verloren ihre privilegierten Positionen und wurden vom direkten Handel mit asiatischen Gütern abgeschnitten. Seit 1454 wurde im Osmanischen Reich eine Goldmünze (Altun oder Sultani) geprägt, die sich mit ihrem Gewicht am venezianischen Dukaten orientierte und zum anerkannten Zahlungsmittel im Levantehandel wurde. Im expandierenden Reich der Osmanen erlebte der Fernhandel eine neue Blüte, war jedoch stärker als in byzantinischer Zeit auf den Handel innerhalb der islamischen Welt ausgerichtet. Die Handelsbeziehungen mit dem christlichen Europa wurden zwar ebenfalls wieder ausgeweitet, blieben aber spannungsreich. Die osmanische Kontrolle der Handelswege im östlichen Mittelmeer verstärkte die Motivation der Westeuropäer, alternative Seewege nach Asien zu suchen.

Die Landwirtschaft und der lokale Handel mit Nahrungsmitteln und gewerblichen Produkten wurde weniger stark von den politischen Zäsuren geprägt. Einerseits stieg zwar der Export von Getreide, Oliven, Wein, Rohseide und Farbstoffe aus manchen Teilen des byzantinischen Reichs in den Westen, andererseits produzierten die meisten Bauern auf dem Balkan und in Kleinasien für die lokalen Märkte. Aufgrund der Pest wurden einzelne Bauernhöfe und ganze Dörfer aufgegeben (Wüstungen), manche Grundherren und Bauern konnten dagegen ihre Ackerflächen vergrößern. Die größten Grundherren auf byzantinischem Boden waren Aristokraten und Klöster, die teilweise Tausende Hektar Land besaßen und diese von abhängigen Bauern bearbeiten ließen. Daneben gab es viele kleinere Grundherren und Bauern, die ihr eigenes Land bewirtschafteten. Die Strukturen der Landwirtschaft überdauerten also die politische Fragmentierung von Byzanz und die anschließende Expansion des Osmanischen Reichs.

Westeuropa im späten Mittelalter

Die demografische und wirtschaftliche Expansionsphase im westlichen Europa kam in den Jahrzehnten um 1300 an ihr Ende. Mehrere Entwicklungen waren dafür verantwortlich. Die mittelalterliche Wärmephase wich den Anfängen der Kleinen Eiszeit, die ihren Höhepunkt im 17. Jahrhundert erreichte. Das Sinken der Durchschnittstemperaturen führte vor allem nördlich der Alpen zu Überschwemmungen und Missernten. In den Jahren 1315 bis 1317 halbierten Kälte und Regen die Ernte in mehreren Regionen Europas. Entsprechend stiegen die Preise von Getreide, Wein und anderen landwirtschaftlichen Produkten stark an. Bis zur Mitte des 14. Jahrhunderts gab es immer wieder Jahre, in denen das Getreide knapp war – im englischen Norfolk war dies beispielsweise zwischen 1290 und 1348 in 19 Jahren der Fall. Gleichzeitig wurden Schafe und Rinder von Tierseuchen befallen, die den Viehbestand zum Teil um ein Drittel oder mehr verringerten. Der Lebensstandard der europäischen Bevölkerung, insbesondere der Handwerker und Lohnarbeiter, hatte bereits in der zweiten Hälfte des 13. Jahrhunderts zu sinken begonnen und erreichte in diesen Jahren einen vorläufigen Tiefpunkt. Auch Bauern und Grundbesitzer erlitten Einbußen an Vermögen und Einkommen. In den Krisenjahren ab 1315 kam es vielerorts zu Hungersnöten und der Gesundheitszustand der europäischen Bevölkerung verschlechterte sich längerfristig. Die Jahre ab 1336 waren insbesondere in Italien eine Zeit des Mangels, des Hungers und der erhöhten Sterblichkeit.

Die wirtschaftlichen Krisen gingen einher mit politischen Konflikten. Ab circa 1290 nahmen militärische Auseinandersetzungen und Kriege in Europa zu. Der Hundertjährige Krieg zwischen England und Frankreich (1337–1453) umfasste beinahe die gesamte Epoche und ging in England in die Rosenkriege (1455–1485) über. Die verschiedenen Konflikte beschleunigten Prozesse der politischen Verdichtung und Modernisierung. Könige, geistliche und weltliche Fürsten und Stadtstaaten mussten aufgrund der militärischen Rivalitäten ihre finanziellen Einnahmen steigern, um ihren Nachbarn und deren Ambitionen standhalten zu können. Peter Moraw beschrieb diesen Prozess als eine Entwicklung »von offener Verfassung zu gestalteter Verdichtung«. Erstmals wurden dabei kaufmännische Planung und Praktiken vermehrt auf öffentlich-staatlicher Ebene angewandt: Städte und Fürsten verpfändeten Länder, Burgen und Herrschaftsrechte, nahmen Darlehen bei Kaufmann-Bankiers auf oder gaben öffentliche Anleihen aus, um ihre Ausgaben für Hof, Repräsentation und Militär begleichen zu können. Um ihr wachsendes Budget zumindest einigermaßen zu überblicken, bedienten sich die Landesherren und Stadtstaaten in steigendem Maß zudem der schriftlichen Rechnungslegung. So beschleunigten die wirtschaftlichen und politischen Krisen die Ausbildung effizienter und fortschrittlicher Verwaltungsapparate, welche wiederum einen stabilen institutionellen Rahmen für die Wirtschaft bieten konnten. Auf diese Weise wurden wirtschaftspolitische Maßnahmen ergriffen, die als eine Wurzel des frühneuzeitlichen Merkantilismus gelten können. Um die Kosten für den Krieg gegen Frankreich aufzubringen, versuchten die englischen Könige beispielsweise im 14. und 15. Jahrhundert ihre Einnahmen aus dem wichtigsten Exportzweig der britischen Inseln zu erhöhen: Für den Rohstoff Wolle wurden Exportverbote erlassen, die Einfuhr von fremdem Tuch wurde verboten und die Schifffahrt sollte von königlichen Amtsträgern kontrolliert werden. Die Gegenmaßnahmen der Nachbarländer ließen nicht lange auf sich warten.

Während des Hundertjährigen Krieges (1337–1453) benötigten die Könige von England und Frankreich viel Geld für die Finanzierung ihrer Truppen. Der wachsende Finanzbedarf beschleunigte daher die Ausbildung einer zentralisierten Finanzverwaltung. Am Beginn des Krieges umfassten die Einnahmen des französischen Königs etwa den Wert von 50 Tonnen Silber, um 1500 hatte der Wert bereits 100 Tonnen Silber erreicht und sich damit verdoppelt. Personell vervielfacht hatte sich in diesem Zeitraum auch die Finanzadministration, zu der im 14. Jahrhundert in Frankreich etwa 3000 Beamte zählten, dagegen waren es um 1500 bereits 40.000 Personen. Vor dem Krieg stammten die königlichen Einnahmen hauptsächlich aus den Krondomänen und Regalien (z. B. das Münzrecht). Im späten Mittelalter verringerte sich die Bedeutung dieser »ordentlichen« Einnahmequellen. Direkte und indirekte Steuern traten an deren Stelle; in England waren das vor allem die Zölle für Wolle und Wolltuche. Diese »außerordentlichen«, von den Generalständen bzw. dem Parlament bewilligten Einnahmequellen wurden zur Grundlage der frühmodernen Staatsfinanzen. Bereits Marcus Tullius Cicero (106–43 v. Chr.) war überzeugt, dass »Geld der Nerv des Krieges ist« (*Pecunia est nervus belli*), zugleich beschleunigte der Krieg seinerseits den Wandel der wirtschaftlichen und finanziellen Strukturen.

Mittelalterliche Fürsten und Städte besaßen kein eigenes Wirtschaftsministerium und ebenso wenig eine klare Vorstellung von makroökonomischen Prozessen. Die von ihnen erlassenen Gesetze und Privilegien hatten dennoch häufig ökonomische Konsequenzen und dessen war man sich durchaus bewusst. Wirtschaftspolitik ist also kein neuzeitliches Phänomen. Seit dem frühen Mittelalter zählte der Profit aus wirtschaftlichen Aktivitäten zu einem Ziel politischer Maßnahmen. Zölle, Mauten, Höchstpreise, Verkehrslenkung, Monopolrechte, Exportverbote bzw. die Befreiung von diesen Bestimmungen stellten Maßnahmen dar, mit denen die eigenen Einnahmen und der Wohlstand im eigenen Territorium gesichert oder gesteigert werden sollten. Der Wirtschaftsaufschwung des hohen Mittelalters erzeugte einen regelrechten Wettlauf zwischen König, Adel, Kirche und Städten um die Neueinrichtung und Erweiterung von Zollstätten. Wirtschaftliche Belange spielten in den Bündnissen zwischen zwei oder mehreren Städten eine wichtige Rolle. Die zahlreichen Verträge zwischen den ober- und mittelitalienischen Städten regelten beispielsweise die Wahrung von Besitzrechten, den Erlass von Zöllen und Wegegeldern sowie die Lockerung herrschender Aus- und Einfuhrverbote. Außerdem wurden gemeinsame wirtschaftliche Investitionen und Großprojekte verabredet.

Wirtschaftspolitische Maßnahmen konnten daneben auch die Schädigung von Kontrahenten zum Ziel haben. Hierzu zählten beispielsweise Handelssperren. Karl der Große verbot die Lieferung von Waffen an die Awaren (8./9. Jahrhundert). Der Papst drohte allen Christen, die den Muslimen Sklaven, Waffen und Rohstoffe lieferten, mit Exkommunion (13./14. Jahrhundert).

Guillelmus Adae träumte von einer Handelssperre des Roten Meeres. Die flandrischen Städte verhängten im 14. Jahrhundert ein Importverbot für englische Wolltuche. Die Gegner der Hussiten versuchten, diese ebenfalls durch ein Handelsembargo zu schwächen (15. Jahrhundert) und der König von England untersagte den Export von unbearbeiteter Wolle während des Hundertjährigen Krieges (14./15. Jahrhundert). Diese mittelalterlichen Eingriffe zum Schutz der eigenen und Schädigung der fremden Wirtschaft weisen bereits auf die frühneuzeitliche Wirtschaftspolitik des Merkantilismus voraus.

Verstärkt wurde das wirtschaftliche Wohlergeben der eigenen Nation in dieser Zeit zum Thema der Gelehrten und der Dichter. Ein bekanntes Beispiel ist das fragmentarisch überlieferte mittelenglische Gedicht *Winner und Waster* (»Sparer und Verschwender«) aus der Mitte des 14. Jahrhunderts. In diesem Text beschreibt der Autor die zwei entgegengesetzten Standpunkte des Winners, der Land, Vermögen und Getreide anhäuft und für sich behält, und des Wasters, der sein Vermögen für Feste, Kleidung, Almosen und anderes verschleudert. In einem hitzigen Dialog tauschen Winner und Waster ihre Argumente und Beleidigungen aus:

»›Alles, was ich durch Verstand gewinne, verschwendet er durch seinen Stolz,
Ich sammle, ich ernte, und er lässt es alles gehen.
Ich kneife und spare, und er öffnet den Geldbeutel.
Warum kümmert es diesen Schurken nicht, wie das Korn verkauft wird?
Seine Ländereien liegen alle brach, seine Webstühle sind verkauft,
seine Taubenhäuser ruiniert, seine Fischteiche ausgetrocknet.
Er hat nur wenig Reichtum zu Hause angehäuft.‹
[...]
›Ja, Winner‹, sagte Waster, ›deine Worte sind stolz.
Aber ich werde dir eine Geschichte erzählen, die dich noch mehr ärgern wird.
Wenn du dich hin und her gewälzt und deinen Schlaf gestört hast,
und den der Nachbarn, die in der Nähe wohnen,
und eure weiten Häuser mit Säcken voller Wolle vollgestopft hast,
die Dachbalken sich biegen mit Speckschwarten,
Silberpfennige in stählerne Truhen gestopft,

was würde mit dem Reichtum geschehen, wenn es keine Verschwendung (*waste*) gäbe?
Manches würde verrotten, manches rosten, manches die Ratten füttern.
Gebt auf, Eure Truhen zu stopfen, um Christi willen im Himmel,
lasst das Volk und die Armen einen Teil eures Silbers haben.
Denn würdet Ihr weit und breit gehen und sehen, was vor sich geht,
würdet ihr weinen vor Mitleid über die Zahl der Armen.
Denn wenn du länger so lebst, das kannst du gewiss sein,
du wirst in der Hölle gehängt werden für das, was du hier hortest.‹«

Beide Extreme erscheinen im Gedicht als schlecht für das Königreich England. Der Sparer entzieht der Wirtschaft Geld und Ressourcen, welche obendrein in beträchtlichem Maß aus dem Königreich abfließen und als kirchliche Abgaben in den Geldkoffern des Papstes in Rom landen. Der Verschwender dagegen betreibt keine vorausschauende Haushaltung, kauft Luxusgüter bei italienischen Kaufleuten, feiert extravagante Feste und verschleudert die Ressourcen der einheimischen Wirtschaft. Für das Wohlergehen Englands ist in den Augen des Autors hingegen ein Mittelweg notwendig, auf dem Grundherren und Kaufleute zwar eifrig ihre Einnahmen steigern, mit ihren Reichtümern aber gleichzeitig die Wirtschaft ankurbeln und die Armen nicht vergessen. In Texten wie diesem wird sichtbar, dass die Nation als Kategorie im wirtschaftspolitischen Diskurs am Ausgang des Mittelalters eine sichtbare Bedeutung gewann. Es ist bezeichnenderweise eine Zeit, in welcher der internationale Handel zunahm und sich der konkurrierende Kontakt zwischen Ländern und Völkern bemerkbar machte, in der sich ein »Wirtschaftsnationalismus« zu entfalten begann. Das Zusammentreffen von immer mehr Reisenden auf Pilgerwegen, Handelsplätzen oder an den Universitäten hatte seit dem 12. Jahrhundert die innereuropäischen nationalen Stereotype verfestigt. Im späten Mittelalter trug nun der Zuwachs des internationalen Handels dazu bei, dass Gelehrte, Dichter und Kaufleute die wirtschaftliche Abgrenzung als einen notwendigen Schritt auf dem Weg zu nationaler Größe in ihren Werken darlegten und betonten. Diese Wechselbeziehung zwischen wirtschaftlicher Entgrenzung und nationaler Abgrenzung ist uns im Zeitalter der Globalisierung gut vertraut.

Die schriftliche Rechnungslegung an den Fürstenhöfen macht es daneben möglich, die Einnahme- und Ausgabestruktur der verschiedenen Landesherren zu erfassen und zu vergleichen. Dabei zeigen sich sowohl Gemeinsamkeiten als auch Unterschiede. Gemeinsam war der Finanzverwaltung in den europäischen Ländern ein langsamer Wandel vom »Domänenstaat« zum »Steuerstaat«. Während der Landesherr des traditionellen Domänenstaats seine Einkünfte vorrangig aus seinen Grundherrschaften (Domänen) bezog, waren es im Steuerstaat die direkten und indirekten Steuern der Landesbewohner, die den Staatshaushalt in wesentlichen Teilen ausmachten. Die größten Ausgabeposten waren in den meisten Staaten ebenfalls ähnlich und umfassten vor allem Hofhaltung und Militär. Unterschiede zwischen den Ländern betrafen sowohl die Geschwindigkeit des Wandels hin zum Steuerstaat als auch die Struktur der einzelnen Einnahmen und Ausgaben. Von den Autoren politischer Traktate wurden Steuern übrigens nicht als »modern« betrachtet, sondern als ein Übel, auf das nur in Ausnahmesituationen zurückgegriffen werden sollte. In normalen Zeiten sollte der Fürst sich mit den Einkünften aus seinen Domänen begnügen.

Denn im späten Mittelalter waren es häufig Ausnahmesituationen, in denen landesweite Steuern erhoben wurden. So berief Eduard III. (1328–1377) das englische Parlament im Jahr 1377 ein, um Gelder für seinen Krieg gegen Frankreich zu bekommen. Der König war in diesem Fall erfolgreich, wie der Chronist Walsingham berichtet:

> »Auf diesem Parlament wurden sowohl die Geistlichkeit als auch die Laien um finanzielle Unterstützung für den König gebeten. Ihm wurden folgende noch nie dagewesene Steuern zugestanden: Von jedem Laien beiderlei Geschlechts, der älter als vierzehn Jahre war, mit Ausnahme der anerkannten Armen, die auf der Straße bettelten, konnte er einen Groschen oder vier Pfennige erheben, und von allen Mitgliedern religiöser Orden beiderlei Geschlechts und von jedem bepfründeten Kirchenmann konnte er zwölf Pfennige erheben.«

Für ein finanzielles Entgegenkommen dieser Art erwartete sich die Versammlung des Adels und der bürgerlichen Oberschichten, die im Parlament vertreten waren, bei anderer Gelegenheit politische Mitspracherechte. Auf diese

Weise profitierten König und Parlament und eine institutionalisierte Form der Gewaltenteilung nahm zunehmend Konturen an.

Die größte Zäsur des 14. Jahrhunderts wurde durch die Pest verursacht, die im Herbst 1347 Italien erreichte. Im Laufe der Jahre 1348 und 1349 breitete sich der Schwarze Tod nördlich der Alpen aus und erfasste bald die meisten Regionen Europas. Zwischen einem Viertel und der Hälfte der Bevölkerung starb in den regelmäßig wiederkehrenden Pestwellen ab 1347. Die Mortalität im Mittelalter war nicht gleichmäßig verteilt: Das östliche Mitteleuropa blieb weitgehend verschont, in Süddeutschland erlagen ebenfalls relativ wenige Menschen der Krankheit. Im Tiroler Inntal nahm die Anzahl der bäuerlichen Haushalte zwischen 1312 und 1427 beispielsweise um 50 Prozent zu. In anderen Regionen starben dagegen bis zu 60 Prozent der Bewohner. Die Bevölkerungszahl erreichte am Beginn des 15. Jahrhunderts ihren Tiefpunkt, stagnierte dann einige Jahrzehnte und stieg ab 1460 wieder an. Ende des 15. Jahrhunderts erreichte die Bevölkerung Europas wieder annähernd den Stand der Zeit um 1340 von 70 bis 80 Millionen. In einigen Ländern – wie England und Norwegen – dauerte dieser demografische Prozess bis ins 16. Jahrhundert. In Florenz war die Bevölkerungszahl Mitte des 16. Jahrhunderts mit circa 60.000 immer noch halb so hoch wie vor der Pest.

Die westliche Geschichtsschreibung des 20. Jahrhunderts hat das späte Mittelalter in Europa als eine Zeit der Krise bezeichnet. Dies gilt nur eingeschränkt für die Kulturgeschichte, da sich die Krise zwar in der bildenden Kunst und in mentalitätsgeschichtlichen Einstellungen, etwa dem Tod gegenüber, niederschlug. Hingegen entstanden im 14. Jahrhundert der Humanismus und die Renaissance, die eine Phase des intellektuellen und künstlerischen Aufbruchs einleiteten. Die ältere Sozial- und Wirtschaftsgeschichte sprach dagegen regelmäßig von der »Krise des Spätmittelalters«. Unterschiedliche Faktoren wurden dabei als Hauptursachen in den Vordergrund gerückt.

Das demografische Erklärungsmodell stützt sich auf die um 1800 erstmals entwickelte Theorie von Thomas Robert Malthus (1766–1834) und beruht auf der Annahme, dass Europa um 1300 eine Übervölkerung aufgewiesen habe. Malthus ging davon aus, dass die Bevölkerung stets schneller wachse als die landwirtschaftliche Produktion, da sich die Anbauflächen nicht beliebig vergrößern ließen. Das Angebot an Nahrungsmitteln würde dadurch knapp und die Preise für Getreide stiegen. Die Löhne stiegen nicht im selben Maße und dies führe zu einer Verringerung der Reallöhne auf das Existenzminium. Die Bevölkerung verarme und verelende und werde durch »tatsächliche Hemmnisse« (*positive checks*) wie Kriege und Epidemien wieder reduziert. Daraufhin beginne der Zyklus von neuem. Die sich hieraus ableitende Bevölkerungsfalle sei letztlich ein Hemmnis für das Wirtschaftswachstum. Aus dieser malthusianischen Perspektive waren Krieg und Epidemien als Ursachen des Bevölke-

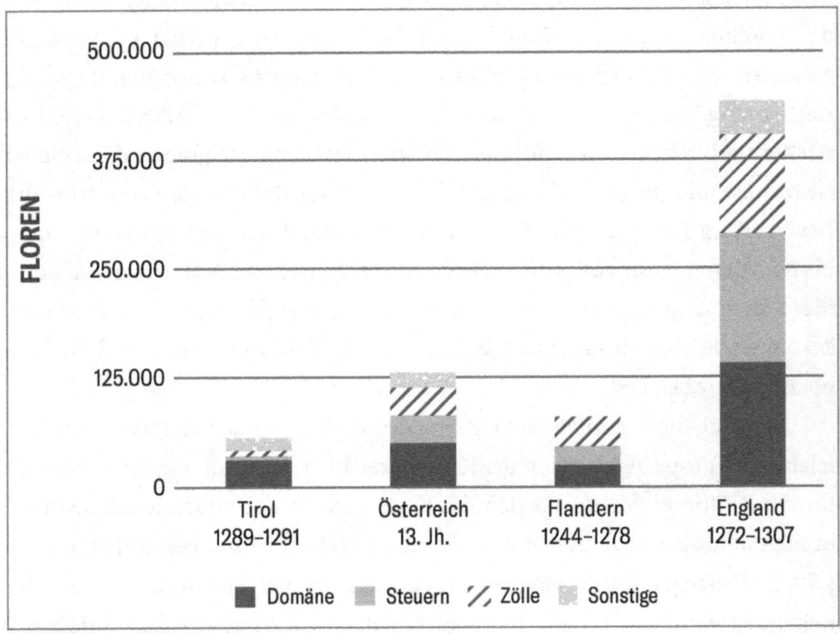

Höhe und Struktur fürstlicher Jahreseinnahmen (in Florentiner Gulden). Der Vergleich verschiedener Territorien zeigt, dass Höhe und Struktur der fürstlichen Einnahmen von Land zu Land schwankten. Dies hatte mit der Größe und Prosperität eines Landes, aber auch mit dem Zentralisierungsgrad der Verwaltung zu tun. Der englische König verfügte – insbesondere wegen seiner Zoll- und Steuereinnahmen – über wesentlich höhere Einnahmen als der Graf von Tirol. Die Fürsten Europas mit den größten Einnahmen im späten Mittelalter waren der Papst, der König von Frankreich und der Herzog von Burgund. Nachdem die Engländer den französischen König Johann II. (1319–1364) nach der Schlacht von Maupertuis 1356 gefangen genommen hatten, forderten sie für ihn ein Lösegeld von 4.000.000 Écu d'or (circa 5.000.000 Florenen). Die Jahreseinnahmen der französischen Monarchie lagen damals bei etwa 2.000.000 Florenen.

rungsrückgangs im 14. Jahrhundert die logische und notwendige Konsequenz der vorangegangenen Wachstumsphase. Konkret habe laut dieser Theorie das Bevölkerungswachstum im hohen Mittelalter sowie die heftigen Missernten ab 1315 zu einer Verringerung des Lebensstandards geführt. Eine bereits geschwächte Bevölkerung sei dann durch die Pest besonders hart getroffen worden. Umgekehrt habe der starke Bevölkerungsrückgang in der zweiten Hälfte des 14. Jahrhunderts einen vergleichsweisen hohen Lebensstandard der Überlebenden hervorgebracht.

Dagegen betont die These von der *Great Bullion Famine* (»Großer Edelmetallhunger«) ein anderes Krisenphänomen, nämlich die Knappheit von Edelmetall in Europa im 15. Jahrhundert, insbesondere in den Jahren von 1390 bis 1420 und von 1440 bis 1465. Die Ursache für den Mangel lag im Rückgang des Abbaus von Edelmetallen im 14. Jahrhundert. Das vorhandene Edelmetall floss zudem im Rahmen des Mittelmeerhandels in den Nahen Osten ab. In den Jahrzehnten um 1400 wurde der Betrieb in vielen Silberminen eingestellt. Der Ertrag der Bergwerke in Kuttenberg (Kutná Hora) in Böhmen, aus denen bis dahin ein Drittel des europäischen Silbers stammte, verringerte sich ab 1370, und die Minen wurden 1422 geschlossen. Aufgrund Metallmangels ging auch die Münzprägung zurück. Dies wiederum hatte negative Auswirkungen auf die Handelstätigkeit und erzeugte eine Deflation, d. h., die Preise sanken und die Verkäufer erzielten weniger Geld für ihre Waren, während sich die Konsumenten zurückhielten und auf das weitere Sinken der Preise warteten. Erst durch die Innovationen der Bergbautechnik und die Erschließung neuer Silberminen in Tirol (Schwaz), im Erzgebirge (Schneeberg und Annaberg) im 15. Jahrhundert sowie in Böhmen (Joachimsthal) und Lateinamerika im 16. Jahrhundert konnte der »Hunger nach Edelmetall« wieder gestillt werden, und es begann eine Phase wirtschaftlichen Wachstums und steigender Preise.

Ein drittes Erklärungsmodell baut auf dem malthusianischen Gedanken der Übervölkerung auf und sieht die Ursache der Krise ganz konkret im Niedergang der Landwirtschaft. Nach dieser zuerst von Wilhelm Abel in den 1930er-Jahren vorgetragenen These von der spätmittelalterlichen Krise der Agrarwirtschaft ließ der Bevölkerungsrückgang ab 1300 die Getreidepreise einbrechen. Ertragsärmere Randlagen und Dörfer wurden aufgegeben (Wüstungen), Bauern zogen in die Städte und ganze Landstriche wurden entvölkert. Neben der

Der Totentanz in der Marienkirche zu Lübeck von 1463. Vor der Kulisse der Stadt Lübeck werden Vertreter der mittelalterlichen Ständegesellschaft jeweils mit einer Todesfigur als »Tanzpartner« präsentiert. Die bildliche Darstellung der Macht des Todes über die Menschen verbreitete sich im 15. Jahrhundert und wird häufig als Reaktion auf die Pest gedeutet. Ob die spätmittelalterliche Gesellschaft jedoch zwischen der Pest und anderen Krisen, Krankheiten und Katastrophen unterschieden hat, ist umstritten. Der Tod war im Mittelalter insgesamt viel präsenter als heute. Dies begann schon damit, dass nur jedes zweite Kind das Erwachsenenalter erreichte.

Verringerung der Bevölkerung war der klimatisch bedingte Rückgang der Bodenfruchtbarkeit (»Kleine Eiszeit«) ein Grund für diese Entwicklung. Gleichzeitig stiegen die Preise für Löhne und handwerkliche Produkte, da der Bevölkerungsrückgang einen Mangel an Arbeitskräften mit sich brachte. Das Ergebnis war eine sich öffnende Lohn-Preis-Schere zwischen sinkenden Getreidepreisen und steigenden Löhnen, welche ein goldenes Zeitalter der Lohnarbeit herbeiführte und gleichzeitig die Landwirtschaft unrentabel machte.

Alle drei Erklärungen (Bevölkerungsrückgang, Edelmetallknappheit und Agrarkrise) spielen bis heute eine wichtige Rolle bei der Beschreibung der spätmittelalterlichen Wirtschaftsgeschichte. Freilich wird das Bild einer allgemeinen Krise seit mehreren Jahrzehnten in Frage gestellt. Ein generelles Krisengefühl lässt sich aus einer mentalitätsgeschichtlichen Perspektive nämlich im 14. und 15. Jahrhundert nicht nachweisen. Zweifellos gab es in dieser Zeitspanne mehrere einzelne Krisen – wie in allen anderen Perioden zuvor und danach. Die Lebensverhältnisse hatten sich keineswegs generell verschlechtert: Bäuerliche Haushalte verfügten während der Expansionsphase Ende des 13. Jahrhunderts über durchschnittlich weniger Land als ihre Nachfahren im 15. Jahrhundert. Es gibt zudem keine empirischen Belege dafür, dass die Armut in der europäischen Bevölkerung gegen Ende des Mittelalters zugenommen hat. Selbst die Pest wurde von den Zeitgenossen zwar als Krise wahrgenommen, jedoch in eine Reihe mit anderen Epidemien und Katastrophen gestellt. Die Krise des späten Mittelalters ist wohl in erster Linie »eine Imagination des 20. Jahrhunderts« (Peter Schuster).

Bei vielen Anhängern der Krisentheorie scheint eine gesellschafts- und kulturpessimistische Grundhaltung die historische Krisendiagnose geprägt zu haben. So schrieb Barbara Tuchman 1978 in *Der ferne Spiegel*: »Wenn unser letztes Jahrzehnt oder die letzten beiden eine Zeit erlöschender Gewissheiten und ungewöhnlicher Unruhe waren, dann ist es beruhigend zu wissen, dass die Menschheit schon Schlimmeres durchlebt hat.« Inzwischen ist die Kriseninterpretation einem differenzierteren Bild gewichen, in dem die regional unterschiedlichen Anpassungsprozesse und neue Fragen stärker in den Mittelpunkt treten. Führte der Bevölkerungsrückgang tatsächlich zu einem höheren Lebensstandard vor allem der unteren Bevölkerungsschichten? Wie hängen Edelmetallknappheit, Agrarkrise und Verringerung der Bevölkerung zusammen? Waren die unterschiedlichen Anpassungs- und Neuordnungsprozesse des späten Mittelalters für eine Weichenstellung verantwortlich, welche eine wirtschaftliche (und auch politisch-militärische) Divergenz zwischen Europa und anderen Teilen Eurasiens hervorbrachte? Diese Fragen werden von der modernen Forschung weiterhin kontrovers diskutiert.

In den älteren Darstellungen waren die städtischen Handwerker und Lohnarbeiter die größten Gewinner der wirtschaftlichen Entwicklung des späten Mittelalters. Sie profitierten angeblich von der berühmten Lohn-Preis-Schere zwischen niedrigen Getreidepreisen und gestiegenen Löhnen. Neuere Studien haben indes ergeben, dass sich Arbeitslöhne und Getreidepreise in vielen Städten des späten Mittelalters parallel entwickelten und die Lage der Handwerker sich vielerorts ökonomisch nicht grundlegend verbesserte. Ohnehin waren für die Lebenssituation vieler Stadtbewohner kurzfristige Preisschwankungen, die auf Münzverschlechterungen, Inflation, Missernten oder militärische Auseinandersetzungen zurückgingen, viel bedeutsamer als längerfristige Trends. Das goldene Jahrhundert der Lohnarbeit war daher nicht ganz so golden, wie die ältere Forschung dies angenommen hat. Tendenziell hat die überlebende Bevölkerung dennoch materiell vom Bevölkerungsrückgang profitiert.

Ähnlich komplex entwickelte sich die politische Rolle der in den Zünften organisierten Handwerker. Seit dem ausgehenden 13. Jahrhundert strebten die Zünfte nach politischer Partizipation und erkämpften sich diese mitunter durch gewaltsame Auseinandersetzungen mit der vom Stadtadel oder bischöflichen Stadtherren kontrollierten Stadtregierung. Das Ergebnis dieser Zunftkämpfe variierte stark und schwankte zwischen einer Durchsetzung von Zunftherrschaften, beispielsweise in Lüttich und Köln, über die Beteiligung der Zünfte an der Stadtregierung bis zum völligen Ausschluss der Zünfte von der Stadtregierung. Die Zunftkämpfe werden heute nicht mehr vorrangig als »Klassenkämpfe« armer Handwerker gegen reiche Patrizier (Adel und Kaufleute) wahrgenommen, sondern als ein Umschichtungsprozess, in dem neue gegen alte Eliten um politischen Einfluss rangen. Die Auseinandersetzungen in den Städten nördlich und südlich der Alpen belegen unter anderem, dass es selten eine übergreifende und längerfristige Allianz zwischen den verschiedenen Handwerkszünften und Lohnarbeitern gab.

Zwischen 1323 und 1328 schlossen sich in Flandern Handwerker, Lohnarbeiter und Bauern zusammen und kämpften für bessere Arbeitsbedingungen und gegen die Privilegien des Adels und der Patrizier. Ein weiteres bekanntes Beispiel ist der Ciompi-Aufstand in Florenz im Jahr 1378. Die Ciompi genannten Arbeiter in der Kleidungsindustrie forderten eine rechtliche und wirtschaftliche Besserstellung und konnten kurzfristig die Stadtregierung übernehmen. Die ältere marxistische Forschung hat den Aufstand als proto-proletarische Revolutionsbewegung interpretiert, während heute das Bild eines Kampfes zwischen verschiedenen gewerblichen und kaufmännischen Zusammenschlüssen um Macht und Einfluss dominiert. Eng verwandt mit den Zunftkämpfen sind Streiks, die sich ebenfalls gegen Ende des Mittelalters häuften. Im Jahr 1477 streikten beispielsweise die Lohnarbeiter des Aachener Wollgewerbes, weil sie fürchteten, aufgrund der schlechten Bezahlung und der steigenden Brot- und Bierpreise in die Armut abzusinken. Auch die Bauern beschwerten sich im 14. Jahrhundert lautstark gegen unrechtmäßige Bedrückung durch die Grundherren. In Ausnahmefällen griffen sie sogar zu den Waffen, um ihren Forderungen Nachdruck zu verleihen.

Die höheren Lohnkosten nach der Pest wurden von der historischen Forschung als eine Ursache für einen Technologieschub ab der zweiten Hälfte des

14. Jahrhunderts interpretiert. In einer Zeit, in der Arbeitskraft teuer war, lag die verstärkte Investition in innovative und arbeitssparende Verfahren nahe. Vor allem der wiedereinsetzende Bergbau profitierte von neuen Maschinen und Verfahren. Mit Wasserhebewerken und neuartigen Saugpumpen wurde es möglich, tiefere Schächte zu entwässern. Das Saigerverfahren erleichterte die Scheidung von Kupfer und Silber; mithilfe der Drahtziehmühle wurde die Herstellung von Draht mechanisiert. Diese Innovationen bildeten eine Grundlage für den Aufstieg Nürnbergs zum mitteleuropäischen Zentrum der Eisenverarbeitung. Im Textilgewerbe verbreiteten sich ebenfalls mechanische Hilfsmittel wie das Spindelspinnrad und die Seidenzwirnmühle. Zentren deutscher Barchentweberei lagen in Schwaben (Augsburg, Ulm), Franken und Bayern. Im süddeutschen Barchentrevier sowie in anderen europäischen Gewerbegebieten verbreitete sich immer stärker das Verlagswesen – trotz der Widerstände mancher Zünfte. Verleger leitet sich in diesem Sinne von »vorlegen« ab: So schossen Kaufleute den Webern Baumwollgarn vor, um Stoffe aus Lein (Kette) und Baumwolle (Schuss) anfertigen zu lassen. Für Leingarn und Webstuhl hatte der Handwerker selbst zu sorgen. Um den Verkauf der Stoffe kümmerte sich dann der Verleger.

Diese spätmittelalterlichen Verbesserungen von Verfahrensprozessen und -techniken erhielten möglicherweise einen Schub durch die Verteuerung der Arbeitskraft, im Grunde bildeten sie aber eine kontinuierliche Fortsetzung der hochmittelalterlichen Entwicklung.

Für die Landwirtschaft brachte das 14. Jahrhundert ebenfalls große Veränderungen. Bezüglich der Anbaumethoden setzten sich die Entwicklungen des hohen Mittelalters fort: Der schwere Pflug und die Dreifelderwirtschaft wurden dort eingesetzt, wo sie den Ertrag steigerten. Die Mechanisierung von Arbeitsvorgängen mithilfe von Wind- und Wassermühlen schritt ebenfalls voran. In manchen Regionen ging der Bevölkerungsrückgang mit einer Steigerung der Produktivität einher. So wurde für die Normandie in der zweiten Hälfte des 14. Jahrhunderts errechnet, dass 40 Prozent der ursprünglichen Bevölkerung 70 Prozent des früheren Ertrags erwirtschafteten. Die Produktivität pro Kopf hatte sich beinahe verdoppelt. Auch die Bodenverteilung entspannte sich durch den Bevölkerungsrückgang, sodass der Anteil der Pächter sehr kleiner Güter in England und in anderen Regionen abnahm. Trotz der an vielen Orten feststellbaren Verringerung der Getreidepreise ging es den meisten Bauern im späten Mittelalter daher nicht schlechter als in den Jahrhunderten zuvor. Dies gilt insbesondere für jene kleinen und mittleren Betriebe, die nur in geringem Umfang vom Markt und der Preisentwicklung abhängig waren. Zudem fanden Grundherren und Bauern Alternativen zum Getreideanbau in der Hinwendung zur Viehzucht und zu Spezialkulturen wie Wein, Oliven, Gemüse und Gewerbepflanzen (Leinen, Hanf, Flachs, Krapp, Waid, Safran).

Auf Forderungen der Bauern und Handwerker nach Lohnerhöhungen und rechtlichen Verbesserungen reagierten die Landesherren Europas in vielen Ländern mit Verfügungen über Höchstlöhne und Arbeitspflichten. Das englische Parlament erließ 1351 das *Statute of Labourers* und setzte in diesem Arbeitsmarktgesetz fest, dass die Löhne auf dem Vorpestniveau bleiben sollten und alle arbeitsfähigen Männer und Frauen bis zum 60. Lebensjahr zur Arbeit gezwungen werden konnten. In kleineren Territorien wie der Grafschaft Tirol wurden ähnliche Gesetze erlassen. Mit diesen und anderen Maßnahmen, etwa Steuererhöhungen, versuchten die Landes- und Grundherren, ihre durch die Pest entstandenen Einkommensverluste wettzumachen, stießen dabei jedoch auf den wachsenden Widerstand ihrer Untertanen.

In Frankreich begannen Bauern im Norden des Landes, der besonders stark von den Verwüstungen des Hundertjährigen Kriegs betroffen war, im Jahr 1358 einen Aufstand gegen den Adel, der sie ausbeutete, aber nicht beschützen konnte. Die Jacquerie, benannt nach *Jacques Bonhomme*, der Karikatur des biederen Landmannes, hatte anfangs beachtliche Erfolge. Doch nach der Hinrichtung ihres Anführers Guillaume Cale wurden die Aufständischen von einem Adelsheer vernichtend geschlagen. In England forderten die Bauern im Bauernaufstand von 1381 (*Peasants' Revolt*) unter anderem eine Abschaffung der Arbeitsgesetze und wehrten sich gegen Versuche der Grundherren, die in den letzten Jahrzehnten gewonnene Rechte der Bauern wieder einzuschränken. Im Königreich Aragon kam es im 15. Jahrhundert zu mehreren Bauernerhebungen, bis König Ferdinand der Katholische (1452–1513) im Jahr 1486 die Aufhebung der Leibeigenschaft und der damit verbundenen Abgaben gegen eine einmalige Ablösungssumme gewährte. Auch in anderen Regionen Europas protestierten Bauern gegen eine tatsächliche oder vermeintliche Verschlechterung ihrer rechtlichen und ökonomischen Situation. In den deutschen Ländern häuften sich die Unruhen und Revolten seit der zweiten Hälfte des 15. Jahrhunderts. Sie gipfelten im Bauernkrieg von 1525. In ihren Forderungen, den *Zwölf Artikeln*, formulierten Vertreter der Aufständischen einige ihrer Ansprüche. Es ging dabei insbesondere um die persönliche Freiheit und die Abgabenbelastung der Bauern. Die Aufständischen forderten, dass die Bauern gemäß der biblischen Botschaft freie Menschen seien und dass alle über das Herkommen hinausgehenden Frondienste und Abgaben abgeschafft werden sollten.

Formen der persönlichen Unfreiheit, in deutschsprachigen Quellen seit dem 14. Jahrhundert als Leibeigenschaft (*leibeygenschafft*) bezeichnet, lebten in vielen Regionen Europas weiter, hatten indes hauptsächlich ökonomische Konsequenzen, z. B. Sterbefallabgaben wie das »Besthaupt« oder »Bestkleid«, womit das grundherrschaftliche Recht bezeichnet wurde, beim Tode eines Grundholden aus dessen Nachlass das beste Stück Vieh oder – beim Tod einer Frau – das schönste Gewand zu bekommen. In der frühen Neuzeit wurden aus diesen Leibeigenen der Grundherren vielerorts die Untertanen eines Landesherrn. Ludwig X. (1289–1316) befreite bereits im Jahr 1315 die Leibeigenen und begründet dies mit verschiedenen Argumenten:

> »Da nach dem Naturgesetz jeder Mensch frei geboren wird, und da die Knechtschaft sehr zu unserem Missfallen ist, da unser Königreich das Reich der Freien (Franken) genannt wird, und wir wollen, dass die Sache ihrem Namen entspricht, haben wir allen Orten, Städten und Gemeinden und Personen einzeln und allgemein befohlen, dass die Leibeigenen in unserem gesamten Königreich zu freien Menschen gemacht werden sollen.«

In Wirklichkeit erfolgte die Freilassung von unfreien Bauern nur in einigen Krondomänen. Anlass waren vermutlich nicht die zitierten hehren Beweggründe, sondern pragmatische Überlegungen: Die unfreien Bauern bezahlten verschiedene Abgaben, deren Einhebung einen großen Kontrollaufwand erforderte. Es war daher ökonomisch sinnvoll, die Unfreiheit der Bauern gegen eine Ablösesumme zu beenden. Dies war besonders attraktiv in einer Zeit, in der der französische König viel Geld für seine Kriegspläne benötigte.

Von den spätmittelalterlichen Veränderungen waren unter anderem die Strukturen der grundherrschaftlichen Verhältnisse betroffen. Durch den

Bevölkerungsrückgang verbesserte sich für viele Bauern ihr wirtschaftlicher Handlungsspielraum und damit die Verhandlungsposition gegenüber den Grundherren. Viele Grundherrschaften verwandelten sich endgültig in Pachtbetriebe, in denen die Bauern zwar Abgaben bezahlen mussten, darüber hinaus aber keinen rechtlichen Einschränkungen mehr unterworfen waren und das Land nach eigenem Ermessen vererben und verkaufen konnten. Auf dieser Grundlage entstand ein reger Landmarkt, auf dem Grundherren und Bauern gleichermaßen aktiv waren und mit Eigentum oder Nutzungsrechten handelten. Insbesondere in England und Nordwesteuropa ließ diese Entwicklung eine unternehmerische Landwirtschaft entstehen, getragen von Familienbetrieben und kapitalstarken Unternehmern gleichermaßen. In anderen Teilen Europas kommerzialisierte sich die Landwirtschaft ebenfalls, beispielsweise in Norditalien. Indes blieben im Süden Italiens der traditionelle Großgrundbesitz und die Halbpacht (Mezzadria) stark verbreitet. Im östlichen Europa konnten die Grundherren ihre Machtstellung gegenüber den Bauern dagegen weiter ausbauen. Im Rahmen der sogenannten »Gutsherrschaft« ließ der Adel östlich der Elbe seine großen Rittergüter ab circa 1500 von leibeigenen Bauern (»Zweite Leibeigenschaft«) bearbeiten und exportierte das Getreide häufig in den dichter besiedelten Westen.

In älteren Studien wurde häufig der Standpunkt vertreten, dass die sinkenden Einnahmen aus den Grundherrschaften zur Verarmung des Adels und damit zur Entstehung des sogenannten Raubrittertums beigetragen hätten. Dagegen hat die neuere Forschung darauf hingewiesen, dass der Adel unterschiedlich auf die veränderten Umstände reagierte und seine Erwerbsfelder diversifizierte. Während im östlichen Mitteleuropa die Gutsherrschaft entstand, waren Adlige im westlichen Europa zumindest in Kredit- und Pfandgeschäften sowie am Rentenmarkt engagiert, steigerten ihre Einnahmen aus unterschiedlichen Herrschaftsrechten, strebten nach günstigen Heiratsverbindungen für die eigenen Kinder und machten Karriere im Militär, an einem Fürstenhof oder in der Kirche. Die Grundherrschaft bildete also nur eine Einnahmequelle unter mehreren.

Die Entwicklung der Landwirtschaft am Übergang zur Frühneuzeit stellt ein kontroverses Forschungsfeld dar. Eine wichtige Debatte wurde 1976 von Robert Brenner und seinen neomarxistischen Thesen zur Entstehung des Agrarkapitalismus ausgelöst. Gemäß diesem Erklärungsmodell verschwanden seit dem 15. Jahrhundert zwar Leibeigenschaft und Untertänigkeit aus der englischen Landwirtschaft, doch Nutznießer dieser Modernisierung waren längerfristig nicht die Bauern, sondern die Grundherren, welche kleinbäuerliche Güter aufkauften und ihre Eigenbetriebe vergrößerten. Der Expropriationsprozess der Bauern erzeugte laut Brenner ein landloses Lohnproletariat, das in den kapitalistischen Großbetrieben beschäftigt und ausgebeutet wurde. Auch freie Pachtbauern gerieten unter ökonomischen Druck und standen häufig vor der Alternative, entweder ihre Produktivität zu steigern oder ihr Land an Großgrundbesitzer zu verlieren. So hat sich in England der Übergang zum landwirtschaftlichen Kapitalismus früher als auf dem Kontinent vollzogen. Brenners These beruht auf der Überzeugung, dass der bäuerliche Familienbetrieb fortschrittsfeindlich, der unternehmerische Großbetrieb dagegen innovativ gewesen sei. Die moderne Forschung hat Brenners These heftig kritisiert und inzwischen in vielen Studien herausgearbeitet, dass nicht kapitalistische Großunternehmer, sondern bäuerliche Familienbetriebe hauptsächlich für die dynamische Kommerzialisierung der Landwirtschaft in England und anderen Teilen Europas verantwortlich waren. Viele Fragen zur regional divergierenden Entwicklung der europäischen Landwirtschaft und zu ihrem Beitrag zur Entstehung des Kapitalismus sind allerdings weiterhin umstritten.

Der Warenhandel erlebte im späten Mittelalter ebenfalls Kontinuität und Umbruch zugleich. Unsere detaillierte Kenntnis des Volumens und der Preise der Handelsgüter sowie der organisatorischen Abwicklung des Handels beruht auf einer gegenüber früheren Jahrhunderten verbesserten Quellenlage. 90 Prozent der gesamten schriftlichen Überlieferung aus dem Mittelalter stammen aus dem 14. und 15. Jahrhundert. Dies betrifft unter anderem das von Zünften und Gilden, Handelsfirmen, Kaufleuten und Notaren verfasste Schrifttum, welches kommerzielles Handeln dokumentiert: Rechnungen und Rechnungsbücher, Kaufverträge und notarielle Beglaubigungen, Kaufmannsbriefe und Kaufmannsbücher sowie Zunftbücher. Die schriftlichen und materiellen Quellen zur spätmittelalterlichen Handelsgeschichte belegen, dass der Handel in dieser Zeit eine wechselvolle Geschichte von Kontraktion, Umstrukturierung und Expansion erlebte.

Der Fernhandel war im 14. Jahrhundert mit zunehmender politischer Instabilität und starkem Bevölkerungsrückgang konfrontiert. Aufgrund der

Fragmentierung des Mongolenreichs wurde der Handel auf der Seidenstraße unterbrochen. Die Italiener reagierten darauf und schickten in den Jahrzehnten um 1400 mehrere Jahre keine Schiffskonvois in die Levante und ins Schwarze Meer. Dennoch blieb das östliche Mittelmeer im 15. Jahrhundert weiterhin ein lukrativer Wirtschaftsraum für Kaufleute aus Italien, Südfrankreich und Aragon. Handelsflotten aus dem Westen waren mehrmals jährlich unterwegs und brachten Waren aus Alexandria und anderen Städten nach Europa. Daneben schickten die mediterranen Handelsstädte seit circa 1300 ihre Schiffe regelmäßig durch die Straße von Gibraltar in die Niederlande und nach England.

Im Norden entstand nicht zuletzt aufgrund der Krisen des 14. Jahrhunderts die Hanse. Was bis dahin nur privilegierte Gemeinschaften niederdeutscher Kaufleute an den Kontoren in London, Brügge, Bergen und Novgorod gewesen waren, wurde zunehmend zu einer Angelegenheit der Heimatstädte dieser Kaufleute. Lübeck, Hamburg, Stralsund und viele andere Städte begannen sich in der zweiten Hälfte des 14. Jahrhunderts zu koordinieren, um das Wohlergehen ihrer Kaufleute in der Fremde und auf den Meeren zu sichern. Aus einer nebelhaften Erscheinung im Ausland organisierter Kaufmannsgruppen entwickelte sich die Hanse. Deren Mitglieder trafen sich in unterschiedlicher Zusammensetzung auf den Hansetagen (Tagfahrten) und erließen gemeinsame Beschlüsse (Rezesse). Am stärksten engagierten sich die Lübecker für das Bündnis. Die Forschung spricht von einem Übergang von der Kaufmannshanse zur Städtehanse. Dennoch blieb die Hanse auch im späten Mittelalter ein locker organisierter Zusammenschluss von Kaufleute und Städten. Mittels militärischer Bündnisse gelang es Allianzen innerhalb der Hanse, deren Mitglieder niemals alle gemeinsam aktiv wurden, sogar Territorialherren wie den dänischen König zu besiegen. Im Frieden von Stralsund 1370 sicherte sich die Hanse beispielsweise die freie Durchfahrt durch den Sund, der Meerenge zwischen Nord- und Ostsee. Als eine Besonderheit der hansischen Kaufleute gelten die netzwerkartigen Kaufmannspraktiken, die auf Vertrauen und persönliche Beziehungen innerhalb der Gemeinschaft der niederdeutschen Kaufmannschaft beruhten. Allerdings existierten ähnliche Strukturen auch in anderen Regionen. Wichtigste Handelswaren bildeten osteuropäische Rohstoffe wie Fisch (Hering) und Getreide, die gegen westeuropäische Fertigwaren und verarbeitete Produkte wie Textilien und Wein getauscht wurden. Allerding war der Handel im Hanseraum äußerst vielfältig und umfasste viele weitere Rohstoffe und Fertigwaren und war zudem auch mit den Regionen am Oberrhein oder Süddeutschland verbunden.

Im europäischen Binnenhandel bildeten sich ebenfalls neue Strukturen: Die Frankfurter Messe wurde seit dem 14. Jahrhundert zu einem Drehkreuz des Handels zwischen Flandern, Süddeutschland und Italien. Wichtigste Anlaufstelle für den Orienthandel blieb der Fondaco dei Tedeschi in Venedig, das Lager- und Kontorhaus der deutschen Kaufleute. Nachdem das Gebäude neben der Rialto-Brücke durch einen Brand zerstört worden war, errichtete die Stadtkommune 1508 einen prächtigen Neubau mit Arkaden und eigener Anlegestelle, der vor wenigen Jahren zu einem luxuriösen Einkaufstempel umgestaltet wurde. Zur Verfolgung gemeinsamer Handelsinteressen schlossen sich in Süddeutschland Kaufleute ebenfalls zu Handelsfirmen zusammen. Im Bodenseeraum bildeten beispielsweise Ende des 14. Jahrhunderts mehrere im Fernhandel tätige und verwandtschaftlich verbundene Familiengesellschaften die Großen Ravensburger Handelsgesellschaft, die in zahlreichen Städten im Mittelmeerraum und in Flandern eigene Niederlassungen unterhielt. In den Jahrzehnten um 1500 begann der Aufstieg der großen oberdeutschen Handelsgesellschaften wie der Fugger und Welser, die vor allem im Bergbau und im Kreditgeschäft erfolgreich tätig waren.

Der europäische Fernhandel entwickelte unterschiedliche Strategien, um auf die spätmittelalterlichen Herausforderungen zu reagieren. Neben Phasen der Kontraktion stehen Phasen der Neuorganisation und der erneuten Expansion. Insgesamt brachte die Epoche eine Verfestigung der Handelsinfrastrukturen. Die meisten Großkaufleute und Inhaber von Handelsfirmen reisten nicht mehr persönlich mit ihren Waren, sondern unterhielten Kontore und Filialen in fernen Ländern. Die neue Sesshaftigkeit der Kaufleute setzte eine rasche Kommunikation und einen einfachen Zahlungsverkehr über lange Distanzen voraus. Vermehrte Schriftlichkeit und bargeldlose Zahlungsmöglichkeiten sowie eine organisatorische Verfestigung von Handelsfirmen und Handelsnetzwerken waren die Mittel dazu. Zuletzt erlebte das späte Mittelalter eine Verschiebung der Handelsgeografie. Der Mittelmeerhandel blieb zwar wichtig, doch die Handelsaktivitäten nördlich der Alpen und vor allem in Nordwesteuropa erlebten eine besondere Beschleunigung. Es begann eine Verlagerung der kommerziellen Gravitationszentren in Richtung Westen. Dies zeigte sich an der politischen und wirtschaftlichen Expansion der iberischen Mächte: Portugal und die iberischen Königreiche begannen ab 1415 mit der Erkundung der westafrikanischen Küste. Im Zuge ihrer Entdeckungsfahrten wurden an der afrikanischen Küste Handelsstützpunkte angelegt und Inseln im Atlantik erobert und kolonisiert. Auf den Kanarischen Inseln und Madeira entstanden auf diese Weise bereits im Spätmittelalter die ersten europäischen Kolonien im Atlantik.

Die spätmittelalterliche Gesellschaft Europas war bereits zu einem beträchtlichen Teil marktorientiert, wobei der Grad der Kommerzialisierung von Region zu Region schwankte. Für Holland wurde geschätzt, dass um 1500 bereits 90 Prozent der Produktion für den Austausch auf dem Markt bestimmt war. Angebot und Nachfrage auf dem Markt ermöglichten neue Formen des Konsums und zugleich neue Formen der Finanzierung. So trug die Diversifizierung des Warenhandels zur Entstehung eines Finanzmarktes bei. Die vielfältigen Kredit- und Schuldbeziehungen im späten Mittelalter haben in den letzten Jahrzehnten ein starkes Interesse der Forschung erregt. Diskutiert wurde allgemein die Ausbreitung der Geldwirtschaft unter dem Stichwort der Monetarisierung. Die Entwicklung zwischen 500 und 1500 verlief dabei keineswegs einheitlich. Grundsätzlich lässt sich feststellen, dass Natural- und Geldwirtschaft immer nebeneinander existierten. Im oströmischen Reich blieb die Geldwirtschaft selbst nach der Antike bedeutsam. Im westlichen Europa wuchs ihr Anteil im Laufe der Jahrhunderte stark an. Das Nebeneinander von Naturalien und Geld spielte auch im Kreditwesen des späten Mittelalters eine wichtige Rolle. Bei der Vergabe vieler Kredite floss nämlich gar kein Geld. Stattdessen wurden Gegenstände, Güter oder Rechte verpfändet. Fürsten und Landesherren verpfändeten Grundherrschaften und Herrschaftsrechte, um den Adel des Landes für seine militärischen Dienste zu entlohnen oder sich seine Loyalität zu sichern. Innerhalb der ärmeren Schichten in der Stadt und auf dem Land war der Kleinkredit gegen Pfand ein beliebtes Instrument der Geldbeschaffung. Häufig dienten Kleidungsstücke oder Schmuck als Pfandobjekte. In Italien gründeten die Franziskaner im 15. Jahrhundert die ersten wohltätigen Pfandleihanstalten (*Monte di Pietà*), die Kleinkredite an Arme gegen Pfand und geringen Zins vergaben. Die Gründung dieser Institution richtete sich unter anderem gegen den jüdischen Geldverleih. Dessen Rolle wurde in den letzten Jahrzehnten ebenfalls intensiv untersucht. Dabei hat sich gezeigt, dass Juden und Christen häufig gleichzeitig und nebeneinander im Geldgeschäft tätig waren und sich wechselseitig ergänzten. Seit dem 13. Jahrhundert, vor allem aber nach dem Auftreten der Pest, wurden Juden in Wellen aus vielen Ländern Europas vertrieben oder im Rahmen von Pogromen umgebracht. Eine Konsequenz war, dass Christen im ausgehenden Mittelalter das Geschäft mit dem Geldverleih immer stärker dominierten.

Ebenfalls ab dem 13. Jahrhundert betrieben italienische Kaufleute und Handelsfirmen neben ihren Warengeschäften auch Geldgeschäfte. Die sogenannten Lombarden waren neben den aus Südfrankreich stammenden Kawertschen die einzigen Christen, die sich trotz des kanonischen Zinsverbotes dem Geldhandel und der Pfandleihe widmeten. Um 1300 besaßen Gesellschaften aus Siena, Lucca, Florenz und anderen italienischen Städten ein europaweites Monopol auf internationale Bankgeschäfte. Ihr wichtigstes Aufgabenfeld war zunächst die Verwaltung der Kreuzzugszehnten und anderer Kirchenzehnten und der Transfer dieser Gelder von Frankreich und anderen Ländern an die Kurie. Von ihren Hauptsitzen in Italien aus betrieben sie ihre Transaktionen über Filialen in den europäischen Finanzzentren. Die Gesellschaften bestanden aus mehreren Teilhabern, die Kapital einbrachten, an Profit und Verlust beteiligt wurden und persönlich hafteten. Außenstehende konnten sich mit verzinsten Depositen an diesen Geschäftigen beteiligen. Die Betätigungsfelder dieser Gesellschaften umfassten meist gleichzeitig den Warenhandel und das Kreditgeschäft. Für die Kirche organisierten sie den Transfer der Zehnten, Gebühren und Kreuzzugsgelder aus den europäischen Ländern nach Rom. Zu den wichtigsten Darlehensnehmern zählten daneben Könige und Fürsten. Die Gesellschaften der Peruzzi und Bardi liehen beispielsweise dem englischen König enorme Summen, die dieser für seinen Krieg gegen Frankreich benötigte. Als sich herausstellte, dass Eduard III. (1328–1377) seine Schulden nicht bezahlen konnte, gingen beide Gesellschaften 1343 und 1346 Bankrott. In der zweiten Hälfte des 14. Jahrhunderts wurden neue Gesellschaften wie die Alberti, Strozzi und Medici gegründet. Bis zum Ausgang des Mittelalters dominierten diese italienischen Firmen den internationalen Finanzmarkt Europas.

Die Finanzierung spätmittelalterlicher Politik kam ohne Schulden nicht aus, zu teuer waren Hofhaltung und Militär. Auch die Städte mussten sich auf dem Finanzmarkt Darlehen besorgen und taten dies seit dem 14. Jahrhundert durch öffentliche Anleihen. Diese Schuldverschreibungen waren fest verzinst und wurden an die Bürger der eigenen Stadt und darüber hinaus verkauft. Im Gegenzug erhielten die Darlehensgeber jährliche Zinszahlungen und konnten ihre Anteilsscheine sogar weiterverkaufen. Diese waren entweder auf die Lebenszeit des Anleihekäufers begrenzt oder aber unbegrenzt bis zu dem Zeitpunkt, an dem die Stadt die Anleihe zurückkaufte. In manchen Fällen handelt es sich um Zwangsanleihen, die von den Bürgern erworben werden mussten, um die städtische Politik in Notsituationen zu finanzieren. Die Verzinsung der öffentlichen Anleihen nahm tendenziell ab, jene von Leibrenten sanken von

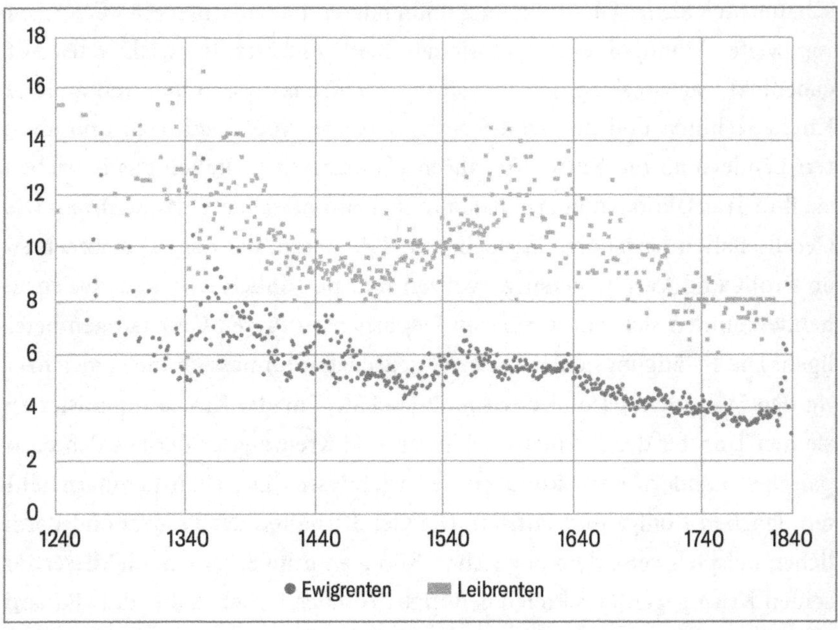

Die Höhe der Zinsen für vererbbare Ewigrenten und für Leibrenten im späten Mittelalter und früher Neuzeit im römisch-deutschen Reich. Der Zinssatz von Leibrenten war höher als von Ewigrenten, doch Zinssätze für beide Darlehensformen verringerten sich im Laufe der Zeit von circa 12 (Leibr.) und 8 (Ewigr.) auf 8 (Leibr.) und 4 Prozent (Ewigr.). Kredit wurde im Laufe der Zeit günstiger und hatte bereits im 14. Jahrhundert ein niedriges Zinsniveau erreicht.

1340 bis 1500 von durchschnittlich 12 auf 9 Prozent, jene von zeitlich unbefristeten Erbanleihen von 8 auf 5 Prozent.

Einige Städte nutzten das Anleihewesen so intensiv, dass sie sich bis zur Zahlungsunfähigkeit verschuldeten. Die öffentlichen Anleihen und die Höhe ihrer Verzinsung wurden von der Forschung hingegen als Indiz dafür gewertet, dass der europäische Finanzmarkt am Ende des Mittelalters bereits ein beachtliches Volumen erreicht hatte. Die Bereitschaft großer Teile der Gesellschaft, Geld in Anleihen zu investieren, wurde zudem als Beleg für ein gut funktionierendes institutionelles Gefüge der europäischen Wirtschaft interpretiert. Nur wer sich sicher sein konnte, dass der Gläubiger seine Schuld bezahlte oder dazu durch die institutionellen Rahmenbedingungen (Rechtssicherheit, öffentlicher Druck, Rechtsvollstreckung) gezwungen werden konnte, war bereit, Geld gegen einen mäßigen Zinssatz von 5 bis 10 Prozent zu verleihen.

Europas Osten im späten Mittelalter

Große Teile Osteuropas wurden im späten Mittelalter von der Goldenen Horde, dem Khanat, das sich von Osteuropa bis Westsibirien erstreckte, beherrscht. Das mongolische Fürstentum war aus der Teilung des mongolischen Gesamtreichs ab 1260 hervorgegangen. Die mongolischen Herrschaftszentren lagen in den südlichen Steppen Russlands und Zentralasiens. In der Hauptstadt Sarai, an der unteren Wolga gelegen, lebten um 1300 mehr als 100.000 Menschen, die verschiedenen Völkern angehörten (Mongolen, verschiedene Turkvölker, Russen, Bulgaren, Byzantiner, Italiener). Nach der Eroberung von Kiew 1240 waren die russischen Fürsten in eine politische Abhängigkeit von den Mongolen geraten, die Ende des 14. Jahrhunderts zu bröckeln begann, doch erst unter Iwan III. (1440–1505) völlig beendet wurde. Wirtschaftlich profitierten die Khane der Goldenen Horde von vielfältigen Handelsbeziehungen nach Süden über das Schwarze Meer (Venedig, Genua, Konstantinopel, Ägypten), nach Osten (Zentralasien, China) und über die russischen Flüsse nach Norden (Novgorod, Baltikum). Felle, Pferde und Getreide waren wichtige Exportprodukte, hinzu kamen gefangene junge Männer, die als Militärsklaven (Mamluken) vor allem nach Ägypten verkauft wurden. Noch wichtiger als der Handel waren für die Goldene Horde jedoch die Tributzahlungen der russischen Fürsten.

Die Feldzüge der Mongolen hatten zu einem Rückgang der Bevölkerung, einer Zerstörung vieler Städte und einer Zersplitterung der politischen Macht geführt. An die Stelle der hegemonialen Herrschaft der Kiewer Rus traten mehrere ostslawische Teilfürstentümer, deren Machthaber sich von den Mongolen bestätigen lassen mussten, ansonsten ihre Länder aber selbstständig verwalteten. Ab der Mitte des 13. Jahrhunderts werden in russischen Quellen Steuereintreiber genannt, die im Auftrag der Mongolenkhane durch die russischen Städte ritten und die Zahl der christlichen Haushalte notierten. Die Eintreibung der Steuern wurde an russische Fürsten delegiert, was den Wettstreit zwischen den russischen Fürsten um die innerrussische Vormachtstellung förderte. Großfürst Iwan I. von Moskau, genannt »Iwan der Geldsack« (1288–1341), schaffte es besonders erfolgreich, im Dienst der Mongolen aufzusteigen und sich auf Kosten rivalisierender Fürsten zu profilieren. Damit begann der Aufstieg des Fürstentums Moskau, dessen Reputation zusätzlich stieg, als der Metropolit der russisch-orthodoxen Kirche seinen Sitz um 1326 nach Moskau verlegte. Im 15. Jahrhundert war die wirtschaftliche und militärische Stärke des Moskauer Großfürsten so weit gediehen, dass Moskau zum Zentrum des Kampfes gegen die mongolische Vormachtstellung und zur Keimzelle des russischen Zarenreichs wurde. Nach der Eroberung Konstantinopels durch die Osmanen erklärte Iwan III. seine Hauptstadt Moskau zum Hort des rechtgläubigen Christentums und zum Dritten Rom.

In der russischen Geschichtsschreibung überwiegt eine negative Einschätzung der Mongolenherrschaft, die häufig als »Tatarenjoch« bezeichnet wird. Die Kriegszerstörungen hätten zu einem Rückgang der Bevölkerung und zu einem Niedergang der Wirtschaft geführt. Europas Osten sei vom Westen abgeschnitten worden und in der kulturellen und wirtschaftlichen Entwicklung zurückgefallen. Die Durchsetzung autoritärer Strukturen habe die weitere Geschichte Russlands auf problematische Weise geprägt. Dabei sollte allerdings nicht vergessen werden, dass die Goldene Horde bis zur Mitte des 14. Jahrhunderts ein wirtschaftlich prosperierendes Khanat war, das Kaufleute aus vielen Teilen Eurasiens anzog. Zudem waren es die Tributbeziehungen zu den russischen Fürstentümern, welche den Aufstieg Moskaus und die Vereinigung der russischen Teilfürstentümer ermöglicht haben. Zuletzt gelang es Alexander Newski unter der akzeptierten Oberhoheit der Mongolen die Gebietsansprüche Schwedens und des Deutschen Ordens im Nordosten abzuwehren. Auch wirtschaftlich war das Spätmittelalter nicht nur vom Niedergang geprägt. Nach den ersten Pestwellen nahm ab circa 1400 die Binnenkolonisation wieder zu und die Erschließung der Taiga schritt voran. Moskaus Großfürsten begannen mit ihrer erfolgreichen »Sammlung russischer Erde« (womit die Wiederherstellung der Kiewer Rus unter Moskaus Herrschaft gemeint war). Ob es um Russland ohne die Mongolenherrschaft um 1500 wirtschaftlich besser bestellt gewesen wäre, ist eine nicht beantwortbare Frage.

Ägypten und der Nahe Osten im späten Mittelalter

Das politisch und wirtschaftlich bedeutendste islamische Reich im spätmittelalterlichen Mittelmeerraum war das Mamlukenreich in Ägypten (1250–1517). Nach dem Sieg gegen die Mongolen 1260 herrschten die Mamlukensultane über ein Gebiet, das von Libyen bis Syrien reichte. 1291 vertrieben sie die Kreuzfahrer aus dem Heiligen Land. Die Herrschaft der Mamluken pendelte zwischen einer starken Zentralgewalt und politischer Fragmentierung, je nachdem, ob der regierende Sultan oder die regionalen Emire die Oberhand gewannen. Den Sultanen gelang es zwar, den Bestand des Reichs zu sichern, Machtkämpfe innerhalb der mamlukischen Elite, ein langfristiger Wandel der wirtschaftlichen Strukturen sowie der durch die Pestepidemien ausgelöste Bevölkerungsrückgang verminderten aber in den folgenden Jahrzehnten die wirtschaftliche Prosperität des Reichs. Im 15. Jahrhundert war der Glanz mamlukischer Machtentfaltung erloschen und im Jahr 1517 wurde Ägypten von den Osmanen erobert und dem neuen Großreich eingegliedert.

Der langanhaltende wirtschaftliche Niedergang hatte mehrere strukturelle Ursachen. Außerhalb der eigenen Grenzen vollzog sich der kommerzielle und militärische Aufstieg der italienischen Seerepubliken zu Handels- und Militärmächten, die das östliche Mittelmeer immer stärker dominierten. Das Ende der Kreuzfahrerstaaten – 1291 eroberten islamische Mamlucken die letzte christliche Bastion in Palästina – hinderte Venedig und Genua nicht daran, ihre Stellungen im Schwarzen Meer und in der Levante weiter auszubauen. Die Fragmentierung des byzantinischen Reichs nach 1204 hatte den Aufbau protokolonialer Strukturen unter westeuropäischer Herrschaft weiter beschleunigt. Seit dem ausgehenden 13. Jahrhundert wurde selbst der Handel zwischen den islamischen Mittelmeerstaaten auf christlichen Schiffen durchgeführt. Für die Mamlukensultane bildete der Handel mit den Kaufleuten aus dem Westen eine wichtige Einnahmequelle. Allerdings veränderte sich der Charakter des Levantehandels im Laufe der Zeit grundlegend. Im hohen Mittelalter hatten die Europäer teure Gewürze und andere Luxusprodukte in Akkon, Kairo und Alexandria erworben und dafür mit Silber, Sklaven, Waffen, Holz für den Schiffbau und Getreide bezahlt. Im späten Mittelalter importierten sie neben asiatischen Luxusgütern in immer größerem Umfang Rohstoffe wie Zucker und Baumwolle aus dem Orient und lieferten nun eigene Fertigprodukte – vor allem Textilien – dorthin. Die Handelsbilanz verschob sich dadurch zugunsten der Europäer.

Leere Kassen motivierten die Mamlukensultane zudem zu einer wachsenden staatlichen Kontrolle des ägyptischen Zwischenhandels zwischen dem Indischen Ozean und dem Mittelmeer. Seit dem 12. Jahrhundert waren es die bereits erwähnten Karimi-Kaufleute, welche diesen Handel abwickelten und dadurch zur kaufmännischen Elite Ägyptens aufgestiegen waren. Sie handelten mit unterschiedlichen Waren wie Textilien, Waffen und landwirtschaftlichen Produkten, doch Gewürze bildeten ihr wichtigste Handelsgut. In Aden und anderen Handelsstädten am Roten Meer erwarben sie die Waren, die aus Indien und Südostasien kamen, und brachten sie nach Ägypten, um sie dort an einheimische und christliche Kaufleute zu verkaufen. Organisiert waren die Karimi – ähnlich wie die Hanse-Kaufleute – als eine lose Genossenschaft oder Gilde. Aktiv waren sie nicht nur im Warenhandel, sondern auch auf dem Finanzmarkt. Sie bedienten sich bargeldloser Zahlungsformen und gewährten Kredite – nicht zuletzt an den Sultan selbst. Die staatliche Kontrolle und Besteuerung des Fernhandels nahm seit der zweiten Hälfte des 14. Jahrhunderts zu und im 15. Jahrhundert wurde ein staatliches Monopol für alle importierten Waren eingerichtet. Der Handel mit den italienischen Kaufleuten in Alexandria wurde ebenfalls unter öffentliche Aufsicht gestellt. Die Karimi verloren dadurch an Bedeutung, bereits bevor die Entdeckung des Seewegs nach Indien den wirtschaftlichen Einfluss des ägyptischen Zwischenhandels für die Europäer sinken ließ. In einem Brief aus Alexandria schilderte Lluis Sirvent, ein Mitarbeiter der Firma Francesco Datini, im Jahr 1410 die Situation der ägyptischen Kaufleute. Dieser Brief wirft ein Licht auf die strukturellen Änderungen im ägyptischen Fernhandel, der am Ende des Mittelalters immer stärker von den mamlukischen Sultanen reguliert und als staatliche Einnahmequelle herangezogen wurde.

> »Wisst, mein Herr, dass dieses Land verlassen ist, weil kein sarazenischer Händler hier etwas unternimmt; und falls ein sarazenischer Händler ein Geschäft tätigt, leiten es die mamlukischen Autoritäten und liefern sogar die Ware. Für eine Ware, die 100 *besants* wert ist, berechnen sie ihm 150. Andererseits bedrängt der Sultan die Händler Tag für Tag, so dass deshalb kein sarazenischer Händler etwas unternehmen will.«

Die gewerbliche Produktion fiel im Vergleich mit Europa ebenfalls zurück. Ägypten war seit dem hohen Mittelalter ein Zentrum der Herstellung von Leinen-, Seiden- und Baumwollstoffen, welche im In- und Ausland verkauft wurden. Ab dem ausgehenden 14. Jahrhundert wurden billigere, wollene Tuche immer beliebter und diese kamen zunehmend aus Westeuropa. Der Import europäischer Wolltuche ist einerseits ein Indikator für die zunehmende Integration des Mamlukenreichs in den internationalen Mittelmeerhandel, andererseits aber auch ein Zeichen für eine Verschiebung von Marktanteilen in den Westen. Die Textilindustrie Ägyptens produzierte zwar weiterhin Textilien, die vor allem nach Nordafrika exportiert wurden. Doch das Volumen der Textilindustrie in Ägypten und im ganzen Nahen Osten ging insgesamt zurück. Um 1434 waren laut den Angaben arabischer Geschichtsschreiber in Alexandria nur noch 800 Webstühle im Einsatz, während es 1395 noch 14.000 gewesen waren. Die importierten europäischen Textilien hatten die Nachfrage nach einheimischen Erzeugnissen verringert. Eine ähnliche Umkehrung der Export-Import-Verhältnisse zeigte sich bei Glas-, Metall- und Inlayarbeiten oder bei Papier und Seife. Für die Glasherstellung wurde beispielsweise die aus Salzkräutern gewonnene Asche (Natrium- und Kaliumkarbonate) aus dem Nahen Osten in den gesamten westlichen Mittelmeerraum exportiert, insbesondere nach Venedig für die Glasindustrie von Murano. Umgekehrt waren Murano-Gläser im späten Mittelalter und in der frühen Neuzeit im Orient begehrte Erzeugnisse. Wenn ein Mamlukensultan daher am Ende des Mittelalters Luxusgüter erwerben wollte, kaufte er italienische Ware.

In vielen Studien hat zuerst Eliyahu Ashtor (1914–1984) auf diesen Wandel der Wirtschaftsbeziehungen zwischen Europa und der Levante im späten Mittelalter hingewiesen und als eine Ursache die Machtstrukturen im Nahen Osten dafür verantwortlich gemacht. Während im Westen Kaufleute und Handwerker seit dem hohen Mittelalter immer größeren Handlungsspielraum errungen hätten, habe dieser im Orient abgenommen, weil muslimische Kalifen und Sultane die Wirtschaft zunehmend einer staatlichen Kontrolle unterworfen hätten. Sie taten dies mit dem Ziel, ihre Einnahmen zu erhöhen, erreichten langfristig jedoch das Gegenteil, weil ihre Wirtschaftspolitik die freie Entfaltung des privaten Unternehmertums behindert habe. Eliyahu Ashtor sprach daher von einem wirtschaftlichen Niedergang des Orients und einem gleichzeitigen Aufstieg des Westens. Inzwischen wurde diese Sichtweise durch Studien zur mamlukischen Herrschaftsstruktur und Wirtschaftspolitik sowie zur Entwicklung der Wirtschaft in West und Ost etwas modifiziert. Im 15. Jahrhundert transportierten die venezianischen Schiffe neben einem steigenden Volumen von Waren wie Textilien weiterhin auch Goldmünzen und Goldbarren in die Levante, um orientalische Güter zu erwerben. Im Jahresdurchschnitt handelte es sich dabei um westliche Waren, Münzen und Edelmetalle im Wert von circa 500.000 Dukaten. Möglicherweise erlebte der Nahe Osten im späten Mittelalter keinen allgemeinen wirtschaftlichen Niedergang, sondern lediglich ein langsameres Wirtschaftswachstum als der europäische Westen.

Zu den Ähnlichkeiten zwischen West und Ost gehören die spätmittelalterlichen Krisen durch Kriege und Seuchen, wobei Reaktionen und Auswirkungen variierten. Die Kriege der Mamluken gegen Kreuzfahrer und Mongolen haben zur Zerstörung der landwirtschaftlichen Grundlagen in Syrien und Palästina geführt. Eine dünne Besiedlung des Raums in den folgenden Jahrhunderten war die Folge. Um 1300 wurde Ägypten von Seuchen und Erdbeben heimgesucht, die zu Hungersnöten führten. Ab 1309 erholte sich die Wirtschaft wieder, doch 1347 erreichte die Pest Alexandria und breitete sich schnell im gesamten Nahen Osten aus. In mehreren Wellen starben in Ägypten bis 1500 vermutlich mehr als 40 Prozent der ländlichen Bevölkerung. Der Bevölkerungsverlust hatte gravierende Folgen für die ägyptische Landwirtschaft, da die Arbeitskraft fehlte, um das umfangreiche Bewässerungssystem von Gräben und Dämmen instand zu halten. Dies führte dazu, dass die Nilfluten nicht mehr effizient und dauerhaft für die Landwirtschaft genutzt werden konnten. Verstärkt wurde der Niedergang der agrarischen Produktion durch die Reaktion der mamlukischen Elite, die als Grundherren nur an der kurzfristigen Steigerung ihrer Einkünfte, nicht aber an einer langfristigen Investition in die Infrastruktur interessiert waren. Nach Schätzungen der neueren Forschung führte diese zu einer Verringerung der landwirtschaftlichen Produktion im 15. und 16. Jahrhundert um mehr als die Hälfte gegenüber dem Jahr 1315. Damit hatte sich im primären landwirtschaftlichen Sektor der Wirtschaft am Ende des Mittelalters ebenfalls eine Divergenz zwischen Westeuropa und Ägypten herausgebildet.

Ein Widerspruch ergab sich im spätmittelalterlichen Nahen Osten zudem zwischen der realen Wirtschaft und der Wirtschaftslehre – zumindest dann, wenn man Ibn Khaldouns wirtschaftspolitische Empfehlungen zu Rate zieht. Der muslimische Gelehrte (1332–1406) war an verschiedenen islamischen Höfen als Historiker und Politiker tätig und verbrachte seine letzten Lebensjahre in Kairo. Im Mittelpunkt seines Denkens stand die harmonische Gruppensolidarität in einer Gesellschaft – als Antwort auf die vielen inner-islamischen Machtkämpfe seiner Zeit. Die Grundlage für wirtschaftliche Prosperität bildete für ihn die Arbeitsteilung, welche ihrerseits auf Bevölkerungswachstum beruht. Steigen Angebot und Nachfrage auf dem expandierenden Markt, entwickelten sich auch Humankapital und Technologie. Das Steuerwesen unterzog der Gelehrte ebenfalls einer Prüfung und stellte fest: Zunächst steigen die Steuereinnahmen, wenn die Steuersätze erhöht werden. Mit der Zeit führt die Steigerung der Steuerquote jedoch zu einem Rückgang der Steuereinnahmen, da die hohen Steuern die Geschäfte der Kaufleute und Handwerker belasten und vermindern. Als hätte er die Entwicklung der mamlukischen Steuerpolitik vorausgeahnt, schrieb Ibn Khaldoun: »Du musst wissen, dass die Steuereinkünfte zu Beginn der Dynastie aus geringen Abgaben bestehen und es trotzdem hohe Einnahmen gibt, es am Ende der Dynastie aber hohe Abgaben und geringe Einnahmen gibt.« Der amerikanische Präsident Ronald Reagan zitierte diese Passage 1981, um damit seine Steuersenkungen für Besserverdiener zu legitimieren. Weiter schrieb Ibn Khaldoun über Bevölkerung und Wirtschaftswachstum:

»Wenn die Kultur (und Bevölkerung) zunimmt, nimmt die Arbeit zu; dann steigt der Luxus entsprechend dem Gewinn, seine Gewohnheiten und Bedürfnisse nehmen zu, und (neue) Handwerke werden ersonnen, um die Bedürfnisse zu befriedigen. Der daraus gewonnene Geldwert nimmt zu, und der Gewinn in der Stadt vervielfacht sich. [...] Alle zusätzliche Arbeit ist nämlich speziell dem Luxus und Reichtum gewidmet, im Gegensatz zur grundlegenden Arbeit, die dem (reinen) Lebensunterhalt zugehört. [...] Je größer und reicher also die Kultur einer Metropole ist, desto luxusorientierter leben die dortigen Einwohner im Vergleich zu den Einwohnern einer Metropole, die weniger bevölkert ist.«

Strukturen

Rahmenbedingungen und Institutionen

Der Austausch von Gütern und Dienstleistungen beruht auf materiellen und immateriellen Strukturen. Diese dienen dazu, die Durchführung von Transaktionen zu erleichtern und den Marktteilnehmern Sicherheit zu verschaffen. Auf diese Weise entstehen Formen und Institutionen des wirtschaftlichen Lebens. Dazu gehören dingliche Voraussetzungen wie Verkehrswege und Verkehrsmittel, aber auch anerkannte Zahlungsmittel und Maße sowie politische, rechtliche und sittliche Normen. Diese Strukturen und Regeln dienen der Senkung von Transaktionskosten und damit der Erleichterung des wirtschaftlichen Handelns. Transaktionskosten sind Kosten, die bei einer kommerziellen Handlung anfallen, sich aber nicht auf den Preis einer Ware oder Dienstleistung beziehen. Vielmehr entstehen sie durch die Nutzung des Marktes, beispielsweise Suchkosten (wo und wie finde ich einen geeigneten Transaktionspartner?), Messkosten (Qualität und Menge) und Vereinbarungskosten (Maklergebühr, Kaufvertrag) und – nach Abschluss des Geschäftes – den Durchsetzungskosten (Einhaltung der Absprache, Transport). Die Ausweitung des Handels im hohen Mittelalter wurde möglich, weil die Transaktionskosten sanken, etwa durch verbesserte Informationsbeschaffung auf den regelmäßig stattfindenden Messen, durch die verringerten Transportkosten, durch größere Schiffe und die – freilich schwankende – Sicherheit auf den Handelswegen.

Im Mittelalter wurden antike Traditionen fortgeführt, daneben entstanden jedoch in vielen Bereichen eine neue kommerzielle Infrastruktur sowie neue Institutionen, die das Wirtschaftsleben Europas im Mittelalter und darüber hinaus bis heute beeinflussen.

Für die Transaktionskosten interessieren sich insbesondere (Wirtschafts-) Historikerinnen und -historiker die sich mit »Institutionen« im Sinne der

Neuen Institutionenökonomik (NIÖ) beschäftigen. Unter Institutionen werden aus dieser Perspektive alle formellen und informellen Regeln verstanden, welche Transaktionen regeln und Übertretungen ahnden. Zu Institutionen als »Spielregeln der Wirtschaft« gehören nach dieser Definition Gesetze und Normen, Eigentumsrechte, Sitten und Bräuche sowie Sanktionen bei der Übertretung der von der Mehrheit akzeptierten Regeln. Diskutiert wurde in den letzten Jahren unter anderem darüber, ob es eher öffentliche oder private Institutionen waren, welche die vormoderne Wirtschaft prägten, und in welchem Verhältnis diese beiden Formen zueinander standen. Als wichtigste öffentliche Institutionen gelten die Stadt und der Staat, welche im Laufe der Zeit das Rechts- und Wirtschaftsleben immer stärker regulierten. Im Mittelalter waren und blieben daneben aber private Institutionen bedeutsam – etwa Handwerkerzünfte oder fest etablierte Netzwerke von Kaufleuten. Öffentliche Institutionen sind theoretisch inklusiv, weil sie allen Interessierten offenstehen, private dagegen sind exklusiv, da sie nur für einen bestimmten Mitgliederkreis zugänglich sind. Es ist umstritten, ob öffentliche Institutionen die Wirtschaft stärker befruchtet haben als private. Vielleicht war es umgekehrt und die privaten Institutionen, z. B. die Zünfte, haben die wirtschaftliche und politische Entwicklung geformt? Allgemein akzeptiert ist indes die Ansicht, dass gut funktionierende Institutionen die Aktivitäten der Marktteilnehmer steigerten. Ein Gläubiger wird seinem Schuldner bereitwillig Geld leihen, wenn er darauf vertraut, dass das gewährte Darlehen beglichen wird – entweder freiwillig oder durch den Zwang der Institutionen. Im Mittelalter wurden antike Traditionen fortgeführt, daneben entstanden jedoch in vielen Bereichen eine neue kommerzielle Infrastruktur sowie neue Institutionen, die das Wirtschaftsleben Europas im Mittelalter und darüber hinaus bis heute beeinflussen.

Verkehrswege und Verkehrsmittel

In den letzten Jahrzehnten hat die historische und archäologische Forschung schriftliche, bildliche und dingliche Quellen ausgewertet, um die Geschichte der mittelalterlichen Verkehrswege und Verkehrsmittel besser zu verstehen. Dabei entstand das Bild eines starken Wandels, der von der Adaption antiker Grundlagen bis zu einer beginnenden Verkehrspolitik im späten Mittelalter reicht. Die sichtbarste Veränderung bildete eine Verdichtung des Straßennetzes in allen europäischen Ländern. Für Massengüter wie Getreide, Holz und Wein wurde häufig der Transport per Schiff vorgezogen – dies ersparte Kosten und war vor allem in Kriegszeiten weniger Gefahren ausgesetzt. An den Wasser- und Landwegen entstand eine Infrastruktur, die das Reisen der Kaufleute und ihrer Waren erleichterte: Häfen wurden ausgebaut und mit Verladekränen ausgestattet, Straßen erhielten vor allem innerhalb der Städte eine Pflasterung aus Stein, Reisende konnten in einer wachsenden Zahl von Gasthäusern und Hospizen unterkommen und die Ladekapazität der Schiffe nahm deutlich zu.

Das europäische Straßensystem beruht auf antiken Grundlagen. Römerstraßen wurden im Mittelalter weiter benutzt, ohne dass man viel Energie in ihre Instandhaltung steckte. Stattdessen wurden antike Pflastersteine teilweise für den Bau von Kirchen und anderen Gebäuden verwendet. Hinsichtlich der Straßenführung folgten die mittelalterlichen Wege (und unsere modernen Straßen) häufig weiterhin den alten römischen Trassen.

Das mittelalterliche Wegenetz entsprang nicht einer zentralen Planung, sondern diente den dezentralen Bedürfnissen eines lokalen Austausches. Das Ergebnis waren Straßen, die nahegelegene Siedlungen miteinander verbanden und sich stark an naturräumlichen Gegebenheiten und politischen Grenzen orientierten. Initiatoren des Baus und Erhalts der meist kurzen Straßenabschnitte waren Grundherren und Klöster, Landesherren, Städte und Gemeinden oder Kaufleute. In der Regel handelte es sich um ungepflasterte, mit Kies aufgeschüttete Wege, deren Bau wenig technisches Know-how erforderte. Allerdings entstanden schon im frühen Mittelalter mit Steinen oder Balken befestigte Streckenabschnitte, die feuchtes und unwegsames Gelände durchquerten.

Um das Jahr 1000 existierten in Europa wieder große Fernstraßen. Die Via Francigena (Frankenstraße) war eine solche Straße, die von Südengland durch Frankreich und über die Alpen nach Rom führte. Sie wurde von Pilgern, Fürsten, Soldaten und Kaufleuten gleichermaßen benutzt. Kaum weniger bedeutsam war der Jakobsweg (Camino de Santiago), der verschiedene Pilgerrouten durch das Frankenreich in den Pyrenäen bündelte und dann auf der nordspanischen Hauptverkehrsachse bis nach Santiago de Compostela reichte. Jerusalem und das Heilige Land waren ebenfalls über den Land- und Seeweg auf festen Routen mit Westeuropa verbunden. Ergänzt wurden diese internationalen Pilgerwege durch

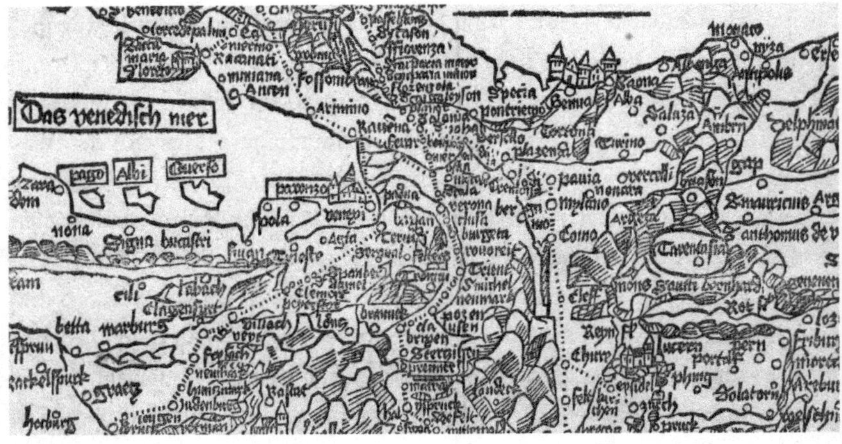

Die Romwegkarte von Erhard Etzlaub anlässlich des Jubeljahres 1500 (Ausschnitt). Zu sehen sind die Alpenübergänge zwischen Bayern und Oberitalien. Achtung: Süden ist oben! Mit der Hilfe von punktierten Linien wurden Wege und Entfernungen eingezeichnet. Die Entfernung zwischen zwei Punkten beträgt circa eine Meile (7,4 km). Während die hochmittelalterlichen Kartenzeichner sich vor allem auf die Heilsgeschichte konzentrierten und dabei oft Jerusalem zum Mittelpunkt der Welt machten, wurden spätmittelalterliche Karten und Globen geografisch exakter und so zu praktischen Hilfsmitteln für Pilger, Gesandte und Kaufleute.

Fernstraßen, welche die großen Städte und Gewerbezonen Europas miteinander verknüpften und häufig entlang der großen Flüsse verliefen, beispielsweise der Weg von Norditalien über die Alpenpässe, etwa den Großen Sankt Bernhard, nach Südfrankreich, die Rhone und Saône aufwärts nach Nordfrankreich zu den Champagne-Messen und von dort die Seine entlang bis nach Paris. An diesen Straßen entstanden die ersten Gasthäuser und Hospize, in denen die Reisenden Unterkunft und Verpflegung finden konnten. Das Hospiz auf dem Gotthardpass, das auf eine Kapelle des 9. Jahrhunderts zurückgeht, ist ein besonders traditionsreiches Beispiel dafür.

Seit dem hohen Mittelalter steckten Landesherren und Städte mehr Geld und Aufmerksamkeit in den Bau und Erhalt von Straßen. Zunächst konzentrierten sich die Städte auf die Verbesserung der innerstädtischen Wege, Gassen und Plätze. Straßen wurden zunehmend gepflastert, mit Abwassergräben versehen und das Abladen von Abfällen wurde verboten. Ab dem hohen Mittelalter richteten zuerst die italienischen Städte ihren Blick nach außen und entfalteten eine Verkehrspolitik, die den Straßenbau im eigenen Herrschaftsbereich (Contado) reglementierte und die Verantwortung für bestimmte Abschnitte einzelnen Amtsträgern oder Landgemeinden übertrug. Diese Ansätze einer territorialen Verkehrspolitik breiteten sich in der Folge in ganz Europa aus. Dazu gehörten unter anderem die Erschließung oder Verbesserung von Passstraßen sowie der Bau von Brücken. Im 13. Jahrhundert wurde der Weg über den Gotthardpass mit einem gekiesten und teilweise gepflasterten Saumweg von bis zu drei Metern Breite ausgebaut. Im 14. Jahrhundert baute Heinrich Kunter einen Weg durch die Eisackschlucht nördlich von Bozen und erleichterte damit die Reise über den Brennerpass. Die älteste erhaltene Brücke Deutschlands ist die 1135 begonnene Steinerne Donaubrücke in Regensburg. Die erste Brücke über den Canale Grande in Venedig stammt bereits aus der Zeit um 1000. Sie wurde in den folgenden Jahrhunderten mehrmals ersetzt, bis die Venezianer Ende des 16. Jahrhunderts die heute noch erhaltene Rialtobrücke errichten ließen. Die Kosten für Baumaßnahmen dieser Art holten sich die Landesherren und Stadtregierungen in Italien und anderswo häufig von den Reisenden in Form von Mauten und Gebühren zurück – nicht anders als heute.

Krämer zogen zu Fuß mit ihren Waren durchs Land und bewegten sich in der Regel in einem kleinen Radius. Fernkaufleute reisten dagegen häufig zu Pferd oder auf zwei- oder vierrädrigen Wagen. Last- oder Saumtiere wurden mit bis zu 120 kg bepackt, sodass die Saumlast zu einer festen Messeinheit wurde. Auf Wagen und Karren konnten Mengen von mehreren Tonnen geladen werden. Diese Lasten wurden insbesondere an Passstraßen, Furten und Wegen zwischen Flussläufen von Mitgliedern regionaler Transportzünfte übernommen. Die Kaufleute mussten dafür eine Gebühr entrichten. Eine Erlaubnis zur Durchreise benötigte der Kaufmann daneben auch auf vielen Straßen. Die Landesherren erteilten die als »Geleit« bezeichnete Erlaubnis zur Straßenbenutzung, kassierten dafür ebenfalls eine Gebühr und garantierten als Gegenleistung eine sichere Reise – zumindest theoretisch.

Die Reisegeschwindigkeit schwankte stark und war abhängig von Verkehrsmittel, Wetter und Gelände. Schlechtes Wetter, miserable Straßenbedingungen und Schlimmeres sorgten häufig für Verzögerungen. Pro Tag wurden durchschnittlich 30 km (Reisende zu Fuß), 40 km (Wagen) oder 60 km (Reisende zu

Pferd) zurückgelegt. Um von Venedig nach Nürnberg zu fahren (circa 650 km), benötigte ein Kaufmann mit seinem Wagen, den er vermutlich mit Ballen italienischer und orientalischer Ware beladen hatte, circa zwei Wochen. Für die 1000 km von Florenz bis zu den Messen in der Champagne war ein Frachtwagen drei bis vier Wochen unterwegs. Und ein Pilger, der zu Fuß von Canterbury nach Rom wanderte, musste für die Strecke (1800 km) circa zwei Monate veranschlagen. Das war die Zeit, die Erzbischof Eudes Rigaud (1200–1275) im Jahr 1254 benötigte, um von Rouen nach Rom zu reisen. Er legte dabei mit seinem Gefolge zehn bis 60 km pro Tag zurück und kam auf durchschnittliche Tagesetappen von 30 km.

Der mittelalterliche Fernhandel in Europa und im Mittelmeerraum wurde daneben durch die Schifffahrt auf dem Meer und auf Flüssen abgewickelt. Europas Topografie mit seiner stark gegliederten Küste und den vielen schiffbaren Flüssen und Seen sorgte dafür, dass die meisten Regionen Zugang zu Flüssen oder zum Meer hatten und die einzelnen Flussgebiete über relativ kurze Landwege miteinander verbunden waren. Dies wurde von einem Teil der Forschung als eine Erklärung für die rasche Expansion des europäischen Handels, im Vergleich etwa zu China, betrachtet. Dabei muss aber berücksichtigt werden, dass der Anteil des Warenhandels insbesondere über das Meer im Mittelalter stets nur den kleineren Teil des gesamten Handels ausmachte.

Die Binnenschifffahrt auf Flüssen und Seen war hingegen bereits im römischen Reich von großer Bedeutung. Im Mittelalter steigerte sich dies noch aufgrund der teilweise schlechten Straßenverhältnisse. Der Vorteil lag in der größeren Ladekapazität und Geschwindigkeit der Schiffe gegenüber dem Landtransport. Bereits Karl der Große (768–814) versuchte, Donau und Main durch einen Kanal miteinander zu verbinden. Der Kaiser scheiterte mit seinen Plänen. Im späten Mittelalter wurden dagegen zahlreiche Kanäle samt Schleusen angelegt und so das Wasserwegenetz erweitert. Im 13. Jahrhundert existierte im flachen Flandern bereits ein Netz von Schifffahrtskanälen.

Die Floß- und Schiffstypen waren äußerst unterschiedlich und reichten von simplen Flößen, deren Holzbalken am Zielort der Fahrt verkauft wurden, bis zu Segelschiffen, die auf den großen Seen eingesetzt wurden. Auf dem Rhein waren große Frachtkähne (Oberländer bis Köln, Niederländer ab Köln) unterwegs, die bis zu 80 Tonnen laden konnten. Bei der Talfahrt – also flussabwärts – wurde mit Bug- und Hecksteuerrudern gelenkt, flussaufwärts wurde gerudert, gestakt, vor allem aber getreidelt, d. h., die Schiffe wurden mit Menschen- oder Pferdekraft vom Ufer aus gezogen. Flussabwärts wurde häufig eine durchschnittliche Geschwindigkeit von 7 km pro Stunde erreicht, sodass an einem Tag um die 70 km zurückgelegt werden konnten. Insbesondere flussabwärts war der Transport auf Schiffen daher um ein Vielfaches schneller (mindestens doppelt so schnell) und kostengünstiger als auf dem Landweg (circa 10 bis 20 Prozent der Kosten). Für Massengüter blieb der Schiffstransport bis zur Erfindung der Eisenbahn häufig die einzige rentable Transportmöglichkeit. An Europas Flüssen entstanden im hohen und späten Mittelalter freilich so viele Mühlendämme, dass die Binnenschifffahrt an vielen Stellen eingeschränkt wurde und die Landwege wieder an Bedeutung gewannen.

Seit der Antike war für Europas Wirtschaft der Handel über das Meer von zentraler Bedeutung. Die Schiffsbauforschung hat inzwischen die komplizierte Genese der unterschiedlichen Schiffstypen entschlüsselt. Im Mittelmeerraum kamen in römischer Tradition lange schlanke Galeeren als Kriegsschiffe zum Einsatz, die hauptsächlich gerudert wurden und gelegentlich zusätzlich über Segelmasten verfügten. Für den Handel wurden reine Segelschiffe verwendet, die bauchiger konstruiert waren und damit mehr Platz für Fracht boten (Rundschiffe). Im Norden dominierten im frühen Mittelalter die Langschiffe der Wikinger, die eine symmetrische Form hatten (Bug und Heck waren identisch) und gerudert wurden. Die Wikinger bauten daneben auch bauchigere Handelsschiffe mit einem mittig aufgestellten Segelmast. Im späten Mittelalter wurde die Kogge zum wichtigsten Segelschiff in Nord- und Ostsee. Sie unterschied sich mit ihren hohen Seitenwänden deutlich von den Wikingerschiffen und hatte zudem als erster Schiffstyp ein Heckruder in der Schiffsmitte. Ab 1300 begannen nördliche und südliche Bauformen zu verschmelzen, wobei v. a. Ruderanlage, Beplankung und Betakelung weiter verbessert wurden. Die europäischen Schiffe hatten am Ende des Mittelalters ein so hohes Maß an Seetüchtigkeit und militärischer Schlagkraft erlangt, dass die Europäer in den folgenden Jahrhunderten eine globale Dominanz zur See erlangten.

Bereits im hohen Mittelalter hatten sich dichte Handelsnetze mit festen Schifffahrtsrouten sowohl im Norden zwischen Novgorod und London als auch im Mittelmeerraum gebildet. Um 1300 wurden beide Räume durch

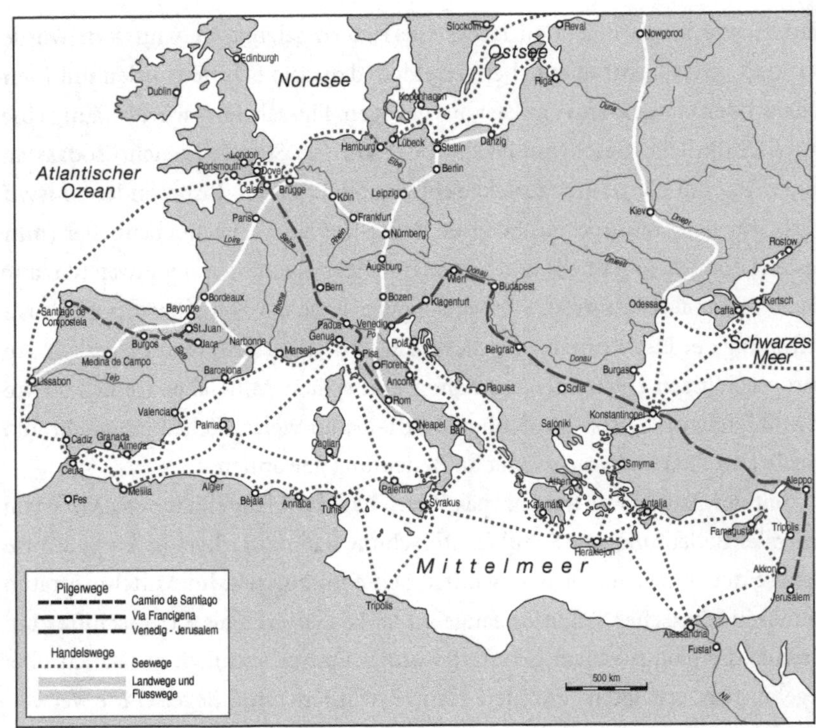

Pilger- und Handelswege um 1300. Auch Kaufleute, Diplomaten und Soldaten reisten auf den großen Pilgerrouten. Die Handelsstädte und -regionen waren durch Straßen über Land und durch die Binnenschifffahrt miteinander verbunden. Der Seehandel führte zur Entstehung eines nördlichen (Nord- und Ostsee) und eines südlichen Handelsnetzwerks (Mittelmeer), die um 1300 miteinander verbunden wurden. Über Ägypten, Syrien und das Schwarze Meer war Europa an die asiatischen Handelswege angeschlossen (Seidenstraße).

venezianische und genuesische Flottenkonvois durch die Straße von Gibraltar miteinander verknüpft. Die Anzahl der Schiffe sowie ihre Frachtkapazität nahmen beständig zu. Während die Handelsschiffe der Wikinger circa 40 Tonnen laden konnten, waren es bei den spätmittelalterlichen venezianischen Galeeren 140 bis 250 Tonnen und bei den Hansekoggen 80 bis 200. Dies war eine beträchtliche Steigerung, erscheint indes wenig im Vergleich mit einem modernen Containerschiff, auf dem bis zu 20.000 Container oder 400.000 Tonnen (das entspricht mindestens 2000 Koggen) transportiert werden können. Dennoch waren Ladekapazität und Seetüchtigkeit der Schiffe zweifellos ein Grund für die erfolgreiche kommerzielle und militärische Expansion der Europäer am Beginn der Frühen Neuzeit.

Die Schifffahrt wurde auch über weite Strecken immer stärker organisiert und von staatlicher Seite kontrolliert. Die Venezianer schickten beispielsweise im hohen und späten Mittelalter zweimal jährlich einen Flottenkonvoi in die Levante. Die Handelsschiffe wurden dabei von Kriegsschiffen begleitet. Bis nach Akkon an der syrisch-palästinensischen Küste benötigte die Flotte circa 30 Tage; aufgrund der Windverhältnisse dauerte die Rückfahrt mit 50 Tagen etwas länger. Wählte ein Kreuzritter dagegen den Landweg nach Jerusalem, musste er für die Strecke über den Balkan und die Türkei mindestens vier bis sechs Monate veranschlagen.

Münz- und Geldwesen

Die Geschichte des Münz- und Geldwesens hat sich als eigene Forschungsdisziplin etabliert. Die Erkenntnisse der Numismatik und Geldgeschichte sind aber auch für die Wirtschaftsgeschichte und andere historisch arbeitende Fächer von Relevanz. Münzen sind handwerkliche Erzeugnisse, mit deren Herstellung, Überlieferung und Ikonografie sich Fächer wie die Archäologie, die Technikgeschichte und die Kunstgeschichte beschäftigen. Für die Wirtschaftsgeschichte spielt Geld in den verschiedenen Funktionen, die es erfüllt, eine zentrale Rolle: Mit Geld wird gezahlt, mit seiner Hilfe werden Werte und Preise verglichen und es dient der Aufbewahrung von Vermögen. Für die mittelalterliche Geschichte sind mehrere Aspekte der Münz- und Geldgeschichte interessant, insbesondere die Umformung der spätantiken Grundlagen, die Verbreitung des Geldwesens und der Grad der Monetarisierung, die unterschiedlichen Münz- und Währungssysteme samt ihrem Wandel und schließlich die Münz- und Geldpolitik als Instrument mittelalterlicher Wirtschaftspolitik.

Das mittelalterliche Münz- und Geldwesen beruht auf spätantiken Traditionen. In der Spätantike gab es ein Nebeneinander von Gold-, Silber- und Bronzemünzen (trimetallisches Währungssystem). Um die Staatseinnahmen zu steigern, griffen Kaiser seit dem 2. Jahrhundert zum Mittel der Münzverschlechterung. Die Münzen nahmen sowohl an Gewicht als auch an Feingehalt, also der Menge an Edelmetall, ab. Dies führte zu Preissteigerungen und Inflation. Ein Gegenmittel war die Einführung höherwertiger Silbermünzen (z. B. Antoninianus), die aber bald ebenfalls an Edelmetall und an Wert verloren. Kaiser Diokletian (ca. 236 / 245–312) versuchte die Inflation durch die Festlegung von Höchstpreisen zu stoppen. In seinem Preisedikt von 301 wurden Löhne sowie Preise für Güter des täglichen Bedarfs gesetzlich fixiert. Das Experiment einer gelenkten Wirtschaft schlug fehl und Konstantin der Große (ca. 270 / 288–337) reformierte das Münzsystem erneut. Er führte den Solidus als neue Goldmünze mit einem Gewicht von 4,55 Gramm, das war 1 / 72 des römischen Pfundes, ein und schuf damit die Grundlage für das spätantike und byzantinische Währungssystem. Im 5. und 6. Jahrhundert wurde der Tremissis (Triens), der ein Drittel des Solidus wog, zur – zumindest bei den Barbaren – beliebtesten Goldmünze. Die Entwertung der Silber- und Kupfermünzen setzte sich währenddessen fort und führte zu einer Verstärkung des Tauschhandels. Insbesondere im Westen nahm die Anzahl der im Umlauf befindlichen Münzen ab, weil Münzen und Edelmetallbestände in das oströmische Reich sowie in die Schatzkammern der Kirchen und Klöster abwanderten.

Das frühmittelalterliche Geld- und Münzwesen Westeuropas setzte die spätantiken Entwicklungen fort. Im merowingischen Frankenreich wurden zwar weiterhin Münzen geprägt, man beschränkte sich dabei aber vor allem auf hochwertige Münzen aus Gold. Die Kleinmünzen aus Kupfer wurden nicht mehr ausgemünzt und fehlten somit für den täglichen Austausch. Diese Demonetarisierung zeigte sich in den grundherrschaftlichen Abgaben, die Bauern im frühen Mittelalter vorrangig in Naturalien bezahlten. Entsprechende Belege stammen erst aus dem 9. Jahrhundert und die exakte Quantität des frühmittelalterlichen Geldumlaufs bleibt umstritten. Erkenntnisse der Archäologie haben dieses Bild grundsätzlich bestätigt: Während auf dem Boden des ehemaligen römischen Reichs römische Münzen als Einzel- und Hortfunde in großer Zahl entdeckt wurden, ist die Anzahl der gefundenen frühmittelalterlichen Münzfunde weit geringer. Allein aus Carnuntum am Donau-Limes in der Nähe von Wien sind durchschnittlich rund 400 Münzen aus jedem Jahr des 4. Jahrhunderts bekannt, also 40.000 aus einer Zeitspanne von 100 Jahren. Dagegen wurden in ganz Österreich für die Zeit vom 7. bis 10. Jahrhundert unter 50 Münzen pro Jahrhundert gefunden, also weniger als 200 Münzen für 400 Jahre.

Das Geldwesen verschwand niemals zur Gänze, nicht einmal in der geldarmen Zeit zwischen dem 7. und 10. Jahrhundert. Bauern bezahlten einen Teil ihrer grundherrschaftlichen Abgaben auch im 9. Jahrhundert in barer Münze, in St. Germain-des-Prés waren es beispielsweise bescheidene drei Prozent. Für den regionalen und internationalen Handel blieb das Geldwesen ebenfalls ein wichtiger Faktor. Bereits in dieser Epoche reduzierter Geldwirtschaft begann zudem ein langsamer und keineswegs kontinuierlich verlaufender Prozess der Monetarisierung, der das gesamte Mittelalter über andauerte. Der Gebrauch von Münzgeld, der am Beginn des Mittelalters noch selten war, wurde in den folgenden Jahrhunderten zumindest in urbanen Zonen zu einer alltäglichen Praxis. Die Monetarisierung vollzog sich auf verschiedenen Ebenen. Zum einen verbreitete sich der Einsatz von Münzen über die Grenzen des ostfränkisch-deutschen Reichs hinaus nach Nord- und Osteuropa, zunächst vor allem als Importmünzen, die im Fernhandel oder als Tribute an die Wikinger in die zuvor münzlosen Regionen im Norden gelangten.

Daneben nahm die Menge der umlaufenden Münzen zu, was die wachsende Anzahl von Münzfunden aus dem hohen und späten Mittelalter belegt. Die Ausbreitung des Geldwesens wurde unter anderem anhand der Zunahme von Münzprägestätten und deren Produktionszahlen nachgewiesen. Während im Reich der Ottonen und Salier (919–1125) circa 40 Münzstätten im Reichsgebiet tätig waren, sind es für die staufische Zeit (1138–1268) bereits 400, wobei nur wenige dieser Werkstätten dauerhaft in Betrieb waren. In einer Untersuchung zum 15. Jahrhundert zeigte Hubert Emmerig, dass spätmittelalterliche Münzstätten mitunter große Betriebe mit beachtlichem Output darstellten. Zum Beispiel arbeiteten 1460 in Straubing, einer von circa acht bayerischen Münzstätten, 184 Personen, die pro Woche 280.000 Pfennigmünzen herstellten. Diese Stückzahlen aus der wirtschaftlichen Provinz wurden von den großen und bekannten Münzstätten um ein Vielfaches übertroffen. In Florenz wurden im 14. Jahrhundert in einem Jahr bis zu 350.000 Goldmünzen produziert. Die Mitarbeiter der Zecca, Venedigs berühmter Münzprägestätte, verarbeiteten im selben Jahrhundert bis zu 10.000 kg Silber und 2500 kg Gold und machten daraus viele Millionen Silbermünzen und mehr als 700.000 Golddukaten.

Trotz der Zunahme der vorhandenen Münzen hat die Geldwirtschaft die Naturalwirtschaft bis zum Ende des Mittelalters nicht verdrängt. Vielmehr gab es während der gesamten Epoche und darüber hinaus ein Nebeneinander von Naturalgeld-, Warengeld- und Münzgeldwirtschaft. Die Zeitgenossen wussten damit flexibel umzugehen und rechneten im Zweifelsfall um. Von den Bauern der Benediktinerabtei Scheyern in Oberbayern zahlten im 14. Jahrhundert circa 10 Prozent nur Naturalabgaben und 45 Prozent nur Geldabgaben. Die übrigen Bauern leisteten eine Kombination aus Geld- und Naturalabgaben. Ähnlich waren die Verhältnisse hundert Jahre später im Zisterzienserkloster Zwettl in Niederösterreich. Die Bauern lieferten jährlich von 160 Höfen 884 Pfund in Geld an Abgaben; von 58 Höfen erhielt das Kloster dagegen Naturalleistungen im Wert von 377 Pfund. Das komplexe Nebeneinander von Geld- und Naturalleistungen wird aus einem Eintrag im Pfennigzinsbuch des Heiliggeistspitals St. Gallen aus dem Jahr 1442 deutlich. Hier heißt es: »Der Hof am Spilberg gibt 2 Malter Korn St. Galler Maß, 1 Viertel Schmalz Rheintaler Maß, 3 Hühner, 20 Eier, 12 Rist Werg (= 12 Handvoll Flachs). Dedit 2 Pfund 2 Schilling Pfennig für die 2 Malter Korn auf Nikolaus 1442 in Form von Wein.« Die Spilberger Abgaben umfassten also verschiedene Naturalien wie Getreide (Korn), Schmalz, Hühner, Eier und Textilfasern (Werg). Die genannte Getreidemenge wurde allerdings in einen Geldwert umgerechnet und dieser Wert wurde in einer entsprechenden Menge Wein bezahlt. Die Monetarisierung erfasst die mittelalterliche Gesellschaft also in regional sehr unterschiedlichem Ausmaß. Bis zum Ende der Epoche gab es Menschen, die eher selten mit Münzgeld in Berührung kamen, für andere gehörte der Umgang damit zur täglichen Routine.

Im Grunde blieb Geld im Mittelalter immer ein knappes Gut, da der Wert einer Münze dem Wert des enthaltenen Edelmetalls entsprechen sollte. Da Silber und Gold jedoch das gesamte Mittelalter über knapp waren und das Drucken von Geldscheinen in Europa erst in der Neuzeit begann, war der Monetarisierung eine materielle Grenze gesetzt. Dies wurde zum Problem, als die Zahl der Transaktionen zunahm, aber die Menge des vorhandenen Edelmetalls nicht im gleichen Ausmaß wuchs. Auswege aus dem Dilemma bildeten die Verschlechterung der Münzen sowie die Ausbreitung des bargeldlosen Geldverkehrs.

Die wachsende Ausbreitung und Bedeutung des Geldwesens rief Kritik hervor. König Ludwig IX. (1214–1270) wählte für die Umschrift auf seinen Goldmünzen einen alten Spruch aus den Lobpreisungen bei der Königswahl:

Christus vincit, Christus regnat, Christus imperat (»Christus siegt, Christus regiert, Christus herrscht über alles«). Umgedeutet wurde daraus *Nummus vincit, nummus regnat, nummus cunctis imperat* (»Geld siegt, Geld regiert, Geld herrscht über alles«). Ähnliches geschah mit dem ritterlichen Wahlspruch *Omnia vincit amor* (»Liebe besiegt alles«), der sich in *Nummus vincit omnia* verwandelte. Mit diesen und vielen anderen Sprüchen und Texten wurden Habgier und Gewinnstreben im hohen und späten Mittelalter gegeißelt. Als Symbol dafür diente die Geldmünze (*nummus*).

Die Geschichte der Münz- und Währungssysteme des Mittelalters ist ein Spiegel des politischen und ökonomischen Wandels. In den frühmittelalterlichen Nachfolgereichen auf römischem Boden bestanden die spätantiken Traditionen fort. Die Herrscher ließen in ihren Reichen römische und byzantinische Goldmünzen samt Bild und Namen der amtierenden Kaiser nachprägen. Seit circa 500 entstanden erste kleinere Münzen mit Bild und Namen der Aussteller selbst. Theudebert I. (ca. 495/500–548) ließ als erster König in einem Germanenreich Goldmünzen im eigenen Namen prägen. Dieses Recht war eigentlich den Kaisern vorbehalten. Geschlagen wurden die merowingischen Goldmünzen in über 800 Orten, und zwar im Namen sogenannter Monetare, einflussreicher Mitglieder der adligen Elite. Im 7. Jahrhundert begann der politische Niedergang des Merowingerreichs und die Beschaffung von Gold gestaltete sich immer schwieriger. Dies führte zunächst zu einer extremen Verringerung des Feingehalts der Goldmünzen und schließlich am Ende des 7. Jahrhunderts zum Übergang zu einer Silberwährung.

Im 8. Jahrhundert entstand im Frankenreich das Münzsystem, das Europa für lange Zeit prägen sollte. Zur einzigen Münze der neuen Silberwährung wurde der in königlichen Münzstätten hergestellte Denar (Pfennig), der vor allem im 9. Jahrhundert in großer Zahl produziert wurde. Für die Zähleinheiten des neuen Währungssystems wurden römische Begriffe verwendet: 240 Pfennige (*denarii*) = 20 Schillinge (*solidi*) = 1 Pfund (*libra* oder *talentum*). Pfund und Solidus bildeten nur Rechenwerte, keine real geprägten Münzen. Wenn also beispielsweise der Preis für ein Pferd 20 Pfund betrug, dann musste der Käufer 4800 Pfennigmünzen bezahlen. Um das umständliche Zählen so vieler Münzen zu umgehen, wurde das Geld gewogen, denn es kam ohnehin auf das Gesamtgewicht des in den Münzen enthaltenen Edelmetalls an.

Im späten Mittelalter entstanden als weitere Alternative verschiedene Großmünzen, die das Vielfache eines Pfennigs wert waren.

Aus dem Durchschnittsgewicht des karolingischen Pfennigs von 1,7 Gramm, multipliziert mit der Anzahl von 240 Stücken, ergibt sich das Gewicht des Karlspfunds (*pondus Caroli*) von circa 408 Gramm. Dieses Währungssystem überstand den Untergang des fränkischen Reichs und wurde in den folgenden Jahrhunderten in regionalen Ausprägungen aufrechterhalten. Insbesondere im ostfränkisch-deutschen Reich und im Königreich Frankreich übten nicht nur die Könige, sondern auch der Adel und die Bischöfe das Münzrecht aus. Auf diese Weise entstanden »regionale Pfennige«, die sich in Gewicht und Aussehen voneinander unterschieden und im römisch-deutschen Reich des hohen Mittelalters in mehreren Hundert Münzstätten geprägt wurden. Wo die Zentralgewalt stark war, setzte sich indes ein einziger Münztyp durch: In Frankreich gelang es den Königen ab 1200, mit dem Pfennig aus Tours (*Denier tournois*) die regionalen Pfennige zu verdrängen. In England waren die Könige die meiste Zeit die einzigen Münzherren. 1180 wurde das Pfund Sterling eingeführt und mit einem hochwertigen Pfennig verbunden. Sukzessive wurden die Ränder Europas in dieses Währungssystem einbezogen. In Süditalien und in Spanien lebten römische und islamische Traditionen der Goldmünzenprägung hingegen weiter und wurden erst im hohen Mittelalter von der europäischen Pfennigwährung überlagert.

Die Pfennige verloren in allen Regionen Europas zwischen 800 und 1200 an Gewicht und wogen im 12. Jahrhundert durchschnittlich nur noch 50 bis 66 Prozent des karolingischen Normgewichts. Damit einher ging die Ablösung des Pfunds als Grundgewicht der Münzprägung durch die Mark, ein Gewichtsmaß, welches bei großen regionalen Schwankungen 186 bis 280 g wog. Die wichtigsten Markgewichte im hohen und späten Mittelalter waren die Kölner Mark (234 g) und die Pariser Troymark (245 g). Sowohl Pfund als auch Mark wurden im Mittelalter gleichermaßen als Zähleinheiten und als Gewichtseinheiten benutzt, wobei das spätmittelalterliche Pfundgewicht im römisch-deutschen Reich meist bei 470 g lag. Beide Formen kamen bei der Zahlung mit Bargeld zum Einsatz, denn Münzen konnten gewogen (nach Gewichtspfund und -mark) oder gezählt werden (Zählpfund und -mark). Dies konnte zu unterschiedlichen Ergebnissen führen, weil Gewichts- und Zahleinheit aufgrund

Pfennig des Bischofs Godehard von Hildesheim (960–1038). Es handelt sich um einen der vielen regionalen Pfennigtypen des hohen Mittelalters. Von Bild (Kopf mit Diadem) und Umschrift (+GODEHARDVS EPS) der Vorderseite ist aufgrund einer Prägeschwäche nicht mehr viel zu sehen. Auf der Rückseite sieht man einen Mauerring mit drei Türmen und Reste der die Münzstätte nennenden Umschrift (HI)LDENE(SHEIM). Deutlich sichtbar sind dagegen halbmondförmige Einritzungen, mit deren Hilfe geprüft wurde, ob der 1,21 Gramm schwere Pfennig tatsächlich zur Gänze aus Silber bestand oder ob es sich womöglich nur um eine versilberte Kupfermünze handelte. Bearbeitungsspuren dieser Art zeigen, dass Münzen von den Kaufleuten sorgfältig geprüft wurden, bevor sie akzeptiert wurden.

der schleichenden Verringerung des Gewichts und Feingehalts der Pfennige auseinanderdrifteten.

Die wirtschaftliche Expansion im hohen Mittelalter führte zu einer Diversifizierung der Münzsorten und gleichzeitig zur Ausweitung von Produktions- und Akzeptanzräumen einzelner Münztypen, die als Leitmünzen in überregionalen Wirtschaftsräumen verwendet wurden. Als Kleinmünzen bildeten weiterhin die Pfennige die Grundlage des lokalen Handels. Zu einer überregionalen Pfennigmünze in Deutschland entwickelte sich der Heller, der ursprünglich aus Schwäbisch-Hall stammte. Auf seiner Vorderseite war eine Hand zu sehen und auf der Rückseite ein Kreuz. Im Nordwesten wurde der englische Sterling nachgeahmt, der meist vier Pfennigen entsprach. Besonders geringwertige Pfennige existierten in Italien. Daher wurde Italien um 1200 auch zum Ausgangspunkt für die Prägung von Großsilbermünzen, die meist einen Wert von vier bis 20 Pfennigen hatten und für die sich der Name Groschen (von lat. *grossus denarius* = »dicker Pfennig«) einbürgerte. Die venezianischen Groschen verbreiteten sich als Handelsmünze im gesamten östlichen Mittelmeerraum. Ähnliche Großsilbermünzen waren die Tiroler Kreuzer und der

Goldgulden des Pfalzgrafen und Kurfürsten Ludwigs III. von der Pfalz (1378–1436) aus der Münzstätte Bacherach. Im Gegensatz zu vielen Silberpfennigen zeichneten sich Goldmünzen häufig durch eine hohe Prägequalität aus. Die Vorderseite zeigt den heiligen Petrus mit Schlüssel und Buch. Die Umschrift lautet LVDWIC(US) C(OMES) P(ALATINUS) R(HENI) DVX BA(VARIE). Der 3,52 Gramm schwere Goldgulden wurde nach dem Vorbild des Florentiner Guldens (Floren) geprägt und zeigt auf der Rückseite neben dem Wappenschild von Pfalz-Bayern im Vierpass in den Winkeln die Wappen der Erzbischöfe von Köln, Mainz und Trier. Die vier Kurfürsten hatten sich zum rheinischen Münzverein zusammengeschlossen und ließen gemeinsam Goldmünzen prägen, die überregional verwendet wurden.

Doppelsterling zu acht Pfennigen in den Niederlanden. Besonders erfolgreiche Prägungen waren die französischen Turnosen (*Gros tournois)* im Wert von zwölf *Denier tournois* sowie der *Prager Groschen*, die in vielen Ländern Westeuropas bzw. in der Mitte und im Osten Europas als Zahlungsmittel verwendet wurden. Mehrere Hansestädte schlossen sich 1365 zum Wendischen Münzverein zusammen und produzierten mit dem Witten als Vierpfenniggroschen die wichtigste Silbermünze des Ostseehandels.

Eine zusätzliche Diversifizierung des Geldwesens war die im 13. Jahrhundert einsetzende Produktion von Goldmünzen. Kaiser Friedrich II. (1194–1250) ließ ab 1231 in Sizilien den *Augustalis* prägen. Für die Geldgeschichte bedeutsamer wurden der Floren (*Fiorino*) aus Florenz und der Dukat aus Venedig, beides Münzen aus reinem Gold (24 Karat) mit einem Gewicht von 3,5 g. Ihr Wert entsprach einem Pfund, d. h. 240 Pfennigen, und erleichterte damit die Bezahlung von größeren Beträgen, vor allem im Fernhandel. Die Florenen wurden nördlich der Alpen vielfach nachgeahmt. Beispiele dafür sind der ungarische Goldgulden oder der Goldgulden der rheinischen Kurfürsten, der sogenannte Rheinische Gulden (abgekürzt *fl rh* von *florenus Rhe-*

ni). Auf diese Weise entstand eine Art Großhandelswährung in weiten Teilen Europas. In Frankreich (*Écu d'or, Franc a cheval*) und England (*Noble*) wurden abweichend von diesem Standard Goldmünzen mit größerem Gewicht zwischen 4 und 9 Gramm ausgegeben. Den Wert der Goldmünzen nahmen schließlich diejenigen Münzherren, in deren Territorium in der zweiten Hälfte des 15. Jahrhunderts neue Silbervorkommen erschlossen wurden, zum Vorbild für die Herstellung großer Silbermünzen mit einem Gewicht von bis zu 30 Gramm. Diese Guldengroschen, beispielsweise der Joachimstaler Guldengroschen, waren Silbermünzen im Wert eines Guldens. Aus diesen wertvollen Silbermünzen entwickelte sich der Taler, die wichtigste Münze im frühneuzeitlichen Europa.

Die neuen Münzen erleichterten den internationalen Handel. Seit dem 12. Jahrhundert bedienten sich die Kaufleute jedoch zusätzlich bargeldloser Zahlungsmethoden. Zunächst waren dies einfache Schuldverschreibungen, die mündlich abgeschlossen oder notariell beglaubigt wurden. Bargeldlos wurden daneben Verpfändungen unterschiedlichster Gegenstände und Rechte abgewickelt. Stadtbewohner bezahlten kleine Erwerbungen mit der Verpfändung von Wertgegenständen und Fürsten verpfändeten Einnahmen wie Maut- und Zollrechte an Adlige, die militärische Dienste geleistet hatten. International agierende Geschäftsleute entwickelten seit dem 13. Jahrhundert mit dem Wechsel ein komplizierteres, grenz- und währungsüberschreitendes Zahlungssystem. Der Wechsel (*bill of exchange / lettre de change*) war ein Wertpapier, an dem in seiner klassischen Form vier Parteien beteiligt waren: der Wechselnehmer (Remittent), der Wechselgeber (Trassant), der Bezogene (Trassat) und der Zahlungsbegünstigte (Präsentant). Zur Finanzierung des Tuchexports von Brügge nach Barcelona konnte ein Wechselgeschäft auf folgende Weise durchgeführt werden: In Brügge erhält A ein Darlehen in flämischer Währung von B, um Wolltuche zu kaufen. Zur Sicherung des Darlehens verfasst A (Wechselgeber) einen Wechsel zugunsten von B (Wechselnehmer). A »zieht« den Wechsel auf den Bezogenen C, seinen Geschäftspartner oder Bankier in Barcelona und weist diesen an, den Darlehensbetrag in der lokalen Währung an den im Wechsel genannten Begünstigten D zu bezahlen. D ist ein Geschäftspartner oder Vertreter von B. In dieser Konstruktion ermöglichte das Wechselgeschäft die bargeldlose Transferierung von Geld über Länder- und Währungsgrenzen hinweg. Insbesondere die päpstlichen Kollektoren überwiesen Annaten- und Servitiengelder sowie andere Abgaben an die päpstliche Kurie mittels Wechselbrief an die Apostolische Kammer in Rom. Der Wechsel wurde zudem für reine Finanzgeschäfte und Wechselkursspekulationen genutzt.

Seit dem 12. Jahrhundert spielten Juden im westlichen Europa eine wichtige Rolle im Geldverleih. Hierfür gab es mehrere Gründe: Juden durften viele sogenannte ehrenhafte Berufe nicht ausüben, sie besaßen Erfahrung in Handels- und Finanzgeschäften, die allgemeine Monetarisierung steigerte den Geldbedarf und den Christen war die Geldleihe gegen Zins kirchenrechtlich verboten. In jüdischen Kreditverträgen sind meist nur die Verzugszinsen bei Säumigkeit des Schuldners genannt (häufig zwei Pfennig pro Pfund oder 0,83 Prozent pro Woche), wobei der schriftlich nicht genannte Zins im 14. Jahrhundert gewöhnlich wohl bei 20 Prozent im Jahr lag. Juden besaßen jedoch keineswegs ein Monopol auf dem Kreditmarkt, denn seit dem 12. Jahrhundert waren auch Christen aus Italien (Lombarden) und Südfrankreich (Cahorsins / Kawertschen) in diesem Geschäft aktiv. Dieses Nebeneinander endete, als Juden im 13. und 14. Jahrhundert aus vielen Städten und Regionen Europas vertrieben und umgebracht wurden. Der christliche Geldverleih gewann in der Folgezeit weiter an Bedeutung. Sebastian Brant (1457–1521) bezeichnete in seinem 1494 publizierten *Narrenschiff* die christlichen Kaufleute-Bankiers als *krysten juden* und gebrauchte damit das klassische Vorurteil. Eine Minderheit wurde in ein bestimmtes Berufsfeld gedrängt, als Geschäftspartner ausgenutzt und später, als sie nicht mehr gebraucht wurde, ausgegrenzt und umgebracht. Man könnte daher sagen, dass der Mythos von den christlich-jüdischen Grundlagen der europäischen Gesellschaft nicht mehr als eine Wunschvorstellung ist und heute zudem meist von Personen gebraucht wird, die von der Vergangenheit nichts wissen, sie aber instrumentalisieren, um in der Gegenwart andere soziale und religiöse Minderheiten auszugrenzen.

Die Münzen des Mittelalters waren nicht nur Zahlungsmittel, sondern auch Werkzeug herrschaftlicher Wirtschafts- und Finanzpolitik sowie Medienträger von herrschaftspolitischen Bild- und Schriftinformationen. Finanzpolitik erfolgte unter anderen durch die sogenannte Münzverrufung. Da unzählige Münztypen nebeneinander existierten, waren die meisten Pfennige nur dort gültig, wo sie geschlagen worden waren. Fremde Münzen mussten bei Geldwechslern vor Ort gewechselt werden, wobei die Umrechnung kein einfaches Unterfangen war und Kenntnis der Wechselkurse und Münzqualitäten erforderte. Die Münzherren erklärten alte Münzen zudem in regelmäßigen Zeitabständen für ungültig und zwangen die Geldbesitzer dazu, ihre alten Münzen gegen neue zu tauschen. Beim Münzwechsel wurden für zwölf alte Pfennige

Marinus van Reymerswaele (Roymerswalde), Der Geldwechsler und seine Frau, 1541. Am Ausgang des Mittelalters war die Figur des erfolgreichen Kaufmanns zu einem beliebten Sujet der Malerei geworden. Von Marinus aus dem flandrischen Reimerswaal stammen mehrere Bilder, die einen Geldwechsler bzw. Steuereinnehmer mit seiner Frau oder seinem Gehilfen zeigen. In unterschiedlichen Varianten stellen die Bilder einen nach der neuesten Mode gekleideten Finanzexperten dar, in unserem Fall mit einem kunstvollen, herzförmigen Hut, damit beschäftigt, eine Münze zu wiegen. Umgeben ist das Ehepaar von den Utensilien und Werkzeugen des Geldwechsels: Bücher und Urkunden, Waage und Münzkästchen, Münzen und Münzbeutel. Die Ehefrau des Wechslers führt das Geschäftsbuch. Bilder dieser Art belegen eine Ambivalenz der Wahrnehmung: Der Geldwechsler war ein bewundernswert erfolgreicher Geschäftsmann, zugleich blieb er die Personifikation von Geiz und Habgier.

häufig neun neue Pfennige ausgegeben, was eine Vermögenssteuer von 25 Prozent darstellt. Dagegen übernahm der Münzherr die Kosten der Münzherstellung, die bei Goldmünzen ungefähr zwei Prozent, bei Silbermünzen fünf bis 15 Prozent des Wertes ausmachten.

Die Neuausgabe von Münzen erfolgte zu einem verringerten Gesamtgewicht (Schrot) oder einem geringeren Edelmetallgehalt (Korn). Diese Veränderungen im Münzfuß konnte der Münzherr als Gewinn einstreichen. Mit heftigen Abwertungen finanzierten beispielsweise die französischen Könige die Kosten des Hundertjährigen Kriegs, bis die Münzen des täglichen Geldverkehrs, die Turnosen, um 1420 nur noch 20 Prozent Silber enthielten. Die Herzöge von Burgund nutzten die Auf- und Abwertung ihrer Münze bereits seit dem ausgehenden 14. Jahrhundert strategisch im Währungskrieg gegen ihre Nachbarn. Kaiser Friedrich III. (1435–1493) finanzierte den Machtkampf gegen seinen Bruder Albrecht ebenfalls durch das massenweise Prägen minderwertiger Schinderlinge. Entsprechend stieg der Wert des ungarischen Guldens gegenüber dem Wiener Pfennig von 1436 bis 1459 stark an, nämlich von 205 auf 960 Pfennige. Bereits im späten Mittelalter verboten Könige und Landesherren

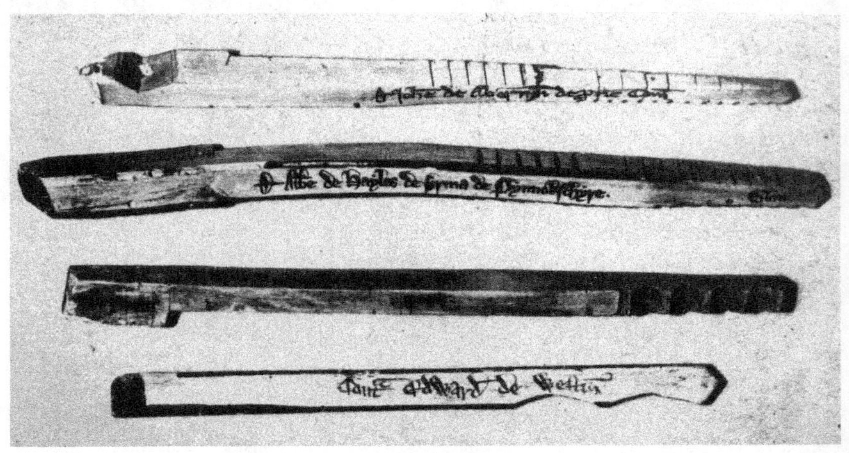

Kerbholz des englischen Schatzamtes (*Exchequer tally*) um 1440 mit Einkerbungen und schriftlichen Informationen zu Kreditgeber und Rückzahlungsmodalitäten. Erst 1834 kamen sie außer Gebrauch. Als man die überflüssig gewordenen Kerbhölzer verbrannte, geriet das Feuer außer Kontrolle und das englische Parlament ging in Flammen auf.

zudem die Ausfuhr von Münzen und Barren, um den Abfluss an Edelmetall zu verbieten. Mit dieser als Bullionismus bezeichneten protektionistischen Politik zeigten sich erste Ansätze merkantilistischer Wirtschaftspolitik bereits im Mittelalter. Ein weiteres geldpolitisches Werkzeug bildete der politische Eingriff in die Gold-Silber-Relation, die im spätmittelalterlichen Europa bei circa 1:12 lag (heute 1:100, stark schwankend) und durch Kursmanipulationen die Einnahmen eines Münzherrn steigern konnte.

Eine Alternative zu Bargeld waren Kerbhölzer: Die Monetarisierung nahm im Mittelalter zwar zu, dennoch blieben Münzen Mangelware. Seit dem hohen Mittelalter erfreuten sich daher Kerbhölzer (*tally sticks*) steigender Beliebtheit. In die länglichen Brettchen wurden Geldbeträge eingeritzt und teilweise mit zusätzlichen Angaben versehen. Häufig erhielten Gläubiger und Schuldner jeweils ein Exemplar der in zwei Teile gespaltenen Hölzer. Besonders verbreitet waren sie in England, wo Steuerquittungen bis ins 19. Jahrhundert als Kerbhölzer (*Exchequer tallies*) ausgestellt wurden.

Maße und Gewichte

Die Geschichte der Maße und Gewichte gehört zum Aufgabengebiet der Wissenschaftsgeschichte, ist aber für die Wirtschaftsgeschichte ebenfalls von Bedeutung, da die Messung von Größe, Gewicht und Volumen von Rohstoffen oder Fertigwaren häufig im Zusammenhang mit Tausch- oder Verkaufshandlungen stand.

Die mittelalterlichen Maße und Gewichte beruhen zum größten Teil auf antiken und älteren Vorbildern, welche in der Regel auf Maße der natürlichen Umwelt oder von Körperteilen zurückgehen. Wichtige Längenmaße waren die Elle, welche die Länge des Armes vom Ellbogen bis zur Spitze des Mittelfingers angibt, sowie der Fuß, welcher wiederum als Referenz für kleinere Maße wie das Zoll oder große Längen wie die Meile diente. Als Flächenmaße waren landwirtschaftliche Einheiten wie das Tagwerk gebräuchlich. Die Gewichtsmessung orientierte sich ebenfalls an Vorbildern aus der Natur, beispielsweise dem Getreidekorn, mit dessen Hilfe Gold und Silber gewogen wurden. Ansonsten bildete das Pfund ein mittelalterliches Basisgewicht, das in kleinere Einheiten wie Lot, Quint oder Unze unterteilt wurde. Eine unmittelbare Orientierung am Warenhandel verraten die Saumlast, die Traglast eines Saumtieres, oder die

Tonne, die für den Transport von Wein genutzt wurde und auf diese Weise zur Gewichtseinheit wurde. Wichtige Hohlmaße, beispielsweise für Getreide oder Flüssigkeiten, waren das Scheffel oder der Eimer. Daneben existierte eine große Anzahl weiterer Maße und Gewichte, die in verschiedenen Regionen oder in speziellen Gewerben benutzt wurden.

Um die Verwendung korrekter Gewichte und Maße sorgte sich die Obrigkeit das gesamte Mittelalter über. Bereits Karl der Große und seine Nachfolger erließen entsprechende Gesetze. Im *Capitulare de Villis* wurde jedem Amtsträger befohlen, in seinem Amtsbezirk die wichtigsten Hohlmaße in der Größe vorrätig zu halten, wie sie am Königshof gebräuchlich waren. In einem weiteren Kapitular von 816 hieß es: »Wir setzen hiermit fest, dass Maß und Gewicht von allen unverletzlich und aufs strengste eingehalten werden, und wir wollen mit allen Mitteln darauf achten, dass niemand Schaden und Nachteil erfährt«. Seit dem hohen Mittelalter kontrollierten hauptsächlich die Städte diese Anordnung und bedienten sich dabei unterschiedlicher Methoden.

Handwerker mussten ihre Waren beispielsweise an bestimmten Tagen auf dem Markt anbieten und unterlagen hier einer öffentlichen Kontrolle, wie dies in den privaten Werkstätten und Verkaufsräumen nicht der Fall war. Im Dienst der Obrigkeiten stehende Vermittler oder Zwischenhändler, in Italien *sensale*, in Deutschland *unterkäuffel* oder ähnlich genannt, waren bei Vertragsabschlüssen anwesend und überwachten die ordnungsgemäße Qualität, Menge und Verpackung der Waren. Sie hatten zudem die Aufgabe, Steuerhinterziehungen zu verhindern und als Dolmetscher zu fungieren. In Venedig und vielen anderen Städten waren fremde Kaufleute dazu verpflichtet, die Hilfe eines solchen Zwischenhändlers in Anspruch zu nehmen und ihn für seine Dienste zu entlohnen. Auf diese Weise sollte der direkte Handel zwischen ausländischen Kaufleuten, den sogenannten Gästen, verboten werden. In England wurde die Bewegungsfreiheit ausländischer Kaufleute 1425 vom Parlament im *Act of Hosting* geregelt. Kaufleute wurden in diesem Gesetz verpflichtet, nach ihrer Ankunft in England innerhalb von fünfzehn Tagen einen englischen Kaufmann zu bestimmen, der alle ihre Transaktionen überwachen würde. Das Gesetz sah darüber hinaus vor, dass Ausländer ihre Geschäfte innerhalb von 40 Tagen abschließen und das Land wieder verlassen sollten.

Ein Buchführer (Buchhändler) packt Bücher in ein Fass. Das Fass war die mittelalterliche Standardverpackung und eignete sich für feste und flüssige Waren gleichermaßen (z. B. Getreide, Salz, Heringe oder Wein). Das Fassungsvermögen variierte von 50 bis 1000 Liter, wobei Fässer mit einer Höhe von 80–100 cm und einem Volumen von circa 120–140 Liter am häufigsten zum Einsatz kamen, weil man sie gut transportieren konnte. Zu dieser Kategorie gehört auch das abgebildete Fass. Zur Kontrolle der Fässer dienten eiserne Ringe, die etwa in Lübeck öffentlich zugänglich waren. Die Fässer wurden zudem mit eingeritzten Zeichen gekennzeichnet (Böttcherzeichen, Hausmarken der Kaufleute, Transport- und Lagermarkierung sowie auf den Inhalt bezogene Zeichen).

Das Verhältnis von einheimischen und ausländischen Kaufleuten wurde am Ende des Mittelalters für die Obrigkeiten immer mehr zum Instrument der (nationalen) Wirtschaftspolitik.

Die Städte unterhielten zudem öffentliche Messgeräte wie Waagen und normierte Hohlmaße, mit deren Hilfe Güter gewogen und gemessen werden konnten. In Paris wurden Maße und Gewichte bereits im 13. Jahrhundert von städtischen Beamten beaufsichtigt. Die im Auftrag der Stadt produzierten Normmaße dienten als Modelle zur Anfertigung privater Messinstrumente. Besonders gebräuchliche Maße wurden mancherorts öffentlich und gut sichtbar an Fassaden von Kirchen oder Rathäusern angebracht – wie etwa die zwei Metallstäbe an der Fassade von St. Stephan in Wien, bei denen es sich um die Tuch- und die Leinenelle handelt, oder die Normmaße für Fuß (29 cm), Elle (ca. 83 cm) und Klafter (6 Fuß = ca. 1,75 m) am Eingang des Regensburger Rathauses.

Die verwirrende Vielfalt von regionalen Maßen und Gewichten ist ein Beleg für die politische Kleinteiligkeit der mittelalterlichen Welt und die fehlende Marktintegration zwischen den Regionen. Der Großteil des Handels war lokaler Natur und vollzog sich innerhalb eines geografischen Raumes mit einheitlichen Münzen, Maßen und Gewichten. Trotz der vielen unterschiedlichen Währungen und Messeinheiten gelang es den Kaufleuten seit dem hohen Mittelalter, den überregionalen Handel auszuweiten. Im Geldwesen konnten die schwankenden Wechselkurse nicht nur überbrückt, sondern zu spekulativen Finanzgeschäften genutzt werden. Auch bei Maßen und Gewichten wusste man sich zu helfen. Seit dem 14. Jahrhundert erstellten die Marktaufsichtsorgane Schriftstücke, in denen die verschiedenen Maße nebeneinandergestellt und umgerechnet wurden. Kaufleute besaßen eigene Waagen und Gewichte sowie Umrechnungstabellen für die Regionen, in denen sie tätig waren. Städte und Landesherren sorgten seit dem hohen Mittelalter verstärkt dafür, dass in ihrem Machtbereich einheitliche Messeinheiten verwendet wurden und ließen zu diesem Zweck normierte Gewichte anfertigen. Der Hochmeister der Deutschen Ordens erließ 1335 / 6 die Verordnung, dass im gesamten Ordensland ein einziges und einheitliches Maß und Gewicht verwendet werde (*una et equalis mensura et libra*). Zudem verfassten Kaufleute ab dem späten Mittelalter Traktate und Handelsbücher, in denen sie Warenangebot und Währungen an unterschiedlichen Orten dokumentierten. Dabei wurden die regionalen Gewichte und Maße samt ihrer Umrechnung in bekannte Einheiten ausführlich dargestellt. Im Rechnungsbuch des Giacomo Badoer aus Venedig, der von 1436 bis 1440 in Konstantinopel weilte, waren es mehr als ein Dutzend byzantinische, italienische, arabische und türkische Münzsorten, deren Wert und Wechselkurs der Kaufmann sorgfältig festhielt. Die politische und wirtschaftliche Fragmentierung des Mittelalters zeigt sich also deutlich in den regionalen Maßen und Gewichten, gleichzeitig belegen die von den Behörden und Kaufleuten ergriffenen Maßnahmen die erfolgreichen Versuche, genau diese Kleinteiligkeit zu überwinden.

Kleinbetriebe und Handelsgesellschaften

In allen Wirtschaftsbereichen dominierte im Mittelalter der Kleinbetrieb, der in der Regel vom männlichen Haushaltsvorstand geleitet wurde. Die Familie, zu der auch das Gesinde gehörte, war häufig ebenfalls im Betrieb tätig und verrichtete Hilfsfunktionen oder Spezialaufgaben. In der Landwirtschaft waren Ehefrauen, Kinder, Mägde und Knechte in unterschiedlichen Funktionen tätig: Sie halfen bei der Ernte, bewirtschafteten und hüteten den Gemüsegarten und stellten in Heimarbeit Kleidung und Werkzeuge her. In Handwerksbetrieben übernahmen die Familienmitglieder ebenfalls unterschiedliche Aufgaben. Hinzu kamen Gesellen und Lehrlinge, die im Meisterbetrieb für eine bestimmte Anzahl von Jahren ihre Ausbildung absolvierten und in dieser Zeit zur Familie im weiteren Sinne zählten. Selbst Kaufleute stützten sich bei der Arbeit auf ihre Familienmitglieder, die im Kontor die Verkäufe beaufsichtigten oder in den Lagerräumen für Ordnung sorgten. Um die Arbeitsteilung der Ehepartner in den mittelalterlichen und frühneuzeitlichen Kleinbetrieben angemessen zu würdigen, wurde der Begriff des »Arbeitspaares« eingeführt (Heide Wunder). Mit diesem Begriff soll veranschaulicht werden, dass die Arbeitsfelder der Ehepartner sich häufig wechselseitig ergänzten und die Abwertung der unbezahlten Hausarbeit von Frauen erst in der bürgerlichen Gesellschaft des 19. Jahrhunderts erfolgte.

In der spätmittelalterlichen Stadtwirtschaft besaßen Frauen einen eigenen wirtschaftlichen Handlungsspielraum und waren u. a. als Krämerinnen oder als Verkäuferinnen von Nahrungsmitteln und Altkleidern selbstständig tätig. Nur in wenigen Städten konnten Frauen als Handwerksmeisterinnen in völliger Selbstständigkeit eine Werkstatt führen – beispielsweise im Kölner Textilgewerbe oder im Hamburger Leinenweberhandwerk. Ansonsten arbeiteten Frauen in der Regel in untergeordneten Funktionen. Nach dem Tod des Ehemannes übernahmen Witwen in vielen Fällen die Leitung eines handwerklichen Betriebes. Während viele Witwen erneut heirateten und dem neuen Ehepartner die Leitung des Betriebs überließen, führten andere den ererbten Betrieb eigenständig mit der Hilfe ihrer Familie und von Angestellten weiter. Die wirtschaftliche Autonomie von Frauen hat sich vermutlich nach dem Bevölkerungsrückgang durch die Pest zumindest in größeren Städten verstärkt – umstritten bleibt jedoch, ob Frauen diese Positionen wieder verloren, als gegen Ende des 15. Jahrhunderts das Bevölkerungswachstum erneut einsetzte.

Neben den Klein- oder Familienbetrieben existierten im Mittelalter auch komplexere Formen von Handelsgesellschaften und Großbetrieben. Das Ziel bei der Gründung einer Gesellschaft war die Vermehrung des Kapitals für unternehmerische Zwecke sowie die Verteilung von Arbeit und Haftung zwischen Partnern und Angestellten. Mit der Expansion des Handels entstanden im Laufe des Mittelalters differenzierte Gesellschaftsformen. Aus dem frühen Mittelalter sind vor allem jüdische und arabische Handelsgesellschaften im Mittelmeerraum und im Nahen Osten bekannt. Die *Mudaraba* genannte Gesellschaft, bei der ein Investor das Kapital einzahlt und ein Angestellter die Arbeit erbringt, ist bereits im 6. Jahrhundert nachweisbar und existiert noch heute in islamischen Ländern. Als die Kaufleute der italienischen Handelsstädte im hohen Mittelalter begannen, ihre Aktivitäten zu erweitern, gründeten sie ebenfalls Gesellschaften, welche *Commenda* für den Seehandel und *Compagnia* für den Landhandel genannt wurden. Bei beiden Gesellschaften schlossen sich ein oder mehrere Kapitalgeber, die häufig miteinander verwandt waren, für einige Jahre mit einer oder mehreren Personen zusammen, die den Vertrieb der Waren gegen einen Gewinnanteil durchführten. Die *Commenda* ist damit der Vorläufer der modernen Kommanditgesellschaft (KG). Bald konnten sich weitere Investoren mit Eigenkapital beteiligen und erhielten dafür Gewinnanteile oder feste Zinsen für das eingezahlte Kapital. Die großen und international tätigen Handelsgesellschaften steuerten ihre Geschäfte zunehmend von einem Hauptsitz aus und unterhielten Vertretungen in den wichtigen europäischen Handelsplätzen. Erstmals 1408 wurde bei einer Gesellschaftsgründung ausdrücklich festgelegt, dass die Gesellschafter bei Zahlungsausfall nur mit dem investierten Kapital hafteten. Damit war die Gesellschaft mit beschränkter Haftung (GmbH) erfunden.

Nördlich der Alpen entwickelten sich ähnliche Gesellschaftsformen. Dabei handelte es sich zunächst um zeitlich befristete vertragliche Zusammenschlüsse von zwei oder mehreren Personen. Häufig bestand der Zweck der Partnerschaft in der Kapitalzufuhr durch einen Partner und der Verkaufstätigkeit durch einen zweiten Partner oder einen Angestellten. Im späten Mittelalter schlossen sich sowohl im Hanseraum als auch in Süddeutschland oft mehrere Partner zu Handelsgesellschaften zusammen, die unter einem Namen agierten. Ab 1380 vermarktete die Große Ravensburger Handelsgesellschaft Leinen- und Barchenttuche und andere Waren und schuf zu diesem Zweck ein Netz von Handelsniederlassungen in verschiedenen europäischen Ländern. Für diese Handelsgesellschaften waren Vertreter (Handelsdiener) tätig, die selbst kein Kapital eingebracht hatten. Gegen Ende des Mittelalters entstanden die großen Handelshäuser der Fugger und Welser, welche die oberdeutsche Wirtschaft und die deutsche Politik in den folgenden Jahrzehnten maßgeblich mitgestalteten. Allerdings wurde die Mehrzahl lokaler Marktaktivitäten im späten Mittelalter von einzelnen Kaufleuten oder Familienunternehmen durchgeführt, die ebenfalls von Zeit zu Zeit Diener anstellten oder mit bevollmächtigten Vertretern zusammenarbeiteten.

Die italienischen Handelshäuser expandierten vor allem seit dem ausgehenden 13. Jahrhundert. Neben dem Warenhandel betätigten sie sich zunehmend im internationalen Geldgeschäft. Sie expandierten damit in einen Geschäftsbereich, der bis dahin von lokalen Geldwechslern ausgefüllt worden war. Die Handelsfirmen der Peruzzi und der Bardi finanzierten den Krieg des englischen Königs, und als dieser seine Schulden nicht mehr bezahlen konnte, gingen sie gemeinsam mit weiteren Firmen bankrott. Dennoch war damit der Grundstein für die Entstehung von Banken im modernen Sinn gelegt. Im Jahr 1407 wurde in Genua der *Banco di San Giorgio* gegründet. Zu den Gründungsmitgliedern gehörten die reichsten Familien der Stadt, entsprechend eng war die Verflechtung mit der Stadtregierung. Zeitweise übernahm das Bankhaus die Herrschaft über genuesische Kolonien im östlichen Mittelmeerraum und wurde damit auch zum politischen Akteur. In der frühen Neuzeit spielte diese Bank eine wichtige Rolle bei der Finanzierung der europäischen Expansion und war in dieser Zeit vielleicht »la plus puissante institution financière de l'Occident« (Jacques Heers), also die mächtigste Finanzinstitution des Abendlandes.

Die genuesische Kolonialpolitik hatte bereits zuvor eine andere Gesellschaftsform aus der Taufe gehoben. Im 13. Jahrhundert finanzierte eine Gruppe Genueser Kaufleute die Eroberung der ägäischen Insel Chios und der Alaunlagerstätten in Focea. Die Mitglieder der *Maona di Chio e di Focea* genannten Gesellschaft erhielten Anteilsscheine, die geteilt und veräußert werden konnten, sodass das Unternehmen den Charakter einer Aktiengesellschaft annahm. Als Gegenleistung für die Finanzierung der Eroberung erhielt das Konsortium von der Stadtregierung das Recht, die eroberten Gebiete im eigenen Namen zu verwalten und auszubeuten. Als Ausdruck des Zusammenhaltes der Maona-Mitglieder nahmen alle beteiligten Adelshäuser den Familiennamen Giustiniani an und bildeten damit gleichsam eine neue Familie. Die Maona Giustiniani beherrschte Chios von 1347 an für mehr als zwei Jahrhunderte bis zur osmanischen Eroberung im Jahr 1566.

Im produzierenden Gewerbe gingen private und öffentliche Unternehmer im Mittelalter ebenfalls neue Wege. Das Verlagssystem, bei dem ein Unternehmer die verschiedenen Stufen eines Produktionsprozesses kontrollierte und Handwerker mit Spezialaufgaben betraute, wurde schon erwähnt. Wo viele Arbeitskräfte unterschiedlicher Qualifikation zeitgleich gebraucht wurden, entstanden die ersten Großbetriebe. Als größter Betrieb Europas vor der Industrialisierung wurde die venezianische Schiffswerft und Flottenbasis bezeichnet. Ab dem frühen 12. Jahrhundert wurden zwei Inseln im Stadtteil Castello für die Anlage des Arsenals genutzt, welches im 14. und 15. Jahrhundert mehrmals erweitert wurde. Die Produktion der Schiffe erfolgte in vielen einzelnen Arbeitsschritten mit genormten und vorgefertigten Bauteilen. Hunderte Handwerker unterschiedlicher Spezialisierung (Schiffszimmerleute, Kalfaterer, Mastenkonstrukteure, Segelmacher, Schmiede, Gießereiarbeiter u.a.) waren im Arsenal tätig.

Der Bau von Kirchen, Klöstern und Burgen erforderte ebenfalls eine komplexe Arbeitsorganisation und die Koordination einer großen Anzahl von Fachleuten. Für den Bau der städtischen Kathedralen waren Werkstattverbände, sogenannte Dombauhütten, verantwortlich, zu der der Werkmeister und zahlreiche Handwerker wie Steinmetz, Zimmermann, Maurer, Schmied, Glaser und Hilfspersonal zählten. Zu den mittelalterlichen Großbetrieben gehörten auch die städtischen Bauhöfe, die für öffentliche Bauten sowie die Stadtmauern verantwortlich waren, und schließlich die großen Bergbauunternehmen. Das Schwazer Silberbergwerk in Tirol war am Ende des Mittelalters die ertragreichste Mine Europas. 7400 Bergknappen arbeiteten hier in der Mitte des 16. Jahrhunderts, allein mit der Trockenhaltung der Minen waren 600 Wasserschöpfer beschäftigt.

Rechtssicherheit und Kaufmannsrecht

Die mittelalterliche Wirtschaft war in vielerlei Hinsicht normiert. Die Landesherren kontrollierten und besteuerten den Warenverkehr durch Zölle und erteilten ausgewählten Orten in ihrem Herrschaftsgebiet Marktprivilegien. Bereits Karl der Große hatte die Fernkaufleute unter seinen königlichen Schutz genommen. Spätere Landesherren folgten diesem Beispiel. Die städtischen Regierungen erließen zahlreiche Vorschriften, um die Versorgung der Bürgergemeinde sicherzustellen und die eigene Finanzkraft zu stärken. Zu diesem Zweck wurden detaillierte wirtschaftliche Bestimmungen erlassen, Überwachungsbehörden eingesetzt und ein Gerichtswesen zur Schlichtung von Rechtsstreitigkeiten etabliert. Genossenschaften wie die Zünfte setzten diese Regulierung im handwerklichen Bereich fort. In der älteren Forschung wurden diese Eingriffe in das Wirtschaftsleben häufig als wachstumshemmend und innovationsfeindlich kritisiert.

Inzwischen wurde auch die andere Seite der Medaille gewürdigt: Das enge Normengefüge schuf eine Rechtssicherheit, die wirtschaftliches Handeln und finanzielle Investitionen kalkulierbar machten. Die schriftlichen Quellen des Mittelalters sind voll von Informationen über betrügerische Geschäfte und Regelübertretungen aller Art. Dennoch bildete die Fülle von Vorschriften den Rahmen für eine langsame, in Wellen fortschreitende Expansion der europäischen Wirtschaft. Die Rechtsprechung war zu einem beträchtlichen Teil mit Wirtschaftskriminalität oder zivilrechtlichen Streitigkeiten um materielle Ansprüche beschäftigt. Um auf den Märkten und Messen schnell Auseinandersetzungen zwischen Kaufleuten schlichten zu können, wurden eigene Marktgerichte gegründet – in England waren es die *Courts of piepowders* (frz. *pieds poudrés;* Staubfüße), die bis in die frühe Neuzeit hinein für die reisenden Kaufleute und das fahrende Volk auf den Märkten zuständig waren. So bildeten die Gerichte einen weiteren Baustein für eine Rechtssicherheit, welche insgesamt die Transaktionskosten der Marktteilnehmer verringerte.

Die Anfänge des Erfinderschutzes und des Patentwesens liegen im späten Mittelalter. Das Bestreben, technologische oder handwerkliche Errungenschaften zu schützen, reicht bis in die Antike zurück. Im hohen Mittelalter versuchten Städte, das Fachwissen ihrer Bürger innerhalb der eigenen Bürgerschaft zu bewahren, indem sie ihnen die Auswanderung verboten. Umgekehrt verbot z. B. Venedig 1308 allen Mitbürgern, junge Deutsche in ihren Häusern aufzunehmen, die die italienische Sprache und damit die Kunst der Buchhaltung lernen wollten. Das Geheimnis des Rechnungswesens wollten die Venezianer offenbar lieber für sich behalten. Im späten Mittelalter zeigen sich daneben erste Ansätze eines rechtlichen Schutzes von Erfindungen. Filippo Brunelleschi wurde 1421 das alleinige Recht zur Herstellung eines Schiffs mit einer besonderen Hebevorrichtung zum Marmortransport für drei Jahre verliehen. Im ersten Patentgesetz, erlassen 1474 in Venedig, wurde unter anderem geregelt …

> »… dass jeder, der in dieser Stadt eine neue und erfinderische Vorrichtung baut, dem Provveditori di Comun hiervon Mitteilung machen soll, sobald die Erfindung so zur Vervollkommnung gebracht ist, dass sie benutzt und betrieben werden kann. Es ist jedem Dritten in unserem Gebiet und unseren Städten für die Dauer von zehn Jahren verboten, ohne die Zustimmung und Lizenz des Urhebers eine Vorrichtung zu bauen, die mit besagter Vorrichtung übereinstimmt oder ihr ähnlich ist, und, wenn sie dennoch jemand unter Verletzung dieses Gesetzes baut, so soll der vorgenannte Urheber und Erfinder berechtigt sein, ihn vor einen Magistrat dieser Stadt zu laden, durch den der Verletzer gezwungen werden soll, ihm 100 Dukaten zu zahlen; und die Vorrichtung soll sofort zerstört werden.«

Als ein zentraler Baustein in diesem Normengefüge gilt die Durchsetzung von Eigentums- und dauerhaften Nutzungsrechten. Dieser Prozess zeigte sich insbesondere bei der Verfügungsgewalt über Land, welche im Mittelalter sehr unterschiedliche Formen annehmen konnte. Neben dem Eigentum im modernen römisch-rechtlichen Sinn existierten im Mittelalter unterschiedliche Leiheformen, die den freien oder unfreien Pächtern Nutzungsrechte unterschiedlicher Art und Dauer einräumten und mit verschiedenen Pflichten verbunden waren. Das gesamte Mittelalter über befand sich der überwiegende Teil von Grund und Boden im Eigentum des Königs sowie der Kirchen und des Adels, die das Land entweder aufgrund eigenen Rechts beanspruchten oder es vom König oder anderen Personen erhalten hatten. Da König, Kirche und Adel den Boden nicht selbst bestellen konnten, übertrugen sie ihre Güter an freie oder unfreie Bauern. Der mittelalterliche Landmarkt besaß daher zwei Ebenen: den Verkauf oder Tausch von Eigengut (Allod) sowie den Verkauf oder Tausch von Land, das nur gepachtet war. Im hohen Mittelalter setzte sich vielerorts die als Erbleihe bezeichnete Vergabe von Land durch. Der Pächter, meist ein Bauer mit seiner Familie, konnte das Land dauerhaft in Besitz nehmen und vererben oder verkaufen. Ein ähnlicher Prozess vollzog sich in den Städten, in denen die Hausbewohner zunehmend zu Eigentümern ihrer Häuser und Grundstücke wurden, die zuvor dem Stadtherrn oder kirchlichen bzw. adligen Grundherrn gehört hatten. In allen diesen Fällen waren die Eigentumsrechte und die Rechte auf eine dauerhafte, eigentumsähnliche Nutzung fest im Rechtssystem verankert. Darüber konnte sich selbst ein Landes- oder Grundherr nicht einfach hinwegsetzen. Diese starken, rechtlich geschützten Eigentumsrechte wurden von vielen Wirtschaftshistorikerinnen und -historikern als eine wesentliche Voraussetzung für den erfolgreichen Aufstieg der europäischen Wirtschaft betrachtet.

Als informelles Regelwerk zum friedlichen Austausch sowie zur Beilegung von Konflikten zwischen Kaufleuten existierte bereits im frühen Mittelalter ein Gewohnheitsrecht, das später in seiner Gesamtheit als *Lex mercatoria* (Marktrecht / Handelsrecht) bezeichnet wurde. Zu den zentralen Bestandteilen des Handelsrechts gehörte das Verhalten nach Treu und Glauben, begründet auf dem römischen Prinzip der *bona fides*. Dieses Vertrauen wurde durch das Prinzip der Vertragserfüllung ergänzt, das Vereinbarungen unter Kaufleuten grundsätzlich bindend machte. Auch die in Stadtrechten und Zunftsatzungen vielfach behandelten Gewährleistungspflichten der Kaufleute bilden einen Teil dieser allgemeinen handelsrechtlichen Normen.

Könige, Fürsten und Städte ließen das Kaufmannsrecht seit dem 13. Jahrhundert in schriftlicher Form aufzeichnen. König Peter III. von Aragon (1240–1285) erstellte eine Sammlung von Seerechtsvorschriften. Das *Consolato del Mare* beruht auf dem Gewohnheitsrecht von Barcelona und vereinte die verstreuten Gesetze und Bräuche der mediterranen Seeleute. Das in viele Sprachen übersetzte Werk bildete bis ins 17. Jahrhundert die Rechtsgrundlage des Mittelmeerhandels. Der englische König Edward I. (1239–1307) gründete 1285 in London ein Handelsgericht, das sich aus ausländischen Kaufleuten zusammensetzte, die in diesem Gericht die eigenen Handelsstreitigkeiten beilegen sollten. Wenige Jahre später erließ der König eine *Carta Mercatoria*, in der er die Beziehungen mit der Hanse und anderen ausländischen Kaufleuten regelte und ihnen eine schnelle Gerichtsbarkeit nach dem Kaufmannsrecht garantierte. Die Systematisierung von Recht und Praxis der Handelstätigkeit setzte sich in Privatarbeiten von Juristen und Kaufleuten fort. Zwischen dem späten 15. und dem frühen 19. Jahrhundert erschienen in Europa mehr als 10.000 Handbücher und Traktate für den Gebrauch des Kaufmanns, in denen die Autoren die Kaufmannskunst (*ars mercatoria*) aus unterschiedlichsten Perspektiven behandelten.

Schon vor Entstehung der *ars mercatoria* gewannen Fachleute und ihr Fachwissen in der mittelalterlichen Wirtschaft zunehmend an Bedeutung. Alle Bereiche der Wirtschaft – von der Verwaltung einer Grundherrschaft über die Organisation eines Handwerkbetriebes bis zum internationalen Handelsgeschäft – wurden komplexer, sodass zunehmend Experten benötigt wurden, die die Rationalisierung und Optimierung der Abläufe übernehmen konnten. Die hieraus entstehende Wechselwirkung zwischen ökonomischen Praktiken und Expertenwissen im Bereich der *artes mechanicae* entwickelte sich in den letzten Jahren zu einem eigenen Forschungsfeld. Zahlreiche Studien und Forschungsinitiativen haben inzwischen die Teilbereiche der mittelalterlichen Wirtschaft untersucht, in denen Fachleute mit ihrem Fachwissen tätig wurden, z. B. um Grundstücke zu vermessen, den Preis für hinterlassene oder zum Verkauf stehende Dinge festzusetzen, Immobilien zu bewerten, die Logistik eines gewerblichen Unternehmens oder einer Großbaustelle zu steuern sowie die Qualität von Rohstoffen und Fertigwaren zu garantieren. Wirtschaftsexpertise gehörte im Mittelalter demnach zu einer nachgefragten Wissensressource.

Ökonomische Theorie und Praxis interessierten nicht nur die Wirtschaftstreibenden selbst, sondern auch die spätmittelalterlichen Juristen und Scholastiker sowie die Bettelmönche. Franziskaner und Dominikaner wie Petrus Johannis Olivi (1247–1296), Bernardino von Siena (1380–1444) oder Antoninus von Florenz (1389–1459) verstanden sich selbst als Experten in Wirtschaftsfragen und verwendeten diese Expertise für ihre Predigt- und Seelsorgetätigkeit. Petrus Johannis Olivi war beispielsweise einer der ersten Autoren, der dem Kapital eine gewisse Produktivität zuschrieb. Während im Mittelalter Geld im Allgemeinen als unfruchtbar galt, war Olivi der Meinung, dass »das, was nach dem Entschluss des Eigentümers zu einem wahrscheinlichen Gewinn bestimmt ist, nicht nur die Kraft bloßen Geldes oder einer bloßen Ware hat, sondern darüber hinaus eine gewisse Potenzialität (oder Wesenheit) des Gewinnens (*seminalem rationem lucrosi*) besitzt, die wir gemeinhin Kapital nennen«. Trotzdem blieb der franziskanische Gelehrte den mittelalterlichen Vorstellungen verpflichtet, denn auch er war der Ansicht, dass Geld sich nicht selbst vermehren konnte, außer durch Arbeit und Mühen des Bauern, Handwerkers oder Kaufmanns. Von der Möglichkeit, dass sich Kapital etwa durch glückliche Aktiengeschäfte selbst in den Pandemie-Jahren 2020/21 vervielfachen kann, hatten weder Laien und Fachleute im Mittelalter eine Ahnung.

Der Finanzmarkt: Wucher, Schulden und öffentlicher Kreditmarkt

Wucher galt in Mittelalter und früher Neuzeit als Sünde. Besonders wetterten Juristen und Theologen, Päpste und Prediger seit dem 13. Jahrhundert, als die sogenannte Kommerzielle Revolution in vollem Gange war, gegen den Geldverleih mit Zinsnahme. Papst Gregor IX. (1170–1241) forderte in seiner Dekretalensammlung 1231 die Fürsten auf, Wucherer aus ihren Gebieten zu vertreiben und ihnen die Rückkehr zu verweigern. Bettelmönche warnten in Predigten eindringlich vor Wucherern und beschrieben die schrecklichen Qualen, die sie nach dem Tod erwarteten. Gestützt wurde die kirchliche Lehre von der bereits in der Antike bekannten Vorstellung der Unfruchtbarkeit des Geldes. Die kirchliche Kampagne erreichte ihren Höhepunkt auf dem Konzil von Vienne 1311/12, als die Konzilsväter alle Richter, Konsuln und andere Beamte exkommunizierten, die Wucher per Gesetz erlaubten oder tolerierten.

Als Tatbestand des Wuchers galt grundsätzlich jede Form des Zinsnehmens. Sobald ein Gläubiger von seinem Schuldner über die geliehene Summe hinaus eine weitere (Geld-)Leistung erhielt, galt dies als Wucher. Hätte sich diese Vorstellung in rigoroser Form durchgesetzt, wäre die weitere finanzpolitische Entwicklung Europas anders verlaufen. Denn seit dem hohen Mittelalter kam keine europäische Regierung einer Stadt oder eines Landes ohne Kreditaufnahme aus.

Bereits im hohen Mittelalter entstanden indes Formen der Kapitalanlage, die von Juristen und Theologen als legal akzeptiert wurden. Wer beispielsweise seine Immobilie oder sein Land einem Dritten verpachtete, erwarb das Recht auf Pachtzinsen, obwohl er das verpachtete Gut eines Tages wieder zurückerhielt. Ebenfalls erlaubt war die Investition in ein Seefahrtsunternehmen (*Commenda*) mit der Absicht, einen Anteil an den Gewinnen oder eine Dividende zu erhalten. Im Laufe der Zeit entwickelten die scholastischen Gelehrten weitere Ausnahmen. So durfte der Kreditgeber eine über den Kapitalbetrag hinausgehende Zahlung erhalten, wenn der Darlehensnehmer erst nach dem festgelegten Fälligkeitsdatum seine Schuld beglich. Eine Entschädigung war ebenfalls zulässig bei Schaden und Verlust, die der Kreditgeber nach der Gewährung des Darlehens erlitt (*damnum emergens*) oder aufgrund des Verzichts auf mögliche Gewinne aus alternativen Investitionen (*lucrum cessans*). Eine weitere beliebte Form der Geldbeschaffung, welche insbesondere kirchliche Einrichtungen vielfach benutzten, waren die Erb- und Leibrenten, bei denen der Kreditgeber dem Schuldner eine Summe lieh und dafür eine jährlich fixierte Rente erhielt. Bei der Erbrente war diese Zahlung zeitlich unbegrenzt, bei der Leibrente (Leibgedinge) auf die Lebenszeit des Kreditnehmers bzw. seiner Erben beschränkt. Als Sicherheit haftete der Schuldner mit seinem gesamten Vermögen. Alternativ konnten eine Immobilie oder ein Stück Land belastet und gepfändet werden, wenn der Schuldner die fällige Rente nicht bezahlte.

Erb- und Leibrenten wurden seit dem 13. Jahrhundert von Städten und Fürsten zur Kreditaufnahme benutzt und wurden in dieser Form von Juristen und Theologen als legal betrachtet. Als zentrales Argument diente die Langfristigkeit der Rente: Die Hauptsumme musste nicht, wie bei einem Darlehen, zu einem bestimmten Zeitpunkt zurückgezahlt werden, sofern der Schuldner die Rente pünktlich bezahlte. Im späten Mittelalter setzte sich die Ablösbarkeit der »Ewigrente« durch, dennoch hielten die Theologen an der Rechtmäßigkeit der Rente fest und diese wurde im 15. Jahrhundert von den Päpsten bestätigt. Zu diesem Zeitpunkt hatte sich die Verschuldung der öffentlichen Haushalte in den meisten Städten und Ländern Europas längst als wichtiges Finanzinstrument durchgesetzt. Einen etwas anderen Charakter besaßen die öffentlichen Anleihen vieler italienischer Städte. Venedig, Florenz und andere Städte erließen Zwangsanleihen, die von allen Bürgern mit einem gewissen Vermögen gekauft werden mussten und mit einem festen Zinssatz versehen waren. Die sogenannten *Prestiti* wurden aus Steuereinnahmen bezahlt und entwickelten sich zu frei handelbaren Schuldscheinen. Venedig besorgte sich um das Jahr 1200 Darlehen, deren Zinsbelastung durch mithilfe von Salzsteuer und Marktgebühren beglichen wurde. Zwischen 1262 und 1264 konsolidierte der venezianische Senat alle öffentlichen Schulden in einem Fonds, der *Monte Vecchio* genannt wurde, und verfügte, dass die Darlehensgeber jährlich einen Zinssatz von fünf Prozent erhalten sollten. In ähnlicher Weise konsolidierte Genua im Jahr 1340 die ausgegebenen Anleihen in einem Topf mit dem Namen *Compera*, für den ab 1407 der Banco di San Giorgio verantwortlich war.

Zwischen 1250 und 1500 hatte sich der europäische Finanzmarkt rasant entwickelt. Kredite spielten nicht nur im privaten Sektor eine allgegenwärtige Rolle, sondern auch bei der Finanzierung der öffentlichen Haushalte. Damit waren die Grundlagen gelegt für die frühneuzeitliche Entwicklung und die sogenannte *Financial Revolution* mit ihren neuen Institutionen wie Nationalbanken und Aktienmärkten, über deren zeitliche und örtliche Anfänge Historikerinnen und Historiker unterschiedlicher Meinung sind. Kontrovers wird zudem der Einfluss der Kirche beurteilt. Während ein Teil der Geschichtswissenschaftlerinnen und Geschichtswissenschaftler die kirchlichen Lehren als ein hinderliches Element für die Entfaltung des Finanzmarktes betrachtet, betonen andere, dass die mittelalterlichen Juristen und Theologen vielmehr dafür gesorgt hätten, dass sich ein komplexes, aber funktionierendes Regelwerk ausbildete, das dem Finanzmarkt Sicherheit und Stabilität verliehen habe. Immerhin vertraten viele Kanonisten und Theologen, wie beispielsweise Thomas von Aquin, seit dem 13. Jahrhundert die Ansicht, dass der Preis einer Ware durch freien Wettbewerb am Markt zustande komme und daher den Ausdruck des freien Willens beider Parteien darstelle. Die Grenze der freien Preisfindung sahen sie in der Regel dort, wo der bezahlte Preis um mehr als die Hälfte vom gerechten Preis (*pretium iustum*) abweicht.

Die Erfindung der Versicherung um 1300

Benedetto Zaccaria (1235–1307) war ein Kaufmann aus Genua, der im internationalen Seehandel tätig war. Im Jahr 1298 hatte er eine Schiffsladung Alaun erworben, ein Mineral, das in Kleinasien abgebaut und beim Färben von Textilien gebraucht wurde. Den Alaun wollte Benedetto in Brügge verkaufen und dort andere Waren für die Rückfahrt erwerben. Eine solche Schiffsladung stellte für einen Kaufmann zweifellos eine große Investition dar. So lag es nahe, sich darüber Gedanken zu machen, wie das Risiko des Transports verringert werden konnte. Benedetto Zaccaria, der seine Waren nicht persönlich begleitete, schloss zu diesem Zweck einen bemerkenswerten Vertrag mit zwei anderen Kaufleuten seiner Heimatstadt: Er verkaufte den beiden Genuesen die Schiffladung Alaun, als das Schiff in Aigues-Mortes in Frankreich vor Anker lag. Der Vertrag sah vor, dass Benedetto den Alaun in Brügge zu einem festgesetzten Preis wieder zurückkaufen würde. Sollte das Schiff auf der Reise nach Brügge Schiffbruch erleiden, hätte dies einen Verlust für die beiden Vertragspartner bedeutet. Allerdings bezahlte Benedetto seine Schuld in Brügge nicht in bar, sondern in Form eines Wechsels, der nur in Genua nach der Rückkehr des Schiffes mitsamt der neuen Ladung einlösbar war. Damit trugen die Vertragspartner auch das Risiko der Rückfahrt. Benedetto musste für diese Reiseversicherung seiner Waren einen Aufpreis bezahlen. Sein eigener Gewinn beim Verkauf des Alauns in Brügge und der nach Genua importierten Waren hatte mit dem Versicherungsgeschäft nichts zu tun.

Nachdem Benedetto Zaccaria 1298 den ersten überlieferten Versicherungsvertrag abgeschlossen hatte, wurden Verträge dieser Art im italienischen Seehandel des 14. Jahrhunderts zu einer weitverbreiteten Form der Risikominimierung. Fernhandelskaufleute beteiligten finanzstarke Versicherungsmakler an ihrem Geschäftsrisiko und bezahlten diesen dafür eine Gebühr. Kaufmännische Rechnungsbücher des 15. Jahrhunderts enthalten teilweise eigene Versicherungskonten (*conti sicurtà*) und belegen damit, dass das Versicherungswesen zu einem regelmäßigen Bestandteil kaufmännischen Handelns geworden war. Das Prinzip von Prämie gegen Schadensausfall wurde im späten Mittelalter übrigens sogar für eher kuriose Wetten benutzt: Bei den sogenannten Wettversicherungen wurde beispielsweise auf das Leben von Päpsten oder gekrönten Häuptern gewettet. Falls der betreffende Papst oder Fürst innerhalb eines fixierten Zeitraums sterben sollte, bezahlten die Versicherer (oder Wettbüros). Die Berechnung eines Risikos und seiner ökonomischen Auswirkungen wurden zum Geschäftsmodell und sollten sich in den folgenden Jahrhunderten auf immer mehr Lebensbereiche ausbreiten.

Lebensstandards

Reichtum und Armut

Der Begriff Lebensstandard bezeichnet den materiellen Wohlstand einer Person, einer Gruppe oder einer Gesellschaft. Dazu gehören der Besitz von Gegenständen und Vermögen sowie die damit verbundenen Möglichkeiten des Konsums von Waren und Dienstleistungen. Der Lebensstandard lässt sich somit als quantitative Größe messen und vergleichen. Insbesondere in der westlichen Welt ist der Ressourcenverbrauch mit seinen Folgen für Klima und Ökosysteme so stark gestiegen, dass über Alternativen zur bisher dominierenden Wachstumsideologie nachgedacht wird. Dabei sollen Lebensqualität und Nachhaltigkeit stärker in den Mittelpunkt rücken. Bildung, Gesundheitssystem und Alterssicherung bilden heute ebenfalls einen festen Bestandteil der Diskussionen über Lebensstandards. Dennoch bleiben die Untersuchung und der Vergleich der materiellen Lebensbedingungen ein wichtiges Thema der Wirtschaftsgeschichte. Dies gilt für den synchronen Vergleich zwischen Gesellschaften ebenso wie für den diachronen Vergleich über Epochen und Jahrhunderte hinweg. Die tatsächlich erreichten oder aber angestrebten materiellen Lebensbedingungen haben und hatten nämlich zu allen Zeiten konkrete Auswirkungen auf das Handeln der Menschen. Dies trifft auch auf das Mittelalter zu, obwohl damals das Wissen über Ursachen und Auswirkungen wirtschaftlicher Veränderungen begrenzt war, und die Wirtschaft nicht wie heute als eigenständiges und abgrenzbares Untersuchungsfeld wahrgenommen wurde.

Im Mittelalter besaß die Bevölkerung durchschnittlich weniger Vermögen und weniger Gegenstände als die Menschen im modernen Europa. Laut Statistischem Bundesamt besitzt ein deutscher Haushalt im Jahr 2020 rund 10.000 Gegenstände. Vor 100 Jahren waren es nur einige Hundert und im Mittelalter noch weniger. Testamente und Nachlassinventare sind die wichtigsten

Quellengattungen, um diesen Umfang des individuellen Besitzes einzuschätzen. Der materielle Wohlstand der Menschen im Mittelalter erscheint daher auf den ersten Blick wesentlich niedriger als der Lebensstandard in der westlichen Welt des 21. Jahrhunderts. Indes hat die Forschung in den letzten Jahrzehnten deutlich gemacht, dass das Leben im Mittelalter nicht so karg und entbehrungsreich war, wie häufig angenommen wird. Ohnehin war und ist für den individuellen Menschen nicht der objektive Lebensstandard das entscheidende Orientierungsmaß, sondern der Vergleich mit seinem sozialen Umfeld. Zufrieden ist in allen Gesellschaften und zu allen Zeiten, wer sich im Vergleich mit seiner Umwelt wertgeschätzt und nicht zu kurz gekommen fühlt. Und bevor das Smartphone erfunden wurde, konnte es auch niemand vermissen.

Einkommen und Vermögen

Neuere Studien versuchen, das durchschnittliche Einkommen der Bevölkerung im mittelalterlichen Europa zu schätzen und erstellen hierzu Berechnungen des Bruttoinlandsprodukts. Das Bruttoinlandsprodukt (BIP; eng. *Gross Domestic Product*, GDP) misst den Gesamtwert aller Waren und Dienstleistungen, die in einem Land während eines Jahres hergestellt werden. Das BIP ist daher ein Indikator für die wirtschaftliche Leistung einer Volkswirtschaft und macht es möglich, die wirtschaftliche Entwicklung zu beschreiben und Volkswirtschaften zu vergleichen. Das Pro-Kopf-Einkommen wird errechnet, indem man das Bruttoinlandsprodukt eines Landes durch die Anzahl seiner Einwohner teilt. Das Ergebnis ist das durchschnittliche Einkommen der Bevölkerung. Die Aussagekraft des Bruttoinlandsprodukts ist jedoch begrenzt, weil vorrangig Güter und Dienstleistungen erfasst werden, die auf dem Markt handelbar sind. Die Aussagekraft des BIP wird zudem kritisiert, weil es nichts über die Verteilung der Güter, über Ungleichheit, Zufriedenheit, Lebensqualität oder das Gesundheitssystem in einem Land aussagt.

Berechnungen des BIP für das Mittelalter sind ungenau, denn sie beruhen auf wenigen Daten und umfangreichen Hochrechnungen. Sie werden daher von Teilen der Forschung grundsätzlich abgelehnt. Dennoch können Schätzungen der vormodernen Bruttoinlandsprodukte Größenordnungen veranschaulichen und Vergleiche zwischen Regionen und über Epochen hinweg ermöglichen. Dies geschieht durch die Umrechnung der jeweiligen Währungen in ihre fiktive Kaufkraft in der Gegenwart, also in die Anzahl der Güter und Dienstleitungen, die mit einem bestimmten Betrag, etwa von spätmittelalterlichen Rheinischen Gulden, im Jahr 2018 gekauft werden könnte. Bei einer solchen Umrechnung spricht man von der Kaufkraftparität (KKP) oder im Englischen von der *Purchasing Power Parity* (PPP).

In historischen Arbeiten wird das BIP häufig in der Kaufkraft des Dollars in einem bestimmten Jahr wiedergegeben, häufig dem Jahr 1990. Zu diesem Zweck wird berechnet, welche Kaufkraft beispielweise ein Rheinischer Goldgulden des Jahres 1450 im Vergleich zur Kaufkraft eines Dollars im Jahr 1990 aufweist. Im 15. Jahrhundert konnte man sich für einen Goldgulden circa 240 Brote kaufen, heute kostet ein Laib Brot in den USA circa 2,50 Dollar. Damit hätte ein Rheinischer Goldgulden im Jahr 2020 eine Kaufkraft von circa 600 Dollar. Diese von Ökonomen konzipierte Verrechnungswährung wird Internationaler Dollar (Geary-Khamis-Dollar) genannt, jedoch wird die Umrechnung mittelalterlicher Preise in moderne Währungseinheiten von Wirtschaftshistorikerinnen und -historikern kritisch gesehen, weil unterschiedliche Warenkörbe miteinander verglichen werden. Im späten Mittelalter konnte man sich beispielsweise keinen Big Mac kaufen, dessen Preis herangezogen werden kann, um die Kaufkraft moderner Währungen zu vergleichen (Big-Mac-Index). Trotz dieser Bedenken ist der Vergleich aber ein anregender Versuch, mittelalterliche Lebensbedingungen einzuschätzen und in einen größeren Kontext zu stellen. In der folgenden Tabelle wird nicht der Internationale Dollar mit

Jahr	1000	1300	1500	1750	1870	1990	2018
Italien	2.000	3.000	2.800	2.800	2.700	21.000	53.000
England	1.000	1.500	2.200	3.400	6.200	20.000	43.000
China	2.500	2.000	2.200	1.500	1.200	22.000	47.600
Indien	-	-	-	1.100	1.100	2.600	6.500
Welt	-	-	-	900	1.150	9.400	16.000

Das durchschnittliche Jahreseinkommen pro Kopf in europäischen und anderen Ländern im Mittelalter und in der Neuzeit. Alle Angaben in US-Dollar (Kaufkraft 2018). Die Zahlen verdeutlichen den starken Anstieg des Realeinkommens ab der zweiten Hälfte des 19. Jahrhunderts sowie die unterschiedlichen Entwicklungen der Regionen.

der Kaufkraft von 1990 benutzt, sondern die Kaufkraft des Dollars von 2018 als Vergleichsbasis herangezogen. Zwischen 1990 und 2018 hat sich die Kaufkraft des Dollars aufgrund der Steigerung der Konsumgüterpreise etwa halbiert.

Die Zahlen in der Tabelle zeigen zum einen, dass das durchschnittliche BIP pro Kopf in Italien zwischen dem späten Mittelalter und dem 19. Jahrhundert nicht gewachsen ist. Eine ähnliche Stagnation der Einkommensentwicklung in der Frühen Neuzeit wurde auch für andere europäische Länder festgestellt. Für Frankreich wurde beispielsweise errechnet, dass die Realeinkommen von Bauern und Bauarbeitern von 1250 bis 1860 keine nennenswerte Steigerung aufweisen. Französische und italienische Bauern und Bauarbeiter konnten mit ihrem Einkommen im späten Mittelalter ebenso viele Waren und Dienstleistungen erwerben wie ihre Berufsgenossen 600 Jahre später. Geändert hat sich freilich der Warenkorb, der den Konsumenten zur Verfügung steht.

Verglichen mit der Frühen Neuzeit 1500–1800 war das Mittelalter eine wirtschaftliche Erfolgsgeschichte. Denn das mittelalterliche BIP startete zwar niedrig und entwickelte sich nur langsam, doch gegen Ende des 15. Jahrhunderts hatte es eine Position erreicht, die bis ins 19. Jahrhundert in vielen europäischen Regionen unverändert blieb und nur in England und den Niederlanden kontinuierlich weitergewachsen ist. Zu Beginn der Neuzeit hatte der europäische Nordwesten Italien als führende Wirtschaftsregion abgelöst. Diese Entwicklung wird als *Little Divergence* bezeichnet.

Daneben zeigen die Berechnungen, dass viele Europäer im späten Mittelalter ein ähnlich hohes Durchschnittseinkommen wie die Bewohner Indiens vor dreißig Jahren hatten. Noch heute lebt über eine Milliarde Menschen von 1,50 Dollar pro Tag, das macht circa 550 Dollar pro Jahr. Dies ist weniger als die Hälfte des Einkommens, das viele Europäer bereits am Ausgang des Mittelalters zur Verfügung hatten. Eine Schätzung zum byzantinischen Kaiserreich um das Jahr 1000 kam auf ein durchschnittliches Pro-Kopf-Einkommen mit einer Kaufkraft von circa 1200 Dollar (Branko Milanovic). Viele Bewohner Westeuropas, mit Ausnahme Italiens, hatten um das Jahr 1000 ein Einkommen mit weniger Kaufkraft als die Byzantiner. Spätestens seit der im 13. Jahrhundert erfolgten politischen Fragmentierung des byzantinischen Reichs veränderten sich die Verhältnisse und die Byzantiner verloren ihre wirtschaftliche Vormachtstellung. Die wenigen vorhandenen Daten zum Nahen Osten legen nahe, dass der durchschnittliche Wohlstand der Bevölkerung auch dort vom 8. bis zum 11. Jahrhundert höher als in Europa war. Im Kaiserreich China lag der materielle Wohlstand der Bevölkerung zwischen dem 10. und 13. Jahrhundert vermutlich ebenfalls über dem Niveau der Europäer. In den folgenden Jahrhunderten drehten sich die Verhältnisse um. Um 1500 übertraf der durchschnittliche Wohlstand einiger europäischer Regionen jenen der Bewohner Chinas und des Nahen Ostens. Der Unterschied vergrößerte sich bis ins 20. Jahrhundert hinein und geht erst seit einigen Jahrzehnten, zumindest im Vergleich zu China, wieder zurück (zur *Great Divergence*).

Bestätigt wird die Annahme eines relativ hohen mittelalterlichen Lebensstandards durch bioarchäologische Studien. Untersuchungen menschlicher Skelette haben für das Mittelalter ein mittleres Körpergewicht bei Männern von 71 kg und bei Frauen von 59 kg sowie einen mittleren Body-Mass-Index von 25,5 bzw. 24,5 errechnet. Heute liegt das durchschnittliche Körpergewicht von Männern und Frauen in Deutschland bei 85 bzw. 70 kg und der BMI bei 27,2 bzw. 26,5. Die Menschen sind also schwerer geworden, doch der BMI hat sich in den letzten 1000 Jahren nicht grundsätzlich verändert und die Bevölkerung war im Mittelalter offenbar nicht in großem Ausmaß unterernährt.

Daten zum Gesundheitszustand ergeben ein ähnliches Bild: Nach der Justinianischen Pest im 6. Jahrhundert hatten die Überlebenden in vielen Teilen Europas gute Lebensbedingungen, weil ihnen pro Kopf größere Mengen an Nahrungsmitteln zur Verfügung standen. Die körperliche Gesundheit der europäischen Bevölkerung verbesserte sich vom 6. Jahrhundert bis zum Beginn der Industrialisierung nur wenig. Die bioarchäologische Forschung belegt einerseits zwar eine geringfügige, regional divergierende Zunahme der Gesundheit und des materiellen Lebensstandards im Laufe der Zeit, zeigt aber auch, dass die mittelalterlichen Lebensbedingungen erst im 19. Jahrhundert deutlich und dauerhaft übertroffen wurden. Bis dahin wechselten Phasen besserer und schlechterer Lebensumstände. Erst ab dem 19. Jahrhundert verbesserten sich Ernährung und Gesundheitsversorgung nachhaltig, was sich unter anderem an den steigenden durchschnittlichen Körpergrößen belegen lässt – bei Männern von 167 cm im Jahr 1840 auf 177 cm im Jahr 1980. Vom Beginn des Mittelalters bis ins 19. Jahrhundert hatte sich die Körpergröße von Männern dagegen kaum verändert.

Andererseits war die mittelalterliche Bevölkerung unvorhersehbaren und kaum beherrschbaren Risiken ausgesetzt. Aufgrund der hohen Säuglings- und Kindersterblichkeit erreichte nur die Hälfte der Kinder das Erwachsenenalter. Wer die Kindheit überlebte, hatte allerdings gute Aussichten auf eine Lebensdauer von 40 bis 70 Jahren. Zahlreiche weitere Gefahren bedrohten die Menschen in allen Lebensphasen: Kriege, Missernten und Seuchen führten zu Verelendung und Massensterben. Allein der Pest fielen im 14. Jahrhundert zwischen einem Viertel und der Hälfte der europäischen Bevölkerung zum Opfer. In fast allen Jahrhunderten des Mittelalters und der Frühen Neuzeit kam es zu Hungersnöten. Die medizinische Versorgung war mangelhaft und kannte kaum wirksame Heilmittel gegen viele Krankheiten. Trotz eines relativ hohen Lebensstandards mussten die Menschen im Mittelalter existenzielle Herausforderungen meistern, die es seit dem 19. Jahrhundert in den reichen Industrieländern in dieser Form nicht mehr gibt.

Lebensstandard und Wirtschaftswachstum verlaufen nicht im Gleichschritt. Die Ursache dafür liegt im Zusammenhang von Wirtschaftswachstum und Bevölkerungsentwicklung, da sich der dritte Faktor, nämlich die Arbeitsproduktivität, im Mittelalter nur wenig veränderte. Während des frühen Mittelalters, in der Zeit zwischen 500 und 1000, nahmen Bevölkerung und Wirtschaft zunächst im Gleichschritt ab und später wieder zu. Der allgemeine Lebensstandard folgte dieser Entwicklung nach unten und dann wieder nach oben. Anders verlief dieser Prozess seit dem hohen Mittelalter. Zwischen 1000 und 1300 wuchs die Wirtschaft schneller als im frühen Mittelalter. Zugleich aber nahm die Bevölkerung in noch größerer Geschwindigkeit zu. Das BIP insgesamt wuchs; das BIP pro Kopf verringerte sich, da die linear wachsenden Ressourcen von einer exponentiell wachsenden Bevölkerung konsumiert wurden und dem Einzelnen daher weniger von allen erzeugten Gütern zur Verfügung stand. Von einem sinkenden Lebensstandard waren hauptsächlich jene Bevölkerungsgruppen betroffen, die nicht von den steigenden Getreidepreisen profitierten. Das späte Mittelalter nach der ersten Pestwelle von 1347 bis 1353 gilt dagegen als die goldene Zeit des Lohnhandwerks. Die starke Verringerung der Bevölkerung führte zu einem Niedergang der Getreidepreise und ließ die Reallöhne der nun begehrten Arbeitskräfte steigen. In Frankfurt fielen die Preise für Weizen und Roggen bis 1470 auf weniger als die Hälfte im Vergleich zum Niveau vor 1348. Da die Nominallöhne jedoch nicht sanken, konnten sich die Handwerker und Arbeiter mehr Getreide leisten als vor 1348. Dies hatte unter anderem Auswirkungen auf den Fleischkonsum, der im 15. Jahrhundert in Augsburg beispielsweise einen Pro-Kopf-Jahresdurchschnitt von 75 kg erreichte. Für andere Städte im Reich wurde ein durchschnittlicher Fleischkonsum von 50 kg errechnet. In der Expansionsphase des 16. Jahrhunderts wiederholte sich dagegen der Prozess des hohen Mittelalters. In Frankfurt stiegen die Getreidepreise zwischen 1470 und 1512 um 25 Prozent, weil die Bevölkerung wieder zunahm. Die Kaufkraft der Löhne begann wieder zu sinken. Während der Frühen Neuzeit verminderte sich entsprechend auch der jährliche Fleischkonsum in den deutschen Ländern auf circa 20 kg pro Kopf. Dieser Zusammenhang von Demografie und Wirtschaftswachstum wurde erstmals von Robert Malthus untersucht.

Lebensstandards in den drei sozialen Ständen

Die Berechnung von BIP und BIP pro Kopf führt zu abstrakten Zahlen, die die konkreten chronologischen, regionalen und schichtspezifischen Divergenzen der mittelalterlichen Lebensstandards eher verdecken als illustrieren. Seit dem 11. Jahrhundert teilten Kleriker und Gelehrte die Gesellschaft häufig in drei soziale Stände: die Kirche, die betet, der Adel, der kämpft und herrscht, und der Rest, der arbeitet. Diese dreifunktionale Ordnung ist mehr ein soziologisch-theologischer Diskurs als eine Abbildung der Wirklichkeit, dennoch entfaltete die Vorstellung einer funktional gegliederten Gesellschaftsordnung eine politische Wirkung bis zur Französischen Revolution. Im Folgenden wird daher zunächst von der nicht-adligen Mehrheit der Bevölkerung gesprochen und anschließend von Adel und Klerus, die durchschnittlich 3 bis 6 Prozent der Bevölkerung ausmachten. Dabei darf nicht vergessen werden, dass innerhalb der sozialen Stände und Berufsgruppen keine einheitlichen Lebensstandards herrschten. Die Unterschicht auf dem Land lebte in ähnlich prekären Bedingungen wie jene in der Stadt. Den schlecht bezahlten Hilfspriestern ging es nicht viel besser. Im Adel gab es Familien, die sich das vornehme Leben nicht mehr leisten konnten und in den Bauernstand abrutschten. Am anderen Ende der sozialen Skala stand eine adlige, kirchliche und bürgerliche Oberschicht, die in luxuriösen Verhältnissen lebte und sich durch demonstrativen Konsum von den unteren Schichten abgrenzte.

Die bäuerliche Welt, der im Mittelalter 80 bis 90 Prozent der Bevölkerung angehörten, war heterogen, ebenso wie jene der anderen sozialen Schichten. Nicht wenige bäuerliche Familien erwirtschafteten kaum mehr als das Existenzminimum und waren Unglücksfällen, Naturkatastrophen und anderen Krisen ausgeliefert. Jede Missernte konnte Hunger und Not bedeuten. Bauern und ihre Familien lebten aber zugleich in einer sozialen Welt, die sich gegen diese Gefahren zu schützen wusste. Im frühen Mittelalter waren es Grundherrschaft, Dorfgemeinschaft und Pfarre, die einen festen politischen, sozialen und kirchlichen Rahmen boten. In dieser Lebenswelt musste der Bauer seine Arbeitspflichten und Abgaben leisten, fand gleichzeitig aber Schutz, Zusammenhalt und Zerstreuung. Mit Dienstpersonal und Vieh lebte die bäuerliche Familie in einem Bauernhof, häufig alle gemeinsam unter einem Dach. Das Mobiliar beschränkte sich auf Tische, Bänke und Stühle. Wärmequellen wie Kamine, Beleuchtung und Belüftung waren miserabel. Geschlafen wurde auf einfachen Betten oder auf Stroh. Alle Familienmitglieder beteiligten sich an den Arbeiten in den Wein- und Gemüsegärten sowie auf den Wiesen und Äckern. Das bearbeitete Land gehörte in der Regel einem adligen oder kirchlichen Grundherrn, dem Abgaben und Frondienste geleistet werden mussten. Dennoch bildeten die Bauern keine einheitliche Schicht: Es gab freie, halbfreie und unfreie Bauern, Bauern mit viel Land und andere mit wenig. Manche hatten Zugang zu einem städtischen Markt, andere nicht. Diese unterschiedlichen Bedingungen führten dazu, dass einigen Bauern der soziale und wirtschaftliche Aufstieg gelang – entweder durch günstige Rahmenbedingungen, individuelle Tüchtigkeit, administrative Funktionen in der grundherrschaftlichen Verwaltung oder einer Kombination aus diesen und weiteren Faktoren.

Im Laufe des Mittelalters gewannen manche Bauern größere ökonomische Handlungsspielräume, verloren hingegen zugleich die Sicherheit und Stabilität grundherrschaftlicher Strukturen. Dies führte zu einer weiteren Diversifizierung des Bauernstandes. Bereits in den kirchlichen Grundherrschaften des 9. Jahrhunderts gab es große Unterschiede zwischen reichen und armen Bauern. Im späten Mittelalter setzte sich dieser Prozess fort. Einigen Bauern gelang es, Land, Vieh und Vermögen anzuhäufen, andere sanken in die unterbäuerliche Schicht ab, die weder Vermögen noch Land besaß. Für einen mittelgroßen Bauernhof in Gloucestershire im südwestlichen England hat Christopher Dyer für das Jahr 1299 folgendes Budget für eine bäuerliche Familie mit drei Kindern errechnet:

	Weizen	Gerste	Erbsen	Hafer	Summe
Anbaufläche (Hektar)	2,8	4	0,8	0,4	8
Ernte (Liter)	1629	5792	506	289	8216
Getreide für Nahrung (Liter)	362	579	0	109	1050
Getreide für Bierproduktion (Liter)		869			869
Abgabe für Mühle (Liter)	36	72			108
Rest (Liter)	434	2244	289	72	3039
Einnahmen aus Verkauf	9s.	33s. 7d.	2s. 8d.	8d.	45s. 11d.

Das Budget eines englischen Bauern in Gloucestershire im Jahr 1299. Währungseinheiten: Pfund/£ (Geldeinheit) = 20 shilling / s. = 240 pence / d. Die Aufstellung zeigt, dass der Bauer im Jahr 1299 einen ordentlichen Überschuss erwirtschaften konnte. Im Fall von Missernte oder Arbeitsausfall durch Krankheit konnte sich dieser Überschuss aber schnell in ein Defizit und eine existenzbedrohende Krise verwandeln.

Der Bauer aus Gloucestershire erntete 1299 auf seinen acht Hektar 8,2 Tonnen Getreide. Heute liegt der Ertrag in Deutschland bei 7,2 Tonnen pro Hektar, ist also um ein Vielfaches höher. Dennoch kam die Familie in normalen Jahren gut über die Runden. Zu den angeführten Erlösen aus dem Verkauf von Getreide kamen weitere Einnahmen aus der Viehzucht (Fleisch, Wolle, Eier) und aus dem Verkauf von Gartengemüse, sodass der Bauernhof durchschnittliche Jahreseinnahmen von insgesamt 79 Schillingen (3£ 19s.) erreichen konnte. Aus diesen Einnahmen mussten 28 Schillinge Grundrente für den Grundherrn sowie weitere Ausgaben für Werkzeug, importierte Lebensmittel wie Salz und Fisch sowie Lohn für Hilfsarbeiter getätigt werden. Übrig blieb der Bauernfamilie aus Gloucestershire möglicherweise ein Pfund, das für Kleidung und andere Gegenstände verwendet werden konnte. Das war nicht ganz wenig, bedenkt man, dass ein ungelernter Arbeiter in England um 1300 einen Jahreslohn von zwei Pfund erhielt. Die Lage änderte sich jedoch in dem Augenblick, in dem die Ernte schlecht ausfiel oder ein Familienmitglied krank wurde.

Die Pest des 14. Jahrhunderts veränderte die Lage des Bauernstandes in Europa erneut. Einerseits verschlechterte die spätmittelalterliche Agrarkrise den Lebensstandard vieler Bauern, da die Getreidepreise sanken und viele Familien ihre Höfe und Dörfer verlassen mussten. Andererseits passte sich die Landwirtschaft den veränderten Bedingungen an. Das Ergebnis war eine weitere Differenzierung der bäuerlichen Lebensformen. Für viele Bauern wurde die Marktanbindung wichtiger, da sie sich selbst auf besonders ertragreiche Getreide oder Früchte konzentrierten und andere Produkte auf dem Markt erwarben. Vor allem im östlichen Mitteleuropa entstanden adlige Gutsbetriebe, die mittels Frondiensten und hofeigenem Gesinde bewirtschaftet wurden. Die Bauern in dieser Gutsherrschaft waren persönlich unfrei und ökonomisch arm. Im westlichen Europa konnten Bauern dagegen einfacher als zuvor frei gewordenes Land erwerben und von den Grundherren gute Arbeits- und Abgabebedingungen einfordern. Im nordwestlichen Europa entstanden unternehmerisch geführte Agrarbetriebe, auf denen Großbauern oder Unternehmer freie Lohnarbeiter saisonal beschäftigten. Trotz persönlicher Freiheit ging es diesen Arbeitern vermutlich nicht viel besser als ihren Standesgenossen im östlichen Mitteuropa. Das bäuerliche Leben war am Ende des Mittelalters also äußerst heterogen – und dies sollte sich in den nächsten Jahrhunderten weiter verstärken.

Die unterschiedlichen Gruppen in der Stadt des hohen und späten Mittelalters bildeten zwar eine rechtliche Gemeinschaft und profitierten gemeinsam von den städtischen Bemühungen um eine verbesserte Lebensqualität (Pflasterung der Straßen, Brunnen, Abfallentsorgung), hatten ansonsten jedoch nicht viel gemein. Zur städtischen Bevölkerung gehörten steinreiche Unternehmer und einflussreiche Ratsfamilien, die gemeinsam einen adligen Lebensstil pflegten, daneben aber auch Tagelöhner und Bettler, die gerade so über die Runden kamen. Die Ungleichheit zeigte sich unter anderem in den ökonomischen Unterschieden, häufig durch die überlieferten Steuerleistungen veranschaulicht. Für Lübeck wurden im 15. Jahrhundert vier Steuerklassen ermittelt: Die Oberschicht umfasste 18 Prozent der Stadtbewohner und besaß ein Durchschnittsvermögen von 1000 Mark lübisch. Zur gehobenen Mittelschicht zählten 30 Prozent mit einem Durchschnittsvermögen von 461 Mark lübisch. Weitere 30 Prozent gehörten zur unteren Mittelschicht, deren Vermögen durchschnittlich 114 Mark lübisch betrug. Den Rest bildete die arme Unterschicht.

Steuergruppe	Anzahl der Bürger	Vermögen in rheinischen Gulden	Durchschnittliches Pro-Kopf-Vermögen
über 5000 Gulden	13 (= 1 %)	97.825 (= 28 %)	7525
über 1000 Gulden	49 (= 5 %)	109.877 (= 31 %)	2242
über 500 Gulden	65 (= 6 %)	45.067 (= 16 %)	693
über 100 Gulden	301 (= 29 %)	75.652 (= 22 %)	251
bis 100 Gulden	612 (= 59 %)	22.346 (= 6 %)	36
Summe	1040 (100 %)	350.767 (100 %)	

Die Steuerklassen in Schwäbisch Hall im Jahr 1460. Die Tabelle macht die großen ökonomischen Unterschiede in der Stadt deutlich. Die reichsten 6 Prozent der Bürger besaßen 59 Prozent des Gesamtvermögens, die reichsten 12 Prozent sogar 75 Prozent. Die Vermögensverteilung unterscheidet sich nicht wesentlich von modernen Verhältnissen. In Deutschland besitzen derzeit die reichsten 10 Prozent circa 60 Prozent des Vermögens. In Städten ist die Vermögensungleichheit in der Regel höher als in Flächenstaaten. Da die Einteilung des mittelalterlichen Bürgertums in Vermögens- und Steuerklassen eine moderne Abstraktion darstellt, bleiben diese Schichtungsmodelle und der Vergleich mit anderen Städten spekulativ. Sie geben aber die vorhandenen Tendenzen sozialer Ungleichheit auf anschauliche Weise wieder.

Die reiche Oberschicht des Stadtadels, der Ratsbürger und Kaufleute pflegte einen gehobenen Lebensstil, während die Unterschicht des Dienstpersonals, der Tagelöhner sowie der Bettler und Randgruppen in bescheidenen bis prekären Umständen lebte. Ein Drittel bis zur Hälfte der Bevölkerung gehörte in vielen großen Städten des späten Mittelalters zu der von Armut betroffenen oder gefährdeten Unterschicht. Die soziale Schichtung zeigte sich auf den ersten Blick anhand der Kleidung, die im Rahmen von Kleiderordnungen für jede soziale Gruppe festgelegt wurde. Die Oberschicht trug wertvolle Samt- und Seidenstoffe, elegant geschnitten, mit Edelsteinen und Pelzen verziert, während sich die unteren Schichten mit einfachen Schnitten und Wollstoffen zufriedengeben mussten. Mithilfe der Kleiderordnungen und anderer Regelungen versuchten die städtischen Regierungen, die soziale Ordnung sichtbar und unveränderbar zu machen. Sie taten dies wohl unter anderem deshalb, weil die spätmittelalterliche Gesellschaft starken ökonomischen und sozialen Wandlungsprozessen ausgesetzt war, welche die Grenzen zwischen den sozialen Gruppen relativierte. Die Regierung der Stadt Bologna verfügte beispielsweise im Jahr 1453 (*La legislazione suntuaria secoli XIII-XVI. Emilia-Romagna*):

> »Die Braut, Ehefrau oder Tochter eines Adeligen darf lediglich ein karmesinrotes (aus der Färberschildlaus gefärbtes) Kleid sowie ein weiteres aus einem andersfarbigen Samt sowie einen Umhang aus karmesinrotem Samt oder rotem Tuch besitzen und tragen. Zudem ist ihr ein weiteres Kleid aus rotem Tuch erlaubt. Von diesen Kleidern sollen nur zwei offene geschlitzte Ärmel besitzen, nämlich das karmesinrote und ein anderes ihrer Wahl. Die Kleider dürfen nicht mit Zobel- oder Hermelinpelz gefüttert sein. Zudem dürfen sie keine Schleppe aufweisen, die länger als zwei Drittel einer Armlänge sind. Die genannten Frauen dürfen zudem karmesinrote Ärmel und eine Jacke aus Seide besitzen. Jacken aus Wolle mit geschlossenen Ärmeln dürfen sie besitzen, so viele sie wollen. Sie dürfen zudem ein Band (*cogliellum*) auf der Vorderseite und auf der Brust tragen, sechs Ringe und sechs Broschen (*verghetas*) besitzen, sowie eine Halskette aus Korallen, zudem Kopftücher aus Stoffen ihrer Wahl, solange sie keine Perlen und Edelsteine aufweisen. Und sie sollen keinerlei Perlen im Haar tragen, dafür aber Tücher nach ihrem Geschmack, nicht jedoch aus Perlen.«

Von großer Pracht waren die Häuser, in denen die städtische Oberschicht des hohen und späten Mittelalters lebte. Teilweise prägen die mehrstöckigen bürgerlichen Residenzen noch heute das Stadtbild der europäischen Stadtzentren. Aufwändig war nicht nur ihre Architektur, sondern auch die Ausstattung mit Bodenfliesen, Dachziegeln, Kaminen, Gewölbekellern sowie Wand- und Deckenbemalung. Mit kostbaren Möbeln, Bildern und Tischgerät aus Silber sowie exotischen Gegenständen wie Straußeneiern schmückte die städtische Elite ihre Wohnräume und Festsäle, um Gästen den eigenen Status vor Augen zu führen. Eigene Wasserleitungen und Abortanlagen sorgten zusätzlich für den sanitären Komfort. Auf eine solche vornehme Art lebte nur eine kleine Oberschicht von circa 5 Prozent der Stadtbewohner. An ihrer Spitze, sozusagen als mittelalterliches »ein Prozent«, standen die superreichen Kaufleute und Bankiers, die im späten Mittelalter im Waren- und im Kreditgeschäft engagiert waren und dabei insbesondere den Königen und Fürsten große Summe liehen. Der berühmteste Vertreter dieser »neuen Kapitalistenklasse« (Henri Pirenne) war Jacques Cœur (1395–1456), der als Kaufmann und Leiter der französischen Staatsfinanzen zum reichsten Mann Frankreichs aufstieg.

Die sozialen Unterschiede und Hierarchien unterschieden sich von Stadt zu Stadt und waren von der jeweiligen politischen Struktur und wirtschaftlichen Prosperität abhängig. Ein großer Teil der Stadtbewohner zählte zur Mittelschicht, die häufig in handwerklichen Berufen tätig und ebenfalls durch große Vermögens- und Einkommensunterschiede gekennzeichnet war. Es gab traditionell gut situierte Zünfte wie die Goldschmiede, Kürschner, Tuchverkäufer und Lebensmittelhändler und Zünfte mit schlechteren Erwerbschancen wie die Tischler, Leinenweber und Bader. Die Rangabstufungen zwischen den Zünften führten zu Spannungen und drückten sich in einer unterschiedlich erfolgreichen Mitwirkung an der politischen Macht in der Stadt aus. Auch innerhalb der Zünfte existierten große Unterschiede zwischen reichen und armen Händlern und Handwerkern. Grundsätzlich besaßen die kaufmännischen Gewerbe ein höheres Ansehen und waren wirtschaftlich meist einträglicher als die handwerklichen Berufe. Daneben variierten die Verhältnisse von Stadt zu Stadt und waren von der individuellen Ausgangslage und persönlichen Tüchtigkeit abhängig.

Um den Lebensstandard der unteren Mittelschicht zu beschreiben, wird häufig die Berufsgruppe der Bauhandwerker untersucht. Das liegt vor allem daran, dass die Bauhandwerker seit dem 14. Jahrhundert einen täglichen oder wöchentlichen Lohn erhielten und diese Löhne in den Rechnungsbüchern der Städte und Klöster überliefert sind. Zur Einschätzung des Lebensstandards der Bauhandwerker muss errechnet werden, wie viel ihr Nominallohn wert war, also wie viel sie sich davon kaufen konnten (Reallohn). Im Gegensatz zum Reallohn lässt der Nominallohn keinen direkten Rückschluss auf die Kaufkraft des Einkommens zu. Steigen die Preise und bleibt der Nominallohn gleich, so erleidet der Arbeitnehmer einen Verlust seiner Kaufkraft. Er kann sich für sein unverändertes Einkommen weniger Güter- und Leistungsmengen kaufen. Steigen die Preise der Konsumgüter beispielsweise um 5 Prozent, während die (Nominal-)Löhne unverändert bleiben, so sinkt die Kaufkraft des Arbeitnehmers und damit sein Reallohn um 5 Prozent. Um die Kaufkraft eines Arbeiters zu einzuschätzen, ist es daher notwendig, die Preise der Güter zu kennen, die er konsumiert. Die Ernährung nimmt dabei den größten Anteil ein. Bei der Nahrung sind es vor allem Getreideprodukte, die als Brei, Suppen und überwiegend als Brot die spätmittelalterliche Ernährung bestimmten.

Seit der ersten Hälfte des 20. Jahrhunderts hat die wirtschaftshistorische Forschung Preis- und Lohnreihen für verschiedene europäische Städte und Regionen erstellt und auf dieser Grundlage versucht, Einkommensverhältnisse und Lebenshaltungskosten zu errechnen. Die beste und umfassendste deutschsprachige Darstellung stammt von Ulf Dirlmeier. Zur Illustration sollen im Folgenden neue Forschungsergebnisse zu den Wiener Bauhandwerkern im 15. Jahrhundert dienen. Wie in anderen Städten veränderten sich deren Nominallöhne im Verlauf des 15. Jahrhunderts kaum. Man spricht von *sticky wages.* So erhielten Maurer und Tischler in der Stadt Wien in den Jahrzehnten bis circa 1445 pro Tag 20 Pfennige, in den Jahrzehnten danach waren es 24 Pfennige. Bei angenommenen 250 Arbeitstagen pro Jahr ergibt dies ein Jahreseinkommen von 5000 bzw. 6000 Pfennigen, das entspricht circa 20 bis 25 Rheinischen Gulden. Im Vergleich dazu verdiente ein einfacher Tagwerker, der Hilfsarbeiten verrichtete, zunächst 13 Pfennige pro Tag und ab circa 1445 16 Pfennige (Jahreslohn 3250 bzw. 4000 Pfennige). Den Lohnunterschied zwischen einem qualifizierten und einem unqualifizierten Arbeiter, der in diesem Fall circa 33 Prozent ausmacht, bezeichnet man als *skill premium.* In vielen Teilen Europas gingen die Lohnunterschiede zwischen gelernter und ungelernter Arbeit im späten Mittelalter zurück, was von Teilen der Forschung als ein durch die Zünfte erwirkter Wohlfahrtseffekt für die unteren Schichten von Lohnempfängern gedeutet wurde. Berechnungen des Jahreslohns haben nur eine eingeschränkte Aussagekraft, da die Dauerbeschäftigung von Arbeitnehmern zwar in eigenen Fällen nachgewiesen werden kann, vermutlich aber nicht der Normalfall gewesen ist. Insbesondere in den Wintermonaten ist mit Unterbeschäftigung zu rechnen.

Zur Veranschaulichung der Einkommensunterschiede zwischen verschiedenen städtischen Berufsgruppen werden in der folgenden Tabelle die Löhne der Wiener Handwerker einigen anderen Berufsgruppen gegenübergestellt, deren Jahreseinkommen Ulf Dirlmeier für das 15. Jahrhundert ermittelt hat:

Berufsgruppen	Jahreslohn in Rhein. Goldgulden (fl rh) im 15. Jh.	Moderne Gehälter zum Vergleich
Knechte und Mägde	3-6 (plus Verpflegung und Unterkunft)	20.000
ungelernter Tagelöhner	13-17	22.000
Steinmetzgeselle	17	22.000
Priester mit Pfarrkirche	25-50	28.000
Handwerksmeister	30-50	28.000
Söldner	50	70.000
städtischer Beamter (in gehobenem Dienst)	80-100	60.000

Einkommensunterschiede zwischen Berufsgruppen im 15. Jahrhundert im Vergleich zum geschätzten Nettoeinkommen von vergleichbaren Berufsgruppen im Jahr 2020. Dabei wird deutlich, dass – abgesehen vom Dienst in einer privaten Söldnerarmee – die Einkommensunterschiede heute ähnlich strukturiert sind wie vor 600 Jahren. Freilich beruht die Berechnung auf einer dauerhaften Beschäftigung über das gesamte Jahr und dies war im Mittelalter zumindest bei den Tagelöhnern häufig nicht der Fall.

Wie gut oder schlecht man mit dem Einkommen eines Wiener Handwerkers oder Arbeiters leben konnte, wird damit nicht beantwortet. Hierfür ist es nötig, neben den Löhnen auch die Preise lebensnotwendiger Güter und Ausgaben zu kennen. Häufig wird zu diesem Zweck eine Umrechnung in Getreidepreise durchgeführt. Eine andere Methode ist die Verwendung eines Warenkorbs, also einer repräsentativen Zusammenstellung durchschnittlicher Güter und Dienstleistungen, die eine Person oder ein Haushalt innerhalb eines Jahres erwirbt. Die Annäherung an den Lebensstandard eines Lohnempfängers mithilfe des Warenkorbs ist allerdings nicht einfach: Die Preise schwankten im Mittelalter stark, weil gute und schlechte Ernten einen großen Einfluss auf die Preise hatten. Dies erhöhte oder verminderte die Kaufkraft der Lohnempfänger innerhalb von Monaten. Im Jahr 1449 gab es beispielsweise in Österreich eine schlechte Ernte und die Kaufkraft der Löhne in Wien sank abrupt um 10 Prozent. Im Gegensatz zum modernen Arbeitnehmer war der mittelalterliche Handwerker durch keine öffentlichen Sozialkassen abgesichert. Arbeitsausfälle durch Krankheit musste er selbst kompensieren oder war auf die Unterstützung durch die Familie oder die Zunft angewiesen. Eine weitere Schwierigkeit bilden schwer quantifizierbare Lohnzusätze in Form von Verköstigung oder Unterkunft.

Ausgabeposten	Preis pro Einheit	Menge und Preis für eine Person	Menge und Preis für Haushalt	Anteil an Ausgaben
Getreide und Brot	0,54 d./kg	108,6 d./200 kg	326 d./600 kg	12 %
Fleisch	2,06 d./kg	102,8 d./50 kg	309 d./150 kg	11 %
andere Nahrungsmittel	6,38 d./kg	191,3 d./30 kg	574 d./90 kg	20 %
Wein und Getränke	2,03 d./l	304,1 d./150 l	912 d./450 l	32 %
Kleidung		141,3 d.	424 d.	15 %
Wohnen / Miete und Energie		94,3 d.	283 d.	10 %
Summe		942,3 d.	2.827 d.	100 %

Ein Warenkorb mit lebensnotwendigen Gütern und Ausgaben für eine Einzelperson und einen Haushalt (zwei Erwachsene und zwei Kinder) in Wien um 1450. Berechnet werden die Ausgaben für die wichtigsten Ausgabeposten und deren Anteil an den Gesamtausgaben. Die Berechnung erfolgt in Wiener Pfennigen (d.). Im Gegensatz zur Gegenwart machten hier Nahrungsmittel den größten Teil der Ausgaben aus.

Der Warenkorb in dieser Tabelle umfasst jene Güter, die eine Person oder ein Haushalt von zwei Erwachsenen und zwei Kindern erwarb, um die Grundbedürfnisse zu sichern. Die Berechnung zeigt, dass eine Einzelperson 943 Pfennige, etwas weniger als vier Pfund, verdienen musste, um die Grundbedürfnisse abdecken zu können. Für einen Haushalt mit zwei Kindern war dafür ein circa dreimal so hohes Einkommen von 2827 Pfennige nötig, also beinahe zwölf Pfund. Ein solcher Warenkorb der Grundbedürfnisse steht für die materielle Existenzgrundlage, die als Subsistenzniveau bezeichnet wird. Mit vier Pfund kam eine Einzelperson in Wien in der Mitte des 15. Jahrhunderts also gerade mal so über die Runden, ohne sich etwas zur Seite legen zu können. Der Warenkorb belegt zudem die Ausgabenschwerpunkte. Wer nur knapp über der Subsistenzgrenze lebte, gab drei Viertel seiner Einkünfte für Nahrungsmittel aus, für Bekleidung dagegen 15 Prozent und 10 Prozent für Wohnen. Heute sind es dagegen durchschnittlich 35 Prozent für das Wohnen, 4 Prozent für Be-

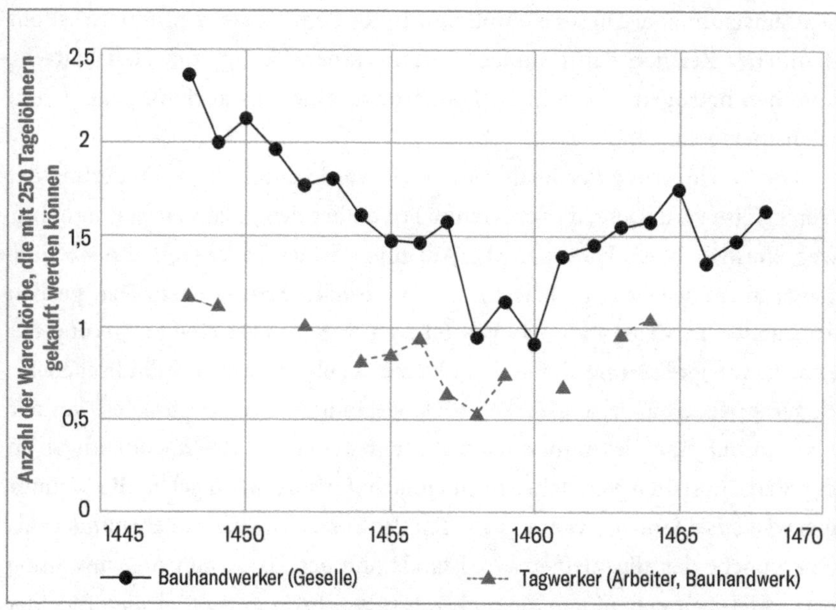

Kaufkraftentwicklung in Wien, 1448–1468. Die Grafik zeigt die Entwicklung des Reallohns in der Stadt Wien in der Mitte des 15. Jahrhunderts bei Bauhandwerkern (Gesellen) und Tagwerkern. Auffällig sind die starken Schwankungen des Realeinkommens. Arbeitnehmer im späten Mittelalter mussten mit jährlichen Veränderungen der Kaufkraft ihres Einkommens rechnen.

kleidung und 14 Prozent für Ernährung. Allerdings muss eine Person, die an der Armutsgrenze lebt, heute ebenfalls einen beträchtlichen Teil des Einkommens für Nahrungsmittel aufwenden.

Um 1447 konnte ein Geselle im Bauhandwerk beinahe zweieinhalb Warenkörbe mit seinem Jahreslohn erwerben. Es war ihm also möglich, eine dreiköpfige Familie zu ernähren. Ein Hilfsarbeiter konnte dies nicht, weil er kaum mehr als das Existenzminimum verdiente. Ab der Mitte der 1440er-Jahre kam es zu einem Rückgang der Kaufkraft sowohl für die Gesellen des Bauhandwerks (Maurer und Zimmerer) als auch für die Tagwerker, die für Hilfsarbeiten am Bau eingestellt wurden. Die Jahre vor 1460 waren besonders schwierig: Der Gesellenlohn reichte nur noch für das Lebensnotwendige für eine Person. Die Tagwerker konnten mit ihrem Lohn allein nicht überleben und waren auf zusätzliche Einkommensquellen angewiesen oder mussten sich einschränken. Dieses Lohnniveau unter dem Existenzminimum ist ein deutliches Zeichen dafür, dass Ehepartnerinnen häufig zum Haushaltseinkommen betrugen – sowohl als Lohnarbeiterinnen als auch als Mägde und Dienstpersonal.

Die Verringerung der Realeinkommen wurde durch die Veränderung der Güterpreise verursacht, da der Nominallohn über den gesamten Zeitraum hinweg konstant blieb. Dieses rasche Auf und Ab der Lebensverhältnisse führte vor allem seit dem 14. Jahrhundert zu sozialen Spannungen. Den großen Aufständen in vielen europäischen Städten waren meist eine Steigerung der Lebensmittelpreise und dadurch sinkende Reallöhne der aufständischen Berufsgruppen vorangegangen. Diese Unbeständigkeit der regionalen Verhältnisse macht eine Gesamtbeurteilung der materiellen Lebensbedingungen in der Stadt im späten Mittelalter nicht einfach. Entsprechend gehen die Meinungen weit auseinander: Während ein Teil der Forschung das 15. Jahrhundert als eine Epoche des allgemeinen Wohlstands und der luxuriösen Ausschweifung betrachtet, betonen andere die prekären Lebensbedingungen großer Teile der städtischen Bevölkerung. Die Tatsache, dass 25 bis 40 Prozent der Bewohner und Bewohnerinnen süddeutscher Städte im 15. Jahrhundert nicht in der Lage war, Getreidevorräte anzuschaffen, zeigt jedenfalls, dass große Teile der Bevölkerung über keine Möglichkeit verfügten, Ersparnisse zu erwirtschaften und Vorräte anzulegen.

Die Lohnarbeiter des Wollgewerbes in Aachen richteten 1477 eine Beschwerde an den Rat:

> »Wir müssen sehr schwere Arbeit leisten und der Lohn ist so klein, dass wir uns keinen Hausrat leisten können. Deshalb, liebe Herren des Rats, haben wir unsere Arbeit niedergelegt und begehren, dass unser Lohn erhöht werde, damit wir uns davon ernähren können.«

Dem Streik war eine Erhöhung der Bier- und Brotpreise vorausgegangen, sodass die Gesellen meinten, sie könnten allenfalls Lebensmittel, keinesfalls aber Hausrat kaufen.

Die städtische Unterschicht umfasste im 15. Jahrhundert zwischen 25 und 40 Prozent der städtischen Einwohner. Ihre materiellen Lebensbedingungen waren unterschiedlich, manche lebten in Armut, andere waren von ihr bedroht. Gemeinsam war ihnen, dass sie keine Vorräte für künftige Krisen und Notfälle anlegen konnten. Dies galt für viele Tagelöhner, Knechte und Mägde, die häufig in den Haushalten ihrer Arbeitgeber lebten und hier mitversorgt wurden. Am Rande der Gesellschaft und unter prekären Verhältnissen lebten Minderheiten (Juden) und Randgruppen (Bettler, Sklaven, Prostituierte) und wohl ein Teil jener Tagelöhner, die lediglich gelegentlich eine bezahlte Arbeit fanden. Während im westlichen Europa nördlich der Alpen die Sklaverei bereits im frühen Mittelalter der bäuerlichen Hörigkeit gewichen war und im späten Mittelalter mit dem Begriff der Leibeigenschaft vorrangig eine finanzielle Verpflichtung gemeint war, existierte die Sklaverei im engeren Sinn am östlichen und südlichen Rand Europas weiter. In den mediterranen Seehandelsstädten Venedig, Genua und Valencia blühte im späten Mittelalter ein reger Handel mit Sklaven und Sklavinnen, die in ihrer Mehrzahl in Haushalten im christlichen und muslimischen Mittelmeerraum beschäftigt wurden (*domestic slavery*).

Am anderen Ende der sozialen Skala war der Lebensstandard des Adels ebenso wenig homogen. Die adligen Wohnformen machen diese Unterschiede deutlich. Vor dem 9. Jahrhundert residierte der Adel, wenn er nicht mit seinem Gefolge unterwegs war, in einfachen Höfen in der Nähe der grundherrschaftlichen Siedlungen. Seit dem 9. Jahrhundert baute der Adel wehrhafte Burgen, zunächst Gebäude aus Holz, die auf künstlich angelegten Erdhügeln errichtet wurden (Motte). Ab dem 10. Jahrhundert entstanden massive Burganlagen, die abseits der Dörfer auf Hügeln und Bergen lagen und zum Herrschaftszentrum und Statussymbol des Adels wurden. Vornehmlich seit dem 12. Jahrhundert wurden die großen mittelalterlichen Burgen mit Kapelle, Turm (Bergfried), mächtigen Mauern, Festsaal (Palas) und beheizbaren Wohnräumen errichtet. Doch auch in dieser Zeit konnten sich nur die wohlhabenden Fürsten große repräsentative Anlagen leisten. Viele Burgen blieben enge, schlecht beleuchtete und kaum beheizte Wohnanlagen. So schrieb Ulrich von Hutten über das Leben in einer Burg, 1518:

»Die Burg selbst, ob sie auf dem Berg oder in der Ebene liegt, ist nicht als angenehmer Aufenthalt, sondern als Festung gebaut. Sie ist von Mauern und Gräben umgeben, innen ist sie eng und durch Stallungen für Vieh und Pferde

> zusammengedrängt. Daneben liegen dunkle Kammern, vollgepfropft mit Geschützen, Pech, Schwefel und sonstigem Zubehör für Waffen und Kriegsgerät. Überall stinkt es nach Schießpulver; und dann die Hunde und ihr Dreck, auch das – ich muss es schon sagen – ein lieblicher Duft! Reiter kommen und gehen, darunter Räuber, Diebe und Wegelagerer. Denn fast für alle stehen unsere Häuser offen, weil wir nicht wissen, was das für Leute sind, oder uns nicht groß danach erkundigen. Man hört das Blöken der Schafe, das Brüllen der Rinder, das Bellen der Hunde, das Rufen der auf dem Feld Arbeitenden, das Knarren und Rattern der Fuhrwerke und Karren; ja sogar das Heulen der Wölfe hört man in unserem Haus, weil es nahe am Wald liegt.«

Um ein adliges Leben zu führen, war ein gewisser Wohlstand notwendig. Seit dem 8. Jahrhundert gehörte es zur vornehmsten Pflicht des Adels, als gepanzerte Reiter im Heer des Königs in den Krieg zu ziehen. Ausrüstung und Schlachtross hatten zu dieser Zeit einen Wert von 45 Kühen oder 15 Stuten. Im 11. Jahrhundert kostete allein das Pferd des Ritters so viel wie fünf bis zehn Ochsen. Sein Geld steckte der Adel in die teure Kriegsausrüstung, weil man sich von den kriegerischen Aktivitäten zusätzliche Einnahmen durch Beute oder Eroberungen versprach. Im späten Mittelalter verlagerten sich die Ausgaben des Adels auf die Bezahlung von Söldnern und eine standesgemäße Hofhaltung. Wenn eine adlige Herrschaft dauerhaft nicht genügend Einkünfte abwarf, drohte der Familie der soziale Abstieg. Um sich aus wirtschaftlichen Notlagen zu befreien, griffen Adlige im späten Mittelalter zu unterschiedlichen Mitteln, die von unternehmerischen Innovationen in der Grundherrschaft und kommerziellen Unternehmungen bis zu räuberischen Aktivitäten reichten (Raubritter).

Das Gravitationszentrum adligen Lebens bildete der Hof als die Gesamtheit der Personen, die einen Adligen und seine Familie unmittelbar und ständig umgaben. Der Hof war das herrschaftliche und kulturelle Zentrum eines Landes und der Ort, an dem adlige Lebensführung zelebriert wurde. Idealisiert wurde das adlige Leben in der höfischen Literatur, die den Helden Abenteuer bestehen und die Liebe einer schönen Frau gewinnen ließ. Am Hof wurden adlige Lebensführung und Lebensstandard geübt und zur Schau gestellt. Für die höfische Gesellschaft schrieben die Gelehrten die ersten Traktate über Tischsitten und Benimmlehren. Prachtentfaltung und höfisches Leben erregten aber auch Kritik. Der Hof sei ein »Totenreich auf Erden« und gleiche dem stürmischen Meer, schrieb der Hofkaplan Giraldus Cambrensis um 1200: Hier könne der Fromme und Gebildete nur Schiffbruch erleiden, denn die Gier nach Macht, Einfluss und Geld ziehe alle Höflinge unweigerlich in den Untergang.

Große ökonomische Unterschiede kennzeichneten auch den kirchlichen Stand. Gemeinsam war Mönchen, Nonnen und Klerikern, dass sie sich durch ihre Lebensformen und äußere Zeichen wie die Kleidung oder die Tonsur von den Laien unterschieden. Trotz der äußerlichen Einheitlichkeit spiegelte die Kirche die Vielfalt der weltlichen Gesellschaft wider: An der Spitze der kirchlichen Hierarchie standen der Papst, das Kardinalskollegium, Bischöfe und Äbte, die zumeist aus der adligen Oberschicht kamen und ein ebenso vornehmes Leben wie die weltliche Elite führten. Auch die weiblichen und männlichen Mitglieder der Klöster, Stifte und Domkapitel stammten in der Regel aus adligen Familien. Die lebenslange Versorgung im Kloster stand nämlich in der Regel nur Personen offen, die sich durch eine Aufnahmeschenkung in die Klostergemeinschaft »einkaufen« konnten.

Eine angesehene Position bekleidete ein Pfarrer mit eigener Pfarrkirche. Entsprechend lag die durchschnittliche Jahresbesoldung von Pfarrern im 15. Jahrhundert zwischen 25 und 50 rheinischen Gulden, das entsprach dem Einkommen eines Haushalts der unteren Mittelschicht. Allerdings besaßen manche Pfarrer weit höhere Einkünfte aus mehreren Kirchenpfründen. Am unteren Ende der klerikalen Hierarchie standen Geistliche kleinbürgerlicher oder bäuerlicher Herkunft, die als Hilfspriester (Vikare) für die Seelsorge an einer Pfarrkirche zuständig waren. Die damit verbundenen Einkünfte waren häufig kümmerlich und lagen kaum über dem Existenzminimum. Manchem Kleriker blieb eine Anstellung mit festen Einkünften gänzlich verwehrt, sodass er wieder in den Laienstand zurückkehren musste, um sein Überleben zu sichern.

Soziale Ungleichheit und soziale Mobilität

Soziale Ungleichheit bezeichnet die ungleiche Verteilung von Einkommen, Vermögen und anderen Ressourcen in einer Gesellschaft. Aus der ungleichen Verteilung ergeben sich nicht nur verschiedene Lebensstile und Partizipationsmöglichkeiten, sondern auch Konfliktpotenzial, wenn soziale Unterschiede als zu groß und ungerecht wahrgenommen werden. Unsere Gegenwart ist von einer beträchtlichen Ungleichheit gekennzeichnet: Ein Prozent der Weltbevölkerung besitzt 45 Prozent des weltweiten Reichtums. Die ärmere Hälfte der Menschheit verfügt über keinerlei eigenes Vermögen. Männern geht es durchschnittlich besser als Frauen. Sie besitzen 50 Prozent mehr Vermögen als Frauen, die etwa 20 Prozent weniger verdienen und häufiger von Armut betroffen sind. Während die Ungleichheit innerhalb der westlichen Gesellschaften nach dem Zweiten Weltkrieg bis circa 1980 zurückging, nimmt sie seit dieser Zeit wieder zu. Wie sahen im Vergleich dazu die Verhältnisse im Mittelalter aus?

Schon damals waren ökonomisches, soziales und kulturelles Kapital ungleich verteilt. Besonders groß war die Ungleichheit in Europas Großstädten zwischen 1200 und 1350. Dies war eine Zeit des raschen wirtschaftlichen und demografischen Wachstums, von dem vorrangig die reiche Oberschicht profitierte, Lohnempfänger und Handwerker ohne Vermögen (»Habnithandwerker«) hingegen durch die steigenden Getreidepreise an Realeinkommen verloren. In Paris, London und Florenz, den größten Gewerbe- und Handelsstädten der damaligen Zeit, war die Ungleichheit besonders ausgeprägt. Es gab wenige sehr reiche und eine große Masse von sehr armen Bürgern. Für diese europäischen Metropolen wurde ein Gini-Koeffizient von Vermögen und Einkommen von circa 0,7–0,8 errechnet. Der Gini-Koeffizient von 0,7 entspricht einer Ungleichheit, wie sie heute in Ländern Lateinamerikas und Afrikas zu finden ist. Ähnliche Verhältnisse herrschten in Fernhandelsstädten des 15. Jahrhunderts.

Der Gini-Koeffizient misst die Vermögens- oder Einkommensverteilung in einer Gesellschaft. Bei einem Koeffizienten von Null besitzen alle Bürger gleich viel Vermögen oder Einkommen, bei einem Wert von Eins besitzt eine Person das gesamte Vermögen oder Einkommen. Je höher der Gini-Koeffizient, desto ungleicher die Verteilung. Vermögen ist immer stärker konzentriert und ungleicher verteilt als Einkommen. Der Gini-Koeffizient für die Einkommens- und Vermögensverteilung in den OECD-Ländern liegt derzeit bei 0,31 (Einkommen) bzw. 0,66 (Vermögen), dagegen für Südafrika, einem Land mit besonders großer Ungleichheit, bei 0,57 bzw. 0,86.

In Augsburg bezahlten im Jahr 1475 zwei Drittel der Bevölkerung gar keine Steuer auf Vermögen und ein weiteres Viertel lebte in bescheidenen Verhältnissen knapp über der Armutsgrenze. Ihnen stand eine kleine reiche Oberschicht gegenüber, in deren Händen sich Vermögen und Einkommen konzentrierten.

In den Jahrzehnten nach 1348 verringerte sich die soziale Ungleichheit in den Städten durch den von der Pest verursachten Bevölkerungsrückgang, erreichte aber gegen 1500 wieder den Stand von 1300. Dabei muss berücksichtigt werden, dass hier Vermögen und Einkommen gemeinsam erfasst werden, sich deren Verteilung jedoch unterscheidet. Das Vermögen ist in allen Epochen auf einen Teil der Gesellschaft konzentriert, während alle erwachsenen Personen über ein Einkommen verfügen, selbst wenn es aus Arbeitslosengeld oder anderen Transferleistungen besteht. In Deutschland hat die Verteilung von Einkommen in der Gegenwart einen Gini-Wert von 0,31, von Vermögen dagegen 0,77. An der starken sozialen Polarisierung änderte sich in den europäischen Großstädten übrigens zwischen Mittelalter und 19. Jahrhundert wenig. Die Jahrzehnte vor dem ersten Weltkrieg bildeten sogar den bisherigen Höhepunkt sozialer Ungleichheit in Europa. In Paris besaß damals das reichste ein Prozent der Bürger 67 Prozent des Vermögens, während es 1780 noch 55 gewesen waren, heute sind es global betrachtet circa 45 Prozent.

In den mittelalterlichen Großstädten lebte nur etwa ein Prozent der europäischen Bevölkerung, der Rest verteilte sich auf kleinere Städte, Dörfer und ländliche Streusiedlungen. Hier war die soziale Differenzierung weniger stark ausgeprägt, weil die Schicht der superreichen Unternehmer fehlte. Zwar war auch diese Gesellschaft hierarchisch differenziert und reichte vom Landadel bis zu mittellosen Tagelöhnern und Bettlern. Die Gegensätze waren jedoch weniger stark ausgeprägt als in den großen Städten. Der Gini-Index für die Vermögensverteilung im mittelalterlichen Europa liegt daher insgesamt unter den zitierten Großstadt-Werten von 0,7. Für das ländliche Deutschland wurde für die Jahre 1350 und 1500 ein Wert von 0,56 errechnet. Für 1450 lag der Wert bei 0,52. Im ländlichen Raum zeigte sich also ebenfalls eine Nivellierung durch die Pest und ein Wiederanstieg der Ungleichheit am Ende des 15. Jahrhunderts.

In epochenübergreifenden Studien zur Geschichte der Ungleichheit wird davon ausgegangen, dass soziale Unterschiede mit dem wirtschaftlichen und technischen Fortschritt einer Gesellschaft zunehmen. Sicherlich gab es bereits in der Steinzeit Statusunterschiede innerhalb der Jäger- und Sammlergruppen, doch der Lebensstandard aller Gruppenmitglieder war ähnlich. Seit der Ausbreitung von Ackerbau und Viehzucht in der Neolithischen Revolution begann die wirtschaftliche Ungleichheit mit dem Anwachsen des zu verteilenden Reichtums anzusteigen. Diese Entwicklung setzte sich über Antike und Mittelalter bis in die Neuzeit fort. Vermindert wurde die soziale Ungleichheit durch politische Maßnahmen wie die Sozialgesetzgebung des 20. Jahrhunderts oder durch Krisen und Katastrophen, die Reichtum vernichteten. So wurde beispielsweise festgestellt, dass die erheblichen sozialen Unterschiede, von denen das römische Britannien geprägt war, eingeebnet wurden, nachdem die wohlhabenden Römer das Land seit dem 5. Jahrhundert verlassen hatten. Die frühmittelalterliche Kriegergesellschaft Britanniens war zwar stark militarisiert, doch die soziale Schichtung war gering ausgeprägt. Es bestanden nur geringe soziale Unterschiede zwischen den neuen Eliten und der übrigen Bevölkerung, da der Lebensstandard der Reichen noch stärker zurückgegangen war als jener der Armen. Ab dem 7. Jahrhundert verbesserten sich die Lebensverhältnisse und die sozialen Unterschiede nahmen wieder zu.

Kurzzeitig wurde die soziale Ungleichheit massiv durch die Pest des 14. Jahrhunderts und die Weltkriege des 20. Jahrhunderts verringert. Durch solche Katastrophen verloren die Reichen große Teile ihres Vermögens und die Einkommen der Überlebenden aus den mittleren und unteren Schichten stiegen zumindest relativ für einige Jahrzehnte an. Die nivellierende Wirkung der Pest verblasste im 15. Jahrhundert, die Wirkung der Weltkriege und der anschließenden sozialpolitischen Reformen um 1980. Im 16. Jahrhundert nahm die soziale Ungleichheit wieder zu, dies gilt auch für die Jahre von 1980 bis zur Gegenwart.

Die Grenzen zwischen den sozialen Schichten waren niemals undurchlässig, sondern wurden zu allen Zeiten von Menschen überschritten, die in eine höhere Schicht aufstiegen oder in eine niedrigere Schicht abrutschten. Es gibt daher in jeder Gesellschaft und zu allen Zeiten soziale Mobilität. Heute dominiert die Ansicht, dass sich Mobilitätsraten in allen Epochen und Ländern durch eine erstaunliche Gleichförmigkeit auszeichnen: »Es scheint keinen endgültigen bleibenden Trend einer Zu- oder Abnahme von Mobilität zu geben. [...] Es findet lediglich ein Wandel statt – die Phasen größerer Mobilität werden von Phasen größerer Immobilität abgelöst« (Pitirim Sorokin). Dies gilt ebenso für die ständische Gesellschaft vor 1800. Für das Mittelalter scheinen zwei scheinbar widersprüchliche Phänomene von besonderer Bedeutung gewesen zu sein: einerseits eine durch die Diversifizierung der Arbeitswelt ausgelöste soziale Mobilität, andererseits eine vorrangig negative Beurteilung der sozialen Mobilität durch die Eliten.

Die Diversifizierung der Wirtschaft und die damit verbundene Arbeitsteilung nahmen seit dem hohen Mittelalter zu. Dies lässt sich beispielsweise anhand der Metallverarbeitung veranschaulichen. Im frühen Mittelalter erzeugte ein Schmied alle metallenen Geräte vom Schwert bis zum Pflug. Bereits im 9. Jahrhundert setzte eine Spezialisierung und Diversifizierung innerhalb des Gewerbes ein. Im 16. Jahrhundert hatten sich in Nürnberg 40 Gewerbe auf die Verarbeitung von Eisen spezialisiert; 20 bis 30 weitere Handwerke verarbeiteten Eisen neben anderen Werkstoffen. Die funktionale Diversifizierung in Handwerk und Handel beschleunigte die professionelle Spezialisierung, verstärkte aber auch die Heterogenität der arbeitenden Bevölkerung. Der sogenannte Dritte Stand umfasste im späten Mittelalter eine unüberschaubare Vielfalt von unterschiedlichen Lebensformen vom reichen Kaufmann bis zum Tagelöhner.

Als Reaktion auf diese Diversifizierung von Arbeitswelt und Karrieremöglichkeiten wurden die traditionellen ständischen Grenzen stärker betont. Vom 11. bis zum 18. Jahrhundert beriefen sich Angehörige der Eliten auf eine religiös legitimierte Einteilung der Gesellschaft in die angeblich gottgewollten drei Stände. In immer neuen Varianten wurde die dreifunktionale Ständeordnung zitiert, um die soziale und politische Hierarchie zu rechtfertigen oder zu verteidigen. »Je durchlässiger die ständischen Schranken tatsächlich wurden – durchaus auch zum wirtschaftlichen Nutzen adliger Familien –, desto schärfer begannen Adlige und Städte sich dagegen zur Wehr zu setzen, weil sie das Prinzip ihrer ständischen Existenz in Gefahr sahen« (Barbara Stollberg-Rilinger).

Die Gleichzeitigkeit einer wachsenden Arbeitsteilung und einer verschärften sozialen Abgrenzung ist ein charakteristisches Element der vormodernen ständischen Gesellschaft. Die funktionale Differenzierung der modernen Gesellschaft hat seither weiter zugenommen und die Grenzen zwischen den sozialen Schichten verschwanden zunehmend hinter einem Diskurs der Egalität. Dennoch haben die rechtliche Gleichheit der Staatsbürger und die fortschreitende funktionale Diversität der modernen Gesellschaft nicht zu einer sozial durchlässigen oder egalitären Gesellschaft geführt. Die Eliten sind bis heute nur wenig daran interessiert, Aufsteiger in ihre Kreise aufzunehmen, gefährden diese doch die eigene Stellung und die Chancen der Nachkommen.

Im Laufe des Mittelalters wandelten sich die ökonomischen und sozialen Verhältnisse grundlegend und dies erzeugte verschiedenartige Prozesse sozialer Mobilität. Im Jahr 500 lebten in Europa circa 40 Millionen Menschen. Bis zum Jahr 1000 änderte sich daran nicht viel. In der Mitte des 14. Jahrhunderts waren es jedoch mit 74 bis 80 Millionen schon doppelt so viele. Nachdem circa ein Viertel bis die Hälfte der Menschen der Pest ab 1348 zum Opfer gefallen war, erreichte Europas Bevölkerung diesen Stand erneut am Beginn des 16. Jahrhunderts. Die demografische Entwicklung ist Ausdruck eines allgemeinen sozialen Wandels. Immer mehr Menschen zogen in die neu kolonisierten Gebiete und in die wachsenden Städte oder profitierten von Aufstiegschancen in der Verwaltung der Grundherrschaften oder am Fürstenhof. Die Ministerialen, die im hohen Mittelalter vom unfreien Status in den Adelsstand aufstiegen, und die Bürger der Städte verkörpern diesen Wandel der Lebensverhältnisse besonders deutlich. Die Grenzen zwischen den sozialen Schichten und zwischen Nicht-Adel und Adel waren bis ins 15. Jahrhundert hinein ziemlich durchlässig.

Ob Frauen auch von diesem Wandel profitierten, ist umstritten. Einerseits wurde häufig die These vertreten, dass sich die wirtschaftliche Eigenständigkeit von Frauen im Laufe des Mittelalters generell verschlechtert habe und die Renaissance für Frauen keine neuen Möglichkeiten zur intellektuellen oder ökonomischen Entfaltung gebracht hätte. Andererseits zeigen Studien zur spätmittelalterlichen Stadtwirtschaft, dass Frauen vor allem in größeren Städten durchaus selbstständig und unabhängig Geschäfte betreiben konnten. Möglicherweise profitierten Frauen nach der Pest 1348 von neuen wirtschaftlichen Handlungsspielräumen und erlebten ein »Goldenes Zeitalter« (Caroline Barron), bevor sie diese Freiheiten im 16. Jahrhundert, als der Bevölkerungsschwund wieder wettgemacht war und Männer in ihre alten Positionen zurückkehrten, wieder verloren.

In der städtischen Wirtschaft des ausgehenden Mittelalters und der frühen Neuzeit waren Frauen jedenfalls in vielen wirtschaftlichen Bereichen tätig, insbesondere als Mägde und Krämerinnen, aber auch als Lohnarbeiterinnen und Tagelöhnerinnen. In diesen letztgenannten Arbeitsverhältnissen arbeiteten

Frauen im agrarischen (Feldarbeit, Weinbau) sowie im handwerklichen Sektor (vor allem im Textilsektor). Der Lohn, den Frauen für ihre Arbeit bekamen, lag meist 20 bis 50 Prozent unter dem Lohn von Männern. Dennoch gelang es Mägden und Lohnarbeiterinnen bisweilen, ein eigenes kleines Vermögen anzusparen. In vielen Fällen bildete das Zusatzeinkommen der Frau die Voraussetzung für die Versorgung einer Familie mit Kindern.

Arbeitszeit und Jobzufriedenheit

Qualität und Quantität von Arbeit haben einen großen Einfluss auf Lebensstandard und individuelles Wohlbefinden. Jobzufriedenheit und Arbeitszeit in der Gegenwart lassen sich empirisch untersuchen. Für Deutschland ergab eine Studie im Jahr 2019, dass 47 Prozent der Arbeitnehmer regelmäßig unter körperlichen Symptomen aufgrund von Stress im Arbeitsalltag leiden. 50 Prozent der angestellten Mitarbeiterinnen und Mitarbeiter sind mit ihrem Arbeitsplatz so unzufrieden, dass sie sich nach einem neuen Job umsehen wollen. Daneben zeigen Studien, dass die Jobzufriedenheit mit Prestige, Verantwortlichkeit und Einkommen einer beruflichen Position wächst. Zeitlich arbeiten Arbeitnehmerinnen und Arbeitnehmer heute in der Regel in einer Fünf-Tage-Woche mit einem gesetzlichen Mindestanspruch von 20 Urlaubstagen und einer Wochenarbeitszeit von durchschnittlich 35 Stunden. Berücksichtigt man zudem zehn Feiertage, dann ergeben sich circa 230 Arbeitstage. Selbstständige Unternehmer und Landwirte arbeiten oft länger, ohne dass sie ihre Arbeitszeit messen. Für das Mittelalter ist eine Feststellung der Jobzufriedenheit nicht möglich, die Errechnung der Arbeitstage ist schwierig, und selbst die Abgrenzung von Arbeit und Freizeit nicht ganz einfach.

Die Arbeitszeit im Mittelalter war, wie in der Gegenwart, berufsabhängig. Lohnarbeiter arbeiteten im späten Mittelalter meist in einer Fünf-Tage-Woche circa 250–265 Tage im Jahr. Im Gegensatz zu heute gab es keinen Urlaubsanspruch und keine bezahlten Krankentage, dafür eine größere Anzahl kirchlicher Feiertage, die jedoch nur teilweise arbeitsfrei waren. Der Arbeitstag reichte mit mehreren Pausen von Sonnenaufgang bis Sonnenuntergang (Lichttag), war daher im Sommer mit bis zu 16 Stunden deutlich länger als im Winter und betrug im Jahresdurchschnitt etwa zehn Stunden (2500–2650 Arbeitsstunden im Jahr) – allerdings nur bei dauerhafter Vollbeschäftigung, was aufgrund von Unterbeschäftigung und verkürzten Arbeitszeiten im Winter selten vorkam.

Seit dem 14. Jahrhundert wurden Anfang und Ende der Arbeitszeit sowie die Arbeitspausen zunehmend durch Turmuhren an Kirchen und Rathäusern lautstark verkündet. Für das Zuspätkommen oder Fernbleiben von der Arbeit wurden Strafen, meist Abzüge vom Lohn, festgesetzt. Die Arbeiter reagierten auf die zeitliche Erfassung der Arbeitszeit ihrerseits mit Forderungen nach einer Festschreibung der Pausenzeiten. Damit begann die Geschichte der Auseinandersetzungen um die Arbeitszeit. Dazu gehörten unter anderem die häufigen Klagen der Kirche über Verstöße gegen das Arbeitsverbot an Sonn- und Feiertagen. Gerade an Feiertagen seien die Märkte und Wirtshäuser besser besucht als die Kirchen, bedauerte Erzbischof Simon von Canterbury 1332. Nicht nur in England wurden Märkte häufig an Sonn- und Feiertagen vor den Toren der Kirchen abgehalten.

Die Arbeitszeit von Bauern und Handwerkern war jahreszeitlichen Schwankungen ausgesetzt und richtete sich nach dem saisonalen Arbeitsanfall. Man arbeitete, so viel man konnte oder musste. Aufgrund der Tätigkeit im Freien bildete der Lichttag häufig die Begrenzung der Arbeitszeit. Sonn- und Feiertage waren nur arbeitsfrei, wenn kein Vieh zu versorgen und keine Ernte einzubringen war. Die Arbeitszeit der in den Zünften organisierten Handwerker wurde von den städtischen Regierungen normiert, um die Warenqualität zu sichern und Wettbewerbsverzerrungen zu vermeiden. Zudem sollten dadurch Lärmbelästigung und Feuergefahr vermindert werden. Dennoch bestimmte in Handwerksbetrieben wohl hauptsächlich der Meister über die Arbeitszeit der Gesellen und Lehrlinge, wie Klagen über zu lange Nachtarbeitszeit bereits seit dem 14. Jahrhundert belegen. Arbeitszeiten von sechs Uhr morgens bis sechs Uhr abends waren keine Seltenheit.

In Handwerksbetrieben und in der Landwirtschaft war die Mitarbeit von Kindern und Jugendlichen allgemein üblich, ebenso war es selbstverständlich, bis ans Lebensende zu arbeiten, wenn dies die Kräfte zuließen. Frauen waren als Teil des »Arbeitspaares« auf vielfältige Weise in den Arbeitsprozess eingebunden. Die Leitung eines Handwerksbetriebs oder eines Bauernhofes hatten Frauen meist nur als Witwen vorübergehend inne, doch auch als Tochter oder Ehefrau besorgten sie nicht nur den Haushalt, sondern übernahmen unterschiedliche Tätigkeiten in der Werkstatt, im Laden, im Garten und auf den Feldern. Zeitlich messen oder in seiner Bedeutung einschätzen lässt sich der Beitrag der Frauen an der Familienarbeit hingegen schwerlich.

Arbeit und Freizeit zu trennen ist nicht einfach. Arbeiten und Wohnen fanden häufig am gleichen Ort statt. Viele Menschen gingen nicht einem einzigen Beruf nach, sondern waren in unterschiedlichen Bereichen tätig. Urlaub und Urlaubsreisen waren unbekannt. Dennoch können wir annehmen, dass Menschen im Mittelalter die Zeit, in der sie nicht arbeiteten, ihren Vorstellungen gemäß gestalteten und dabei unterschiedlichen Vergnügungen nachgingen. Die Wochenenden und kirchlichen Feiertage boten den Rahmen für Kirchgänge oder kirchliche Schauspiele, für Tanzveranstaltungen und Volksfeste mit Pferderennen oder Schifferstechen. Brettspiele, Würfel- und Kartenspiele und sportliche Aktivitäten wie verschiedene Ballspiele waren weit verbreitet. Das gesellige Zusammensein fand auf dem Markplatz, beim Brunnen, vor der Kirche, im Wirtshaus oder auf der Straße statt und war damit Teil des Alltags. Die vielen Klagen der Kleriker über Saufgelage, Bordellbesuche, Spiele um Geld, Tanzveranstaltungen etc. sind zwar kein getreues Abbild der Wirklichkeit, aber doch ein Indiz für die Vielfalt mittelalterlicher Freizeitbeschäftigungen. Selbst wer Fernweh hatte, konnte es im Mittelalter auf verschiedenen Wegen stillen – entweder durch die Lektüre von Reiseabenteuern in exotischen Ländern, wie sie in Romanen oder Reiseberichten geschildert wurden, oder durch eigene Reisen als Pilger oder Kaufmann. Religiöse und kommerzielle Absichten gingen vermutlich sehr viele individuelle Kombinationen mit Neugier und Abenteuerlust ein.

Über Work-Life-Balance wurde im Mittelalter nicht diskutiert. Dies war auch in der ersten Hälfte des 19. Jahrhunderts noch nicht der Fall, als mit einer Arbeitswoche von 60 bis 70 Stunden das Maximum der Arbeitsbelastung in freier Lohnarbeit in Europa erreicht wurde (3300 Arbeitsstunden im Jahr). Wie heute war die individuelle Arbeitszeit im Mittelalter sehr ungleich verteilt und reichte von Handwerkern und Bauern, die von morgens bis abends schufteten, bis zu Mönchen, die sich vorrangig dem Gebet widmeten und dies ebenfalls als Arbeit betrachteten. Wie es Bauern und Handwerker gab, die körperliche Arbeit hauptsächlich an Knechte und Angestellte delegierten, so gab es unter den Mönchen und Nonnen viele, die auf den Feldern oder in der Schreibstube bzw. bei der praktischen Seelsorge, der Predigt, der Armenfürsorge und

Krankenpflege beständig körperlich im Einsatz waren. Sie lebten so, wie Otto von Freising dies 1146 in seiner Weltgeschichte beschrieben hat:

> »Sie beschäftigen sich mit Beten, Lesen und Arbeiten mit so unermüdlichem Fleiß, dass sie es für einen Verstoß gegen göttliches Gebot halten, außer der kurzen Zeit, in der sie den müden Gliedern Ruhe auf kargem Reisiglager oder grober Decke gönnen, auch nur einen winzigen Teil der Stunden ohne Beschäftigung mit dem Göttlichen verstreichen zu lassen.«

Der Hauptunterschied beim Vergleich der Arbeitszeit über die Epochen hinweg liegt in der gänzlich anderen Arbeitsstruktur, denn in der heute dominierenden Lohnarbeit war im Mittelalter nur ein kleiner Teil der Bevölkerung beschäftigt. Arbeit und Freizeit waren vor der Industrialisierung unter anderem deshalb nicht so klar getrennt, weil die Lohnarbeit erst ab 1800 zum Standard geworden ist und Arbeit im Haushalt und in der Kindererziehung seitdem zu Unrecht nicht mehr als richtige Arbeit gilt, wobei sich diese Einschätzung gerade wieder ändert.

Die große Mehrzahl der Menschen vor 1800 arbeitete gemeinsam im Familienverband in kleinen handwerklichen oder bäuerlichen Betrieben, hatte lange Arbeitszeiten und keinen Anspruch auf Urlaub, fühlte sich jedoch vermutlich weniger entfremdet und ausgebeutet als der Industriearbeiter im 19. Jahrhundert oder jemand, der heute in einem prekären Beschäftigungsverhältnis tätig ist. Dennoch wurde gerade im späten Mittelalter die Zahl der entwurzelten Arbeitslosen, die sich als Tagelöhner oder Bettler durchschlagen mussten, größer. Die Ausgrenzung durch die Gesellschaft, die den Arbeitslosen mit dem Müßiggänger und den arbeitsfähigen Bettler (starker Bettler) mit dem Betrüger gleichsetzte, wuchs ebenfalls. Die Existenz der sozialen Klasse der *labouring poor*, die arbeiteten und trotzdem arm blieben, wurde jedoch kaum zur Kenntnis genommen. Dennoch war die Jobzufriedenheit im Mittelalter insgesamt vermutlich nicht geringer als im 21. Jahrhundert. Dies liegt sicherlich unter anderem daran, dass die Menschen vor 1000 Jahren nicht so viele (erreichbare und unerreichbare) Wahlmöglichkeiten vor Augen hatten wie wir heute in der modernen Mediengesellschaft. Die Qual der Wahl und die Illusion, dass alles möglich sei, macht nicht automatisch glücklich – eher im Gegenteil.

Luxus und Armut

Über die angemessene Verteilung und die richtige Verwendung von Reichtum und wurde bereits im Mittelalter gestritten. Die *luxuria* als Sünde der Genusssucht, Ausschweifung und Verschwendung zählte gemeinsam mit Habgier und Geiz (*avaritia*) zu den sieben Todsünden. Wer beladen mit einer solchen Todsünde starb, verlor nach theologischer Überzeugung das ewige Leben und musste in der Hölle büßen. Freilich war die Grenze zwischen angemessenem Konsum und übertriebenem Luxus immer fließend und eine Sache des Standpunktes.

Die Theologen machten sich vor allem seit dem 12. Jahrhundert Gedanken über den Luxus als Sünde. Europa befand sich damals in einer Phase des wirtschaftlichen Aufbruchs, in welcher sich Angebot und Nachfrage nach Gütern des gehobenen Bedarfs erweiterten. Bernhard von Clairvaux mahnte in dieser Zeit den Papst, seine menschliche Herkunft nicht zu vergessen und fragte: »Oder kamst du schon mit der Mitra zur Welt? Warst du vielleicht schon mit funkelnden Edelsteinen geschmückt, in bunte Seide gehüllt, mit Federbüschen gekrönt oder mit Edelmetallen bedeckt?« Martin Luther stellte einige Jahrhunderte später eine ähnliche rhetorische Frage: »Wodurch aber unterscheidet sich eigentlich ein Papst, angetan mit Mitra und Purpurmantel, übersät mit Gold und Edelsteinen, von einem weltlichen König?« Andererseits vertraten viele Gelehrte des hohen und späten Mittelalters die Auffassung, dass dem Stellvertreter Christi auf Erden eine besonders prachtvolle Amtsführung zukomme. Materieller Reichtum erschien manchen Zeitgenossen geradezu als notwendige Voraussetzung effektiver päpstlicher Amtsführung, sei es doch unter anderem der glanzvolle Prunk der Kirche, der die Gläubigen von der Macht Gottes überzeuge. Diese widersprüchlichen Meinungen zur päpstlichen Amtsführung sind ein typisches Beispiel für die subjektive Grenzziehung zwischen tugendhafter Angemessenheit und sündhaftem Luxus.

Besonders sichtbar wurde der demonstrative Konsum (*conspicuous consumption*) am Fürstenhof des späten Mittelalter zelebriert. Die Anzahl der Personen, die zeitweilig oder dauerhaft an den Höfen arbeiten und lebten, wuchs seit dem 13. Jahrhundert. Nicht nur die fürstliche Administration wurde immer umfassender, sondern auch die höfische Festkultur gewann an Raffinesse. Als der zehnjährige Richard II. (1367–1400) im Jahr 1377 zum englischen König gekrönt wurde, erwartete die Festgesellschaft im Königspalast eine besondere Attraktion, von der der Chronist Walsingham berichtet:

> »In der Mitte des Königspalastes war auf einem gestuften Sockel eine ausgehöhlte Marmorsäule errichtet worden, auf deren Spitze ein riesiger, geflügelter Adler stand, und von den Füßen des Adlers auf dem Kapitell der Säule floss während des ganzen Tages der Königskrönung Wein verschiedener Art in vier Richtungen herab, und niemand hielt irgendjemanden, auch nicht den Ärmsten, davon ab, sich reichlich zu bedienen.«

Im 15. Jahrhundert erreichte der höfische Pomp neue Höhepunkte. Die Höfe der Renaissancefürsten entwickelten sich zum Schauplatz spektakulärer Inszenierungen von Macht und Prunk. Zum glanzvollen Zentrum mit internationaler Ausstrahlung wurde der Hof der Herzöge von Burgund. Im Februar 1454 lud Philipp der Gute (1396–1467), Herzog von Burgund und Stifter des Ordens vom Goldenen Vlies, seine Standesgenossen zum berühmten »Fasanenfest« nach Lille. Zweck der Zusammenkunft war die Planung eines Kreuzzugs gegen die Osmanen, die ein Jahr zuvor Konstantinopel erobert hatten. Die Festtafel glich einer Bühne: In goldenen Wagen wurden die Speisen serviert, aus einem Springbrunnen in Frauengestalt floss gewürzter Wein, Orangenwasser rann aus Türmen eines schlossartigen Tafelaufsatzes. Jeder Gang wurde von Musik und Schauspiel umrahmt. Als Höhepunkt entstiegen Musikanten einem riesigen Haus aus Pastete. Die Zeitgenossen übten kaum Kritik an solchen Spektakeln, bildete die prunkvolle Hofhaltung doch ein selbstverständliches Merkmal fürstlicher Repräsentation. Die damit verbundenen Kosten zwangen die fürstliche Regierungen dazu, die Einnahmen des Staates kontinuierlich zu erhöhen oder Schulden aufzunehmen. So trug der repräsentative Prunk auf indirektem Wege zur Entstehung einer effizienten Finanzverwaltung und des frühneuzeitlichen Steuerstaates bei.

Der wachsende materielle Reichtum in den Städten und an den Fürstenhöfen führte zu Gegenreaktionen. Seit dem 11. Jahrhundert kehrten Wanderprediger und ihre weiblichen und männlichen Anhänger dem weltlichen Leben den Rücken, um wie Jesus Christus und seine Apostel zu leben: be-

Neujahrsempfang beim Herzog von Berry. Die Szene stammt aus dem Stundenbuch des Herzogs Johann von Berry (frz. *Les Très Riches Heures du Duc de Berry*), einer berühmten illustrierten Handschrift aus dem 15. Jahrhundert. Der Herzog wird im Profil in einem leuchtend blauen Gewand gezeigt. Im Hintergrund ist auf der Tapisserie eine Szene aus dem Trojanischen Krieg zu sehen. Das Festmahl bietet dem Maler die Gelegenheit, die luxuriöse Raffinesse adliger Hofkultur von der Kleidung über das Tischgerät bis zur Raumausstattung zu präsentieren.

scheiden, arm und fromm. Die freiwillige Armut fand im 12. Jahrhundert als *vita apostolica* immer mehr Anhänger – sowohl innerhalb der Kirche als auch in den neuen häretischen Gemeinschaften der Katharer und Waldenser. Im 13. Jahrhundert verpflichteten sich dann Franziskaner und Dominikaner zu einem Leben in strenger Armut. Zum leuchtenden Vorbild wurde Franz von Assisi, der »nackt dem nackten Jesu folgen wollte«. In ihren Predigten geißelten die Bettelmönche das weltliche Leben der Stadtbürger und insbesondere das Streben der Kaufleute nach Reichtum. Immer wieder wurde aus den Evangelien zitiert: »Eher geht ein Kamel durch ein Nadelöhr, als dass ein Reicher in das Reich Gottes gelangt« (Mk 10,25). Im 12. Jahrhundert erfreute sich ein ähnliches Zitat großer Beliebtheit: *Homo mercator numquam aut vix potest Deo placere* (»Der Kaufmann kann niemals oder nur wenig gottgefällig sein«). Martin Luther sah dies ähnlich, als er feststellte, dass *kauffleut schwerlich on sunde seyn mügen.*

In der Hierarchie der Todsünden löste die Habgier (*avaritia*) – die Sünde der Bürger und Kaufleute – im späten Mittelalter den Hochmut (*superbia*), die Sünde der Ritter, als die schlimmste aller Sünden ab. Der Franziskaner Johannes von Capistrano prangerte im Jahr 1475 in Bamberg mit besonderer Eindringlichkeit die weltlichen Besitztümer der Bürger und Bürgerinnen an. Seine Überzeugungskraft war so groß, dass die Bamberger Schmuck, Kosme-

Kutte des hl. Franziskus. Das vielfach geflickte Gewand, das in Assisi als Reliquie aufbewahrt wird, symbolisiert das Streben des Heiligen nach absoluter Armut. Franziskus entstammte der bürgerlichen Oberschicht und widersetzte sich mit seinen Idealen deren Lebensformen und -zielen. Die Radikalität, mit der Franziskus jede Form von Besitz und Einfluss ablehnte, stellte seine schnell wachsende Gemeinschaft vor große Herausforderungen. Wie wörtlich sollte man die Gebote des Ordensgründers nehmen, welche Kompromisse waren erlaubt? Die Ansichten darüber gingen innerhalb und außerhalb des Franziskanerordens auseinander.

tika, Kunstwerke, Kleidungsstücke und anderes aus ihren Häusern holten und öffentlich verbrannten. Besonders hohe Flammen schlug ein ähnliches »Fegefeuer der Eitelkeiten«, das die Anhänger des Dominikaners Girolamo Savonarola 1497 in Florenz veranstalteten.

Eine politische Reaktion auf den wachsenden Reichtum der Stadtbewohner seit dem hohen Mittelalter bildeten die Aufwandsbeschränkungen, in denen die Ausgaben für Begräbnisse, Hochzeiten und andere Feierlichkeiten limitiert wurden, und Kleiderordnungen, in denen die zulässige Bekleidung und der erlaubte Schmuck für die einzelnen Stände festgelegt wurde. Bis ins 18. Jahrhundert erließen Landesherren solche Aufwandsbeschränkungen. An ihre Stelle trat seit dem 18. Jahrhundert die Aufforderung zum Konsum von Luxusgütern zur Steigerung des Wirtschaftswachstums.

Die Kirche hatte den Wandel der europäischen Wirtschaft kritisch begleitet und kommentiert. Als Teil der Gesellschaft passte sich die Kirche immer wieder an die neuen Gegebenheiten an. So veränderte sich die kirchliche Einstellung zum Kaufmann und zum irdischen Reichtum im Laufe der Zeit. Zwar forderten Prediger und Reformer innerhalb der Kirche im späten Mittelalter und darüber hinaus die Rückkehr zum einfachen Leben der Apostel und der Urkirche – ohne dass jemals alle Kleriker und Mönche auf solche Weise gelebt hätten. Seit dem 12. Jahrhundert begannen die Theologen indes auch die positive Wirkung kommerzieller Tätigkeiten zu würdigen. Der finanzielle Gewinn aus Handelsgeschäften wurde weiterhin reglementiert und jede Form des Wuchers streng verboten, dem Kaufmann aber dennoch ein Lohn für seine Tätigkeit zugestanden. Thomas von Cobham schrieb beispielsweise in seinem Beichthandbuch im frühen 13. Jahrhundert:

> »In vielen Ländern würde große Not herrschen, wenn die Kaufleute nicht den Überfluss aus einer Gegend in eine andere Gegend brächten, wo Mangel herrscht. Zurecht erhalten sie den Preis ihrer Arbeit.«

Die Kirche schloss ihren Frieden mit dem kaufmännischen Gewinnstreben – zumindest dann, wenn es innerhalb erlaubter Grenzen erfolgte. Im späten Mittelalter war der Kaufmann ein von der Kirche anerkanntes Mitglied der Gesellschaft geworden und Reichtum galt nicht mehr per se als verdammenswert.

Misstrauen richtete sich nunmehr vor allem gegen die besonders Reichen, die Recht und Sitten angeblich aus Hochmut missachteten, und die besonders Armen, die dies aus Not taten. Vereinzelt wurden nun sogar Stimmen laut, die den Reichtum explizit priesen, wie dies Leonardo Bruni (1370–1444) tat, der den Reichtum als ein zum Glück führendes Gut bezeichnete, und meinte, dass wahre Tugend ohne materielles Vermögen kaum möglich sei.

Mit den ökonomischen Rahmenbedingungen änderten sich die Formen der Armenfürsorge. Die Sorge um die Armen bildete eine Kernbotschaft des Christentums und wurde bis zum hohen Mittelalter sowohl von weltlichen Herrschern wie Karl den Großen als auch von Kirchen und Klöstern praktiziert. Es waren vor allem die Bischofskirchen und Klöster, die seit der Karolingerzeit Getreidevorräte anlegten, um in Zeiten der Krise die Armen unterstützen zu können. Im Kloster Cluny und in anderen Klöstern beschwerten sich die Mönche im 11. und 12. Jahrhundert darüber, dass so viele Arme täglich versorgt würden, dass die Klöster selbst verarmten und sogar liturgische Objekte wie Kelche verkaufen mussten. Vermutlich waren diese Klagen übertrieben, sie zeigen immerhin die wichtige Rolle, die Klöster in der Armenfürsorge spielten. Seit dem 12. Jahrhundert nahm die Armut aufgrund des Bevölkerungswachstums in den europäischen Städten zu. Darauf reagierten einerseits kirchliche Reformer wie die Bettelorden und andererseits die städtischen Regierungen. In ihrem Auftrag entstanden Hospitäler, in denen Kranke und Arme unterkommen konnten. In den Städten des späten Mittelalters entstand dann erstmals eine Sozialpolitik, die Unterstützung (der arbeitsunfähigen Armen) und Zwangsmaßnahmen (gegenüber den arbeitsfähigen Armen) gleichermaßen einsetzte.

Warenwelten

Konsum und Shopping im Mittelalter

Im römischen Reich gehörten Konsum und Shopping zum Alltag. Straßenhändler zogen durch Städte und Dörfer und priesen lautstark ihre Waren an, auf Marktplätzen und in Markthallen versammelten sich die Verkäufer und Verkäuferinnen von Alltagswaren und Luxusgütern. Tavernen, Verkaufsbuden und Shops säumten die Hauptstraßen der Städte und Dörfer. Römer und Römerinnen flanierten durch Straßen und über Plätze und gingen dabei, wenn sie es sich leisten konnten, auf Shoppingtour. Während die kommerziellen Gebäude und Praktiken in Byzanz und im Nahen Osten über das 5. Jahrhundert hinweg fortbestanden, verschwanden sie im westlichen Europa zum größten Teil. Im Laufe des Mittelalters kam es – parallel zur demografischen und wirtschaftlichen Expansion – zur Wiederbelebung einer Kultur, in der Konsum und Shopping eine sichtbare Rolle spielten.

Die wirtschaftliche Expansion zwischen frühem und spätem Mittelalter führte zu einer starken Ausweitung des Warenangebots und zu einer Diversifizierung der Verkaufsformen: Neben Straßenhändlern existierten bald mobile Buden und temporäre Verkaufsstände auf Marktplätzen und Warenmessen, schließlich kamen feste Läden und sogar Kaufhäuser hinzu. Dadurch veränderte sich die mittelalterliche Kultur des Einkaufens. Während bereits im frühen Mittelalter die mündliche Anpreisung von Waren und das Feilschen um den Preis das Kaufen und Verkaufen prägten, traten im Laufe des hohen und späten Mittelalters weitere sinnliche Empfindungen hinzu: Shopping wurde zumindest für einen kleinen Teil der Gesellschaft zum Zeitvertreib sowie zu einem Erlebnis, das Sehen, Hören, Riechen und Berühren miteinbezog. Wirtschaftlich betrachtet entfaltete sich das mittelalterliche Einkaufen in einem Spannungsverhältnis zwischen strenger normativer Regulierung durch Stadtregierungen und Zünfte einerseits und einem wirtschaftlichen Wettbewerb zwischen den Kaufleuten andererseits, die Profit machen und ihren Absatz steigern wollten. Die Regulierung des Marktes blieb das gesamte Mittelalter über stark, der Wettbewerb nahm in noch stärkerem Maße zu.

Kleinhändler und die Macht des Wortes

Um die eigenen Waren und Dienstleistungen erfolgreich zu vermarkten, benutzte ein Kaufmann oder eine Kauffrau im Mittelalter (und auch in anderen Epochen) als erstes und unmittelbares Werkzeug die eigene Stimme. Dass Lautstärke und rhetorisches Geschick eine zentrale Bedeutung für die Kaufmannskunst besitzen, war im Mittelalter allgemein bekannt. Im ausgehenden 9. Jahrhundert machte der Mönch Notker Balbulus die kaufmännische Rhetorik für die Entstehung der karolingischen Renaissance verantwortlich. Zur Zeit Karls des Großen (748–814), so der Biograf des Kaisers, seien zwei hochgelehrte irische Mönche zusammen mit bretonischen Händlern ins Frankenreich gekommen.

> »Ohne irgendwelche Waren zum Verkauf vorzuzeigen, pflegten sie der zum Kauf herbeiströmenden Masse zuzurufen: Wer Weisheit begehrt, komme zu uns und empfange sie; denn sie ist bei uns zu haben. Dass sie diese zu verkaufen hätten, sagten sie, um das Volk dazu zu bringen, dass es die Weisheit wie die übrigen Dinge kaufe, oder aber um es durch solche Anpreisung zum Verwundern und Erstaunen zu veranlassen.«

Selbst Karl der Große ließ sich von den eloquenten Mönchen beeindrucken und beauftragte sie damit, die Bildung in seinem Reich neu zu organisieren. So kam es laut Notker zur karolingischen Renaissance, weil irische Mönche sich die Techniken der Kaufleute zu eigen gemacht hatten.

Lebensgeschichten von Kaufleuten des frühen und hohen Mittelalters sind selten. Indirekte Informationen zu Kaufleuten und ihren Aktivitäten stammen in der Regel aus theologischen Quellen. Ein solcher Text ist die Vita des heiligen Godrick von Finchale (*St. Godric of Finchale*, ca. 1070–1170). Ende des 11. Jahrhunderts zog Godrick als Wanderkrämer mit billigem Kram (*cum mercibus minutis et rebus pretii inferioris*) durch das nördliche Lincolnshire. Bald besuchte er gemeinsam mit städtischen Kaufleuten die Burgen und Märkte des Landes und profitierte dabei vom langsam wachsenden Wert seiner Waren (*maioris pretii emolumenta*). Schließlich unternahm er als seefahrender Kaufmann sogar Handelsreisen in die Anrainerstaaten der Nordsee. Über seine Tätigkeit schrieb sein Biograf:

> »Er kaufte in verschiedenen Ländern Waren auf, von denen er wusste, dass sie anderswo selten und daher umso teurer waren und brachte sie in andere Gegenden, wo sie den Einwohnern fast unbekannt waren und daher begehrenswerter als Gold dünkten.«

Godric war um 1110 ein vermögender Mann, als er dem weltlichen Treiben den Rücken kehrte und zum Eremiten wurde.

Äußerungen zur Bedeutung von Eloquenz und Rhetorik für die Kaufmannskunst sind ebenso aus dem hohen und späten Mittelalter überliefert. Hugo von St. Viktor bemerkte in seinem 1128 verfassten Werk *Didascalicon*, dass die Handelsschifffahrt »zweifellos eine besondere Art der Rhetorik sei, denn die Beredsamkeit ist für diese Beschäftigung in ganz besonderem Maße nötig. Deshalb werde jemand, der über hervorragende Redegabe verfüge, ›Mercurius‹ genannt, gleichsam als *kirrius*, also ›Herr‹ der Kaufleute.« Evrart de Conty († 1405), Dichter und Leibarzt des französischen Königs Karl V. (1338–1380), wusste ebenfalls, was ein Kaufmann können musste: *Nulle chose ne peut estre plus neccessere as marchans que bel parler et raisonablement* (»Nichts ist notwendiger für die Kaufleute, als schön und überzeugend zu sprechen«). Die Macht des Wortes war zweifellos besonders wichtig in einer Zeit, in der Waren keine festen Preise und Händler keinen festen Standort hatten. Zwar setzten die städtischen Obrigkeiten häufig die Preise von Nahrungsmitteln und anderen essentiellen Gütern fest, doch die Traktate der Theologen über den »gerechten Preis« und die vielen urkundlich dokumentierten Streitfälle machen deutlich, dass das Feilschen fester Bestandteil des mittelalterlichen Handelns war. Bereits im beginnenden 11. Jahrhundert war deshalb in urbanen oder monastischen Zentren der Lärm der ein- und ausgehenden Pferde zu hören, aber auch »das Geschrei der Käufer und Verkäufer« (*clamor hominum vendentium aut ementium*) – dies berichtet Rudolf von St.

Trond 1014/15 vom bunten Treiben vor den Toren seines Benediktinerklosters im südlichen Belgien.

Bernardino da Siena schildert in einer Predigt aus dem Jahr 1427 das Feilschen auf dem städtischen Markt. Für den Prediger dient das Beispiel des Schuhkaufs dazu, auf die Sündhaftigkeit kommerzieller Aktivitäten hinzuweisen.

> »Ich kann von einem erzählen, der ein Paar Hausschuhe kaufen will. Er geht zum Schuhmacher und sagt:
> – Was willst du für diese Schuhe?
> – Ich will 20 Schillinge dafür.
> – Bei den Evangelien, so viel gebe ich dir nicht.
> – Los, nimm die Schuhe, denn ich verspreche dir, dass sie wahrhaftig perfekt sind (*und er lügt aus vollem Halse*).
> – Wieviel willst du als Mindestpreis?
> – Ich will keinen Cent weniger, bei den Evangelien, als 18 Schillinge für sie haben (*du hast gerade etwas geschworen, was nicht wahr ist*).
> – Verkaufst du sie auch für 15 Schillinge?
> – Nein! Ich verspreche dir, dass du in dieser Stadt keine besseren Hausschuhe finden wirst als diese.
> – Ich werde dir für sie nicht mehr als 15 Schillinge geben (*jetzt lügst auch du*).
> – Gut, gib mir rasch 18 Schillinge, denn so viel habe ich schon häufig für diese Schuhe bekommen.
> – Bei den Evangelien, ich gebe dir nicht mehr (als 15).
> – Bei den Evangelien, dann wirst du sie nicht bekommen.
> Und am Ende gibt der Verkäufer dem Käufer die Schuhe für 17 Schillinge, nachdem jeder von ihnen mehrere Male geschworen und gelogen hat.«

Herumziehende Kleinhändler und Kleinhändlerinnen, die vorrangig auf ihre Stimme und rhetorische Überzeugungskraft angewiesen waren, bildeten bis weit in die Neuzeit hinein das Rückgrat des europäischen Handels. Die Investitionen für ein schmales Warensortiment, das man am eigenen Leib tragen konnte, waren gering. Allerdings waren vermutlich die Einnahmen ebenfalls nicht sonderlich hoch und zudem unbeständig. Viele Krämer und Krämerinnen lebten wohl von der Hand in den Mund.

Wie lebhaft es auf den Straßen der großen Städte zuging, beschrieb Mitte des 13. Jahrhunderts Guillaume de la Villeneuve in seinem Gedicht über *Les Crieries de Paris* (Die Marktschreier von Paris). In diesem Text wird nicht nur die Vielfalt der Pariser Warenwelt und Dienstleistungen sichtbar, sondern auch die lautstarken Verkaufstechniken der Pariser Handwerker und Händlerinnen.

> »Bis in die Nacht hinein erklingt das Geschrei derer, die ihre Waren anbieten und Profit machen wollen. Niemals ermüden die Marktschreier und niemals kommen sie zur Ruhe.«

Über 130 Warensorten und Dienstleistungen zählt Villeneuve in seinen Versen auf. Angepriesen werden Gänseküken, Tauben und Pökelfleisch, zudem frisches Fleisch, gut konserviert, oder Knoblauchsauce in großen Mengen. Nicht weniger anschaulich wurden im Gedicht *London Lickpenny* aus dem beginnenden 15. Jahrhundert die trickreichen Londoner Gastwirte und Kleinhändler beschrieben, die einem armen Reisenden aus der Provinz ihre Waren aufdrängen: »One began to cry: ›Hot pescods, ripe strawberries and cherries on the bough!‹ Another called me to come near, and buy some spice: pepper and saffron. … One offered me velvet, silk and linen, and another took me by the hand and said, ›Here is Parisian thread, the finest in the land.‹ … The tavernkeeper took me by the sleeve and said, ›Sir, will you try our wine?‹« Selbst der weibliche Körper kam bereits im mittelalterlichen Marketing zum Einsatz. So warb eine weibliche Verkäuferin von Ale in Canterbury um »die männlichen Kunden anzulocken mit ihrem verführerischen Aussehen und ihren nackten Brüsten«.

Die wandernden Straßenhändler erregten stets den Argwohn von Klerikern und Obrigkeiten. Zwar gab es in Europas Städten, insbesondere in Frankreich, öffentliche Ausrufer (*crieurs*), die Verordnungen der Regierung und Informationen zu Sterbefällen und Warenpreisen verkündeten. Daneben galten die privaten Straßenhändler aber stets als potenzielle Betrüger. So verbot beispielsweise die Stadtregierung von Mailand 1418 den Verkäufern von Süßigkeiten und gekochten Äpfeln, ihre Waren vor Jugendlichen unter zwanzig Jahren anzupreisen oder diese zugleich aufzufordern, bei Gewinnspielen mitzumachen. In Florenz wurde 1325 verboten, dass jugendliche Straßenhändler mit lauten Rufen durch die Stadt und die Vorstädte liefen, um ihre Knöpfe und Ringe aus Gold oder Silber zu verkaufen, die in Wirklichkeit aus altem Eisen waren, und dabei noch andere Untaten wie etwa Diebstähle begingen.

Die Grenze zwischen ehrlichen Krämern und Betrügern war nicht nur im Mittelalter fließend. Wer könnte entscheiden, ob der Wanderapotheker in Ruteboeufs Gedicht *Dit de l'Herberie* (um 1270), der sich selbstbewusst von den »armseligen Maulhelden und armen Kräutersammlern« abgrenzte, um seine eigenen medizinischen Wundermittel anzupreisen, ein Quacksalber oder ein Gelehrter war? Auf jeden Fall wusste er lautstark seine Botschaft zu verkünden:

> »Meine Herren, Mylords, alle hier, ob groß oder klein, jung oder alt, ein großes Glück ist auf Sie zugekommen. Ihr müsst nämlich wissen, dass ich keinen einzigen von euch täuschen werde. Also setzt euch hin und seid still und hört mir zu, wenn es euch nicht zu viel Mühe macht. ... Da die Heilige Jungfrau Maria selbst mein Zeuge ist, sage ich Euch, dass diese Kräuter kein Unrat sind, sondern etwas ausgesprochen Edles.«

Die Kirche sandte im Mittelalter ihre Kleriker und Mönche ebenfalls aus, um spirituelle Wohltaten anzupreisen. Ab dem 12. Jahrhundert zogen Prediger durch die christlichen Länder und nutzten bei ihrer Werbung für den Kreuzzug die Künste der Überredung. Als Bernhard von Clairvaux (1090–1153) 1146 für den zweiten Kreuzzug warb, pries er das Unternehmen als einmalige Gelegenheit zur Rettung des Seelenheils an. Wer wie ein »kluger Kaufmann« rechne, dürfe sich diese Chance nicht entgehen lassen. Seit dem 13. Jahrhundert wurde die christliche Botschaft immer stärker von der Sprache des Kommerzes geprägt. Bernardino da Siena (1380–1444) empfahl den Gläubigen beispielsweise, zu Ostern mit den anderen Gläubigen um die besten Taten und den schnellsten Gang zur Beichte zu wetteifern, wie dies jene Menschen gewöhnlich tun, die eine Warenmesse besuchten und mit den anderen Besuchern um die besten Einkäufe wetteiferten. Die Verflechtung von Kirche und Geldwirtschaft ging so weit, dass Gott in spätmittelalterlichen theologischen Texten selbst die Züge »eines berechnenden, zählenden und wägenden Kaufmanns, Buchhalters oder Bankdirektors« (Bernd Hamm) annahm. Selbst der große Anti-Kapitalist Franz von Assisi (1181–1226) wurde von seinem Biografen Julian von Speyer († um 1250) in einer Kaufmannssprache beschrieben (Kap. 1.3):

»Franziskus zog sich aus dem Tumult weltlicher Geschäfte zurück und wurde zu einem Kaufmann des Evangeliums. Er suchte sozusagen die guten Perlen, bis er die eine kostbare fand. Indem er langsam erkannte, was Gott mehr gefiel, trat er nachsinnend in die Werkstätte verschiedenster Tugenden. Wie er so hinwegging, um auf dem Acker des Herrn nachzusinnen, fand er dort den verborgenen Schatz und versteckte ihn, und nachdem er alles verkauft hatte, wollte er ihn mitsamt dem Acker kaufen.«

Die kirchlichen Autoren predigten einem städtischen Publikum und bedienten sich ganz selbstverständlich der Sprache der Kaufleute und Handwerker.

Die wichtigste Gabe aus dem Gnadenschatz der Kirche bildete die – Ablass genannte – Vergebung der zeitlichen Sündenstrafen. Seit dem 11. Jahrhundert konnten die Gläubigen einen Ablass auf verschiedenen Wegen erwerben, beispielsweise durch den Besuch einer Kirche an einem bestimmten Tag oder durch eine Pilgerreise. Bald trat neben diese mitunter mühevollen und zeitraubenden Aktivitäten der käufliche Erwerb von Ablässen. Der Verkauf von Ablässen bildete vor allem im späten Mittelalter eine wichtige Quelle für die Finanzierung von kirchlichen Gemeinschaftsaufgaben, aber auch eine niemals unumstrittene Kommerzialisierung des Sakralen. Im 14. Jahrhundert erlebten die Ablässe eine inflationäre Erweiterung. Das Knierutschen auf den angeblich 28 Stufen vor der Peterskirche in Rom erbrachte pro Stufe sieben Jahre, insgesamt also immerhin 196 Jahre Verminderung der Bußzeit im Fegefeuer. Im 15. Jahrhundert erhielten Pilger, die auf den Knien die 28 Stufen der römischen Lateransbasilika hinaufkletterten, jeweils 1000 Jahre pro Stufe, mithin 28.000 Jahre. In den gegen Geld erworbenen Ablassbriefen stiegen die Zeitangaben ebenfalls ins schier Unermessliche. Um den Pilgern die Orientierung zu erleichtern und den Besuch der eigenen Kirche zu fördern, verfassten findige Kirchenvertreter neben den allgemeinen Pilgerführen Ablassverzeichnisse der römischen Kirchen (*Indulgentiae ecclesiarum urbis Romae*) – vor allem seit dem ersten römischen Jubeljahr 1300. Diesen Texten konnte der Leser entnehmen, auf welcher Route er oder sie man meisten Ablassjahre erlangen konnte. Mit ähnlichen Werbemaßnahmen wurde an anderen Wallfahrts- und Pilgerzentren versucht, fromme Besucherinnen und Besucher anzulocken und ihr Seelenheil gegen Geldzahlung zu fördern.

Im deutschsprachigen Raum erlangte der Ablassprediger Johann Tetzel (1465–1519) besondere Berühmtheit, weil er seine Ablassbriefe wie ein Marktschreier verkaufte und das Geld in seinem berüchtigten Tetzelkasten sammelte. Auf einigen dieser Ablasskästen war ein Teufel abgebildet, der arme Seelen im Fegefeuer quälte. Daneben stand die rettende Botschaft: »Wenn das Geld im Kasten klingt, die Seele aus dem Feuer springt.« Wie die Kreuzzugsprediger strebten die Ablassprediger nach der größtmöglichen Aufmerksamkeit der Gläubigen, unter anderem mithilfe der aufkommenden Drucktechnik, die es ermöglichte, Ablassbriefe in großer Anzahl zu drucken. Auf diesen Einblattdrucken mussten nur noch Name, Datum und Unterschrift des Sünders eingetragen werden. Insgesamt wird dadurch deutlich, dass sich die Kirche bei der Vermarktung des kirchlichen Gnadenschatzes dem allgemeinen Gang der Entwicklung erfolgreich angepasst hat. Das Ergebnis war eine beständig fortschreitende Ökonomisierung der Frömmigkeit. Die Kritik an diesen Praktiken bildete eine Ursache für den Erfolg der frühneuzeitlichen Reformation.

Buden, Läden und Kaufhäuser

Seit dem frühen Mittelalter verwendeten Kleinhändler beiderlei Geschlechts einfache Vorrichtungen wie Tische, Bänke, Wagen und Zelte, um temporäre Verkaufsbuden zu errichten. An Markt- und Messetagen füllten diese Verkaufsbuden die mittelalterlichen Marktplätze und Messeorte. Die variierenden Mietbeträge, die die Betreiber der Stände zahlen mussten, belegen, dass die Größe der Buden und Attraktivität der Stellplätze variierte. In den Statuten der venezianischen Schuhmacher aus dem beginnenden 14. Jahrhundert wurden die streitenden Verkäufer von *zocolari* (Holzsandalen) und *ciabattine* (Hausschuhe) gesetzlich gezwungen, zwischen ihren Verkaufsständen einen Abstand von zwanzig Tischen einzuhalten. Zudem sollten die Vorsteher der Zünfte an jedem Monatsbeginn die Stellplätze der einzelnen Stände verlosen. Diese Art der Zuteilung von Marktbuden war auch an anderen Orten und bei anderen Gelegenheiten üblich. Als die Marburger Wollhändler 1421 für mehrere Jahre ein Haus in Frankfurt a. M. mieteten, verpflichteten sie sich, die Stellplätze ihrer Verkaufsstände vor dem gemieteten Haus bei jeder Messe neu per Los untereinander zu verteilen.

Besonders viele Zelte und Buden wurden bei Jahrmärkten und Messen errichtet, die seit dem hohen Mittelalter den regionalen und internationalen

Brot- und Pastetenbäcker am Konzil von Konstanz. Wegen der vielen Konzilsbesucher wurden stadtfremde Bäcker mit mobilen Backöfen in die Stadt gelassen. Die Darstellung belegt die Mobilität des mittelalterlichen Kleingewerbes, das mit geringen Investitionskosten auskam und sich rasch auf neue Absatzmöglichkeiten einstellen konnte.

Handel Europas prägten. Die großen Messen in der Champagne, in Frankfurt oder in Lyon, aber auch viele regionale Messen bildeten das gesamte Mittelalter über zentrale Orte des Warenaustausches und des Geldverkehrs. Die Messen waren logistische Herausforderungen: Verkaufsräume in Wohnhäusern und temporäre Verkaufsbuden mussten vermietet oder aufgebaut werden; Unterkunft und Versorgung der Kaufleute und Käufer mussten sichergestellt werden; Geschäftszeiten und Preise wurden festgesetzt und Zwischenhändler eingesetzt, um die Transaktionen zu begleiten und zu überwachen. Der Aufenthalt auf diesen Märkten diente in erster Linie den Geschäften, bot jedoch daneben eine Form sozialer Geselligkeit. Bereits Karl der Große hatte seine Dienstleute ermahnt, fleißig ihre Dienstpflichten zu erfüllen und sich nicht müßig auf den Märkten herumzutreiben.

Handwerker und Kaufleute besaßen schon im frühen Mittelalter nicht nur mobile Buden, sondern hatten mitunter auch feste Geschäftsräume. Die doppelte Funktion dieser Räume als Werkstätten und Verkaufslokale wird im italienischen Begriff *bottega* deutlich, der beides bezeichnet, während in anderen europäischen Sprachen zwischen Geschäft *(shop)* und Werkstatt *(workshop)* differenziert wird. Räume in Wohnhäusern, die Verkaufszwecken dienten, existierten vereinzelt bereits im frühen Mittelalter. Im hohen Mittelalter erlebte die kommerzielle Architektur Europas einen starken Aufschwung. Auf Marktplätzen und in Messeorten entstanden erste Markthallen, zunächst häufig an den Seiten offen, sodass sie sich nicht stark von großen Zelten unterschieden. In Paris, der größten Stadt des westlichen Europa, ließ König Philipp II. August (1165–1223) im Jahr 1183 einen zweistöckigen überdachten Markt errichten. *Les Halles* entwickelten sich in den folgenden Jahrzehnten zum größten überdachten Marktplatz Europas mit 128 Läden, die in kleinere Einheiten unterteilt werden konnten. An der Mauer um das Marktgelände lagen weitere überdachte Verkaufsbuden. An drei Tagen in der Woche wurden die Pariser Kaufleute dazu verpflichtet, ihre Läden zu schließen und ihre Waren ausschließlich auf dem königlichen Markt anzubieten. In London boten die *selds* genannten, Bazar-ähnlichen Markthallen um 1300 über 4000 Einzelhändlern Platz.

Seit dem 14. Jahrhundert entstanden Kaufhäuser und Kaufhallen in vielen Städten südlich und nördlich der Alpen. Bekannte Beispiele sind der Fondaco dei Tedeschi in Venedig oder das Kaufhaus in Konstanz, in dem das Konzil tagte. In diesen Kaufhäusern mieteten die Einzelhändler, in den deutschsprachigen Quellen Krämer genannt, ihre Verkaufsplätze. Einige von ihnen beschäftigten zusätzliches Personal, so war in der Straßburger Kaufhausordnung 1401 beispielsweise vom Gesinde der Krämer die Rede, das Schreiber, Knechte und Mägde umfasste.

In den expandierenden Städten Europas wuchs die Anzahl der Einzelgeschäfte. Meist bildeten Verkaufsräume und Werkstätten zusammen das Erdgeschoss und den Keller von Wohngebäuden oder öffentlichen Bauten. Im Augsburger Stadtbuch ist 1276 die Rede von *gademe* (Gaden: Kammer, Verkaufsraum), von *kaelr* (Keller) der Kaufleute und vom *waerkmannes hus* (Handwerkerhaus). Diese bauliche Einheit von Wohn-, Verkaufsräumen und Werkstätten war ein typisches Merkmal europäischer Architektur und ist es teilweise bis heute geblieben. Gemäß dem Florentiner Catasto, dem Verzeichnis der Steuerzahler des Jahres 1427, lebten circa 26 Prozent der Florentiner

Familien in Häusern mit *botteghe* im Erdgeschoss. Auch die Vermietung einzelner Verkaufsräume innerhalb der Wohnarchitektur war ein in vielen Städten verbreitetes Geschäft, das kirchliche und adelige Immobilienbesitzer betrieben. Im Jahr 1411/12 investierte zum Beispiel ein Wiener Bürger in neue Verkaufsläden. Wolfhart Schermiczer beauftragte Wiener Handwerker mit dem Bau von zwei Häusern beim Peilertor in der Wiener Innenstadt. Auf der Straßenseite der Häuser waren dreizehn Verkaufsläden vorgesehen. Über diesen Läden befanden sich im Obergeschoss drei getäfelte Stuben. Der Keller unter beiden Gebäuden ruhte auf sechs Pfeilern und wurde als Lagerraum genutzt. Der Wiener Kaufmann und Bauherr investierte offensichtlich in Immobilien, die er nur zum Teil selbst bewohnte und die durch die Vermietung einer stattlichen Anzahl von kleinen Läden Mieteinnahmen erbringen sollten.

Über die in diesen Kaufläden verfügbaren Waren informieren gelegentlich Inventare, die beim Tod der Kaufleute angelegt wurden. Die Vielfalt der Waren war groß und umfasste gelegentlich Tausende von Artikeln. María de Villanueva, Witwe von Rodrigo Valtueña, verkaufte im Jahr 1479 in ihrem Laden in Saragossa Stoffe verschiedener Art und Herkunft, Kleidungsstücke und Haushaltswäsche, aber auch Wachs und Honig, Öl und Wein, Gewürze und wahrscheinlich medizinische und kosmetische Produkte. Letztere bewahrte sie in der so genannten *cambra del vidre* (Glaskammer) auf, die eine große Anzahl von Fässern, Ampullen, Kasserollen und Töpfen enthielt. Supermärkten dieser Art, in denen unterschiedlichste Waren – vom Bettlaken bis zum Pfeffer – gekauft werden konnten, standen anderen Läden gegenüber, welche sich auf bestimmte Waren wie Nahrungsmittel (Bäckereien, Metzgereien) oder auf Kleidungsstücke (Tuchgeschäfte, Schuhgeschäfte, Hutgeschäfte) spezialisiert hatten. Frauen waren sowohl als Ladenbesitzerinnen als auch als Angestellte im Verkauf tätig.

Bauliche Überreste mittelalterlicher Läden sind nur in Ausnahmefällen erhalten. Es ist Archäologinnen und Archäologen sowie Bauforscherinnen und Bauforschern in den letzten Jahrzehnten dennoch gelungen, in vielen kleinen und großen Städten die Fundamente, Keller, Wände und andere Überreste der mittelalterlichen kommerziellen Architektur zu erschließen und mit Angaben in schriftlichen Quellen zu vergleichen. Dabei wurde unter anderem die große Vielfalt der architektonischen Formen deutlich: Es gab winzige Shops von wenigen Quadratmetern und große Läden von 30 und mehr Quadratmetern. Manche Geschäfte hatten repräsentative Fassaden, andere dagegen nur schmucklose Wände. Die Verkaufsräume lagen in der Regel im vorderen Teil des Erdgeschosses, ergänzt durch Hinterzimmer, Lagerräume und einen Keller. Zur Auslage und zum Verkauf dienten häufig große Fenster mit breiten Fensterbänken und mobile Bänke oder Klapptische. Über den Fenstern befand sich häufig ein an der Hauswand befestigtes Vordach. An der Fassade wurden Ladenzeichen oder einzelne Verkaufsstücke als Werbeträger aufgehängt. Im

Das Chichester-Kreuz als Marktplatz. Das Marktkreuz aus dem ausgehenden 15. Jahrhundert ist ein kunstvoller Hallenbau im Zentrum der Stadt Chichester, West Sussex, an der Kreuzung von vier Hauptstraßen. Es wurde vom Bischof der Stadt errichtet, damit die armen Leute einen Ort haben, an dem sie sich treffen und unbehindert vom englischen Wind und Wetter ihre Waren verkaufen konnten.

Ladeninneren befanden sich Schränken, Truhen und andere Behälter zur Aufbewahrung und zur Präsentation der Waren. Laubengänge, die den Kaufleuten einen zusätzlichen wettergeschützten öffentlichen Raum zur Verfügung stellten, entstanden in vielen Haupt- und Einkaufsstraßen. In Städten wie Venedig, Florenz oder London entwickelten sich die Brücken in der Stadt mit ihren Aufbauten zu wichtigen Orten des Einzelhandels und sind es teilweise noch heute. Erhalten blieben in vielen Fällen zudem die Keller, die als Lagerräume oder Verkaufsräume dienten und gelegentlich direkte Zugänge zur Straße hatten. Heute noch in Verwendung sind die Gewölbekeller der Berner Altstadt, die zum UNESCO-Weltkulturerbe gehören und als Bars, Restaurants und Boutiquen genutzt werden.

Zuletzt verweisen die Straßennamen in den historischen Zentren vieler Städte noch heute auf die geografische Konzentration mittelalterlicher Gewerbe in bestimmten Straßen und Stadtteilen. Spätestens seit dem 14. Jahrhundert erließen zahlreiche Städte Verordnungen, die zu einer funktionalen Raumaufteilung führten. Dies hatte mit speziellen Arbeitsvorgängen in einzelnen Gewerben zu tun. Gerber und Färber benötigten für ihre Tätigkeit fließendes Wasser und arbeiteten daher häufig am Stadtrand in Wassernähe. Das blutige Schlachterhandwerk wurde ebenfalls meist am Rande der Stadt in Wassernähe ausgeübt. Hingegen waren es Lärm und Feuergefahr, die dazu führten, dass sich Schmiede und Schlosser in eigenen Straßen ansiedelten. Aus pragmatischen Gründen arbeiteten innerhalb der Stadt Handwerker eines Gewerbes zumindest teilweise in unmittelbarer Nähe zueinander: Sowohl Produzenten als auch Konsumenten konnten sich auf diese Weise einen schnellen Überblick über das vorhandene Angebot verschaffen. So entstand eine topografische Gliederung des städtischen Raums nach Kriterien der Sicherheit (Feuer), Hygiene (Abfälle), Wohnqualität (Lärm- und Geruchsbelästigung) und Arbeitseffizienz (Wasserbedarf).

Die Baseler Steuerlisten des Jahres 1453/54 belegen allerdings, dass in der dortigen Eisengasse nur jeweils ein Messerschmied und ein Schwertfeger wohnten, dafür aber 16 Schuster. Die Konzentration mittelalterlicher Gewerbe erfasste also keineswegs alle Handwerker, obwohl die Städte gelegentlich Anordnungen erließen, die den Standort von Gewerbeansiedlungen festlegten. Macht und Geld hinterließen ebenso ihre Spuren in der städtischen Sozialtopografie, denn der Stadtadel und die vermögenden Kaufleute ließen sich mit Vorliebe am städtischen Markt und an den innerstädtischen Hauptverkehrsachsen nieder. Im Stadtzentrum war die Qualität des Wohnumfeldes besonders hoch, denn vorrangig hier sorgte die Stadtregierung für eine Pflasterung der Straßen und den Bau von Wasserleitungen und Brunnen. Umgekehrt wurden Randgruppen und Minderheiten seit dem 14. Jahrhundert zunehmend räumlich ausgegrenzt. Die betraf beispielsweise die jüdischen Gemeinden, die nach den Pogromen von 1349 / 50 teilweise in neuen Wohnplätzen in Randlage angesiedelt wurden.

Gegen Ende des Mittelalters entstanden die ersten Idealpläne von Städten mit Anmerkungen zur Gewerbeverteilung innerhalb der Stadtmauern. Zudem entwarf Leon Battista Alberti (1404–1472) in seinem Lehrbuch über die Baukunst im Jahr 1471 die Beschreibung einer idealen *bottega*. Dem Architekturtheoretiker Alberti erschien die Lage eines Shops wichtiger als die Innenarchitektur. Diese Haltung entsprach offenbar der allgemeinen Überzeugung, denn die Inneneinrichtung vieler Läden bestand überwiegend aus hölzernen Tischen, Stühlen, Bänken, Schränken, Kisten, Regalen und Lagerungsbehältern aus unterschiedlichem Material. Dagegen gab es aber auch Beispiele von Läden, vor allem von Apotheken, mit exquisiter Ausstattung und einer aufwändigen Präsentation des Angebots. Alberti entwirft in seinem Buch über die Baukunst (*De re aedificatoria*) einen städtischen Kaufladen:

> »In der Stadt soll im Hause der Kaufladen prächtiger sein als das private Empfangszimmer. Dies, glaubt man, trage besonders zur Erfüllung von Hoffnungen und Wünschen bei. Und der Laden möge an einer Kreuzung die Ecke, auf dem Forum die Vorderseite einnehmen. Auf einer Militärstraße soll er schon von weitem in die Augen fallen. Und man wird fast keine andere Sorge haben, als wie man durch die ausgestellten Waren die Käufer anlockt. Im Innern wird die Verwendung von ungebrannten Ziegeln, Flechtwerk, Mörtel und Holz nicht unangebracht sein. Nach außen wird man nicht damit rechnen können, dass man ewig mit dem Nachbarn in Ruhe und Frieden leben werde. Deshalb möge man das Haus gegen die Unbill von Menschen und Zeiten mit einer festeren Mauer umgeben.«

Zur Rekonstruktion mittelalterlicher Läden kann sich die historische Forschung unter anderem auf diverse Bildquellen stützen. Auf Kirchenwänden, Tafelbildern und in Handschriften finden sich viele Darstellungen von mittelalterlichen Geschäften. Häufig handelt es sich um Bilder religiösen oder allegorischen Inhalts, die vor einem städtischen Hintergrund angesiedelt sind und daher auch kommerzielle Aktivitäten in der Stadt zeigen. Als Ambrogio Lorenzetti (1290–1348) beispielsweise 1338 mehrere Wände der Sala dei Nove im Rathaus von Siena mit seinen berühmten Allegorien guter und schlechter Herrschaft verzierte, stellte er im Fresko »Die Auswirkungen der Guten Regierung auf Stadt und Land« Siena als wohlhabende Stadt dar, in der die Menschen lustvoll zwischen den verschiedenen Läden und Auslagen flanierten.

Die wirtschaftliche Prosperität der europäischen Städte bildet in der spätmittelalterlichen Malerei häufig den Hintergrund theologischer Szenen. Brunetto Latini (1220–1294) beispielsweise verfasste eine Enzyklopädie des Wissens seiner Zeit (*Livre du Trésor*). In einer Handschrift dieses Werks aus dem 15. Jahrhundert wurden die wichtigsten Tugenden vor dem Hintergrund städtischer Architektur dargestellt. Das Erdgeschoss der Wohnhäuser bildet eine

Verkaufsläden in einer spätmittelalterlichen Stadt. Das Bild aus einer spätmittelalterlichen Enzyklopädie dient vorrangig der Darstellung der Kardinaltugenden in Form von Frauengestalten. Die städtische Architektur im Hintergrund bietet einen guten Einblick in die städtische Verkaufsarchitektur des späten Mittelalters. Händler werben mit ausgestellten Produkten oder Zeichen.

Kette von Shops, die mit Ladenzeichen und ausgestellten Waren die Kunden anlocken. Verkauft werden Eisenwaren, Gewürze, Hüte, Schüsseln, Kleidung, Kerzen und anderes. Große Fenster und Fensterbänke werden als Verkaufstheken genutzt. Die Hauptstraßen spätmittelalterlicher Städte – so belehren uns Bilder wie diese – sind zu bunten Einkaufsstraßen mit gemischtem Warenangebot geworden. Manche dieser Straßen wie Cheapside in London erlangten im späten Mittelalter als Einkaufsstraßen für gehobene Ansprüche internationale Bekanntheit und behielten diesen Status teilweise bis ins 19. Jahrhundert.

Ladenschilder waren bereits im Mittelalter ein wichtiges Werbemittel. Die ausgestellten Produkte und Zeichen, mit denen Gastwirte und Ladenbesitzer öffentlich auf ihre Waren oder Dienstleistungen aufmerksam machten, sind seit dem späten Mittelalter sowohl in Buch- und Tafelbildern überliefert als auch als Artefakte erhalten geblieben. Meist handelte es sich bei den Ladenzeichen um allgemeine Symbole wie Kronen, Sonnen und Monde, Engel oder Tiere. In der Frühen Neuzeit wurden teilweise namhafte Künstler mit der Anfertigung dieser Symbole beauftragt, um die Werbewirksamkeit zu erhöhen. Ein bekanntes Beispiel sind zwei hölzerne Ladenschilder, mit denen ein Basler Schulmeister 1517 um Kunden warb. Auf einer der Tafeln sind der Schulmeister und seine Frau mit ihren Schülern dargestellt. Darüber verspricht eine Inschrift den einfachen und schnellen Erwerb der Schreibkunst, um eigene oder fremde Schulden aufschreiben zu können. Wäre jemand hingegen so ungeschickt, dass er die Schreibkunst nicht erlernen könne, würde er das Honorar zurückerhalten.

Am Ende des Mittelalters existierte eine große Vielfalt kommerzieller Architektur. Die geschäftlichen Aktivitäten der spätmittelalterlichen Gesellschaft lassen sich durch die architektonischen Formen jedoch nicht festen Kategorien zuordnen. Die Grenzen zwischen (Groß-)Kaufmann, (Klein-)Krämer und Bürger, die Waren bei Gelegenheit verkauften, aber nicht hauptberuflich in diesem Feld tätig waren, blieben fließend – das zeigte sich beispielsweise, als die Augsburger 1276 den Groß- und Kleinhandel in ihrer Stadt regelten: Wenn ein Bürger Olivenöl aus Italien importierte, durfte er es im Großhandel an die Kaufleute der Stadt oder im Kleinhandel selbst *uf der strazze* verkaufen. Brachte ein Bürger Heringe in die Stadt, konnte er diese in seinem Haus oder auf dem Markt feilbieten. Aale sollten hingegen in den Herbergen oder auf dem Markt gehandelt werden. Bürger, die keinen eigenen Verkaufsladen besaßen, durften ihr Wachs in den Tagen vor Mariä Lichtmess auf Verkaufstischen präsentieren. Auf dem Ostermarkt war es allen Bürgern erlaubt, Tuche zuzuschneiden und anzubieten. Arme Frauen und Männer durften selbst gefertigte Beutel und Gürtel eigenständig verkaufen. Die Messerschmiede durften ihre Messer in ihrem Hause und auf dem Markt feilbieten. Die Augsburger Ordnung vermittelt den Eindruck, dass die Bewohner der Stadt, sobald sich die Gelegenheit bot, sich allesamt kurzfristig in Krämer oder Kaufleute verwandelten.

In Dörfern und Städten waren die Märkte bereits im frühen Mittelalter Orte des kommerziellen Austausches. Im Zuge der Urbanisierung im hohen Mittelalter wurde die Versorgungsfunktion der regelmäßig stattfindenden Märkte immer umfassender. Bald richtete sich das regionale ökonomische Leben auf die städtischen Märkte hin aus. Hier wurden Waren, Dienstleistungen und Informationen getauscht. Die Märkte waren Zentren des Kommerzes und der Kommunikation. Eduard III. (1312–1377) gründete kurzerhand eine temporäre Stadt vor den Mauern von Calais, um das englische Belagerungsheer zu versorgen. In der Chronik des Jean Froissart (1337–1405) wird diese »neue Stadt« beschrieben:

> »Zwischen der Stadt Calais und dem Fluss ließ er Unterkünfte und Häuser errichten, die ordentlich in Reihen standen, als ob sie für zehn oder zwölf Jahre gedacht waren. Denn es war seine Absicht, weder im Winter noch im Sommer zu weichen, bis er Calais erobert hatte. In dieser neuen Stadt gab es alles, was für ein Heer notwendig war, einschließlich eines Platzes, auf dem mittwochs und samstags ein Markt abgehalten wurde, mit Ständen für Stoffe, Brot und alle anderen Notwendigkeiten. Und all diese Waren erreichte sie täglich auf dem Seeweg aus England und Flandern.«

Nicht die Stadtmauer, sondern der Markt wird hier zum wichtigsten Merkmal einer Stadt.

Shopping als Erlebnis

Mobile Marktbuden, Geschäfte und Kaufhäuser entstanden im hohen und späten Mittelalter in vielen europäischen Städten. Sie wurden zu örtlichen Zentren des Kaufens und Verkaufens, in denen die Menschen nicht nur ihren Einkäufen nachgingen, sondern spazierten, sich amüsierten und das Angebot bewunderten. Shopping wurde zum sinnlichen Erlebnis. Sogar der Kaiser erlag den Reizen der zur Schau gestellten Warenwelt – zumindest Kaiser Friedrich III. (1415–1493), der 1469 durch die vornehmsten Straßen Venedigs ging, das Warenangebot bestaunte und sich wertvolle Seidenstoffe zeigen ließ, dabei häufig nach dem Preis einzelner Waren fragte, Süßigkeiten in die Hand nahm, davon kostete und sie seinem Gefolge weiterreichte. Als Beatrice d'Este (1475–1497) im Jahr 1493 Venedig besuchte und von der Rialto-Brücke zum Markusplatz spazierte, bestaunte sie ebenfalls die venezianischen Shops und schrieb darüber in einem Brief an ihren Ehemann. Isabella d'Este (1474–1539) begeisterte sich noch mehr als ihre Schwester Beatrice für den Erwerb schöner Dinge, war sie doch – wie sie selbst schrieb – von Natur aus voll von Appetit, schätzte Dinge daher umso mehr, je schneller sie sie haben konnte und kümmerte sich dabei nicht um die Kosten. Als jugendliche Markgräfin von Mantua schickte die international bewunderte Mode-Ikone ihre Höflinge auf Einkaufstour bis nach Paris. In den folgenden Quellenstellen berichten die beiden adligen Schwestern von ihren Shoppingtouren und Erwerbungen. Beatrice schrieb über Venedig:

> »Wir gingen am Rialto an Land und gingen durch die Gassen, die Mercerie genannt werden. Dort fanden wir Verkaufsläden der Gewürzhändler und der Seidenhändler, die alle gut sortiert waren. Umfang und Qualität ihrer vielfältigen Waren sowie die Waren der anderen Zünfte boten einen schönen Anblick, sodass wir häufig verweilten und das Angebot betrachteten. ... Anschließend gingen wir zum Markusplatz durch die Marktstände der Messe. Dort sahen wir eine solche Menge an schönen Gläsern, dass man staunte und sich anstrengen musste, um nicht lange zu verweilen in Anbetracht der schon fortgeschrittenen Stunde.«

Isabella schrieb 1494, damals 17 Jahre alt, an einen Angestellten des Hofes, der sich gerade auf dem Weg nach Paris befand:

> »Das sind die Dinge, die ich haben möchte: gravierte Amethysten, schwarze, bernsteinfarbene und goldene Rosenkränze, blaues Tuch für eine *camora* [gamurra / einfaches Kleid], schwarzes Tuch für einen Mantel, wie es ohne einen Rivalen in der Welt sein soll, auch wenn es zehn Dukaten pro Meter kostet; solange es wirklich von hervorragender Qualität ist, ist es egal! Wenn es nur so gut ist wie das, was andere tragen, möchte ich es lieber gar nicht haben!«

Selten berichten mittelalterliche Autorinnen oder Autoren so anschaulich über das Shoppen als sinnliches Erlebnis oder über ihre Gier nach neuen und außergewöhnlichen Erwerbungen. Die Perspektiven, Praktiken und Erfahrungen der Konsumenten sind daher nicht einfach zu erfassen. Die vereinzelten schriftlichen und bildlichen Quellen liefern dennoch einige Informationen zu spezifischen Eigenheiten der mittelalterlichen Verhältnisse. Zum einen zeigen die venezianischen Shoppingtouren von Kaiser und Adel, dass die Angehörigen der Eliten ihre Einkäufe zumindest teilweise persönlich erledigten. Dies war allerdings auf den Erwerb von Luxusgütern beschränkt. Für den Kauf der meisten Waren, vor allem für den Kauf von Alltagsgegenständen, beauftragten adelige, geistliche und bürgerliche Käufer in der Regel ihre Dienstboten. An fürstlichen Höfen wurden die Einkäufe des täglichen Bedarfs und auch außergewöhnliche Anschaffungen häufig von eigenen Amtsträgern erledigt, deren Einkaufstouren zu städtischen Märkten und Messen im In- und Ausland führten. Der steinreiche Unternehmer Hans Fugger (1531–1598) hinterließ mehr als 4700 Briefe, die seine europaweiten Einkäufe von Schuhen, Tapeten und anderen Gegenständen illustrieren. Wenn er mit der Qualität nicht zufrieden war, beschwerte er sich und sandte die Ware zurück. Angehörige der Mittel- und Unterschichten besuchten dagegen ihren lokalen Marktplatz persönlich. Wer es sich leisten konnte, nahm zumindest die Dienste von Trägern in Anspruch, die die Waren nach Hause trugen.

Das Feilschen um den Preis war ein regelmäßiger Bestandteil vieler Einkäufe, davon berichten Bernardino da Siena (1380–1444) und viele andere mittelalterliche Chronisten. Größere Transaktionen auf Messen und in Kaufhäusern wurden meist durch Zwischenhändler in die Wege geleitet und kontrolliert. Die städtischen Obrigkeiten wollten auf diese Weise die Transparenz der Geschäfte und die Bezahlung der anfallenden Gebühren sicherstellen. Als Verkäufer und Käufer waren Männer wie Frauen auf mittelalterlichen Marktplätzen und -straßen aktiv. Der männliche Haushaltsvorstand hatte während der gesamten Epoche eine herausragende Stellung und traf wohl die Entscheidung über größere Ausgaben. Daneben waren jedoch Ehefrauen, Töchter und weibliches Dienstpersonal in unterschiedlichsten Funktionen und Rollen als Käuferinnen tätig. Die täglichen Einkäufe wurden vermutlich häufig ohne Bargeld getätigt, da Kaufleute Kredit gewährten und in Büchern die Schulden ihrer Kunden aufzeichneten. Entsprechend sind Rechnungsbücher, die in Italien und anderen europäischen Ländern vor allem seit dem 14. Jahrhundert erhalten geblieben sind, eine zentrale Quelle des mittelalterlichen Konsums. In diesen Verzeichnissen erscheinen die täglichen Erwerbungen von Kohl und Salat bis zu teuren Anschaffungen von Textilien und Werkzeugen. Damit belegen diese Texte das Konsumverhalten des späten Mittelalters, und zwar sowohl von Adelshäusern als auch von bürgerlichen Familien.

Die mittelalterliche Welt des Shoppings stand in einem Spannungsverhältnis zwischen Wettbewerb und Regulierung. Archäologische, schriftliche und bildliche Quellen liefern zahlreiche Hinweise auf absatzsteigernde Maßnahmen: Zur Schau gestellte Waren auf Markttischen, Handwerks- und Wirtshauszeichen, Marktschreier und Weinrufer sowie Markennamen, Warenmuster, Buchkataloge und vieles mehr dienten sowohl der Information der Konsumenten als auch der Absatzsteigerung und der Werbung für bestimmte Produkte oder Dienstleistungen.

Ausgehend von den Universitäten entstand an der Wende zum 14. Jahrhundert auch ein Markt des Wissens. Schreibmeister warben seit dieser Zeit mit großen Pergamentplakaten, auf denen sie ihre Kunstfertigkeit mit Hilfe verschiedener Schrifttypen zur Schau stellten. Diese Schreibmeisterblätter wurden gut sichtbar an den Türen der Werkstätten oder anderen öffentlich zugänglichen Orten aufgehängt. Meist boten die Schreibmeister an, Bücher oder Schriftstücke zu verfassen oder abzuschreiben bzw. ihren Schülern das Schreiben beizubringen. Der Schreibmeister Johann von Hagen setzte Anfang des 15. Jahrhunderts an das Ende seiner Reklametafel folgende Aufforderung:

> »Wer verschiedene Schriften meisterlich und kunstvoll erlernen will, wie sie heute in den Kanzleien der Herren benutzt werden, nämlich in verschiedenen Texten und Urkunden, geschrieben in Gold, Silber oder einem anderen Metall, der komme zu mir, Johann von Hagen, und er wird in kurzer Zeit gemäß seinem Lerneifer und zu einem angemessenen Preis unterrichtet werden.«

Vermutlich entstanden in dieser Zeit auch die ersten Ladenschilder von Schulmeistern. Selbst Universitätsprofessoren scheuten nicht vor Werbemaßnahmen zurück, um ihr Wissen zu vermarkten, so beispielsweise der Leipziger Professor Johannes Honorius, der für die Bücher zu seiner Vorlesung warb: »Leser, suchst du nach schön gedruckten Exemplaren: der Buchführer Martin (Landsberg aus Würzburg) verkauft sie dir.« Daneben warben die Hochschullehrer ebenfalls mit Plakaten für den Besuch ihrer Vorlesungen, da sie ihren Lebensunterhalt zumindest teilweise aus den anfallenden Gebühren der Studenten bestritten.

Qualitätswaren erlangten mitunter internationales Renommee und wurden zum Markenartikel, gekennzeichnet in der Regel durch eine Herkunftsbezeichnung. Zu den spätmittelalterlichen Bestsellern aus deutschen Ländern gehörten die Konstanzer Leinwand, die Nürnberger Metallkleinwaren (*Merzeria*), der Ulmer und Augsburger Barchent, Solinger Messer und Einbecker Bier. Europaweiten Ruf hatten beispielsweise die Wolltücher aus Ypern und anderen flandrischen Städten, die Tapisserien (*arrazi*) aus Arras oder Glaswaren aus Murano (Venedig).

Geregelt wurde der Wettbewerb um Kunden von einer straffen Regulierung. In Venedig wurde das Alte Gericht, die *Giustizia Vecchia*, bereits in der zweiten Hälfte des 12. Jahrhunderts eingerichtet, um das Marktgeschehen zu überwachen. Viele andere Städte installierten im Laufe der Zeit ähnliche Überwachungsorgane. Das Ziel der obrigkeitlichen Überwachung war es, die Stadtgemeinde gegen Spekulation und Hamstern sowie gegen Betrug und Täuschung zu schützen, etwa durch das Gebot des öffentlichen Verkaufs auf dem Marktplatz oder dem Verbot des Zwischenhandels. Die Kontrolle der Wirtschaft erfolgte jedoch nicht ausschließlich durch öffentliche Institutionen, sondern auch durch Korporationen wie die Zünfte. In ihren Statuten legten diese handwerklichen Genossenschaften sorgsam die Qualitätsmerkmale ihrer Erzeugnisse sowie die Arbeitsbedingungen und die Zulassung zum Gewerbe fest. Allzu aggressiven Werbetechniken wurden gelegentlich Grenzen gesetzt. So verbat die Zunftordnung der Florentiner Lebensmittelhändler ihren Mitgliedern Mitte des 14. Jahrhunderts, Kunden anzusprechen, die sich gerade in anderen Geschäften umsahen.

Theoretisch war alles reguliert, in der Praxis zeigen die unzähligen Beschwerden über gepanschten oder sauren Wein, zu kleine Heringstonnen, gestreckte Gewürze und Arzneien, falsche Herkunftsbezeichnungen oder überhöhte Preise, dass sich Kaufleute und Konsumenten nicht immer an die Regeln hielten. Bei den Betrugstechniken waren die Menschen erfinderisch. Abzuwiegende Ware wurde nass gemacht, um das Gewicht zu erhöhen. Quacksalber erzählten Wundergeschichten, um ihre Pülverchen und Tinkturen an den Mann oder die Frau zu bringen. Über die Tuchhändler berichtet Bernardino von Siena (1380–1444) Folgendes:

> »Der Tuchverkäufer zieht so stark an seinen Stoffen, dass sie dadurch größer werden. Gelegentlich streckt der Verkäufer seine Tücher derart in die Länge, dass sie zu zerreißen drohen und dies manchmal sogar geschieht.«

Zu allen Zeiten war Betrug riskant und erbrachte entweder großen Gewinn oder großen Verlust.

Wie eng Wettbewerb und Regulierung oder konkreter: Warenfälschung (»Falschwerk«) und Qualitätskontrolle miteinander verflochten waren, belegen seit dem 13. Jahrhundert die Tuchsiegel (Tuchplomben), mit denen Woll- und Leinentücher gekennzeichnet wurden und die in großer Anzahl erhalten geblieben sind. Sie wurden meist aus Blei gefertigt und zeigten das Stadt- oder Zunftwappen oder den Anfangsbuchstaben des Stadtnamens. Kaufleute und Konsumenten konnten anhand der Bleisiegel erkennen, an welchem Ort die Stoffe hergestellt worden waren. Dies diente zugleich als Beleg dafür, dass die Qualitäts- und Maßanforderungen der dortigen, meist in einer Zunft organisierten Produzenten eingehalten worden waren. Deren Vorschriften umfassten verschiedene Güteklassen in Bezug auf Länge, Breite, Dichte des Gewebes (Zahl der Kettfäden) sowie Qualität der Wolle und Gewicht des Tuches. Seit dem ausgehenden 12. Jahrhundert wurden die Zeichen in den städtischen Gesetzen und Zunftstatuten vorgeschrieben: »Die Weber sollen auf ihren Tuchen ein Zeichen anbringen, so dass deutlich wird, aus welcher Wolle die Tuche sind«, heißt es in den einschlägigen Statuten von Toulouse aus dem Jahr 1227. Es handelte sich also um eine produktions- und absatzorientierte Qualitätsgarantie, welche die Entstehung von »Produktmarken« vorantrieb und die große Preisspanne zwischen billigen und teuren Textilien widerspiegelt. Auf diese Weise verwandelten sich die Tuchsiegel von einem Zeichen der Provenienz zu einem Warenzeichen und Werbeträger. Wer dagegen heimlich mit betrügerischer Absicht Tuchsiegel fälschte oder echte Tuchsiegel auf missratenen Stoffen anbrachte, musste mit schweren Strafen rechnen. Im Jahr 1433 wurde der Wollenweber Ditmar Knoch in Grevenbroich vom Schöffengericht zum Tode verurteilt und verbrannt, weil er fehlerhafte Wolltuche mit einer selbst hergestellten Stempelzange besiegelt hatte.

Die gewerbliche Kennzeichnung von Waren und Artefakten beschränkte sich nicht auf Textilien, sondern war integraler Bestandteil der zunftmä-

Tuchsiegel aus Rotterdam. Teile des Stadtnamens sind noch zu erkennen; ebenso die zwei durch einen Steg miteinander verbundenen Scheiben. Tuchsiegel (Tuchplomben, *cloth seals*) wurden seit dem 13. Jahrhundert als Qualitätszeichen an Wolltuchen und anderen Textilien angebracht. Allein in Ypern wurden in den Stadtrechnungen des 14. Jahrhunderts Ausgaben für mehr als vier Millionen Tuchsiegel und 900 Zangen zu deren Herstellung verzeichnet. Im Jahresdurchschnitt wurden in diesem flandrischen Tuchzentrum um die 60.000 Siegel produziert. Es handelte sich also um industrielle Massenware. In Flandern wurden jedes Jahr mehrere Millionen davon hergestellt.

ßigen und obrigkeitlich geregelten Gewerbeordnung des Mittelalters. Auf dem Markt, auf Kleidungsstücken, in den Werkstätten, selbst an den Kirchenwänden und auf Altarbildern fielen dem Betrachter gewerbliche Zeichen in die Augen: Meisterzeichen, Steinmetzzeichen und Künstlersignaturen, Ziegelstempel, Herkunfts- und Qualitätszeichen sowie Prüfsiegel fanden sich auf Wänden und Waren unterschiedlichster Art. Im Leder-, Holz- und Lebensmittelgewerbe waren Kontroll- und Qualitätszeichen im hohen und späten Mittelalter weit verbreitet und wurden von Beauftragten der Städte oder Zünfte in einem genau geregelten Verfahren genehmigt und angebracht. Die Kennzeichnung von Waren besonderer Qualität ist jedoch viel älter. Auf hochwertigen Schwertern des 8. bis 11. Jahrhunderts findet sich der Name Ulfberht (*+VLFBERH+T*), der vermutlich auf einen fränkischen Schmied zurückgeht, dessen Name und Werkstatt eine Art Handelsmarke begründeten. Im Laufe der folgenden Jahrhunderte wurde die Vielfalt der gekennzeichneten Waren immer größer und die Überwachung immer umfassender. In England war es der König selbst, der 1266 gesetzlich verordnete, dass die Bäcker auf jedem Brotlaib ihr persönliches Zeichen setzen mussten. In Venedig erfolgte die Begutachtung der Qualität und Reinheit von Gewürzen und Drogen durch die *Gerbulatori* (Gewürzkontrolleure). Erst nachdem diese vereidigten Fachleute ihre Zustimmung gegeben und die Ware mit ihrem Zeichen versehen hatten, gelangten die Pulver und Gewürze in den Handel. Während sich die Konsumenten der Qualität und des Wertes einer Ware bis dahin durch Betasten und Probieren vergewissert hatten, verließ man sich nun zunehmend auf ein standardisiertes Zeichensystem.

Entsprechend wurden umfangreiche Vorsichtsmaßnahmen getroffen, um die Zangen und Stempelwerkzeuge sicher zu verwahren. In Blei oder Kupfer geprägte Meistermarken mussten bei den Zünften oder Obrigkeiten hinterlegt werden. Für Missbrauch, Nachahmung und Fälschung von Warenzeichen wurden drakonische Strafen festgesetzt. Häufig wurden Fälschungsdelikte mit Verbannung aus Stadt und Land, Ausschluss aus der Zunft, Geldstrafen oder sogar mit dem Tod bedroht. Der Schutz des Urheberrechts zeigte sich am Ende des Mittelalters darüber hinaus in ersten Gerichtsverfahren zum Warenzeichenschutz sowie in der Entstehung des Patentwesens. Dennoch blieb die falsche oder betrügerische Kennzeichnung von Waren das gesamte Mittelalter und darüber hinaus bis heute weit verbreitet. Das wussten die Verfasser der Straßburger Safranordnung, als sie feststellten: *Item zu wissen, das man vil beschisses mit gantzen saferon tribet.* Und dieser Ansicht war auch Thomas Murner (1475–1537), als er 1512 in seiner »Narrenbeschwörung« dichtete: *Dann die kunst der artzeny / mit der man trybt groß valschery.* Für die persönliche Bereicherung waren Menschen zu allen Zeiten bereit, Kopf und Kragen zu riskieren. Hinzu kam im Mittelalter (wie heute) der kollektive Versuch, durch die Imitation und Usurpation von Schauzeichen berühmter Gewerbezentren, damals waren dies hauptsächlich Oberitalien und Flandern, regionale Wettbewerbsnachteile auszugleichen.

Konsum am Ende des Mittelalters

Der Renaissance-Experte Richard Goldthwaite meinte 1993, dass die Grundlagen der modernen Konsumgesellschaft in der italienischen Renaissance zu finden seien: »The material culture of the Renaissance generated the very first stirring of the consumerism that was to reach a veritable revolutionary stage in the eighteenth century and eventually to culminate in the extravagant throw-away, fashion-ridden, commodity-culture of our own times.« Mittelalterliche Autoren hätten dieser Ansicht vermutlich zugestimmt, waren doch vor allem die städtischen Autoren stolz auf die wirtschaftliche Prosperität ihrer Heimatstädte. Bonvesin de la Riva (1240–1313) sammelte in seinem Werk *De magnalibus urbis Mediolani* (Über die Wunder der Stadt Mailand) im Jahr 1288 beispielsweise nicht nur Daten über Gebäude, Kirchen und Menschen der Stadt, sondern beschrieb ausführlich den Wohlstand der Mailänder. Die verschiedenen Berufsgruppen werden ebenso vorgestellt wie das reichhaltige Angebot an Waren auf den städtischen Märkten. Die Informationen über die Vielfalt an Obst und Gemüse sind so umfangreich, dass Historikerinnen und Historiker sie aufgriffen, um die italienische Küche der damaligen Zeit zu beschreiben. Zu den Aktivitäten der Einzelhändler bemerkt der Autor:

> »Und darüber hinaus wird alles, was die Menschen für ihr Leben brauchen, nicht nur an bestimmten Orten, sondern täglich in ausreichender Menge auf den Plätzen der Stadt angeboten und die Waren werden durch Lärm und Geschrei verkündet und beworben«

Ähnlich rühmte Antonio Pucci (1310–1388) den Mercato Vecchio von Florenz als den schönsten, luxuriösesten und vielfältigsten aller Stadtmärkte.

Der Begriff Konsumgesellschaft bezeichnet eine Gesellschaft, in der der Kauf von Waren und Dienstleistungen eine große Rolle spielen. Dies setzt voraus, dass ein großes Angebot von Produkten und Dienstleistungen verfügbar ist und ein großer Teil der Gesellschaft in der Lage ist, diese auch zu erwerben. Angeregt wird der Konsum unter anderem durch Werbung. Das Ergebnis ist ein Lebensstil, der sich stark über Konsum und den Besitz von Waren definiert. In der Regel wird die Entstehung der Konsumgesellschaft mit der »Verbraucherrevolution« (*consumer revolution*) des 18. Jahrhunderts in England oder dem Beginn der industriellen Massenproduktion im 19. Jahrhundert verbunden.

Im Jahrtausend zwischen 500 und 1500 veränderten sich Wirtschaft und Konsum in Europa grundlegend. Vor allem seit dem hohen Mittelalter entwickelte sich in Westeuropa ein dichtes Netz lokaler und internationaler Märkte und Warenmessen. Die Gesellschaft erlebte einen Schub der »Kommerzialisierung« und immer mehr Menschen erledigten ihre Geschäfte auf dem Markt. Die phasenweise wachsenden Reallöhne sowie die Zunahme von Angebot und Nachfrage steigerte das Interesse an Moden und am demonstrativen Konsum als Distinktionsmerkmal. Menge und Qualität der in einem Haushalt konsumierten Nahrungsmittel und Gegenstände, wie sie in Inventaren und Testamenten nachweisbar sind, belegen eine allgemeine Zunahme der Kaufkraft und eine Diversifizierung der Lebens- und Konsumformen. Die Entstehung von Gebrauchtwarenmärkten im späten Mittelalter, insbesondere für Kleidung, ist ein zusätzliches Indiz für die Ausweitung kommerzieller Aktivitäten, an denen auch ärmere Schichten teilhaben konnten.

Die wohlhabende Elite stellte ihre Erwerbungen gerne zur Schau, insbesondere die prächtige Kleidung und die prunkvolle Ausstattung der Häuser. Briefe und Chroniken ermöglichen neben den bereits genannten Inventaren und Testamenten einen Einblick in diesen demonstrativen Konsum. Wer es sich leisten konnte, umgab sich zu Hause mit Wandteppichen und Silbergegenständen und beeindruckte seine Gäste mit edlem Geschirr und exotischen Gegenständen wie zum Beispiel einem goldenen Salzschiff, wie es die Tafel des burgundischen Herzogs schmückte. In Spezialstudien wurde in den letzten Jahren auf regionale und schichtspezifische Geschmackspräferenzen und Konsumgewohnheiten hingewiesen. Zugleich belegen diese Arbeiten die große soziale Ungleichheit, die sich am Umfang und an der Qualität der Besitztümer zeigen lässt. Ob man in dieser Entwicklung die Ausbildung oder erste Ansätze einer Konsumgesellschaft sehen will, ist Interpretationssache. Es scheint vernünftig, den Beginn der »Verbraucherrevolution« weiterhin in der Frühneuzeit zu verorten, die ersten Anzeichen einer Konsumorientierung im Mittelalter aber ebenso ernst zu nehmen und detailliert zu untersuchen.

Damit zusammenhängende Fragen sind für die mittelalterliche Wirtschaftsgeschichte ebenfalls wichtig: Brachte die Zunahme des Konsums eine begrüßenswerte Hebung des allgemeinen Lebensstandards oder stellt sie den Beginn einer materialistischen, konsumorientierten Haltung dar, die inzwischen in die Kritik geraten ist? War erstmals die frühneuzeitliche Gesellschaft bereit, mehr zu arbeiten, um mehr zu konsumieren (*Industrious Revolution*), oder zeigen sich Anzeichen dafür schon vor 1500? Die These der Frühneuzeitforschung, dass die große Mortalität ab 1348 bei der überlebenden Erbengesellschaft zunächst einen Hang zur Faulheit erzeugt habe, weil es vielen nach der Katastrophe materiell besser ging, wurde von der Mittelalterforschung abgelehnt. Denn bei der Wahl zwischen weniger Arbeit und mehr Erwerbsmöglichkeiten entschieden sich bereits spätmittelalterliche Handwerker und Tagelöhner vorrangig für mehr Arbeit und ein höheres Einkommen.

Globales Mittelalter

Europa im Vergleich

Europa ist ein Kontinent, der je nach Perspektive von Einheit oder Vielfalt geprägt ist. Die politische, kulturelle, wirtschaftliche und soziale Uneinheitlichkeit des Kontinents hat dazu geführt, dass der Begriff Europa im Mittelalter ein gelehrtes Konzept ohne große praktische Bedeutung gewesen ist. Meist wurde Europa als einer von drei Erdteilen wahrgenommen, wobei Afrika als barbarisch und rückständig und Asien als wohlhabend und zivilisiert galt. Vor allem im Spätmittelalter diente Europa, gleichgesetzt mit der römischen Christenheit, gelegentlich zur Identitätskonstruktion, zum Beispiel gegenüber den Mongolen und Osmanen. Die allermeisten Bewohner des Kontinents fühlten sich jedoch nicht als Europäer und der Kontinent stand selten im Mittelpunkt gelehrter oder literarischer Diskurse.

Der europäische Integrationsprozess hat die Perspektive verändert und die Suche nach europäischen Gemeinsamkeiten und Besonderheiten in Gegenwart und Vergangenheit befördert. Andererseits ist Europas Vielfalt in den letzten Jahrzehnten in der Forschung ebenfalls betont und dabei häufig positiv interpretiert worden. Die Ambivalenz von Einheit und Vielfalt im internationalen Kontext prägte zwei Debatten, die seit vielen Jahren die Gemüter der Fachwelt und der Öffentlichkeit erhitzen. Es geht dabei um die vermeintliche Sonderrolle Europas in der Welt, genauer um den Vergleich zwischen Westeuropa und Ostasien, sowie um die Position Nordwesteuropas innerhalb des Kontinents. Bezeichnet werden diese Debatten mit den Begriffen »Great Divergence« und »Little Divergence«. Beide Diskussionen hängen miteinander zusammen, da die beschleunigte Entwicklung in Nordwesteuropa zur Industriellen Revolution führte, welche ihrerseits die globale Vorherrschaft Europas im 19. Jahrhundert begründete.

Die Meinungen über den zeitlichen Beginn und die Ursachen für die interkontinentalen und innereuropäischen Gegensätze gingen und gehen weit auseinander. Unterschiedlichste Theorien wurden vorgeschlagen, welche mit Geografie, Kultur, Institutionen, Kolonialismus, Ressourcen und reinem Zufall argumentieren. Das Mittelalter und die mittelalterliche Wirtschaftsgeschichte spielen in diesen Diskussionen eine zwar untergeordnete, aber nicht zu unterschätzende Rolle, und auch in diesem Feld stehen sich kontroverse Sichtweisen gegenüber.

Das Mittelalter und die *Great Divergence*

In der Diskussion um die *Great Divergence* wird die Frage erörtert, weshalb Westeuropa und europäisch besiedelte Teile der Neuen Welt im 19. Jahrhundert zu den mächtigsten und wohlhabendsten Regionen der Welt aufgestiegen sind. Kenneth Pomeranz eröffnete die aktuelle Debatte im Jahr 2000 mit seinem Buch *The Great Divergence* und vertrat darin die Ansicht, dass in Nordwesteuropa und Südostchina, den damals wirtschaftlich fortschrittlichsten Regionen der Erde, bis um 1800 ähnliche Lebensstandards sowie eine vergleichbare wirtschaftliche Produktivität bestanden hätten. Durch die Industrielle Revolution und das von ihr ausgelöste nachhaltige Wirtschaftswachstum in Westeuropa sei jedoch eine globale Divergenz entstanden. Zahlreiche Wissenschaftler steuerten in den letzten zwanzig Jahren neue Perspektiven und Facetten zur Diskussion bei, wobei sie sich häufig, wie Pomeranz, auf die Epoche ab 1750 konzentrierten.

Die Debatte hat ältere Thesen zur Sonderentwicklung Europas (European *exceptionalism; European miracle*) wiederbelebt und mit neuen Perspektiven und Begriffen versehen – auch in Bezug auf das Mittelalter. Die meisten Historiker und Historikerinnen stellten sich dabei die Frage, weshalb und wodurch sich Westeuropa, an der äußersten Peripherie Eurasiens gelegen, von einer armen rückständigen Region um das Jahr 500 tausend Jahre später in eine reiche fortschrittliche Region verwandelt hat. Allerdings existieren zu dieser Frage keine allgemein akzeptierten Antworten: Welche Faktoren waren ausschlaggebend? Hat sich Europas globaler Aufstieg um 1500 schon abgezeichnet? War Europa um 500 tatsächlich arm und reich um 1500? Die wirtschaftsgeschichtlichen Antworten darauf sind so kontrovers wie das Forschungsfeld groß ist. Die Spannbreite der Argumente reicht von Europas geografischen und klimatischen Voraussetzungen bis hin zu kulturellen und institutionellen Faktoren. In der Regel gehen die Autorinnen und Autoren von einem Faktorenbündel aus, wobei die Gewichtung der einzelnen Elemente jeweils unterschiedlich ausfällt. Bemerkenswert ist zudem, dass Historikerinnen und Historiker die globale Weichenstellung zeitlich sehr unterschiedlich ansetzen und die *Great Divergence* vor dem Mittelalter, im frühen, im hohen bzw. im späten Mittelalter beginnen lassen. Auf den folgenden Seiten wird dies anhand einiger prominenter Studien exemplarisch verdeutlicht. Die dabei zutage tretenden interpretatorischen Ungleichheiten legen die Vermutung nahe, dass die Frage nicht endgültig entschieden werden kann, sondern verschiedene Perspektiven und Forschungsschwerpunkte weiterhin widersprüchliche Antworten hervorbringen werden.

Wirtschaftsgeografische Strukturen bilden die prägenden Faktoren der Weltgeschichte in Jared Diamonds *Arm und Reich* von 1998. Für den Evolutionsbiologen erfolgte die globale Weichenstellung bereits im Zuge der Neolithischen Revolution. In Eurasien waren domestizierbare Tiere und anbaufähige Pflanzen in größerer Anzahl als in anderen Erdteilen vorhanden. Aufgrund dieses Startvorteils konnten sich auf dem Doppelkontinent Agrargesellschaften mit hoher Bevölkerungsdichte bilden. Es entstanden Staaten mit politischer Zentralisierung und hoch entwickelten Herrschafts- und Verwaltungspraktiken. Konsequenterweise waren es die Eurasier, die sich im Rest der Welt ausbreiteten oder Kolonien gründeten. Der Aufstieg Europas innerhalb Eurasiens wird von Diamond ebenfalls mit wirtschaftsgeografischen Argumenten erklärt. Im »Fruchtbaren Halbmond«, der Wiege der eurasischen Agrargesellschaften im Nahen Osten, war das einst ertragreiche Ackerland durch Abholzung und Raubbau in Wüsten und Steppen verwandelt worden. Der Grund für das relative Zurückfallen Chinas sei indes in der geografischen Einheit des Landes zu suchen, da diese bereits in der Antike eine dauerhafte politische Zentralisierung ermöglicht habe. Im Gegensatz zu Europa habe in China daher kein Wettlauf der Fürstentümer und Stadtstaaten um Macht und Einfluss bzw. um das eigene Überleben stattgefunden, der hingegen im kleinstaatlich organisierten Europa die verschiedensten Innovationen hervorgebracht habe. Im Vergleich zum Rest der Welt besaß Westeuropa also einen geografischen Startvorteil und profitierte im Mittelalter zusätzlich von der Robustheit seiner landwirtschaftlichen Ressourcen sowie von einer inneren produktiven Rivalität.

Für die meisten Wissenschaftlerinnen und Wissenschaftler liefern wirtschaftsgeografische Faktoren nur einen Teil der Antwort. Damit wird eine Tradition fortgesetzt, die mindestens ins 19. Jahrhundert zurückreicht. Bereits Max Weber hatte allgemein von »Kulturerscheinungen« gesprochen, die ausschließlich auf dem Boden des Okzidents aufgetreten seien und universelle Bedeutung erlangt hätten. In dieser Tradition steht beispielsweise David Landes, der die bekannten Argumente 1998 in seinem Buch *Wohlstand und Armut der Nationen* zusammenfasste. Große Bedeutung wird dabei der protestantischen Arbeitsethik (nach Max Weber) beigemessen, welche den ökonomischen Erfolg der Nordwesteuropäer erkläre. Hinzu kämen die günstigen klimatischen Voraussetzungen in Europa sowie die Kontrolle der Monarchie durch Adel und Parlament, welche politischen Wettbewerb, Gewerbefreiheit und die ungehinderte Entfaltung der Wissenschaften gefördert habe. Auf ähnliche Weise hat Eric Jones 1981 ein Faktorenbündel in seinem Werk *Das Wunder Europa* dargestellt. Bei ihm hat die Industrielle Revolution ebenfalls eine lange Vorgeschichte, die bis ins Mittelalter zurückreicht und eine lange Reihe von Innovationen, wie beispielsweise die Druckerpresse, umfasst. Besonders vorteilhaft habe sich in Europa die Rivalität der Länder ausgewirkt, welche einen Wettbewerb der Ideen und eine wettbewerbsorientierte Marktwirtschaft hervorgebracht habe. Die chinesischen Kaiser wurden dagegen nicht in einen solchen Wettbewerb gezwungen und hielten daher an traditionellen Institutionen fest.

Neben Erklärungen dieser Art, die das Mittelalter in einen epochenübergreifenden Prozess integrieren, stehen Studien, die sich vorrangig auf die mittelalterliche Epoche selbst konzentrieren und deren globale epochenübergreifende Bedeutung herausstellen. Michael Mitterauer hat sich in seinem Werk *Warum Europa?* explizit an Max Weber orientiert. Nach seiner Meinung war eine Kombination von wirtschaftlichen und kulturellen Faktoren, die seit dem Mittelalter immer mehr an Bedeutung gewannen, für den europäischen Sonderwegs verantwortlich. Wirtschaftliche Basis sei eine frühmittelalterliche Agrarrevolution gewesen, welche im 8. und 9. Jahrhundert im Zentralraum des Karolingerreichs zwischen Rhein und Seine begonnen habe. Nur hier habe das Zusammenspiel von neuen Techniken – wie Wendepflug, Dreifelderwirtschaft und der Einsatz von Zugvieh, neuen Organisationsformen wie die Villikation und neuen Kulturpflanzen wie Roggen – eine nachhaltige Steigerung der Produktivität ermöglicht. Im Mittelmeerraum und im Nahen Osten habe dagegen eine gänzlich andere Entwicklung eingesetzt. Die *Arab Agrarian Revolution* habe im frühen Mittelalter zwar ebenfalls große Neuerungen hervorgebracht, etwa den Anbau neuer, aus dem Osten importierter Kulturpflanzen und eine umfangreiche Bewässerungsinfrastruktur. Der intensive Anbau von Spezialkulturen habe jedoch die Böden ausgelaugt und die instabilen politischen Verhältnisse hätten zu einer Vernachlässigung der Bewässerungsanlagen geführt.

Mit den landwirtschaftlichen Innovationen verknüpft Michael Mitterauer einige kulturelle und politische Entwicklungen. An erster Stelle nennt er das westeuropäische Heiratsmuster (*European Marriage Pattern*) und die geringe Bedeutung, die Abstammungsbeziehungen beigemessen wurde. Westlich einer Linie von St. Petersburg nach Triest hätten die Menschen durchschnittlich spät geheiratet, und ein hoher Anteil der Erwachsenen sei zudem ledig geblieben. Der Grund für das hohe Heiratsalter sei die Anforderung gewesen, mit der Ehe einen eigenen Haushalt gründen und versorgen zu können. Familien im westlichen Europa seien daher durchschnittlich klein gewesen und hätten zwei bis drei überlebende Nachkommen gehabt. In anderen Teilen Europas (Süden und Osten) sowie in vielen nicht-europäischen Regionen sei die Ledigenrate niedriger gewesen und die Menschen hätten früher geheiratet sowie mehr Kinder bekommen. Dies habe im Gegensatz zur islamischen und chinesischen Gesellschaft eine hohe soziale Mobilität ermöglicht. Die moderne Forschung hat die These, die auf den englischen Statistiker Johan Hajnal zurückgeht, nur zum Teil bestätigt.

Daneben hätten Lehenswesen und Ständeverfassung zu politischer Partizipation, Parlamentarismus und einem Wettbewerb der Ideen geführt. Gegen Ende seines Buches wendet Michael Mitterauer sich wieder wirtschaftlichen und technologischen Fragen zu. Die Entdeckungsfahrten der Portugiesen und der italienischen Seerepubliken interpretiert er als den Beginn der europäischen Expansion und kolonialer Ausbeutung. Zeitgleich seien mit Predigtdrucken und dem Buchdruck in Europa die ersten Formen der Massenkommunikation entstanden. Für Michael Mitterauer zeichnete sich die große Divergenz zwischen Europa und der Welt also bereits im Mittelalter ab. Insbesondere wirtschaftliche und technologische Errungenschaften während des frühen Mittelalters spielten dabei in seinen Augen eine weichenstellende Rolle.

Ähnlich wie Michael Mitterauer machte Jan Luiten van Zanden 2009 ein Faktorenbündel aus wirtschaftlichen und kulturellen Sonderentwicklungen für Europas Weg zur Industriellen Revolution (*The Long Road to the Industrial Revolution*) verantwortlich, sah die entscheidenden Weichenstellungen aber in der Zeitspanne zwischen dem hohen Mittelalter und der frühen Neuzeit. Eine Schlüsselrolle spielen in seiner Interpretation die europäischen Staaten, die politische Stabilität garantierten, sowie die Rechtswissenschaften, welche das Handelsleben mit juristischen Normen und Praktiken durchdrangen und ihm Struktur und Sicherheit verliehen. Insbesondere der Nordwesten Europas habe auf dieser politischen und rechtlichen Grundlage die spätmittelalterliche Krise gut überstanden und selbst in dieser Periode wirtschaftliches Wachstum verzeichnet. Neben den funktionierenden Institutionen war für van Zanden die Investition in Humankapital für Europas Aufstieg verantwortlich. Das bereits erwähnte westeuropäische Heiratsmuster habe durch die späte Verheiratung die kollektive Arbeitskraft vergrößert. Zudem habe das europäische Erziehungs- und Ausbildungssystem zu einer Akkumulation von Wissen geführt, welches sich laut van Zanden an der steigenden Produktion von Büchern zeige (s. Abb. nächste Seite).

Eine chronologisch und inhaltlich andere Schwerpunktsetzung entwickelt Bruce M. S. Campbell in seinem Buch *The Great Transition* von 2016. In dem »großen Übergang« zwischen circa 1270 und 1470 habe Westeuropa das Kaiserreich China wirtschaftlich eingeholt und zugleich seien in dieser Periode die Grundlagen für die *Great Divergence* gelegt worden. Auslöser hierfür waren für Campbell die klimatischen und demografischen Katastrophen des 14. Jahrhunderts und die unterschiedlichen Reaktionen darauf. Das Buch ist damit der derzeit jüngste Beitrag einer seit langer Zeit gut etablierten Sichtweise, welche die Pest des 14. Jahrhunderts und die westeuropäischen Reaktionen auf die Krise als epochale Zäsur verstehen. Friedrich Lütge meinte bereits 1952, dass »jene Zeit, die gemeinhin als Mittelalter bezeichnet wird«, in der zweiten Hälfte des 14. Jahrhunderts ihr Ende finde und »einer neuartigen sozialen und wirtschaftlichen Entwicklung Platz« mache. Campbell schließt sich dieser

Sichtweise an: In Europa habe der Bevölkerungsrückgang zu einem Arbeitskräftemangel geführt, welcher einen Schub technologischer Errungenschaften ausgelöst habe, um teure Arbeitskraft durch billige Maschinen zu ersetzen. Wäre Europa von diesen Krisen verschont geblieben, hätte sich nichts an dem vorhandenen Überangebot billiger Arbeitskräfte geändert und der Innovationsdruck wäre ausgeblieben. So aber seien in einer *Great Transition* bereits vor der Entdeckung Amerikas die grundlegenden Weichen für einen Aufstieg der westlichen Welt gelegt worden.

Viele weitere Autorinnen und Autoren haben den Aufstieg Europas und seine mittelalterlichen Grundlagen zu ergründen versucht. Die erwähnten Interpretationen sollen die Spannbreite der chronologischen und inhaltlichen Argumentationen wiedergeben. Die Unterschiede in den Darstellungen beginnen schon bei der zeitlichen Verortung der globalen Weichenstellung, die zwischen

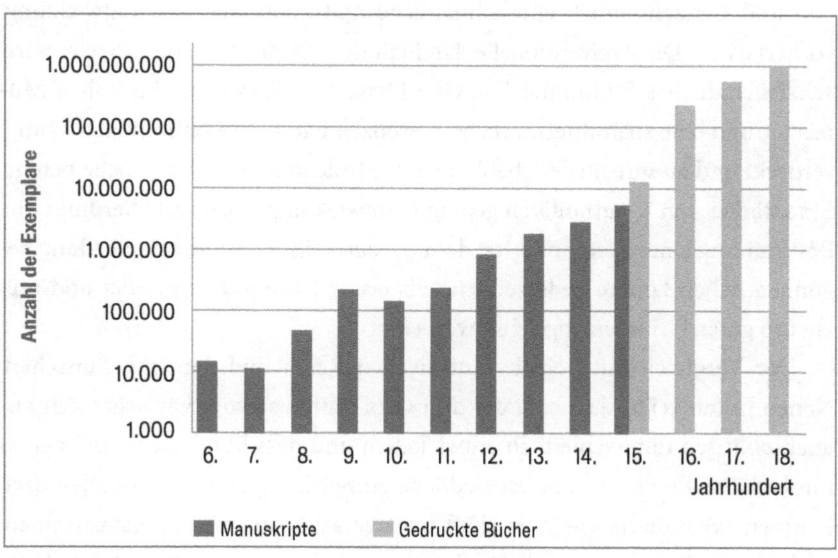

Die Bücherproduktion in Westeuropa vom frühen Mittelalter bis zum 18. Jahrhundert (ohne Russland und Südosteuropa). Interessant an der Grafik ist der exponentielle Anstieg, der im Mittelalter begann und durch die Erfindung des Buchdrucks weiter beschleunigt wurde. In Westeuropa wuchs die Zahl der Bücher (und die Menge des Wissens) in einem über 1000 Jahre währenden Prozess alle 300 bis 400 Jahre und mit dem Buchdruck alle 200 Jahre um das Zehnfache.

dem Neolithikum und dem späten Mittelalter angesetzt wird. Innerhalb der Mittelalterforschung dominieren freilich die Stimmen, welche den Aufstieg Europas im hohen und späten Mittelalter beginnen lassen. Inhaltlich kreisen die Vorschläge um die Produktivität der Landwirtschaft, die Wirkungen der Kommerziellen Revolution sowie die Ausbildung von funktionierenden Institutionen. Insbesondere der letzte Punkt hat jüngst viel Aufmerksamkeit auf sich gezogen. Der Wettbewerb innerhalb der europäischen Staaten und Stadtstaaten sowie zwischen ihnen habe eine Teilung der Macht, eine Notwendigkeit zum Kompromiss und eine Suche nach vorteilhaften Lösungen auf allen Ebenen erzeugt. Eine solche Dynamik habe in anderen Weltregionen vor 1500 gefehlt. Freilich gibt es zu keinem der genannten Punkte übergreifenden Konsens unter Mittelalterhistorikern und -historikerinnen.

Der kurze Überblick macht deutlich, dass die mittelalterliche Wirtschaftsgeschichte von Phasen der Expansion und Kontraktion geprägt war, im Großen und Ganzen jedoch eine allmähliche und kontinuierliche Entwicklung vorherrschte. Die konventionelle Dreiteilung des Jahrtausends in ein wirtschaftsfeindliches Frühmittelalter, eine Phase des Wachstums im hohen Mittelalter und eine spätmittelalterliche Krisenzeit hat diese Kontinuitäten häufig verdeckt und an ihre Stelle schablonenartig Brüche und Widersprüche betont. Eine stärker von Kontinuitäten geprägte Entwicklung erschwert allerdings die Bestimmung eines Zeitpunkts, an dem die europäische Sonderentwicklung begonnen haben könnte. Jede zeitliche Fixierung kann gut begründet und mit ebenso guten Gründen abgelehnt werden.

Der Vergleich mit dem byzantinischen Reich und dem muslimischen Nahen Osten zeigt, dass sich die drei Großräume sowohl wirtschaftlich als auch politisch unterschiedlich entwickelten und dass klimatische und epidemiologische Ereignisse unterschiedliche Auswirkungen hatten. In allen drei Räumen expandierte die Wirtschaft trotz verschiedenartigster Katastrophen und Krisen. Das wirtschaftliche Gravitationszentrum verschob sich jedoch in Phasen und zu verschiedenen Zeitpunkten. Im frühen Mittelalter war Byzanz die wirtschaftliche Vormacht in Europa und im Nahen Osten, seit dem 7. Jahrhundert breitete sich das islamische Reich in Regionen mit besonders großer wirtschaftlicher Prosperität aus, ab dem 12. Jahrhundert erweiterten die westeuropäischen Handelsstädte ihren Aktionsradius in das östliche Mittelmeer hinein. Westeuropas Kernregionen zwischen Oberitalien und Südengland entfalteten in der zweiten Hälfte des Mittelalters im Vergleich zu den beiden anderen Regionen eine starke wirtschaftliche Dynamik. Um 1500 wurde diese Verschiebung in den Westen durch die rasche militärische und wirtschaftliche Expansion des osmanischen Reichs wieder in Frage gestellt, wobei die Meinungen über den materiellen Wohlstand des Osmanischen Reichs im 15. Jahrhundert und in den folgenden Jahrhunderten auseinandergehen. Dass sich der christliche Westen wirtschaftlich und militärisch gegenüber dem islamischen Osten durchsetzen würde, war gegen Ende des Mittelalters keineswegs ausgemacht – weder waren die Zeitgenossen davon überzeugt (falls sie über solche Fragen überhaupt nachdachten), noch kann die moderne historische Forschung davon ausgehen, dass die mittelalterlichen Entwicklungen eine ausreichende Voraussetzung für die globalen Divergenzen im 19. Jahrhundert bildeten. Historische Prozesse sind zu komplex, vielschichtig und unberechenbar für Kontinuitäten dieser Art.

Der Vergleich von Großregionen geschieht über die Köpfe der Menschen hinweg, da das Schicksal der Menschen in der Regel von örtlichen Verhältnissen bestimmt wird – trotz klimatischer Veränderungen, Epidemien oder Kriegen, welche einen ganzen Kontinent oder einen größeren Landstrich erfassen. Allgemeine Konjunkturen blieben den Zeitgenossen ebenso verborgen wie die wirtschaftliche Entwicklung in fernen Ländern. Regionale Kleinräumigkeit bestimmte sowohl das Denken als auch das Wirtschaftsgeschehen in starkem Maße und lenkt somit den Blick auf die wirtschaftlichen Divergenzen innerhalb des keineswegs homogenen mittelalterlichen Europa.

Butter statt Olivenöl! Die tatsächlichen Sorgen der Menschen im späten Mittelalter zeigen sich beispielsweise in den Bittschriften an die päpstliche Pönitentiarie, um eine Dispens (Ausnahmebewilligung) zu erhalten. Häufig ging es dabei um Ehehindernisse aufgrund zu naher Verwandtschaft. Die Bewohner des römisch-deutschen Reichs plagte zudem eine andere Sorge. Da in ihrer Heimat keine Oliven wachsen und die importierten Oliven häufig ranzig seien, hätten sich die Menschen nicht an den Verzehr von Olivenöl gewöhnt. Es verursache ihnen Ekel und Übelkeit. In großer Zahl baten daher Personen und Gemeinden im 15. Jahrhundert den Papst darum, in der Fastenzeit – entgegen der kirchlichen Vorschriften – Butter und Milchprodukte zu sich nehmen zu dürfen. Der Papst hatte meistens Nachsicht mit den Nordmenschen und gewährte eine Dispens. Diese Butterfrage beschäftigte die Menschen vermutlich mehr als die Frage, ob Europa im Wettbewerb der Kontinente bestehen würde.

Vgl. Repertorium Poenitentiariae Germanicum. Bearb. von Ludwig Schmugge, Bd. 1–10, Tübingen 1996–2016, Stichwort »butirum«.

Entwicklungsunterschiede im mittelalterlichen Europa

Die wirtschaftshistorische Forschung hat sich stets für die Unterschiede zwischen den europäischen Regionen interessiert. In den letzten zwanzig Jahren wurden Divergenz und Konvergenz innerhalb Europas erneut intensiv untersucht – im Hinblick auf die europäische Integration der Gegenwart und auf die vormodernen Grundlagen dieses Prozesses. Die mittelalterliche Wirtschaftsgeschichte geht dabei häufig von zwei Prämissen aus. Zum einen wird angenommen, dass die regionale Verteilung von Prosperität und Armut große zeitliche Stabilität aufwies, zum anderen, dass eine Verlagerung der produktivsten Wirtschaftszonen vom Mittelmeerraum in die Nordseeregionen erfolgte.

Peter Moraw hat Entwicklungsunterschiede und Entwicklungsausgleich im deutschen und europäischen Mittelalter 1987 zusammenfassend beschrieben. Für seinen interregionalen Vergleich verwendete der Autor eine Reihe von Faktoren, zu denen unter anderem die Verfassungsentwicklung, wirtschaftliche und soziale Verhältnisse, der technische Fortschritt und der Grad der Schriftlichkeit gehören. Im Süden und Westen Europas, nämlich in Italien, Frankreich, in Teilen Spaniens, in England sowie dem römisch-deutschen Reich westlich des Rheins seien diese Faktoren in höherem Maß zu finden gewesen als in den Ländern Nord- und Ostmitteleuropas. Moraw nannte diese zwei unterschiedlichen Großräume das »ältere Europa« und das »jüngere Europa«. Im älteren Europa sei bereits im hohen Mittelalter eine komplex organisierte, arbeitsteilige Gesellschaft mit urbanen Lebensformen und Zentren universitärer Bildung entstanden. Maßgebliche Einflussnahmen seien von hier aus Richtung Norden und Osten ins jüngere Europa erfolgt, während die Rückwirkungen wesentlicher bescheidener ausgefallen seien. Über Jahrhunderte währende Ausgleichsprozesse hätten zu einer gewissen Annäherung des kulturellen und wirtschaftlichen Niveaus am Ende des Mittelalters geführt. Was bereits die Begriffe andeuten, belegt ein Blick auf die Karte: Peter Moraws älteres Europa befindet sich zum größten Teil auf dem Gebiet des ehemaligen Imperium Romanum.

Eine andere wirtschaftsgeografische Einteilung Europas, entwickelt zur Beschreibung gegenwärtiger Strukturunterschiede, beruht auf dem Bild der sogenannten »Blauen Banane«, welche sich kurvenförmig von Südengland bis Norditalien erstreckt. Innerhalb der »Blauen Banane« sind Urbanisierung, Bevölkerungsdichte und wirtschaftliche Produktion besonders stark ausge-

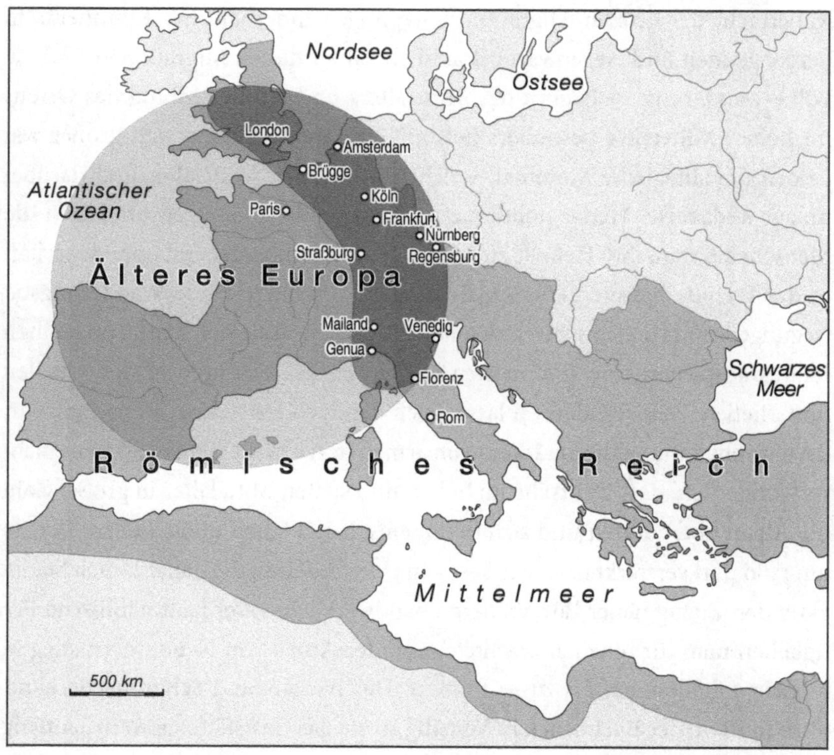

Entwicklungsunterschiede in Europa. Das »ältere Europa« des hohen und späten Mittelalters (nach Peter Moraw) liegt auf dem Gebiet des ehemaligen römischen Reichs. Die »Blaue Banane« (hier in Dunkelgrau) zwischen Südengland und Norditalien verbindet die wichtigsten Gewerbezonen Europas.

prägt, wenngleich selbst in dieser europäischen Kernzone große Unterschiede vorhanden waren. Erneut handelt es sich um ein Gebiet, das größtenteils auf dem Boden des ehemaligen römischen Reichs liegt und damit Teil des Moraw'schen älteren Europa ist. Es ist zudem jener Raum, der im Mittelalter die beiden wichtigsten europäischen Gewerbezonen in Norditalien und Nordwesteuropa einschließt und miteinander verbindet. Im modernen Europa haben sich weitere Wirtschafts- und Wohlstandsregionen etabliert, dennoch umfasst das Gebiet der »Blauen Banane« noch heute die meisten führenden Wirtschaftszonen des Kontinents. Trotz aller Ausgleichsprozesse haben die europäischen Kernregionen ihren Vorsprung offenbar nie ganz verloren.

Die epochenübergreifende Stabilität wirtschaftlicher Ungleichheit ist in Anbetracht der großen Migrationsbewegungen innerhalb des Kontinents in Vergangenheit und Gegenwart erstaunlich. Unter diesen Migrationen sind die Völkerwanderung zu Beginn des Mittelalters und die Besiedlung des Ostens im hohen Mittelalter besonders bekannt. In ihrem Umfang weit größer war jedoch die alltägliche Mobilität, welche das gesamte Mittelalter und darüber hinaus andauerte. Weder politische noch sprachliche Grenzen hinderten die Menschen daran, ihre Heimat zu verlassen, um vorübergehend oder dauerhaft in der Fremde bessere Lebensbedingungen zu suchen. Diese Wanderungsbewegungen sind freilich schwer zu quantifizieren, weil sie sich häufig im kleinen Radius abspielten bzw. die meisten Migranten keine Spuren in den Quellen hinterließen. Zwei Tendenzen lassen sich dennoch feststellen: Menschen wanderten vom Land in die Stadt und von armen in reiche Regionen. So ist es nicht verwunderlich, dass Deutsche im hohen und späten Mittelalter in großer Zahl die Alpen überquerten und sich in italienischen Städten niederließen. Bereits um 1300 und verstärkt nach der Pest von 1348 förderten die italienischen Städte aktiv den Zuzug neuer Bürger, deren handwerkliche oder kaufmännische Fertigkeiten man für nützlich erachtete, und der Anteil von Neubürgern stieg in manchen Städten auf bis zu 10 Prozent. Das Bäcker- und Schuhmacherhandwerk in Rom, der Buchdruck in Venedig sowie das Gaststättengewerbe entlang der Pilgerwege nach Rom wurden gegen Ende des Mittelalters von Einwanderern aus dem deutschen Sprachraum dominiert. Auch der Senat von Venedig förderte nach 1348 die Ansiedlung neuer Bürger:

> »Da es uns obliegt, für die Wiederherstellung des alten Zustands unserer Bürgerschaft, die nach dem Willen Gottes entvölkert und an Einwohnern dezimiert wurde, Wege und Lösungen zu finden«, erhält der Senat das Recht, ›Freiheiten, Befreiungen und Steuererleichterungen‹ allen Personen zu gewähren, die sich in der Stadt niederlassen wollen, sowie andere Maßnahmen zu ergreifen, »um Menschen zur Besiedelung und Wiederherstellung unseres Staatswesens in der alten Form zu veranlassen.«

Angesichts des Ungleichgewichts von Wohlstand und Arbeitsmöglichkeiten kam es in allen Teilen Europas zu Migrationsprozessen, die zumeist von Norden nach Süden und von Osten nach Westen verliefen. Mit den Menschen wanderten handwerkliche Fähigkeiten und fachliches Know-how. Neue Techniken bei der Herstellung von Papier, dem Drucken von Büchern oder der Verarbeitung von Seide wurden durch wandernde Handwerker verbreitet. Um die Weitergabe kostbaren technologischen Wissens zu verhindern, verboten manche Stadtregierungen deshalb das Auswandern ihrer Handwerker. In Nürnberg ließ der Stadtrat alle Lehrlinge schwören, ihr Handwerk nicht anderswo auszuüben und verbot die Gesellenwanderung. Freilich ließ sich die Weitergabe innovativer Technologien niemals dauerhaft verhindern.

Die zunehmende Mobilität von Menschen und Waren erhöhte die Marktintegration im mittelalterlichen Europa. Manche Regionen profitierten davon stärker als andere. Oberdeutsche Kaufleute importierten beispielsweise seit der Mitte des 14. Jahrhunderts Baumwolle aus Venedig in ihre Heimat, in der bisher die Leinenweberei dominiert hatte. Mit dem Rohstoff brachten die deutschen Kaufleute italienisches Fachwissen über die Alpen. So entstand im Gebiet zwischen Konstanz und Regensburg ein erfolgreiches Textilgewerbe, das sich auf die Verarbeitung von Baumwolle und Leinen zu Barchent spezialisierte. Tuche aus diesem Mischgewebe wurden anschließend im Mittelmeerraum und in anderen Regionen Europas verkauft. Der Erfolg der deutschen Barchentweberei weist zugleich auf den durch die Marktintegration beschleunigten Prozess der regionalen Arbeitsteilung hin.

Durch Marktintegration breitete sich zwar Wissen über Grenzen aus, es vertieften sich aber gleichzeitig strukturelle Divergenzen innerhalb Europas. Mobilität und Handel förderten zwar einerseits die Diffusion von Wissen und

Kultur und damit die Konvergenz zwischen Regionen, sie erzeugten andererseits auch Divergenz durch interregionale Arbeitsteilung. Die oberdeutsche Textillandschaft profitierte davon; andere Regionen wie das südliche Italien oder das östliche Mitteleuropa weniger, denn sie wurden degradiert zu Rohstofflieferanten für die Gewerbezonen innerhalb der Blauen Banane. Damit wurde die Basis für eine Vertiefung der Unterschiede zwischen den Kernregionen und den Randzonen gelegt.

Little Divergence im mittelalterlichen Europa

Mit Blick auf diese Prozesse von Konvergenz und Divergenz machte die wirtschaftshistorische Forschung der letzten 20 Jahre auf eine beginnende wirtschaftliche Verschiebung vom Mittelmeer zum Atlantik hin aufmerksam. Die These von der *Little Divergence* beruht auf der Annahme, dass sich in der Frühen Neuzeit ein wirtschaftlicher Gegensatz zwischen Nordwesteuropa und dem Rest gebildet hat, dessen Wurzeln ins späte Mittelalter zurückreichen. Die meisten Länder Europas erlebten zwischen 1500 und 1800 eine Phase der wirtschaftlichen Stagnation mit gleichbleibenden oder sinkenden Reallöhnen. Allein in dem kleinen nordwestlichen Teil Europas, der Flandern, die Niederlande und Großbritannien umfasst, verlief die Entwicklung anders. Hier wuchsen die Reallöhne in spätem Mittelalter und Früher Neuzeit kontinuierlich weiter, sodass der Nordwesten um 1800 deutlich wohlhabender war als der Rest des Kontinents. Grundlegend für die These und die anhaltende Debatte ist eine Untersuchung von Robert C. Allen aus dem Jahr 2001, in welcher er die Reallöhne von Handwerkern für eine große Anzahl europäischer Städte in dieser Periode schätzte und einander vergleichend gegenüberstellte.

In den letzten 20 Jahren wurde die These der *Little Divergence* in vielen Studien bestätigt und verfeinert, aber auch relativiert und kritisiert. Ihre Vertreter wiesen auf divergierende Entwicklungspfade bereits seit der Pest um die Mitte des 14. Jahrhunderts hin. Während in den meisten Teilen Europas ein erneuter Bevölkerungsanstieg ab circa 1450 eine Rückkehr zu den Verhältnissen von vor 1348 und einem Überangebot an billigen Arbeitskräften mit sich gebracht habe, sei dies im Nordwesten nicht geschehen. Hier habe ein wachsendes Produktivitätsniveau die Reallöhne trotz des Bevölkerungswachstums langfristig stabilisiert. Eine starke innere Marktintegration dieses komplementären Wirtschaftsraumes habe den Aufschwung gefördert, beispielsweise durch den Export englischer Wolle in die flandrischen Tuchregionen.

Als strukturelle Ursachen für den Gegensatz zwischen dem Nordwesten Europas und dem Rest wurde in den letzten Jahrzehnten eine große Reihe von Argumenten angeführt: Der internationale Seehandel, gemessen an der Flottengröße in Relation zur Einwohnerzahl, sei bereits um 1500 in den Niederlanden am größten gewesen. Zu diesem Zeitpunkt sei zudem die agrarische Produktivität, veranschaulicht an dem jeweiligen Aussaat-Ernte-Verhältnis, im Nordwesten höher als in den meisten Teilen Süd- und Zentraleuropas gewesen. Der größere landwirtschaftliche Output habe unter anderem die Stadtentwicklung im Nordwesten beschleunigt, welche am Ausgang des Mittelalters die Urbanisierungsrate Italiens übertroffen habe. Für den Vergleich wurden zudem institutionelle Faktoren wie die politische Partizipation herangezogen, welche in den Monarchien, Fürstentümern und Stadtstaaten Kontinentaleuropas geringer ausgeprägt gewesen sei als im Nordwesten mit dem englischen Parlament und den einflussreichen Städten in den Niederlanden. Aus unterschiedlichen Alphabetisierungsraten und der Produktionszahl von Büchern wurde schließlich geschlossen, dass im Nordwesten das Humankapital besser ausgestattet gewesen sei. Diese und weitere Faktoren haben in den letzten zwanzig Jahren in der Debatte über die Little Divergence Beachtung gefunden und dazu geführt, dass die innereuropäische Divergenz als (beinahe allgemein) akzeptierter Konsens der Forschung gilt.

Die Beiträge zur *Little Divergence* stießen nicht nur auf Zustimmung. Zum einen wiesen Autorinnen und Autoren in den letzten Jahren darauf hin, dass die Messung des Reallohnanstiegs eine komplexe Herausforderung darstellt und dass die Zahlen für die einzelnen Regionen zumindest teilweise einer neuerlichen Überprüfung bedürfen. Zum anderen könnten die beobachteten Divergenzen zumindest in der spätmittelalterlichen Periode teilweise mit dem überlieferten Quellenmaterial zusammenhängen. Die Überlieferung zu Grundherrschaften, staatlichen Ausgaben und anderen wirtschaftsrelevanten Bereichen ist insbesondere in England umfangreicher als in Zentraleuropa. Die Vertreter der Little Divergence-Debatte sind daher mit den nordwestlichen Verhältnissen nicht nur besser vertraut, sondern besitzen auch mehr Quellen

Jahr	1300–1399	1500–1549	1750–1799
England	0,3	18,0	196,4
Niederlande	0,2	19,5	501,5
Belgien	0,8	35,4	45,3
Spanien und Portugal	0,4	5,7	29,0
Italien	0,8	29,3	88,7
Schweden	–	1,1	214,1
Irland	–	–	79,5
Schweiz	0,1	71,6	33,6
Frankreich	0,3	40,3	120,8
Deutschland	0,3	28,6	125,3
Polen	–	0,3	23,1

Der Gebrauch von Büchern pro 1000 Einwohnern in europäischen Ländern zwischen 1300 und 1800. Der Vergleich legt nahe, dass sich der Gebrauch von Büchern in den europäischen Ländern unterschiedlich entwickelte. Im späten Mittelalter lagen die Zentren des Bücherkonsums zwischen Italien und Belgien. In der Frühen Neuzeit verschoben sie sich nach Norden und Nordwesten. Die Zahlen sind lediglich Annäherungswerte und mit großer Vorsicht zu interpretieren.

zu diesem Raum als beispielsweise zum hansischen oder oberdeutschen Wirtschaftsgefüge. Der Vergleich des kleinen dynamischen Nordwestens mit dem großen Rest des Kontinents verdeckt darüber hinaus die Divergenzen innerhalb des weiten Raumes von Portugal bis ins Baltikum und von Norddeutschland bis zum Balkan, in dem es ebenfalls große wirtschaftliche Ungleichheiten gab.

Great Divergence und *Little Divergence* heute

Politische und kulturelle Rahmenbedingungen formten und formen die wirtschaftsgeschichtlichen Perspektiven und Debatten zu allen Zeiten. Die *Great Divergence*-Debatte erwuchs aus dem wirtschaftlichen Aufstieg Chinas und der Auflösung der bipolaren Welt der Nachkriegszeit. Der globale Vergleich der Wirtschaftssysteme machte die internen europäischen Unterschiede ebenfalls zum Gegenstand der Forschung. In beiden Debatten wurden in der Zwischenzeit zahlreiche Thesen vorgelegt, die auf mehr oder weniger Zustimmung stießen. Dabei hat sich gezeigt, dass sich die großen Fragen der Wirtschaftsgeschichte aufgrund ihrer Komplexität nicht abschließend und umfassend beantworten lassen, sondern dass sie immer neu und immer anders gestellt werden. Wirtschaftshistorikerinnen und -historiker mit globalgeschichtlichen Interessen blicken heute nicht mehr nur auf die *Great Divergence* mit ihrem Höhepunkt um 1900, sondern auch auf die *Great Convergence*, den Aufholprozess vieler Volkswirtschaften seit circa 1980. Vielleicht hat sich die Frage nach dem Aufstieg des Westens überholt?

Die Einstellung zu wirtschaftlichem Wachstum hat sich in den letzten 70 Jahren grundsätzlich gewandelt. Während die *Divergence*-Diskussionen ein wenig an einen Wettlauf der Wirtschaftsnationen um Einfluss und Reichtum erinnern, haben Wissenschaftlerinnen und Wissenschaftler unterschiedlichster Fachrichtungen die wirtschaftliche Ausbeutung von Mensch, Tier und Natur im Anthropozän zu ihrem Thema gemacht. Vielleicht sollten die bereits in der Vormoderne sichtbaren Schattenseiten der wirtschaftlichen Entwicklung stärker in der Forschung berücksichtigt werden. Als Kommentare zu den negativen Folgen der Wirtschaftsentwicklung können Ansätze verstanden werden, die die mittelalterliche Wirtschaft in die lange Geschichte des Kapitalismus einordnen. Dies geschieht in neomarxistischen Ansätzen, welche die wirtschaftliche Ausbeutung der Bauern durch die adligen und kirchlichen Grundbesitzer in den Mittelpunkt ihrer Studien stellen. In der DDR bestimmte ein orthodoxer historischer Materialismus die offizielle Sichtweise auf die Vergangenheit. Im Westen bedienen sich neomarxistische Autoren und Autorinnen einer größeren inhaltlichen und methodischen Vielfalt. Kritische Stimmen gibt es zudem unter liberalen Autoren und Autorinnen. Bas van Bavel hat zuletzt in seinem Buch *The Invisible Hand* von 2016 auf die selbstzerstörerischen Kräfte eines ungeregelten Kapitalismus hingewiesen und dies vorrangig anhand des Mittelalters diskutiert. Seiner Meinung nach sind Aufstieg und Niedergang von Wirtschaftssystemen mit der Funktionsweise ihrer jeweiligen Märkte verbunden. Wo es den Eliten gelingt, über den Warenhandel hinaus die Produktionsfaktoren Land, Arbeitskraft und Kapital den Marktgesetzen zu unterwerfen und ökonomisch zu dominieren, führt der Weg zunächst zwar zu Wirtschaftswachstum, bald aber zu Ungleichheit und gesellschaftlicher Polarisierung. Der Zenit ist überschritten, wenn die Eliten die ökonomischen Institutionen nach dem eigenen Interesse gestalten und ihr Vermögen in Repräsentation und Kapitalanlagen investieren. Eine solche Entwicklung macht van Bavel für den Niedergang Norditaliens gegen Ende des Mittelalters und für den Aufstieg des Nordwestens zu Beginn der Neuzeit verantwortlich. Er folgt damit dem Parameter der *Little Divergence*, endet allerdings nicht mit einem optimistischen Ausblick auf die Industrielle Revolution, sondern mit einem düsteren Blick auf den Kapitalismus der Gegenwart, der sich erneut in einem kritischen Stadium befinde. Die Geschichte des Kapitalismus folgt aus dieser Sicht einer zyklischen Entwicklung und habe – verglichen mit den heutigen Verwerfungen – im Mittelalter teilweise sogar eine höhere Lebensqualität für Teile der Gesellschaft geboten. Die aktuellen Diskussionen unserer Zeit über eine gerechte Verteilung von Vermögen, grenzüberscheitende Migrationsprozesse und den Klimawandel werden zweifellos auch im 21. Jahrhunderts die Erforschung der mittelalterlichen Wirtschaftsgeschichte weiter anregen und verändern.

Quellenkunde

Woher kommt unser Wissen?

Die Erforschung der mittelalterlichen Wirtschaftsgeschichte ist nicht auf bestimmte Quellengattungen beschränkt. Es gibt zweifellos Schriftquellen, die besonders eng mit der Wirtschaftsgeschichte verbunden sind, wie etwa das Verwaltungsschrifttum oder Rechtstexte. Informationen zu wirtschaftshistorischen Fragestellungen liefern darüber hinaus andere schriftliche Quellen wie Geschichtsschreibung und Hagiografie, Reise- und Predigtliteratur sowie die verschiedenen Formen der fiktionalen Literatur. Obwohl wirtschaftliche Themen nicht das hauptsächliche Interesse der häufig kirchlichen Autoren darstellen, enthalten die erzählenden, pastoralen und literarischen Werke viele Hinweise auf wirtschaftliche Belange. Den Verfassern naturkundlicher oder handwerklicher Fachliteratur ging es meist ebenfalls nicht vorrangig um die Wirtschaft, sondern um die göttliche Schöpfung und ihre Gesetzmäßigkeiten. Die gelehrte Analyse der Natur und der Gesellschaft berührte aber, zumindest am Rande, auch wirtschaftliche Zusammenhänge. Die bunte Welt wirtschaftlicher Aktivitäten wird zudem in Sachquellen (Realien) wie Münzen, handwerklichen Erzeugnissen und Kunstgegenständen sichtbar. Die Erkenntnisse der Archäologie und Bauforschung zu den dinglichen Überresten und zur mittelalterlichen Kulturlandschaft tragen ebenfalls zum Verständnis vergangener wirtschaftlicher Verhältnisse bei. Sämtliche überlieferte Spuren der mittelalterlichen Vergangenheit bereichern daher direkt oder indirekt, in großem oder in kleinem Ausmaß, deutlich oder weniger deutlich, unsere Kenntnis der mittelalterlichen Wirtschaftsgeschichte.

Verwaltungsschriftgut

Die klassische Quellengattung der mittelalterlichen Wirtschaftsgeschichte ist das Verwaltungsschrifttum (Akten), das von fürstlichen, kirchlichen, grundherrlichen oder städtischen Obrigkeiten, aber auch von Korporationen und Einzelpersonen angelegt wurde, um Verwaltungsabläufe, Besitzrechte, Rechnungen und Transaktionen zu dokumentieren. In der Landwirtschaft, die den größten Sektor der mittelalterlichen Wirtschaft ausmachte, erfolgte dies im Rahmen der Grundherrschaft. Das wichtigste grundherrschaftliche Verwaltungsbuch bildete das Urbar, in das die Grundherren ihren Besitz und die damit verbundenen Abgaben eintrugen. Schon in merowingischer Zeit gab es Besitzverzeichnisse, die möglicherweise auf spätrömische Kataster, Steuerlisten oder Heereslisten zurückgingen. Seit dem 9. Jahrhundert sind königliche und kirchliche Urbare überliefert; ab dem 12. Jahrhundert benutzten adlige Grundherren ebenfalls diese Form der schriftlichen Verwaltung.

Das älteste und umfangreichste Urbar des frühen Mittelalters ist das Polyptychon des Klosters Saint-Germain-des-Prés bei Paris. Gewöhnlich versteht man unter Polyptychon eine Schreibtafel oder ein Gemälde, das aus mehreren Teilen besteht. Der Begriff hat sich aber auch für die frühmittelalterlichen Besitzverzeichnisse der Frankenzeit eingebürgert. Das zwischen 823 und 829 angelegte Urbar basiert auf mehreren Inspektionsreisen von Mönchen, bei denen diese den abhängigen Bauern eine Reihe von Fragen stellten und deren Antworten von etwa einem Dutzend Schreibern notieren ließen. Das nur unvollständig überlieferte Verzeichnis umfasst 129 Blätter und über 10.000 Namen von abhängigen Bauern, ihren Ehefrauen und Kindern. Die Einträge zeigen unter anderem, dass die Bauern häufig in Familien mit zwei bis drei Kindern in einem Dorf oder verstreut in dessen Nähe wohnten, ein Stück Land eigenständig bewirtschafteten und bestimmte Abgaben in Naturalien sowie Frondienste auf den Herrenhöfen leisteten. Die Bauern unterschieden sich voneinander in ihrem rechtlichen Status (frei, halbfrei, unfrei) und ihren ökonomischen Verhältnissen, da ihre Hufen unterschiedlich groß waren und manche Hufen von mehreren Familien bewohnt und bewirtschaftet wurden. Mit dem Begriff Hufe oder Manse werden die Bauernhöfe und die dazu gehörigen Felder und Wiesen bezeichnet. Der im Folgenden genannte Walafred beispielsweise war nicht nur Hufenbauer, sondern zugleich Verwalter eines Herrenhofes (Meier) und besaß als Anerkennung für seine Verwaltungsdienste neben seiner eigenen Hufe noch eine zweite, für die er keine zusätzlichen Abgaben zahlen musste. Der Eintrag macht die Komplexität der bäuerlichen Pflichten deutlich:

> »Walafred, Kolonus und Meier, und seine Frau Eudimia, ebenfalls Kolona, sind Eigenleute des Klosters und haben zwei Kinder, deren Namen Walahilde und Leutgarda sind. Sie besitzen zwei freie Mansen und haben 7 bonniers Ackerland, 6 arpents Weingärten und 4 arpents Weiden. Er schuldet von jeder Manse im jährlichen Wechsel einen Ochsen und im nächsten Jahr ein Schwein; 4 Pfennige als Ablösung für Holzabgaben, 2 Scheffeln Wein zur Schweinemast, ein Schaf mit Lamm. Er pflügt im Winter vier perches sowie zwei weitere perches eines anderen Drittels, und leistet zudem Frondienste, Fuhrdienste, Handarbeiten und Holzarbeiten, wie im befohlen wird; vier Hühner, 15 Eier.«

Urbare sind auf den ersten Blick eine einfach zu interpretierende Quelle. Studien der letzten Jahrzehnte haben jedoch auf zahlreiche offene Fragen hingewiesen. Wie präzise waren die schriftlichen Angaben, die häufig auf mündlichen Auskünften basierten? Gaben sie eine tatsächliche Praxis oder ein angestrebtes Ideal wieder? Wie groß waren die einzelnen Hufen und wie groß waren die rechtlichen und wirtschaftlichen Unterschiede zwischen den Bauern? Wie wurden die Abgaben der Bauern übergeben und kontrolliert? Geschah dies ausschließlich in den angegebenen Einheiten oder konnten sie durch Ersatzleistungen oder Geld abgegolten werden? Welche Bedeutung hatten landesherrliche Urbare wie das Domesday Book von 1086 oder das Urbar Karls IV. (1316–1378), das als Landbuch der Mark Brandenburg bezeichnet wird, für die Ausbildung der spätmittelalterlichen Landesherrschaft? Über alle diese Fragen wird in der aktuellen Forschung heftig diskutiert. Die Unvollständigkeit der Texte war übrigens schon den Zeitgenossen bewusst, auch wenn Caesarius von Prüm 1222 das Urbar seines Klosters von 893 abschrieb, um Jahrhunderte alte Rechtsansprüche seines Klosters zu rechtfertigen.

Auf seinen Visitationsreisen durch die Normandie forderte Erzbischof Eudes Rigaud von Rouen (1200–1275) die Klöster- und Kirchenvorsteher dazu auf, schriftliche Ein- und Ausgabenverzeichnisse zu führen. Im Jahr 1249 schrieb er in sein Reisetagebuch über das Kloster Saint-Wandrille:

»Sie haben ein Einkommen von 4000 Pfund. Der Abt rechnet nicht jedes Quartal ab, wie wir es angeordnet hatten; wir haben ihn angewiesen, vierteljährlich eine Rechnungsprüfung vorzunehmen. Sie schulden nur etwa 1000 Pfund. Sie schulden zudem etwa 166 Pfund an jährlichen Renten. Wir forderten den Abt auf, der Klostergemeinschaft schriftlich mitzuteilen, wie viel von ihrem Land jedes Jahr verpachtet wird, und dass er die Schulden des Klosters schriftlich festhält und der Gemeinschaft vorlegt. Aus dem Verzeichnis soll hervorgehen, was und wem das Kloster etwas schuldet und was dem Kloster von wem und wieviel geschuldet wird.«

Die mittelalterlichen Möglichkeiten ließen eine Administration im modernen Sinne nicht zu. Das führte zu Problemen für kirchliche und weltliche Grundherren.

Im Mittelalter wurden neben den Urbaren viele weitere Besitz- und Einkünfteverzeichnisse verfasst. Bis ins 13. Jahrhundert hinein waren es vor allem Klöster und Kirchen, die sich für die Verwaltung ihrer Güter der schriftlichen Form bedienten. Nun nahm die Verwaltungsschriftlichkeit allgemein zu, und es entstanden beispielsweise Lehns- und Steuerbücher, in denen Landesherren und Stadtregierungen Lehnsbesitz und Steuereinnahmen festhielten. Der weltliche Adel ging ebenfalls dazu über, schriftliche Hilfsmittel für die Verwaltung der Grundherrschaften anzulegen. Graf Siboto IV. von Falkenstein (1126–1200) war einer der ersten weltlichen Grafen, der 1166 für seine in Bayern gelegene Grafschaft ein Urbar und Lehensverzeichnis anlegen ließ. Anlass war seine Teilnahme am Kreuzzug. Für den Fall seines Todes wollte der Graf die Einkünfte, Rechte, Besitzungen und Lehen der Grafschaft für seine unmündigen Kinder dokumentieren und sichern.

Die Zollregister reichen mit der Raffelstettener Zollordnung von 903 bis ins frühe Mittelalter zurück, hauptsächlich wurden sie seit dem 13. Jahrhundert angelegt. Im 14. Jahrhundert mussten Kaufleute auf der Donau zwischen Regensburg und Wien 16 Zollstellen passieren, auf dem Rhein wurde im 15. Jahrhundert circa alle 20 Kilometer Zoll erhoben. Arnold Esch hat die spätmittelalterlichen Zollregister Roms ausgewertet und detailreich gezeigt, welche Waren in die Stadt transportiert wurden und was dies über Handel und Konsum in der Ewigen Stadt verrät. Für die Erforschung des Handels im Nord- und Ostseeraum sind die *London Customs Accounts* (ca. 1280–1550) und die Register des Sundzolls (*Sound Toll Registers*), den nicht-dänische Schiffe bei der Fahrt durch den Öresund bezahlen mussten (rund 1,7 Millionen Durchfahrten von 1497 bis 1857), besonders wichtig. Beide Quellen sind online verfügbar.

Gleichsam als Indikatoren der wirtschaftlichen Expansion und der damit verbundenen Schriftlichkeit wurden die Zollordnungen immer umfangreicher und detaillierter, wie ein der Raffelstettener Zollordnung von 906 und der Speyerer Zollweistum von 1265 belegt (s. Tabelle).

	Raffelstettener Zollordnung (902–906)	**Speyerer Zollweistum (um 1265)**
Ort	Warenverkehr im österr. Donauraum	Warenverkehr am Rhein bei Speyer
Sprache	Latein	Latein
Umfang	6 Artikel auf einer Seite	39 Artikel auf 8 Seiten
Waren	Salz, Wachs, Pferde, Sklaven	Heringe, Salz, Getreide, Wein, Eisen, Vieh, andere Handelsgüter, Schweine, Lämmer, gezähmte / ungezähmte Pferde, Ochsen, Kühe, Ziegen, Öl, Mühlsteine
zollfreie Waren		Holz, Steine, Kohle, Kohl, Lauch, Gemüse, Heu, Stroh etc.
Personen	Bayern, Slawen, Juden, Anwohner	Kaufleute allgemein, Speyerer Bürger, Bauern aus verschiedenen Orten, Schwaben, Ministeriale des Bischofs, Bürger aus Köln, Trier, Mainz, Worms und Straßburg, Leute jenseits des Rheins im Bistum Worms, Bischof von Speyer und seine Amtsleute
Transportmittel	Schiffe, Saumtiere	Schiffe, Wagen, Karren, Saumpferde, Fässer, Lastkahn mit / ohne Steuerruder

Raffelstettener Zollordnung von 906 und Speyerer Zollweistum von 1265. Der Vergleich verdeutlicht die Steigerung und Ausdifferenzierung des grenzüberschreitenden Handelsverkehrs im hohen Mittelalter.

Eine bis dahin unbekannte Vielfalt erreicht das Verwaltungsschrifttum in den spätmittelalterlichen Städten. Zeitlich am Beginn standen häufig die sogenannten Stadtbücher, in denen der städtische Rat besonders wichtige Dokumente rechtlicher oder wirtschaftlicher Natur wie das Stadtrecht, Zunftstatuten, Testamente oder Rechnungen eintragen ließ. Editionen und Literatur zu den Stadtbüchern sind im *Index Librorum Civitatum* online zugänglich. Im Laufe des späten Mittelalters wurden für die verschiedenen Verwaltungsbereiche eigene Buch- oder Registerreihen angelegt. In Rechnungsbüchern wurden die Einnahmen und Ausgaben, und in Grundbüchern (Schreinsbücher in Köln) die Transaktionen auf dem städtischen Immobilienmarkt festgehalten. Die Aufnahme neuer Bürger erfolgte in eigenen Bürgerbüchern. Die Steuerschulden der Bürger wurden in Steuerbüchern notiert. Seit dem 13. Jahrhundert spiegelt die formale und inhaltliche Vielfalt dieser städtischen Akten die immer komplexer werdende städtische Wirtschaft des späten Mittelalters wider.

Im hohen Mittelalter entwickelte sich außerdem die private und landesherrliche Rechnungsführung. Handelsfirmen, Kaufleute und Handwerker führten häufig eigene Rechnungsbücher oder Haushaltsbücher, in denen sie Ausgaben und Einnahmen gegenüberstellten. Teilweise wurde dafür bereits die doppelte Buchführung benutzt, nördlich der Alpen allerdings meist erst im 16. Jahrhundert. Private Rechnungsbücher folgten dagegen häufig einem sehr einfachen, pragmatischen Schema.

Die öffentliche bzw. territoriale Rechnungslegung entstand ebenso im hohen Mittelalter. Die Verwaltung des englischen Königreichs nach 1066, als die fortschrittliche normannische Administration eingeführt wurde, nahm dabei eine Vorreiterrolle ein. Im *Domesday Book* wurden die Grundherrschaften des Königs und der besteuerbare Besitz seiner Untertanen systematisch durch königliche Abgesandte erfasst, die 1085 das Land durchkämmten und Grundstücke und ihre Besitzer notierten. Die Einnahmen und Ausgaben des Exchequers (Rechnungs- und Finanzbehörde) wurden seit dem 12. Jahrhundert in den *Pipe Rolls* gesammelt, die mit wenigen Lücken bis zum 19. Jahrhundert erhalten sind. Hauptinhalt der *Pipe Rolls* ist die schriftliche Dokumentation der Kontrolle der Abrechnungen der englischen Lokalverwaltungen (*Sheriffs*) durch die Zentrale, wobei die Einnahmen hauptsächlich aus den königlichen

Grundherrschaften stammten. Die territoriale Rechnungslegung, die im 13. und 14. Jahrhundert auch in anderen europäischen Ländern einsetzte, macht es möglich, mittelalterliche Staatsfinanzen und öffentliche Wirtschaftspolitik zu untersuchen. An adligen Höfen entstanden zudem Rechnungsbücher, in denen die Einnahmen und Ausgaben des Hofes festgehalten wurden. Sie sind eine wichtige Quelle, um den »Staatshaushalt« und den höfischen Konsum zu rekonstruieren.

Während in Westeuropa die Schriftkultur im Allgemeinen und das Verwaltungsschriftgut im Besonderen vor allem im späten Mittelalter exponentiell zunahm, war der Einsatz von Schrift in der Administration im byzantinischen Reich und im islamischen Kalifat bereits im frühen Mittelalter weit verbreitet. In beiden Fällen wurden spätantike Verwaltungstraditionen weitergepflegt. Der Großteil der Überlieferung ist verloren, allein in Ägypten blieb aufgrund des trockenen Klimas eine große Zahl von Papyri in vom Wüstensand begrabenen Müllkippen erhalten. Insbesondere die Ausgrabungen in den Orten Oxyrhynchus und Aphrodito führten zur Entdeckung von Hunderttausenden Dokumenten, darunter Briefe sowie biblische und literarische Werke. Das Wirtschaftsleben im spätantiken und frühmittelalterlichen Ägypten wird ebenfalls in zahlreichen Urkunden und Rechnungen behandelt. Von den Oxyrhynchus Papyri wurden bisher 84 Bände mit etwa 5500 Texten veröffentlicht, wobei dies nur ein winziger Teil der circa 400.000 überlieferten Fragmente ist. Derlei Quellentexte zeigen zum Beispiel, wie der Gouverneur von Ägypten Maßnahmen für die landwirtschaftlichen Aktivitäten des laufenden Jahres anordnete:

> »Gelobt sei der Herr! Die Nilschwemme war dieses Jahr besonders gut. Deshalb hoffe ich, dass dieses Jahr, so Gott will, ein gesegnetes Jahr sein wird. Befehlen Sie daher den Menschen in Ihrem Bezirk, den Anbau zu beginnen, und drängen Sie sie mit Eifer und schließen Sie einen Vertrag mit ihnen. ... Denn wenn das Land bebaut wird, gedeiht es, und Gott sorgt dafür, dass es den ihm gebührenden Ertrag bringt. Wenn Sie mich damit zufrieden stellen, werde ich Ihnen keine Vorwürfe machen. Denn die Kultivierung des Landes ist die oberste Pflicht der Menschen, nach ihrer Pflicht gegenüber Gott, und bringt ihnen Wohlstand und Wohlergehen. Friede sei mit denen, die der Führung folgen. ... Im 91. Jahr (= AD 709).«

Rechtstexte

Neben dem Verwaltungsschrifttum sind es vor allem Rechtsaufzeichnungen (Urkunden und Rechtsbücher), die wichtige Erkenntnisse für die Wirtschaftsgeschichte liefern. Ob die normativen Rechtssetzungen der Rechtswirklichkeit entsprachen, muss in jedem Einzelfall geprüft werden. Form und Inhalt der Rechtsquellen sind vielfältig: Kirchliche und weltliche Aussteller erließen einzelne Rechtsakte in Form von Urkunden, Notariatsinstrumenten, Traditionsnotizen, Testamenten und Gerichtsurteilen oder sie sammelten Abschriften dieser Schriftstücke in Registern, Notariatsimbreviaturen, Urteilsbüchern (Haderbücher) oder Kopialbüchern. Daneben entstanden Rechtssammlungen in Form von Volksrechten, Stadtrechten, Kirchenrechtssammlungen, Ordensregeln oder Weistümern. Die Vielfalt der rechtlichen Normen und Rechtsgewohnheiten war im Mittelalter so groß, weil es kein einheitliches Recht für alle gab. Im Vorwort der *Lex Baiuvariorum* aus dem 8. Jahrhundert hieß es dazu:

> »Kaiser Theodosius hat einen Codex der Kaisergesetze erstellen lassen, den man nach ihm Codex Theodosianus nennt. Danach erwählte sich jedoch ein jedes Volk gemäß der Gewohnheit sein eigenes Recht.«

An die Stelle des vergleichsweise einheitlichen Kaiserrechts trat im Mittelalter ein Nebeneinander von ethnisch, sozial, religiös oder beruflich definierten Rechten. Wirtschaftliche Transaktionen sowie die normativen Rahmenbedingungen kaufmännischer Praxis sind ein wichtiger Gegenstand in diesen heterogenen und teilweise widersprüchlichen Rechtstexten und Rechtssammlungen.

Urkunden sind Schriftstücke, die in einer bestimmten Form abgefasst und beglaubigt wurden, um ein Rechtsgeschäft zu sichern. Häufig handelte es sich zunächst lediglich um einen Anspruch des Urkundenempfängers, der erst umgesetzt werden musste. Die Zahl der im Original oder abschriftlich überlieferten Urkunden aus dem Mittelalter ist groß, aber chronologisch sehr ungleich verteilt. Während von Karl dem Großen (768–814) circa 160 Urkunden und Kapitularien erhalten geblieben sind, liegen in den europäischen Archiven und Bibliotheken circa 40.000 Urkunden und Briefe von Kaiser Friedrich III. (1440–1493). Überliefert sind Urkunden als Originale, als Konzept oder als Abschrift, entweder in Form von Einzelstücken oder als Teil größerer Sammlungen der Aussteller oder der Empfänger (Register bzw. Kopialbücher).

Die Urkunden der fränkischen und deutschen Könige sind in der Diplomata-Reihe der *Monumenta Germaniae Historica* (MGH) ediert. Sie dokumentieren einerseits das Itinerar des Königshofs, der auf die Versorgung durch die königlichen Pfalzen und Städte angewiesen war, und andererseits die Ausstattung der adligen und kirchlichen Elite mit Burgen, Grundherrschaften und meist ökonomisch nutzbaren Rechten. Die Auswertung der Königsurkunden (und anderer Urkunden) erlaubt damit eine Annäherung an die materiellen Lebensverhältnisse der Oberschicht und der von ihnen beherrschten Länder und Leute.

Die Privilegien des Königs werfen zudem ein Licht auf die strukturelle Expansion der europäischen Wirtschaft. Das illustriert beispielsweise die Ausstellung königlicher Marktprivilegien seit dem 9. Jahrhundert. In diesen Urkunden wurde Bischöfen und Klöstern das Recht verliehen, an ihren Kirchen Märkte einzurichten. Damit waren häufig Münz- und Zollprivilegien sowie die Verpflichtung verbunden, auf den Märkten sowie auf den Wegen dorthin für Frieden und Ordnung zu sorgen. Aus den lokalen Märkten entwickelten sich im Laufe des hohen Mittelalters häufig städtische Siedlungen. Einen Markt abzuhalten und die damit verbundenen Einnahmen zu erhalten blieb das gesamte Mittelalter über ein lukratives Vorrecht, war allerdings nicht immer einfach umzusetzen. Im Jahr 1348 erhob beispielsweise der Abt von Abingdon (County Berkshire) Klage vor dem königlichen Gericht Edwards III. (1328–1377), dass eine Gruppe von Übeltätern sich an den Markttagen auf die Lauer lege und Männer und Frauen, die zum Markt kommen wollten, ausraube und damit die Markteinnahmen des Klosters schmälere.

Das Marktprivileg Ottos I. (912–973) für das Kloster Corvey, 946: »Im Namen der heiligen und ungeteilten Dreifaltigkeit. Otto, durch die Hilfe von Gottes Gnade König. Nicht entgehen möge es der Aufmerksamkeit aller unserer gegenwärtigen und zukünftigen Getreuen: Auf Fürsprache unseres geliebten Bruders Brun und des ehrwürdigen Abts Bovo haben wir dem Kloster der heiligen Märtyrers Stephanus und Veit namens Corvey den Gerichtsbann über die beiden Dörfer

> namens Meppen, am Fluss der Ems und der Hase gelegen, im Gau Agradingen in der Grafschaft des Grafen Düring, mit Münze und Zoll nach ewigem Recht zu eigen verliehen. [...] Einen öffentlichen Markt sollen sie an den Stellen errichten, wo es dem Abt gefällt, und festen Frieden sollen sie bei Hin- und Rückreise sowie beim dort Wohnen haben, und zwar in derselben Weise, wie es von unseren königlichen Vorgängern anderen öffentlichen Marktorten verliehen worden ist.«

Nicht nur örtlich wurden die Märkte mit den Kirchen verbunden. Das Wort »Messe« (*feria*) diente zur Bezeichnung sowohl des Gottesdienstes als auch des Jahrmarktes. Der Handel orientierte sich zeitlich am Kirchenjahr (Feiertage) und fand vor und in den Kirchengebäuden statt. Der Sonntag galt trotz aller kirchlichen Verbote als Markttag. Die Kirchen selbst versuchten, ihre religiöse und weltliche Anziehungskraft durch den Erwerb von wundertätigen Reliquien zu vermehren.

Viele urkundlich fixierten Rechtsgeschäfte dienten der Übertragung von Besitzrechten oder anderer Vorrechte. Die systematische Auswertung von Urkunden und Notariatsinstrumenten bildet daher die Quellengrundlage für eine Besitz- und Wirtschaftsgeschichte mittelalterlicher Institutionen, Dynastien und Familien. Entsprechend hat die mittelalterliche Wirtschaftsgeschichte seit dem 19. Jahrhundert die unterschiedlichsten Urkundenbestände erschlossen und ausgewertet. Die Urkundensammlungen der Klöster reichen mitunter bis ins frühe Mittelalter zurück, jene des italienischen Benediktinerklosters Farfa sogar bis zum Jahr 705. Ein Blick in die von Wilhelm Ebel edierten Lübecker Ratsurteile aus dem späten Mittelalter zeigt, dass das Studium von Gerichtsurteilen aufschlussreiches Material für die Wirtschaftsgeschichte bereithält, da juristische Streitigkeiten, wie in der Gegenwart, hauptsächlich Eigentumsfragen oder finanzielle Ansprüche betrafen. Nicht zuletzt mit dem Ziel, Erbstreitigkeiten zu vermeiden, wurden Testamente verfasst; aus der Sicht der Erblasser dienten sie zudem durch fromme Stiftungen dem eigenen Seelenheil. Für Wirtschaftshistorikerinnen und -historiker sind sie ein wichtiges Zeugnis für die sich über Generationen hinweg wandelnden Besitzverhältnisse.

Den Urkunden in ihrer äußeren Form verwandt sind Briefe, deren Aufbau und Inhalt seit dem 12. Jahrhundert in eigenen Lehrbüchern der Briefkunst (*ars dictaminis*) erörtert wurde. Das Briefeschreiben diente zunächst vor allem dem schreibkundigen Klerus, der Briefe austauschte und dabei private und wissenschaftliche Themen erörterte. Eine besondere Bedeutung erlangte der Brief als Ausdrucksform in den Kreisen der Humanisten. Doch machten seit dem 14. Jahrhundert zunehmend Kaufleute von dem Medium Gebrauch, um ihre Geschäftsbeziehungen über die Distanz hinweg zu pflegen. Die zwei vielleicht berühmtesten Kaufleute des Mittelalters vor den Fuggern verdanken ihre Bekanntheit nicht zuletzt den Briefen, die von ihnen überliefert sind. Francesco di Marco Datini (1335–1410) aus Prato bei Florenz war Fernkaufmann, Tuchproduzent und Bankier, dessen Geschäfte sich überwiegend auf Westeuropa und den westlichen Mittelmeerraum konzentrierten. Berühmt ist er wegen einer Stiftung für Arme in seiner Geburtsstadt Prato, die noch immer besteht, und der Überlieferung seiner Korrespondenz, die über 150.000 Schreiben umfasst und unzählige Einblicke in Leben und Arbeit eines toskanischen Geschäftsmanns im späten Mittelalter erlaubt. Unter den Hansekaufleuten erfreut sich insbesondere Hildebrand Veckinchusen (1370–1426) großer Bekanntheit. Der aus Westfalen stammende Kaufmann führte seine Geschäfte von Brügge aus und unterhielt Handelsbeziehungen über den gesamten Hanseraum zwischen London und Novgorod. Über 500 Geschäftsbriefe und zehn Handelsbücher sind von ihm überliefert. Dies sind nur zwei Beispiele von Briefsammlungen, die über Geschäftspraktiken spätmittelalterlicher Kaufleute Aufschluss geben.

Der Beschreibstoff von Urkunden und Briefen ist in der Regel Papyrus, Pergament oder Papier. Im Gegensatz dazu sind Inschriften Beschriftungen auf verschiedenen Materialien (Stein, Holz, Metall, Leder, Stoff, Email, Glas, Mosaik usw.), die mit Methoden hergestellt werden, die nicht dem Schreibschul- und Kanzleibetrieb angehören. Zwar machen Grabinschriften einen großen Teil dieses Quellencorpus aus, Inschriften wurden jedoch auch zu vielen anderen Zwecken angefertigt, um beispielsweise Urkundentexte oder Besitzverzeichnisse öffentlich zu machen oder um Künstlernamen auf Artefakten zu dokumentieren. Wirtschaftliche Informationen enthalten beispielsweise die Inschriften zu Brotpreisen in Oppenheim / Rhein und im Freiburger Münster. Genormte Gefäße wie Fässer und Behälter weisen ebenfalls häufig Inschriften mit Angaben zum Besitzer oder Inhalt auf. Die Inschriften des Mittelalters und

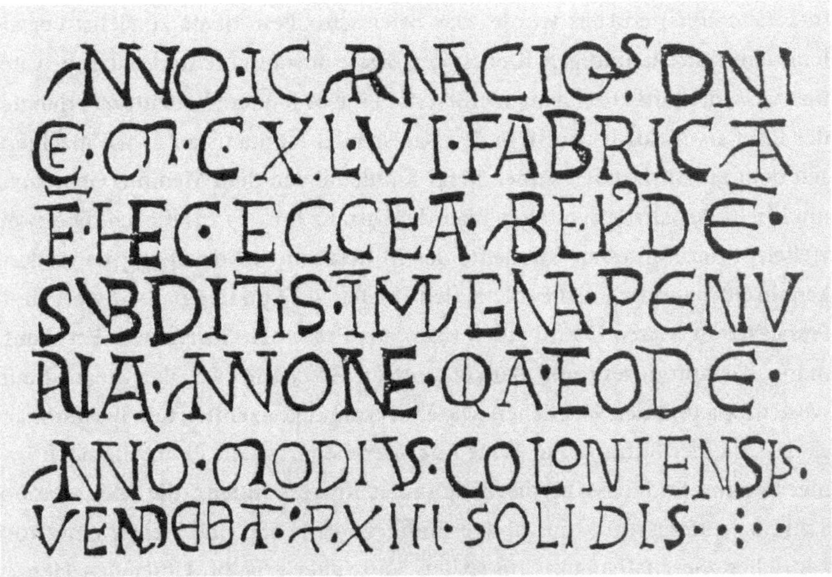

Bauinschrift der Pfarrkirche St. Katharina in der Stadt Willich am Niederrhein. Die Übersetzung lautet: »Im Jahre der Menschwerdung des Herrn 1146 wurde diese Kirche von den Pfarrgenossen während der großen Teuerung gebaut, da in diesem Jahr der Kölner Scheffel für dreizehn Solidi verkauft wurde.« In Willich war man offenbar stolz auf die eigene Frömmigkeit, die allen Widrigkeiten trotzte. Viele mittelalterliche Inschriften enthalten Informationen zu wirtschaftlichen Details (Maße, Preise, Zolltarife, Privilegien etc.).

der Frühen Neuzeit in Deutschland, Österreich und Südtirol werden von dem Akademieunternehmen DI (»Die Deutschen Inschriften des Mittelalters und der Frühen Neuzeit«) seit bald 100 Jahren gesammelt und publiziert. Jeder der über einhundert inzwischen erschienenen Bände enthält die Inschriften eines oder mehrerer Gebäude (Kirchen, Klöster), einer Stadt oder eines Landkreises und ist online zugänglich. Für die Wirtschaftsgeschichte ist diese Sammlung eine wahre Fundgrube.

Mittelalterliche Gesetzessammlungen sind ebenfalls eine wichtige Quelle für die Wirtschaftsgeschichte. Im Gegensatz zur Gegenwart lebten die Menschen im Mittelalter nicht in einer von einem Staat einheitlich normierten und kontrollierten Rechtsordnung, sondern gehörten verschiedenen politischen, religiösen, ethnischen, sozialen oder beruflichen Gruppen an, die eigenen schriftlichen und mündlichen Normen und einer jeweils eigenen Gerichtsbarkeit unterworfen waren. Die Koexistenz von unterschiedlichen rechtlichen Normen innerhalb eines geografischen Raums wird als Rechtspluralismus bezeichnet und von der Rechtsgeschichte erforscht.

Für die Wirtschaftsgeschichte bedeutet dies, dass in den Rechtssammlungen die spezifischen wirtschaftlichen Vorstellungen und Praktiken unterschiedlicher Gruppen und Gemeinschaften zu erkennen sind. In den Volksrechten, die in den germanischen Nachfolgereichen des Imperium Romanum zwischen dem 5. und 9. Jahrhundert entstanden und germanische, römische und christliche Rechtsvorstellungen mischten, wurde beispielsweise die Tötung eines Menschen durch eine als Wergeld bezeichnete Sühnezahlung abgelöst. Die Höhe dieses Wergeldes richtete sich nach Geschlecht, Status und Alter des Opfers. Es wurde in Geldbeträgen bemessen, aber häufig in Naturalien wie Vieh, Getreide oder Tuch bezahlt. In der *Lex Salica* (763/65), dem Volksrecht der Franken, wurde unter anderem festgelegt:

> »Wenn einer eine freie Frau, nachdem sie Kinder zu haben begonnen hat, tötet, schuldet er 24.000 Pfennige. Wenn einer eine Frau nach dem mittleren Alter, d.h., wenn sie keine Kinder mehr haben kann, tötet, schuldet er 8000 Pfennige.«

Das Studium der Wergeldkataloge offenbart nicht nur Vorstellungen von der sozialen Hierarchie und dem abgestuften Wert eines Menschenlebens, sondern auch die Bedeutung materieller Faktoren für die Friedenswahrung.

Die Rechtsgewohnheiten einzelner Personengruppen wurden seit dem 11. Jahrhundert zunehmend verschriftlicht. Zeitlich am Beginn stehen Aufzeichnungen des Rechts von Hörigenverbänden (*familia*) einer Grundherrschaft. Das älteste Hofrecht erließ Bischof Burchard von Worms (965–1025) für seine Untertanen. Die schriftlichen und mündlichen Rechtsgewohnheiten in den einzelnen Grundherrschaften führten zu einer großen Rechtsvielfalt, über die sich noch Eike von Repgow beklagte, als er im 13. Jahrhundert den Sachsenspiegel verfasste: »Wundert euch nicht, dass dieses Buch so wenig von der Dienstmannen Rechten berichtet; denn das ist so mannigfaltig, dass damit niemand zu Ende kommen kann.« Auf die einzelnen Hofrechte folgten bald erste schriftliche Dienstrechte der Ministerialen sowie weitere Sonderrechte wie die Bergrechte für Bergleute eines bestimmten Reviers, die Hanserezesse als Beschlüsse der Hansetage oder Zunftstatuten für die städtischen Handwerkergemeinschaften. Im Zuge des im 12. Jahrhundert einsetzenden Urbanisierungsprozesses gewannen Stadtrechte eine immer größere Bedeutung. In ihnen wurde die Rechts- und Wirtschaftsordnung der städtischen Gemeinschaft geregelt.

Seit dem 13. Jahrhundert stellten Juristen auf eigene Initiative Landrechte zusammen, von denen einige allgemeine Gültigkeit erlangten. Das bekannteste Beispiel ist der Sachsenspiegel, der vor 1235 entstanden ist. Könige und Fürsten veröffentlichten seit dem 13. Jahrhundert eigene Rechtskodifikationen, die das Recht in ihren Herrschaftsgebieten zusammenfassten. Friedrich II. (1194–1250) erließ 1231 eine Gesetzessammlung für das Königreich Sizilien. In den sogenannten Konstitutionen von Melfi (*Liber Augustalis*) wurde »die Redlichkeit der Handwerker und Kaufleute« in einem eigenen Abschnitt detailliert behandelt. Selbst Missbräuche im Arzneimittelwesen wurden erörtert und die Apotheker unter Eid verpflichtet, die Arzneien sorgsam und ordnungsgemäß zuzubereiten.

Könige und Landesherren erließen im Laufe des späten Mittelalters Rechtskodifikationen mit dem Ziel, ihre Territorialherrschaft zu festigen. Seit dem Jahr 1346 bildete beispielsweise das Oberbayerische Landrecht, erlassen von Kaiser Ludwig dem Bayern (1282–1347), die Rechtsgrundlage für alle Gerichtsentscheidungen in Oberbayern. In allen diesen Rechtstexten wurde das wirtschaftliche Leben kleinerer und größerer Gemeinschaften normiert. Ob die Normen der jeweiligen Rechtswirklichkeit entsprachen, muss von Fall zu Fall geklärt werden. Einen Einblick gibt hier das Wormser Hofrecht des Bischofs Burchard aus dem Jahr 1024. Dieses war ein Partikularrecht mit rechtlichen Bestimmungen, die nur für die Hörigen dieser Grundherrschaft galten. Schon im nächsten Dorf und in der nächsten Grundherrschaft gab es andere Normen.

»§19: Sie hatten folgende Gewohnheit: Wenn jemand einem anderen Geld geliehen hatte, konnte der Schuldner so viel er wollte zurückgeben, und was er nicht geben wollte, unter Eid abstreiten. Doch um Meineide auszuschließen, haben wir bestimmt: Wenn jemand, der einem sein Geld geliehen hat, dessen Eid nicht dulden will, mag er gegen diesen im Zweikampf kämpfen und sich dadurch das verweigerte Geld besorgen, wenn er will. Wenn es sich dabei um einen so Würdigen handelt, dass er es ablehnt, wegen solch einer Sache zu kämpfen, mag er seinen Vertreter stellen.«

Neben den weltlichen Rechten stand das Kirchenrecht (kanonisches Recht), das einerseits das Leben der Kleriker normierte, daneben aber auch viele Rechtsbereiche umfasste, die heute zum Zivil- und Strafrecht gehören. Die Sammlung des Kirchenrechts begann im frühen Mittelalter und umfasst einerseits Beschlüsse der Kirchensynoden (*Canones*) und andererseits päpstliche Rechtsweisungen (Dekretalen). Die Grundlage des kirchlichen Rechts ist eine christlich-theologische Interpretation der Gesellschaftsordnung; ihre Funktion besteht darin, eine der christlichen Lehre gemäße verbindliche Lebensordnung zu entwerfen. Dies berührt weltliche Bereiche wie das Ehe-, Erb- und Handelsrecht. So stammt etwa der Grundsatz *pacta sunt servanda* (»Verträge müssen eingehalten werden«) aus dem kanonischen Recht. Im 7. Jahrhundert wurde im irischen Rechtsbuch Córus Bésgnai die Aufrechterhaltung der gesellschaftlichen Ordnung unter anderem auf die Einhaltung von Verträgen zurückgeführt:

»Es gibt drei Anlässe, durch die die Welt chaotisch wird: eine Seuchenepidemie, Kriegswirren, die Auflösung von Verträgen. Es gibt drei Dinge, die dagegen helfen. Abgaben und Almosen verhindern eine Seuchenepidemie. Die Durchsetzung von Friedensverträgen durch König und Volk verhindert Kriegswirren. Die Einhaltung von Verträgen, sowohl vorteilhaften als auch unvorteilhaften, durch alle Menschen verhindert die Verwirrung der Welt.«

Im Gegensatz dazu waren im römischen Recht nicht alle Vertragsformen verbindlich und einklagbar. Erst durch das Kirchenrecht wurden formlose Vereinbarungen rechtsverbindlich. Daneben wurden im kanonischen Recht wirtschaftstheoretische Fragen wie der gerechte Preis (*pretium iustum*) und der Wucherzins erörtert.

Praktische Fragen zur materiellen Versorgung der Kirchen und ihrer Kleriker gehörten von Anfang an ebenfalls zum Inhalt der kirchlichen Rechtssammlungen. Regino von Prüm (840–915) verfasste um 900 ein Handbuch für die bischöfliche Visitation (Besuch und Kontrolle) der Pfarreien. Unter anderem sollten die Priester darüber Auskunft geben, ob ihre Kirche ausreichend mit Land und Hörigen ausgestattet sei, ob der Zehnt ordnungsgemäß entrichtet werde, ob der Priester für Arme und Waisen sorge und ob er verbotenerweise liturgische Geräte an Kaufleute und Schankwirte verpfände und Zinsen nehme.

Für die Seelsorge wurde das Kirchenrecht unter anderem in den frühmittelalterlichen Bußbüchern und den spätmittelalterlichen Bußsummen praktisch nutzbar gemacht. Es handelt sich bei diesen Werken um inhaltlich stark variierende Zusammenstellungen von sündhaften Verfehlungen und kirchlichen Bußen. Während die Autoren der frühmittelalterlichen Bußbücher häufig schematische Kataloge von Sünden und Strafen zusammenstellten, bemühten sich die spätmittelalterlichen Autoren der Bußsummen um die Berücksichtigung der individuellen Tatumstände. In ihrer Differenzierung nach Stand, Geschlecht und Begleitumständen bieten diese pastoralen Werke gute Einblicke in die herrschenden Rechts- und Moralvorstellungen. Gegenstand der Verfehlungen waren häufig »Wirtschaftsdelikte«, die der persönlichen Bereicherung dienten. Dadurch werfen Bußbücher ein Licht auf akzeptierte sowie Anstoß erregende Geschäftspraktiken der Zeit.

In den jüdischen Gemeinden entstanden im Laufe des hohen Mittelalters ebenfalls neue Rechtstexte. Um eine Übereinstimmung mit der jüdischen Tradition sicherzustellen, wurden neu aufkommende Rechtsfragen den Rabbinern vorgelegt und von diesen in Form von sogenannten Responsen entschieden. Die Gutachten berühmter Gelehrter wurden kopiert und in Responsensammlungen für die Nachwelt aufbewahrt. Die Texte beschreiben die Probleme und Lebensumstände der Juden in ihrer nichtjüdischen Umwelt. Die Handelsbeziehungen zu nichtjüdischen Partnern, etwa das Verleihen von Geld und die Übertragung von Schulden, spielten dabei eine wichtige Rolle. Interreligiöse Beziehungen und wirtschaftliche Sachverhalte sind häufig auch der Inhalt von Rechtsauskünften muslimischer Autoritäten. In einer Fatwa aus dem Jahr 1126 urteilte Abū l-Walīd Muḥammad ibn Aḥḥmad Ibn Ruschd

(1058–1126), dass die Muslime in Al-Andalus den christlichen Händlern in ihren Ländern kein freies Geleit mehr garantieren sollten aufgrund der Überfälle von christlicher Seite auf islamisches Gebiet. Einzelne Fatwa und Fatwa-Sammlungen sind daher ebenfalls eine wichtige Quelle für die wirtschaftliche Seite der Beziehungen zwischen den Religionen, so beispielsweise das Responsum von Raschi (Rabbi Schlomo ben Jizchak) von Troyes (1040–1105), nach 1070:

»Folgende Frage wurde dem Meister vorgelegt: Es geht um Ruben, der ein Pfand bei einer Nichtjüdin hinterlegte. Er beließ es eine lange Zeit in ihrer Gewalt, bis sich schließlich die Zinsschuld auf einen höheren Betrag belief als das Pfand wert war. Da kam nun Simon und kaufte das Pfand der Nichtjüdin ab. Ruben wiederum wendet sich nun an Simon, um ihm das Pfand abzufordern. Der Meister erteilte folgende Antwort: Ruben kann gegen Simon weder ein Recht noch sonstige Argumente geltend machen. Nachdem die Zinsschuld eine Höhe erreicht hatte, die dem Wert des Pfandes entsprach, musste es als verkauft angesehen werden. Einem Nichtjuden ist es ja nicht verboten, an einen Juden Geld gegen Zinsen zu verleihen. Das Pfand befindet sich also definitiv in Simons Eigentum, weil er es käuflich erworben hat.«

Alle diese unterschiedlichen Rechtsaufzeichnungen liefern Informationen über die normative Reglementierung des Wirtschaftslebens. Primäre Quellen, in denen Kaufleute ihre Geschäfte dokumentierten, fehlen dagegen weitgehend für große Teile des Mittelalters. Rechnungsfragmente eines Kieler Gewandschneiders aus dem Ende des 13. Jahrhunderts und das Schuldbuch des Nürnberger Tuchhändlers Holzschuher für das Jahr 1304/5 sind die ältesten Beispiele kaufmännischer Buchführung aus dem deutschsprachigen Raum. Ab diesem Zeitpunkt nahm die Zahl der überlieferten Rechnungsbücher und Geschäftsbriefe von Privatpersonen und Handelsfirmen beständig zu. Erst seit dem 14. Jahrhundert ist es daher möglich, die Geschäftspraktiken der Kaufleute genauer zu untersuchen.

Geschichtsschreibung

Die Geschichtsschreibung ist eine weitere wichtige Quellengattung für wirtschaftshistorische Fragestellungen. Historiografische Texte überliefern erinnerungswürdige Fakten aus der Vergangenheit, meist in chronologischer Reihenfolge, um die Zeitgenossen zu unterhalten, zu unterrichten und zu beeinflussen. Geschichtsschreibung diente im Mittelalter wie in anderen Epochen der historischen Legitimation. Mittelalterliche Geschichtsschreibung war häufig institutionell und heilsgeschichtlich ausgerichtet: Im Mittelpunkt stand die Geschichte einer Dynastie, einer Stadt oder einer Kirche, die in einem religiös-teleologischen Rahmen erzählt wurde. Im Falle der Hagiografie war es ein Heiliger, dessen Vita der belehrenden Unterhaltung dienen sollte. Wirtschaftsgeschichtsschreibung im engeren Sinn gab es im Mittelalter nicht. Dennoch aber interessierten sich die Chronisten für wirtschaftliche Themen, wenn sie für ihre jeweilige Erzählung von Belang waren.

Aufmerksam notierten die Geschichtsschreiber beispielsweise besondere Wetterverhältnisse, wenn sie soziale und wirtschaftliche Auswirkungen hatten. Der westfränkische Autor der Annalen von St. Bertin (*Annales Bertiniani*) berichtete zum Jahr 846, dass während des ganzen Winters bis fast Anfang Mai ein heftiger Nordwind zum Schaden der Saaten und Weingärten geweht habe. Im unteren Gallien haben damals eindringende Wölfe mit größter Frechheit die Menschen angefallen. Mitte des 11. Jahrhunderts hören wir Ähnliches vom Benediktinermönch Rodulfus Glaber (985–1047). Kurz nach 1031 habe eine Hungersnot die ganze Erde verwüstet, denn das Wetter habe verrückt gespielt. Durch andauernden Regen sei das Erdreich so durchnässt gewesen, dass drei Jahre die Felder nicht bebaut werden konnten. Diese Unfruchtbarkeit habe in Teilen des Orients begonnen, sei nach der Verheerung Griechenlands nach Italien, von dort nach Gallien und bis zu allen englischen Völkern gekommen. Für das Wetter und seine Folgen interessierten sich die Menschen auch im späten Mittelalter. Die Regenfälle und Tierseuchen, die die große Hungersnot von 1315–1322 mit auslösten, beschrieb der anonyme Autor der *Vita Edwardi secundi* nicht nur eindrücklich, sondern stellte sie zudem in einen heilsgeschichtlichen Zusammenhang und wertete sie als Strafen Gottes für das Verhalten des englischen Volkes und seines Königs Eduards II. (1284–1327). Über Missernten zu dessen Regierungszeit schreibt er:

»Nach bestimmten anderen Vorzeichen scheint die Hand Gottes gegen uns erhoben zu sein. Im letzten Jahr gab es einen solchen Überfluss an Regen, dass die Menschen kaum das Getreide ernten oder sicher in der Scheune aufbewahren konnten. In diesem Jahr ist Schlimmeres passiert. Die Regenfluten haben fast alle Samen verdorben, so dass eine Prophezeiung Jesaias erfüllt zu sein scheint. Er sagt nämlich, dass zehn Morgen Weinstöcke ein Maß Trauben hervorbringen werden und 30 Scheffel Samen drei Scheffel. Und an vielen Orten lag Heu so lange unter Wasser, das es weder geschnitten noch gesammelt werden konnte. Schafe gingen ein und andere Tiere wurden von einer plötzlich auftretenden Seuche getötet. Und es ist sicher davon auszugehen, dass der Herr, wenn er uns nach diesen Geißelungen uneinsichtig findet, Mensch und Tier vernichten wird.«

Forschungen zur Umweltgeschichte und Wirtschaftsgeschichte haben die historiografischen Berichte in den letzten Jahrzehnten ausgewertet, um die Wahrnehmung des Wetters und die wirtschaftlichen und sozialen Auswirkungen von Wetterphänomenen zu untersuchen. Obwohl die mittelalterlichen Chronisten sich vorrangig für die unmittelbar wahrnehmbaren Wettererscheinungen interessierten und diese häufig in einen heilsgeschichtlichen Rahmen stellten, berichteten sie indirekt doch oft auch über die damit verbundenen wirtschaftlichen Krisen.

Häufiger als über Wetter und Krisen berichteten die Geschichtsschreiber von der wirtschaftlichen Prosperität der Kirche, der Dynastie oder der Stadt, die im Mittelpunkt ihrer Werke standen. Berühmt ist beispielsweise die Beschreibung des Mailänder Reichtums durch Bonvesin de la Riva (1240–1313). In seinem Werk *De magnalibus urbis Mediolani* (»Über die Wunder der Stadt Mailand«) von 1288 rühmt er nicht nur die architektonische Pracht der Stadt, sondern auch den Wohlstand der Mailänder. Ähnliche Lobpreisungen finden sich bei vielen Chronisten. Die mittelalterliche Geschichtsschreibung ist daher eine wichtige Quelle für die Wirtschaftsgeschichte. Allerdings muss stets geprüft werden, ob die Angaben und Größenordnungen übertrieben sind oder den Tatsachen entsprachen und welche Intentionen die Autoren verfolgten.

Fachliteratur

Die Fachliteratur konzentrierte sich im frühen Mittelalter auf die Theologie, erweiterte und differenzierte sich jedoch im hohen Mittelalter zunehmend, nicht zuletzt aufgrund der Verwissenschaftlichung von Theologie, Jurisprudenz, Medizin und Philosophie sowie aufgrund der Rezeption von Aristoteles und anderer Autoren der Antike. Die christliche Lehre, die Vielfalt der irdischen Schöpfung und die politische Organisation der menschlichen Gesellschaft blieben die Kernthemen des wissenschaftlichen Erkenntnisinteresses. Am Rande wurden in diesen Texten immer auch wirtschaftsgeschichtliche Themen erörtert.

Letzteres gilt insbesondere für die Autoren von geografischen, ethnografischen und politischen Traktaten, in denen regelmäßig auf die wirtschaftlichen Verhältnisse hingewiesen wurde. Autoren wie Marco Polo widmeten der Prosperität der von ihnen besuchten fremden Länder große Aufmerksamkeit: Die Wirtschaft gehörte neben den Geschlechterverhältnissen, der militärischen Tüchtigkeit und der Religion fremder Völker zu den Standardthemen der Reiseberichte. Für die Autoren von Traktaten, die als Ratgeber für die Rückeroberung des Heiligen Landes nach 1291 gedacht waren (*De Recuperatione Terrae Sanctae*), bildete die Wirtschaft eine wichtige Waffe gegen die Feinde der Christenheit. Pierre Dubois (1255–1321) machte den Vorschlag, das gesamte Kirchengut in Europa zu säkularisieren und damit den Kreuzzug zu finanzieren. Autoren wie Marino Sanudo (1260–1338) schlugen als vorbereitende Maßnahme eine Handelsblockade Ägyptens vor, um den Sultan und seine Armee zu schwächen. Der Dominikaner Guillelmus Adae ging noch einen Schritt weiter und empfahl eine komplette Sperrung des Roten Meeres durch christliche Schiffe, um den Handel zwischen Indien und Ägypten zu unterbinden. Neben der Exotik waren es die Reichtümer des Orients, welche die westeuropäischen Autoren und Leser des späten Mittelalters besonders faszinierten. Marco Polo berichtete über den Weg nach Quinsai (Hangzhou):

> »Der Reisende verlässt Ciangan (Chang'an) und reitet drei Tage durch schönes Land, durch reiche Städte und Dörfer, wo Handel und Gewerbe blühen. Die Bewohner sind alle Heiden, zahlen dem Großkhan Tribut und verwenden Papiergeld. Von allem, was zum Leben notwendig ist, haben sie mehr als genug. Am

dritten Tag ist Quinsai erreicht. ... In Quinsai werden viele Güter hergestellt und in die Provinzstädte verschickt. Unmöglich ist es, zu beschreiben, wie reich die Kaufmannschaft hier ist und mit welch unglaublichen Mengen an Waren hier gehandelt wird.«

Der Reichtum ferner Länder beflügelte die Phantasie (und das Gewinnstreben) der Westeuropäer und so trugen die Reiseberichte ihren Teil zu den Entdeckungsreisen des späten Mittelalters und der frühen Neuzeit bei. Auch Christoph Kolumbus hatte ein Exemplar des Buchs von Marco Polo im Gepäck, als er den Weg nach Asien auf der Westroute suchte.

Die Entdeckung und Beschreibung der natürlichen Umwelt und der Umgang mit ihr fand seinen Niederschlag zunächst in umfassenden Naturenzyklopädien, in denen das gesamte Wissen von den natürlichen Erscheinungen auf der Erde und im Himmel zusammengefasst wurde. Die berühmteste Enzyklopädie des Mittelalters verfasste der Dominikaner Vinzenz von Beauvais in der Mitte des 13. Jahrhunderts. Über 2000 verschiedene Vorlagen wurden in diesem *Speculum maius* (Großer Spiegel) verarbeitet. Der dritte Teil trägt den Titel *Speculum naturale* und ist eine umfassende Naturenzyklopädie mit Abschnitten zu Geologie, Pflanzenwelt, Gartenanbau und vielem mehr.

Seit dem 12. Jahrhundert wurden die Themen der Fachliteratur immer präziser und konkreter. Dies zeigte sich in erster Linie in Texten zu den »mechanischen Künsten« (*artes mechanicae*). Im Gegensatz zu den *artes liberales* geht es bei diesen Künsten um Techniken und Methoden der handwerklichen Tätigkeit und damit des beruflichen Alltags und Broterwerbs. Zu den mechanischen Künsten wurden unter anderem die Webekunst und das Bekleidungshandwerk, die Waffenschmiedekunst, das Bauhandwerk und der Bergbau gerechnet. Das gesellschaftliche Ansehen der *artes mechanicae* lag immer unter dem der sieben freien Künste, doch wuchs ihre praktische Bedeutung im Laufe des hohen Mittelalters aufgrund der Diversifizierung und Spezialisierung der Arbeitswelt.

Die Entstehung von Traktaten zu Spezialthemen begleitete die technische Entwicklung im hohen und späten Mittelalter. Der Mönch und Goldschmied Theophilus (Roger) von Helmarshausen (1070–1125) verfasste um 1120 beispielsweise seine »Notizen über verschiedene Künste« (*Schedula de diversis artibus*), in denen er unter anderem die Vielfalt der Metallbearbeitung beschrieb. Im 13. Jahrhundert entstanden die ersten Traktate zur Landwirtschaft und zur Bewirtschaftung eines Gutshofs. Der Engländer Walter von Henley schrieb um 1280 sein *Le Dite de Hosebondrie* genanntes Werk und unterstrich dabei unter anderen die Bedeutung grundherrlicher Kontrolle:

> »Rechnungen werden erstellt, um den Stand der Dinge zu verstehen, das heißt, welche Gewinne es gibt, welche Einnahmen, Verkäufe und Käufe, alle Arten von Ausgaben und die Höhe des vorhandenen Bargeldes. Denn es ist oft geschehen, dass Knechte und Vögte mit dem Geld ihrer Herren Handel getrieben haben für ihren eigenen Gewinn und nicht für den Gewinn ihrer Herren; und dies ist kein treuer Dienst!«

In den folgenden Jahrhunderten entstanden in vielen Regionen Europas lateinische und volkssprachliche Traktate zur Landwirtschaft oder zu Spezialthemen wie der Veredelung von Bäumen, dem Weinbau oder der Viehzucht.

Die Autoren des späteren Mittelalters griffen teilweise ganz praktische Probleme auf. Bertrand Boysset (1350–1415) beispielsweise verfasste um 1405 die erste Monografie zum Thema der Landvermessung. Die Festlegung und Verschiebung von Grenzen, insbesondere zwischen den landwirtschaftlichen Flächen, hatte seit dem frühen Mittelalter zu Streit und Unfrieden und daher auch zu vielen Verhandlungen, Kompromissen und Grenzfestsetzungen zwischen Bauern oder zwischen Bauern und Grundherren geführt. Bertrand schildert in seinem *Livre d'Arpentage* (»Buch der Landvermessung«) zahlreiche Details und Empfehlungen dazu, wie man eine Parzelle korrekt vermisst und mit der Hilfe von Grenzsteinen markiert.

Seit dem hohen Mittelalter rückten Wesen und Aspekte der Wirtschaft selbst in den Fokus der Gelehrten und bald entstanden die ersten Abhandlungen zu Wirtschaftsthemen. Richard FitzNeal (1130–1198) schrieb um 1178 für den englischen Königshof den *Dialogus de Scaccario* (»Dialog über das Schatzamt«). In dialogischer Form behandelt der Autor in seinem Werk die Organisation und Tätigkeit des Exchequers, des englischen Schatzamtes, erklärt dabei die Struktur der Pipe Rolls und berichtet von den Reisen der Finanzbeamten durch das Land. Den ersten Traktat zur mittelalterlichen Geldpolitik schrieb

Nikolaus von Oresme (1330–1382) in der Mitte des 14. Jahrhunderts. Er untersucht darin die Auswirkungen von Münzverschlechterungen, die ein übliches Mittel fürstlicher Geldbeschaffung waren, und kommt zu der Ansicht, dass nicht der Fürst, sondern die Bevölkerung das Recht zur Münzprägung haben solle. Ein erstes Kaufmannshandbuch des Mittelmeerhandels verfasste Francesco Balducci Pegolotti (1290–1348) zwischen 1335 und 1343. In seiner *Practica*

Bertrand Boysset, Livre d'Arpentage (»Buch der Landvermessung«), Arles 1405. Mit zahlreichen Details schildert Bertrand in seinem Buch die Kunst der korrekten Landvermessung. Dabei bietet er praktische Hinweise zum Umgang mit schwierigem unebenem Gelände sowie zu den verschiedenen technischen Hilfsmitteln. Auf dem Bild sind zwei Vermesser zu sehen, die mit der Hilfe von einer Messlatte die Grenze einer Parzelle festlegen und mit Grenzsteinen markieren. In einer Zeit der Ausweitung der landwirtschaftlichen Flächen, der bäuerlichen Zusammenarbeit im Rahmen der Dreifelderwirtschaft, aber auch der Konkurrenz zwischen den Bauern war die sorgsame Markierung der Grenzen zwischen den Nutzflächen eine wichtige Angelegenheit.

della mercatura verzeichnete er die wichtigsten Routen und Handelsstädte, die von italienischen Händlern besucht wurden, sowie die Handelswaren, Währungen, Maßeinheiten und Geschäftsgepflogenheiten in den verschiedenen Ländern. Pegolottis Werk wurde zum Vorbild ähnlicher Arbeiten im 14. und 15. Jahrhundert. Die ab 1470 stark anwachsende Zahl der Handbücher und Traktate für den Gebrauch des Kaufmanns werden in der Wirtschaftsgeschichte unter dem Titel der *Ars Mercatoria* zusammengefasst und als eigene Quellengattung betrachtet.

Das wirtschaftliche Thema, das die mittelalterlichen Gelehrten besonders beschäftigte, war der moralische Rahmen kommerzieller Aktivitäten. Dabei ging es einerseits um den gerechten Preis und andererseits um den Wucher. Gerecht war ein Preis dann, wenn sich Leistung und Gegenleistung entsprachen. Der Dominikaner Thomas von Aquin (1225–1274), der sich bei seinen wirtschaftsethischen Überlegungen auf Aristoteles stützte, bereicherte die Diskussion durch die Forderung, dass die aufgewendete Arbeit und das eingesetzte Material berücksichtigt werden müssten. Der Wert einer Ware war in seinen Augen der Marktpreis, wobei Thomas von Aquin das Ausnutzen einer Notlage ausdrücklich ablehnte, da ein auf diese Weise erzielter Gewinn nicht auf eine Leistung des Verkäufers zurückzuführen sei. Die scholastischen Diskussionen über den gerechten Preis dauerten bis in die Frühe Neuzeit hinein an. Erst Thomas Hobbes (1588–1679) vertrat die Ansicht, dass allein Angebot und Nachfrage über einen Preis entscheiden: »Der Wert aller Gegenstände eines Vertrags bemisst sich nach dem Verlangen der Vertragspartner, und deshalb ist der gerechte Wert der, den sie zu zahlen bereit sind«. Vorläufer dazu gab es bereits im 13. Jahrhundert.

Die gesamte Epoche über war der Wucher das wichtigste Thema mittelalterlicher Wirtschaftstheorie. Ein Verbot des Verleihens von Geld oder Gütern gegen überhöhten Zins gab es schon in der Antike und im römischen Recht. Durch die entsprechende Interpretation von Bibelstellen wie Deuteronomium 23,20 (»Du sollst nicht wuchern, weder mit Geld noch mit Speise.«) gelangte die mittelalterliche Kirche zur Lehrmeinung, dass jeder Zins Wucher sei. Dieses generelle Zinsverbot wurde damit begründet, dass allein Arbeit Gewinn rechtfertige, nicht dagegen das Verleihen unproduktiven Geldes. In diesem Fall sei es nämlich allein die von Gott geschenkte Zeit, die dem Wucherer unverdienten Gewinn verschaffe. An dieser Überzeugung hielt die Kirche bis zum Ende des Mittelalters grundsätzlich fest. Doch nahmen die kirchlichen Gelehrten sehr wohl zur Kenntnis, dass Kreditgeschäfte seit dem hohen Mittelalter fester Bestandteil der europäischen Wirtschaft waren und sich dabei die Verzinsung von Kapital nicht umgehen ließ. Entsprechend differenziert erörterten die Gelehrten das Problem und unterschieden zwischen Formen erlaubten Zinsnehmens und dem unerlaubten Wucher.

Diese Stellungnahmen zum Wucher und zum gerechten Preis sind nur zwei Beispiele für das Interesse der Theologen an wirtschaftlichen Themen. Viele weltliche und kirchliche Juristen beschäftigen sich daneben unter dem Titel *De contractibus* mit den verschiedenen Formen von gültigen und ungültigen Verträgen. In diesen scholastischen Traktaten zeigt sich zudem, dass die mittelalterlichen Gelehrten die ökonomischen Fragen meist in einen breiten Kontext stellten. Sie behandelten die Wirtschaft als einen Bereich der Moralphilosophie, vor allem als ein Thema, das mit der Frage von Gerechtigkeit und Ungerechtigkeit verbunden ist. Viele Autoren interessierten sich daher zwar auch für die individuellen Umstände und Vertragsformen, hauptsächlich ging es ihnen aber um die sozialen Beziehungen der Handelspartner und das Gemeinwohl der Gesellschaft. Entsprechend müssen die scholastischen und juristischen Texte von Wirtschaftshistorikerinnen sorgfältig studiert werden, um die spezifische Wirtschaftsethik des Mittelalters darzulegen.

Fiktionale Literatur

Fiktionale Literatur enthält ebenfalls Informationen zur Wirtschaftsgeschichte. Ihre Interpretation aus geschichtswissenschaftlicher Perspektive ist nicht einfach, da Romane, Epen und Dichtung einer eigenen Gesetzmäßigkeit folgen und die historische Wirklichkeit nicht abbilden, sondern durch die literarische Brille verändern. Bei der Interpretation ist also Vorsicht geboten; dies gilt auch für die darin enthaltenen wirtschaftsgeschichtlichen Informationen. Die Sammlung von 254 Lied- und Dramentexten aus dem 11. und 12. Jahrhundert, die 1803 in der Bibliothek des Klosters Benediktbeuern gefunden wurde und seither den Titel *Carmina Burana* trägt, enthält neben Liebesliedern, Spottgesängen und Trinksprüchen Texte, die wirtschaftsgeschichtliche Themen berühren. Ein Beispiel ist die Romsatire *Propter Sion non tacebo*, die Walter von

Châtillon (1135–1190/1201) um 1175 verfasste. In dem Text wird die päpstliche Kurie in Rom mit einem gefährlichen Meer verglichen. Charakterlose und ungebildete Geschöpfe lenkten das Schiff Petri; die Kardinäle seien Piraten auf Beutezeug; an der Pforte wachten geldgierige Türhüter, die nur Personen mit gut gefülltem Geldbeutel einließen. Das Meer der Kurie sei nicht von der Nymphe Thetis beherrscht, der Mutter des Achill, sondern von der Mutter des Sterlings, der Geldbörse. Antiklerikalismus dieser Art war im hohen und späten Mittelalter weit verbreitet. Er zeigt uns, dass bereits im »frommen Mittelalter« Kritik an der Kirche möglich war. Wie sehr die literarischen Vorwürfe der Wahrheit entsprechen, ist Thema vieler Untersuchungen.

> »Um Zions willen werde ich nicht schweigen, sondern über die Ruinen von Rom weinen, bis die Gerechtigkeit für uns wieder aufersteht und die Rechtschaffenheit als Fackel in der Kirche wieder angezündet wird. Ich habe es gesehen, ich habe das Haupt der Welt gesehen, wie das Meer und die Tiefe, den gefräßigen Rachen des Siculus; dort treffen die beiden Meere der Welt aufeinander, dort verschlingt Crassus das Gold und Silber der Zeit. Die Feinde der Wahrheit könnte man als die Hunde Skyllas bezeichnen, die Anwälte der Gerichte, die Unwahrheiten bellen und gleichzeitig die Geldbeutel versenken und zertrümmern. Die Kardinäle verkaufen, wie ich bereits sagte, das Erbe nach dem neuen Gesetz des Gekreuzigten; Petrus außen, Nero innen, die Wölfe sind innen, während die Schafe der Herde draußen sind. Solche Männer steuern das Schiff des Petrus und führen seinen Schlüssel, der die Macht hat, zu binden. Diese Männer lehren uns, obwohl sie selbst nicht gelehrt sind, lehren sie uns, und die dunkelste Nacht offenbart Wissen.«

Walters Gedicht wurde häufig kopiert und war bis ins 15. Jahrhundert weit verbreitet. Der Text steht seinerseits in einer literarischen Tradition, die bis in die Antike zurückreicht. Bereits Horaz, Juvenal und andere beklagten die unmoralischen Sitten, die in Rom herrschten, und die Geldgier der römischen Beamten. Adressat der mittelalterlichen Romsatire war ein Publikum, das sich an rhetorischen Figuren erfreute und Anspielungen auf die antike Literatur und Politik verstand: Der Rachen des Siculus; den römischen Politiker Marcus Licinius Crassus, der für seinen Reichtum berühmt war; das

Meeresungeheuer Skylla aus der Odyssee. War der satirische Text also literarischer Selbstzweck oder historische Quelle? Die Meinungen dazu gehen auseinander, schrieb Walter von Châtillon doch in einer Zeit, in der sich die Bedeutung der päpstlichen Kurie und des Geldes massiv verändert hatten. Der Papst und seine kuriale Verwaltung wurden seit dem 11. Jahrhundert immer mehr zum administrativen Zentrum der abendländischen Kirche. Die Zahl der Anfragen wuchs von Jahrzehnt zu Jahrzehnt; ebenso die Zahl der Kleriker, die aus allen Teilen der römischen Christenheit nach Rom reisten, um ihre rechtlichen Anliegen zu erledigen. Gleichzeitig breitete sich im hohen Mittelalter die Geldwirtschaft aus, gefördert durch die Ausweitung des internationalen und lokalen Handels. Beide Entwicklungen wurden von den Zeitgenossen wahrgenommen und kritisch kommentiert. Spottgedichte und Klagen über die »Herrschaft des Geldes« erfreuten sich im gesamten späteren Mittelalter großer Beliebtheit. Man könnte Walters Gedicht daher als einen »seismographischen Indikator eines zunehmenden Unbehagens« (Thomas Wetzstein) gegenüber der Verweltlichung der Kirche interpretieren. Allerdings bleibt die Romsatire ein Stück gelehrter Literatur, die einem bestimmten literarischen Kanon verpflichtet ist und nicht das Ziel verfolgt, die ökonomische Seite der hochmittelalterlichen Papstgeschichte getreu wiederzugeben. Dies kann nur durch das Studium zusätzlicher Quellen geschehen.

Sachquellen

Die nicht-schriftlichen Sachquellen (Realien) sind vielfältig. Zu den Sachquellen, die eng mit der historischen Forschung und der Quellenkritik verbunden sind, gehören Münzen, Siegel, Wappen und Insignien. Zu ihrer Erforschung entstanden die historischen Hilfs- oder Grundwissenschaften der Numismatik, Sphragistik und Heraldik. Ein weiterer Bereich historischer Sachquellen sind die handwerklichen Erzeugnisse für das tägliche Leben. Zu ihnen zählen einerseits die Werkzeuge wie Sichel, Hammer, Webstuhl oder Krananlagen, andererseits die mit diesen Werkzeugen hergestellten oder transportierten Gebrauchsgegenstände aus unterschiedlichsten Materialien. Kleidung und Textilien waren nicht nur essenzielle Güter des täglichen Bedarfs, sondern daneben auch wichtige Gegenstände sozialer Distinktion. Eine ähnliche Funktionsbreite hatten Möbel und Küchengeräte. Zu den Sachquellen zählen daneben Musikinstrumente und wissenschaftliche Gerätschaften sowie Waffen und Rüstungen aus Metall. Schließlich gehören zu den Realien die Gegenstände und Artefakte, die vorrangig von der Kunstgeschichte untersucht werden, zum Beispiel Tafelmalerei und Buchillustrationen, Fresken, Epitaphien, Gefäße aus Edelmetall, Tapisserien etc. In allen diesen Feldern sind eigene Forschungsdisziplinen wie die historische Textilkunde oder Musikwissenschaft entstanden, mit denen die Geschichtswissenschaft kooperiert. Die interdisziplinäre Realienkunde dokumentiert den Reichtum des materiellen Lebens im Mittelalter und die Kunstfertigkeit des mittelalterlichen Handwerks. Sie erschließt und analysiert Quellen, die auch für die Wirtschaftsgeschichte dieser Epoche wichtig sind.

Spangenhelm mit Nackenschirm, Wangenklappen und Gesichtsmaske aus Bronze und Eisen. Die bronzenen Platten sind mit Kriegsszenen verziert. Der Helm stammt aus dem berühmten Schiffsgrab von Sutton Hoo (frühes 7. Jahrhundert). Die vielen Einzelteile belegen nicht nur die Kunstfertigkeit britischer Handwerker, sondern auch die Austauschbeziehungen zwischen den britischen Inseln und dem Mittelmeerraum.

Der Erkenntnisgewinn für die Wirtschaftsgeschichte zeigt sich unter anderem bei spektakulären Bodenfunden wie dem Goldschatz von Nagyszentmiklós (Rumänien) mit seinen frühmittelalterlichen Goldgefäßen, die ein Gesamtgewicht von beinahe zehn kg aufweisen, oder dem Schiffsgrab von Sutton Hoo in East Anglia. Seit der Entdeckung dieser angelsächsischen Grabstätte im Jahr 1939 arbeiten Archäologinnen und Archäologen gemeinsam mit Kunsthistorikerinnen und -historikern und anderen Fachleuten an der Erschließung und Auswertung dieser für die Geschichte des frühmittelalterlichen Englands einzigartigen Ausgrabungsstätte.

Das Schiffsgrab stammt aus dem frühen 7. Jahrhundert und wird aufgrund der Qualität und Quantität der Grabbeigaben als ein angelsächsisches Königsgrab betrachtet. Vielleicht lag hier einst König Rædwald begraben, der bis zu seinem Tod zwischen 617 und 625 im angelsächsischen Königreich East Anglia herrschte und die Ausbreitung des Christentums in England förderte. Die Sitte der Schiffsgräber wurde aus Skandinavien übernommen und auch bei dem in Sutton Hoo verwendeten Schiffstyp handelt es sich um ein Langboot, wie es von den Wikingern benutzt wurde. Die Grabkammer war mit reichen Grabbeigaben gefüllt, darunter eine Reihe von Metallbeschlägen aus Gold und Edelsteinen, ein zeremonieller Helm, Schild und Schwert, eine Leier, merowingischen Münzen, Silberplatten aus dem byzantinischen Reich, keltische Schüsseln aus Irland und eine Messingschale aus dem östlichen Mittelmeer.

Das Grab liefert wichtige Erkenntnisse für die politische Geschichte und die religiösen Vorstellungen im frühmittelalterlichen England. Darüber hinaus hat die jahrzehntelange interdisziplinäre Analyse des Schiffgrabes von Sutton Hoo die frühmittelalterliche Wirtschaftsgeschichte bereichert: Die Grabbeigaben für den toten Herrscher illustrieren die materielle Kultur der angelsächsischen Elite des 7. Jahrhunderts und umfassen hochwertige Exemplare ihrer Waffen, ihres Schmucks und ihrer Schiffe. Die Fülle der Gegenstände erlaubt zudem Einblicke in handwerkliche Methoden des Schiffsbaus und der Metallbearbeitung. So gilt etwa die dort gefundene goldene Gürtelschnalle als der Höhepunkt angelsächsischer Goldschmiedekunst. Schließlich ist die Fülle der Grabbeigaben ein Ausdruck für die Handelsverbindungen zwischen Südengland auf der einen Seite und Kontinentaleuropa und dem östlichen Mittelmeerraum auf der anderen.

Kunstgegenstände werden in ihrer historischen Entwicklung sowie ihrer ikonografischen und ästhetischen Bedeutung von der Kunstgeschichte untersucht. Sie sind jedoch auch für die Wirtschaftsgeschichte interessant, da sie Erkenntnisse zu den materiellen und ökonomischen Verhältnissen vermitteln. Wie sämtliche Quellen des Mittelalters entstanden Kunstgegenstände aus einer charakteristischen mittelalterlichen Perspektive, die kirchlich-religiös geprägt war, sich einer bestimmten ästhetischen Formensprache bediente und in erster Linie Artefakte zur religiösen Erbauung und Belehrung hervorbrachte. Zu den bekanntesten Malern der altniederländischen Malerei gehört Rogier van der Weyden (1399–1464), dessen Werke bereits Mitte des 15. Jahrhunderts weit über seine Wirkungsstätte in der Stadt Brüssel hinaus berühmt und begehrt waren.

Das Tafelbild der *Verkündigung Mariae* entstand als Mittelteil eines Triptychons um 1440. Dargestellt wird eine klassische Szene christlicher Kunst, aufgeladen mit religiöser Symbolik: Maria ist in die Lektüre vertieft, als der Erzengel Gabriel in ihr Schlafgemach tritt und die frohe Botschaft verkündet. Gabriel trägt ein kostbares Pluviale wie ein Priester, der eine liturgische Handlung vollzieht. Auf einem goldenen Medaillon im Himmelbett ist ein segnender Christus als Salvator Mundi zu sehen. In der linken Ecke steht auf dem Boden eine Majolika-Vase mit Lilien, die auf Marias Jungfräulichkeit verweisen. Das Bild lud mit diesen metaphorischen Bezügen dazu ein, sich in seine religiöse Botschaft zu vertiefen. Dies geschah vor einer zeitgenössischen Kulisse, die das biblische Geschehen in die Welt der Reichen und Vornehmen des 15. Jahrhunderts verlegte. Die Kleidung der Figuren ist aus den teuersten Stoffen der Zeit gefertigt, für deren naturgetreue Darstellung Rogier van der Weyden schon zu Lebzeiten gefeiert wurde. Den Erzengel schmückt ein liturgisches Gewand aus Goldbrokat mit Granatapfelmotiven – wie sie in der italienischen Seidenweberei dieser Zeit für den gesamten europäischen Markt hergestellt wurden. Marias Kleid und Mantel aus feinem Wollstoff zeichnen sich durch schlichte Form und erlesene Qualität aus. Auf ihren Schemel hat die Gottesmutter ein weiteres italienisches Seidentuch gebreitet. Das Schlafgemach entspricht ebenfalls exklusiven Ansprüchen der niederländischen Wohnkultur: Den Boden bedeckt ein gemusterter Fliesenboden, von der dunklen Holzdecke hängt ein mehrarmiger Leuchter aus Messing.

Rogier van der Weyden, Verkündigung Mariae. Das Tafelbild zeigt eine klassische Szene christlicher Kunst. Der Künstler präsentiert die biblische Handlung in einem zeitgenössischen Interieur und kleidet die Figuren in Gewänder seiner Zeit. Damit wird das Bild zu einer Quelle für Wirtschaftshistorikerinnen und -historiker, die sich für die materielle Ausstattung von Personen und Gebäuden im Wandel der Zeit interessieren.

An der linken Seitenwand befindet sich ein geschlossener Kamin, davor eine hölzerne Sitzbank mit roten Samtkissen. Die Rückwand ziert ein edles Möbelstück, auf dem ein raffinierter Wasserkrug und eine Waschschale stehen. Auf dem Kaminsims sind ein Kerzenhalter sowie eine Feige und eine Apfelsine zu sehen. Viele weitere Details machen den Raum zu einer akkuraten, gleichwohl idealisierten Darstellung spätmittelalterlicher luxuriöser Wohnkultur. Das Bild Rogier van der Weydens ist daher zugleich Quelle für die Kunstgeschichte, welche die kunsthistorische Signifikanz des Bildes zu beurteilen versteht, als auch für die Religionsgeschichte, die das Bild als Zeugnis spätmittelalterlicher Marienfrömmigkeit sehen mag sowie für die Kultur-, Sozial- und Wirtschaftsgeschichte, die das Bild als Zeugnis für die materielle Kultur des 15. Jahrhunderts interpretieren.

Steinhauer und Maler fertigten seit dem späten Mittelalter auch Grabmäler und Bilder an, die den Kaufmann und seine Tätigkeit sowie die verschiedenen Gewerbezweige selbst zum Thema hatten. Ihre Werke sind wichtige bildliche Zeugnisse des wirtschaftlichen Lebens der Vergangenheit. Die *Nürnberger Zwölfbrüderbücher* beispielsweise waren als Chroniken und Totenbücher zweier Nürnberger Sozialstiftungen des späten Mittelalters angelegt worden. Sie enthalten 1300 Darstellungen unterschiedlichster Herstellungsverfahren und Handwerkserzeugnisse vom Bäcker bis zum Zimmermann und sind damit die umfangreichste und wertvollste serielle Bildquelle zum historischen Handwerk in Europa. Das Bildmaterial ist online zugänglich und kann nach verschiedenen Themen (Berufsgruppen, Arbeitsgeräte, Materialien, Erzeugnisse etc.) durchsucht werden.

Die älteste Grabplatte mit dem Bildnis eines Kaufmanns gab der 1429 verstorbene Henggi (Johannes) Humpis in Auftrag. Die Humpis gehörten zu den reichsten Familien von Ravensburg und den Mitbegründern der Großen Ravensburger Handelsgesellschaft. Seit dem späten Mittelalter ließen sich Kaufleute erstmals auch porträtieren. Im Jahr 1499 schuf Albrecht Dürer (1471–1528) das Porträt von Kaufmann Oswald Kröll (Krel), der ebenfalls Mitglied der Ravensburger Gesellschaft war. Hans Holbein der Jüngere (1497–1543) malte 1532 das Bildnis des Danziger Hansekaufmanns Georg Gisze in London. Es zeigt den Kaufmann in edler Kleidung in seinem Kontor, umgeben von Attributen seines Berufs (Briefe, Rechnungsbuch, Waage, Siegel etc.). Der Großkaufmann und Bankier Jakob Fugger (1459–1525) ließ sich 1512 eine eigene Kapelle in der Karmeliterkirche St. Anna in Augsburg errichten. Die erfolgreichen Kaufleute des späten Mittelalters traten selbstbewusst auf und zeigten dies durch die von ihnen initiierten Kunstwerke.

Artefakte zur mittelalterlichen Wirtschaftsgeschichte liegen manchmal auch verdeckt unter der Erde oder unter Wasser und müssen erst erschlossen und für die historische Forschung aufbereitet werden.

Im nordöstlichen Polen liegen die Reste der Siedlung Alt-Wartenburg (Barczewko), die 1354 zerstört und aufgeben wurde. Die kleine Stadt war erst einige Jahrzehnte zuvor gegründet und besiedelt worden. Archäologinnen und Archäologen haben die Siedlung nun wieder ausgegraben und können so rekonstruieren, wie eine spätmittelalterliche Planstadt angelegt wurde: Umgeben von einem Wall und einer Stadtmauer wurden parallel verlaufende Straßen angelegt, an denen sich circa zwei Dutzend unterkellerter Fachwerkhäuser befanden. Das Zentrum der Stadt bildete ein rechteckiger Marktplatz mit einem Kaufhaus, dem größten nicht kirchlichen Gebäude der Stadt. Eine Pfarrkirche mit Friedhof und ein Badehaus an der Stadtmauer sorgten für das seelische und leibliche Wohl der Bewohner. Ausgrabungen dieser Art ergänzen unser Wissen von der Urbanisierung und wirtschaftlichen Expansion Europas im hohen Mittelalter. Sie belegen die einzelnen Phasen dieses Prozesses und zeigen zugleich, dass nicht jede Stadtgründung zum Erfolg führte. Stadtarchäologie und Bauforschung haben in den letzten Jahrzehnten Bauwerke und Straßen in der Stadt und auf dem Land samt dazugehöriger Infrastruktur wie Wasserleitungen, Brunnen und Toiletten sowie Burgen und andere Wehrbauten ausgegraben und analysiert. Die Lebens- und Arbeitswelt des Mittelalters wurde durch diese Studie in vielen Aspekten veranschaulicht.

Die Unterwasserarchäologie beschäftigt sich mit den dinglichen Überresten, die unter Wasserbedeckung erhalten geblieben sind. In Ufernähe erlaubt die Bergung von Keramik, organischen Reste aus Knochen, Holz und Leder und anderen Gegenständen – aber auch die Erschließung versunkener Gebäude und Hafenanlagen – die Rekonstruktion der Lebenswirklichkeiten der ufernahen Siedler und Gemeinden. Zu den spektakulären Funden der Unterwasserarchäologie gehören versunkene Schiffe, die teilweise samt Ladung und Ausrüstung über Jahrhunderte unter Wasser konserviert wurden. Berühmte Funde aus dem Mittelalter umfassen beispielsweise das Kvalsund-Schiff, ein Wikingerschiff aus der Zeit um 700, das in Westnorwegen gefunden wurde, oder das Wrack von Karschau aus dem 12. Jahrhundert, ebenfalls ein Schiff skandinavischer Bauart, das im Jahr 2000 aus der Schlei in Schleswig-Holstein geborgen wurde. In den vergangenen Jahrzehnten konnte die Unterwasserarchäologie durch zahlreiche weitere Funde viele neue Erkenntnisse über den Schiffsbau und die transportierten Waren erzielen.

Schließlich legt die Umwandlung von Naturraum in Kulturraum Zeugnis ab von wirtschaftsgeschichtlichen Prozessen. Es ist vorrangig die Historische Geografie, welche die Einwirkungen der natürlichen geografischen Gegebenheiten auf den Menschen und umgekehrt die Einwirkungen des Menschen auf die geografischen Gegebenheiten untersucht und darstellt. Zu den zentralen Themen gehören dabei die Entstehung und Veränderung einer vom Menschen geschaffenen Kulturlandschaft sowie die räumliche und siedlungstopografische Verteilung der Bevölkerung. Die Reduzierung der Waldflächen ist ein Indiz für die umfassenden Veränderungen unserer Umwelt. Während am Beginn des Mittelalters Europa weitgehend bewaldet war, sank der Anteil der Waldfläche durch Rodung im frühen und hohen Mittelalter auf circa 40 Prozent der Gesamtfläche. In der Frühen Neuzeit wurde weiter gerodet, seit dem 19. Jahrhundert drehte sich der Trend um und Europa hat heute ähnlich viel Wald wie im 14. Jahrhundert. Während die kulturräumliche Veränderung zu großen Teilen im Mittelalter stattfand, ist der Siedlungswandel ein neuzeitliches Phänomen. Im Mittelalter lebten in Europa fünf bis zehn Prozent der Menschen in Städten, noch im Jahr 1800 war der Anteil nicht wesentlich höher. Hundert Jahre später war es bereits ein Drittel und heute bewohnen drei Viertel der Europäer urbane Siedlungen. Diese demografischen und siedlungshistorischen Wandlungsprozesse sind daher auch für die mittelalterliche Wirtschaftsgeschichte ein wichtiges Thema.

Wirtschaftsgeschichte

Ein Fach im Wandel

Die Wirtschaftsgeschichte untersucht das wirtschaftliche Handeln der Menschen und die materiellen Grundlagen der Gesellschaft in der Vergangenheit. Sie ist eng mit anderen historischen Teildisziplinen wie der Sozial-, Politik- und Kulturgeschichte verbunden, hat aber ihre spezifischen Methoden und Fragestellungen. Themen und Herausforderungen, welche die Gesellschaft in der Gegenwart beschäftigen, haben daher während der letzten Jahrzehnte die Forschungsansätze und Schwerpunkte der Wirtschaftsgeschichte verändert. Dies gilt auch für die mittelalterliche Wirtschaftsgeschichte.

Das Fach der Wirtschaftsgeschichte nimmt eine Brückenfunktion zwischen Geschichts- und Wirtschaftswissenschaften ein. Während wirtschaftswissenschaftliche Herangehensweisen wie die Cliometrie sich meist auf große Datenmengen stützen, makroökonomische Modelle entwerfen und nach generalisierbaren theoretischen Aussagen streben, gehen geschichtswissenschaftliche Studien häufig stärker qualitativ und narrativ vor. Entsprechend groß ist die methodische Spannbreite der mittelalterlichen Wirtschaftsgeschichte. Es gibt Untersuchungen, die mit der Hilfe statistischer Untersuchungsmethoden (Regressionsanalyse) große Datenmengen quantitativ auswerten oder die Beziehungen zwischen bekannten und unabhängigen Variablen zu ergründen suchen. Die quellenmäßigen Voraussetzungen dafür sind in unterschiedlichen Zeiten und Bereichen gegeben. So wurden die über 10.000 Personennamen aus dem Polyptychon von Saint-Germain-des-Prés aus dem 9. Jahrhundert mit quantitativen Methoden untersucht, um die sozialen Strukturen der Bauernschaft zu analysieren. Mit statistischen Methoden wurde auch der Zusammenfang von politischer Fragmentierung und Intensität der Judenpogrome im 14. Jahrhundert oder die räumliche Korrelation zwischen Universitätsgründung und

Marktgründungen (als Beleg für Wirtschaftswachstum) im 14. und 15. Jahrhundert erörtert.

Andererseits bedienen sich Wirtschaftshistoriker und Wirtschaftshistorikerinnen des Mittelalters üblicherweise qualitativer Methoden, wenn sie beispielsweise Geschichtswerke oder Tagebücher auswerten. In der Mehrzahl der Fälle aber kombinieren sie die Vorgehensweisen, greifen Anregungen von beiden Seiten auf und verbinden auf diese Weise qualitative und quantitative Forschungsansätze, Empirie und Theorie. Aufgrund der Quellenlage sind statistische Methoden für die mittelalterliche Geschichte ohnehin nur eingeschränkt und mehrheitlich für das späte Mittelalter anwendbar. In der Erforschung der mittelalterlichen Wirtschaftsgeschichte überwiegt daher die Nähe zu herkömmlichen geschichtswissenschaftlichen Fragestellungen und Methoden, angereichert jedoch durch die quantitativen und statistischen Methoden der Wirtschaftswissenschaften.

Die Wirtschaftsgeschichte ist so alt wie die Historie selbst, da sich die Gelehrten in ihren Analysen von Gott und der Welt immer für wirtschaftliche Sachverhalte interessiert haben. Dies geschah bis zum 18. Jahrhundert häufig im Rahmen von historiografischen, theologischen oder literarischen Texten. Seit dem 13. Jahrhundert verfassten jedoch sowohl Kaufleute als auch Gelehrte Handbücher und Traktate, die sich praktisch oder theoretisch beispielsweise mit der Arbeit des Kaufmanns beschäftigten. Diese Entwicklung beschleunigte sich in der Frühen Neuzeit. Sir William Petty (1623–1687), Richard Cantillon (ca. 1680–1734) und Francois Quesnay (1694–1774) begannen die Wirtschaft ihrer Länder mit mathematischen Methoden zu untersuchen. Der Politiker, Arzt, Geschäftsmann und Chronist William Petty beschrieb sein Vorgehen so: »Statt nur vergleichende und hochtrabende Worte und geistreiche Argumente zu gebrauchen, habe ich mir angewöhnt (als Beispiel für die politische Arithmetik, die ich seit langem anstrebe), mich in Begriffen der Zahl, des Gewichts oder des Maßes auszudrücken, nur logische Argumente zu gebrauchen und nur solche Ursachen zu erwägen, die sichtbare Grundlagen in der Natur haben. Von Quesnay stammt das berühmte *Tableau économique*, eine grafische Darstellung des gesamten Wirtschaftskreislaufs samt der beteiligten Klassen der Bauern, Handwerker, Kaufleute und Landbesitzer.

Einen ersten Höhepunkt erreichte die wissenschaftliche Auseinandersetzung mit wirtschaftlichen Prozessen im Werk von Adam Smith (1723–1790), dessen Buch »Der Wohlstand der Nationen« (*An Inquiry into the Nature and Causes of the Wealth of Nations*) 1776 erschien und als erstes Werk der modernen Wirtschaftswissenschaft gilt. In den folgenden Jahrzehnten setzten sich britische Gelehrte wie Thomas Robert Malthus (1766–1835), David Ricardo (1772–1823) und James Mill (1773–1836) mit Fragen wie dem Bevölkerungswachstum, der Besteuerung oder dem Außenhandel auseinander. Sie gelten heute als Vertreter der klassischen Nationalökonomie. In Deutschland war es die Historische Schule der Nationalökonomie, die seit der Mitte des 19. Jahrhunderts die Wirtschaftsgeschichte zu einer wissenschaftlichen Disziplin machte. Die Angehörigen dieser Schule analysierten beispielsweise die Auswirkungen der Industrialisierung auf die sozialen Verhältnisse und die Verarmung der Unterschichten. Die enge Verbindung von Wirtschafts- und Sozialgeschichte kennzeichnet das Fach bis heute. Um 1900 waren es in der deutschsprachigen Wissenschaft vor allem Werner Sombart (1863–1941) und Max Weber (1864–1920), die mit ihren Arbeiten zu Genese und Entwicklung des Kapitalismus das Fach prägten. Ab der Mitte des 20. Jahrhunderts entstanden die Lehr- und Handbücher der Sozial- und Wirtschaftsgeschichte, die die Grundlage für die moderne Wirtschaftsgeschichte darstellen. In diesen Handbüchern wird die Zeit vor 1800 häufig mitbehandelt, ihr Schwerpunkt liegt meist auf der Industrialisierung und ihren Folgen bis zur Gegenwart. Dies hat mit der Verfügbarkeit der Quellen zu tun, deren Volumen und Informationsgehalt im 19. Jahrhundert explosionsartig zunimmt, daneben aber auch mit der dramatischen sozioökonomischen Dynamik, welche die Industrialisierung hervorbrachte.

Eine besondere Lesart der Wirtschaftsgeschichte bietet der historische Materialismus, der Mitte des 19. Jahrhunderts von Karl Marx (1818–1883) und Friedrich Engels (1820–1895) konzipiert wurde. Vor dem Hintergrund der sozialen Missstände infolge der Industriellen Revolution geht der Historische Materialismus davon aus, dass Gesellschaftsordnungen von Produktionsverhältnissen bestimmt werden. Alle Gesellschaften seien zudem von Klassenkämpfen geprägt und erst der Kommunismus werde eine gerechte soziale Ordnung hervorbringen. Die vorherrschende Produktionsweise (*mode of production*) der Antike sei die Sklavenwirtschaft gewesen, in der sich Sklavenhalter und Sklaven als antagonistische Klassen gegenübergestanden hätten. Der Feudalismus des Mittelalters hat aus marxistischer Perspektive die Grundherrschaft als Hauptmerkmal hervorgebracht, mit Grundherren auf der einen Seite und abhängigen ausgebeuteten Bauern auf der anderen. Während sich die Zukunftsvisionen des Historischen Materialismus als falsch erwiesen haben und die osteuropäische dogmatisch-marxistische Geschichtsforschung von 1945 bis 1990 inzwischen größtenteils vergessen ist, bieten neomarxistische Ansätze bis heute wichtige Anregungen für die Geschichtsforschung. Denn wer wollte bestreiten, dass die unterschiedlichen sozioökonomischen Strukturen für die Gestaltung sozialer Beziehungen von Bedeutung sind – und dass das *Sein* das Bewusstsein zu allen Zeiten (mit-)bestimmt hat.

Die Quellenlage und sozioökonomische Dynamik der Entwicklung ab 1800 prägen die Struktur des Faches. Lehrstühle für Sozial- und Wirtschaftsgeschichte, die entweder an geschichtswissenschaftlichen oder wirtschaftswissenschaftlichen Fakultäten angesiedelt sind, gibt es hauptsächlich für die neuere und neueste Geschichte ab der Industriellen Revolution. Viele Wirtschaftshistorikerinnen und -historiker der Moderne haben sich zudem auf bestimmte Schwerpunkte wie die Unternehmensgeschichte, die historische Demografie, die Geschichte des ökonomischen Denkens oder die moderne Agrargeschichte spezialisiert. In der mittelalterlichen Geschichtsforschung werden wirtschaftsgeschichtliche Themen dagegen in vielen Fällen von Historikern behandelt, deren Arbeit nicht ausschließlich der Wirtschaftsgeschichte gewidmet ist.

Dennoch gab es im 20. Jahrhundert bekannte Mediävisten, die vorrangig als Sozial- und Wirtschaftshistoriker wahrgenommen werden. Zu ihnen gehört etwa Marc Bloch (1886–1944), Mitbegründer der Annales-Schule (Gruppe französischer Historiker im 20. Jahrhundert), der ein grundlegendes und weiterhin einflussreiches Werk über den Feudalismus verfasst hat, sowie Georges Duby (1919–1966), der neben seinen vielen anderen bekannten Texten die grundherrschaftlichen Verhältnisse in Frankreich auf innovative Weise dargestellt hat. Als Erneuerer der mittelalterlichen Wirtschaftsgeschichte gelten zudem Carlo Maria Cipolla (1922–2000) und Roberto Sabatino Lopez (1910–1986), die die Expansion des Handels im hohen und späten Mittelalter deutlich gemacht haben. Lopez führte hierfür den Begriff der *commercial revolution* in die Diskussion ein. Im deutschsprachigen Raum gehören zu den bekannten Vertretern der älteren Wirtschaftsgeschichte Wilhelm Abel (1904–1985) mit seinen Thesen zur spätmittelalterlichen Agrarkrise und Wolfgang Stromer (1922–1999), der die Geschichte der Handelsfirmen seiner Heimatstadt Nürnberg untersucht hat. Noch immer anregend sind darüber hinaus die Werke von Henri Pirenne (1862–1935) über den Beginn des Mittelalters, von Raymond Adrien de Roover (1904–1972) über die Bank der Medici oder von Michael M. Postan (1899–1981) über die wirtschaftliche Entwicklung im späten Mittelalter. Bei dieser Liste, die sich leicht verlängern ließe, fällt auf, dass Frauen bis in die 1970er Jahre hinein in der Wirtschaftsgeschichte des Mittelalters nicht prominent vertreten waren. Im ausgehenden 20. Jahrhundert hat sich dies geändert und heute stammen viele wichtige Beiträge zum Thema von Historikerinnen.

In den letzten Jahrzehnten stand die mittelalterliche Wirtschaftsgeschichte trotz prominenter Ausnahmen nicht im Zentrum der historischen Forschung. Die Aufmerksamkeit richtete sich zwischen 1970 und 2010 vorrangig auf eine Kulturgeschichte, die Impulse von der Anthropologie empfangen hat und die Lebenswelten der Vergangenheit in ihren symbolischen Formen, ungeschriebenen Spielregeln und mentalitätsgeschichtlichen Erfahrungen zu deuten suchte. Für die angeblich harten Fakten und Zahlen der Wirtschaftsgeschichte war in diesem Rahmen wenig Platz. Die Wirtschaftsgeschichte stand mit ihrer Suche nach langfristigen Entwicklungen und deren Gesetzmäßigkeiten zudem im Verdacht, eine eurozentrische Modernisierungsgeschichte zu propagieren.

Inzwischen erlebt die Erforschung der Wirtschaftsgeschichte und mit ihr die mittelalterliche Wirtschaftsgeschichte eine kleine Renaissance. Dazu beigetragen haben die Weltwirtschaftskrise ab 2008 und andere Herausforderungen des letzten Jahrzehnts, wie die Spannungen zwischen den globalen Handelsblöcken, die ökonomischen Kosten einer nachhaltigen Klimapolitik oder die Corona-Epidemie samt ihren wirtschaftlichen Folgen. Die Beschäftigung mit diesen Themen zeigt, dass die moderne Welt ohne die Kenntnis wirtschaftlicher Zusammenhänge schwer zu begreifen ist. Dies ist ein wesentlicher Grund dafür, dass sich jüngere Historikerinnen und Historiker wieder der Wirtschaftsgeschichte zuwenden. Die so erneuerte Wirtschaftsgeschichte interessiert sich für die messbaren Fakten des wirtschaftlichen Geschehens und fragt zugleich nach der Bedeutung der wirtschaftlichen Entwicklung für das Leben der Menschen. Es geht weiterhin um nüchterne Zahlen und Konjunkturen, daneben aber auch um subjektive Wahrnehmungen und Lebenswelten.

Die Wirtschaftsgeschichte des Mittelalters zeichnet sich einerseits durch immer wieder behandelte Kernthemen aus und ist andererseits vom sich wandelnden Zeitgeist geprägt. Zu den Themen, die die mittelalterliche Wirtschaftsgeschichte stets begleiten, gehören die Grundherrschaft und der Warenhandel, das Wirtschaftswachstum, die Geld- und Münzgeschichte, die Stadt- und Agrargeschichte sowie Fragen der sozialen Schichtung und der Periodisierung.

Daneben gibt es Fragestellungen, die in den letzten Jahrzehnten erstmals oder besondere Aufmerksamkeit erlangt haben. Die Diskussion sozialer Ungleichheit in der Gegenwart hat dazu geführt, dass dieses Thema in der mittelalterlichen Geschichte ein verstärktes Interesse findet. Wir sind heute konfrontiert mit Handelskonflikten zwischen Nationen, mit divergierenden Lebensstandards in verschiedenen Teilen der Welt, mit Migration aus wirtschaftlichen Gründen, mit dem Kampf um angemessenen Lohn für Arbeit und vielen ähnlichen Themen. Immer geht es dabei um wirtschaftliche Fragen, die eng mit politischen, kulturellen und sozialen Sachverhalten verknüpft sind. Im Mittelalter war das nicht anders. Menschen verließen ihre Heimat, um anderswo bessere Lebensbedingungen zu finden; Fürsten und Städte regulierten den Handel an ihren Grenzen; wirtschaftliche Ungleichheit war im Mittelalter nicht nur vorhanden, sondern wurde von den Gelehrten und Betroffenen diskutiert oder zum Anlass genommen, politisch aktiv zu werden. Erste Streiks fanden bereits im Mittelalter statt. Mit diesen und vielen anderen Themen beschäftigt sich die Wirtschaftsgeschichte. Sie ist deshalb eine zentrale Teildisziplin der Geschichtsforschung und unerlässlich, um vergangene Lebenswelten umfassend und multiperspektivisch zu diskutieren.

Weitere inhaltliche und methodische Anregungen kamen in den letzten Jahrzehnten hinzu. Anregungen aus der Kulturgeschichte richteten die Aufmerksamkeit auf Spielregeln formeller und informeller Art im Wirtschaftsleben. Wie kamen Verträge zustande und wie wurde ihre Einhaltung in Zeiten geringer Schriftlichkeit garantiert? Wie funktionierte die expandierende Schuldenwirtschaft des späten Mittelalters? Aus den Wirtschaftswissenschaften kommt die Neue Institutionenökonomik, die der Mittelalterforschung ebenfalls neue Impulse verlieh. Ziel dieses Ansatzes ist es, Qualität und Wirksamkeit von Institutionen sowie das Nebeneinander von öffentlich-staatlichen und privaten Institutionen in der Vormoderne zu analysieren. Damit verbunden ist die Frage nach dem Aufstieg Europas: Lässt sich bereits im Mittelalter – begründet durch die Qualität der europäischen Institutionen – ein wirtschaftsgeschichtlicher Sonderweg Europas erkennen? Damit in Zusammenhang stehen globalgeschichtliche Anregungen, die die Wirtschaftsgeschichte erfasst und transkulturelle Vergleiche in den Vordergrund gerückt haben. Die Geschlechtergeschichte steigerte das Interesse für die Position von Frauen in der Wirtschaft. So wurde gefragt, ob es auch für Frauen eine Renaissance mit erweiterten ökonomischen Handlungsspielräumen gegeben habe oder ob die zunehmende Frauenarbeit für die Entstehung der Konsumgesellschaft verantwortlich sei. Aus umweltgeschichtlicher Perspektive wird diskutiert, ob der Untergang des römischen Reiches, die Krisen des 14. Jahrhunderts und allgemein die wirtschaftlichen Konjunkturen und globalen Verschiebungen mit Veränderungen des Klimas zusammenhingen. Generell stellt sich die Frage nach den Auswirkungen von Umweltbedingungen auf soziale und wirtschaftliche Strukturen. Verstärkt kommen schließlich naturwissenschaftliche Methoden zum Einsatz: Mit digitalen Methoden werden große Datenmengen ausgewertet, Handschriftentexte automatisch transkribiert oder mit der Hilfe von geografischen Informationssystemen (GIS) räumlich verortet. Die Genetic History sowie die Isotopenanalysen werden herangezogen, um Abstammungsverhältnisse, Migrationsprozesse sowie Lebensbedingungen und Ernährungsgewohnheiten zu erkunden.

Einige der genannten alten und neuen Fragen und Methoden werden in diesem Buch präsentiert. Dadurch soll gezeigt werden, dass die mittelalterliche Wirtschaftsgeschichte wichtige Themenfelder erschließt, epochenübergreifende Relevanz hat und zudem Spaß macht. Dies konnte nur exemplarisch anhand von ausgewählten Themenfeldern geschehen. Die Auswahl der Schwerpunkte folgt einerseits den klassischen Darstellungen des Themas, versuchte aber andererseits neue Wege zu beschreiten und dabei insbesondere Zugänglichkeit und Relevanz der mittelalterlichen Wirtschaftsgeschichte im 21. Jahrhundert deutlich zu machen.

Danksagung

Zum glücklichen Abschluss des Manuskripts gelangte ich mit der Hilfe von Kollegen und Kolleginnen, die mir mit Rat und Tat zur Seite standen. Ich danke Michael Adelsberger (Wiener Handwerker und ihr Warenkorb), Enno Bünz (Dreifelderwirtschaft in der Praxis), Stefan Esders (das frühe Mittelalter, socius amicusque), Thomas Frank (immer), Karin Gludovatz (Rogier van der Weyden), Sabine von Heusinger (das späte Mittelalter), Hans Kammerer (Karten), Ulla Kypta (Strukturen und Institutionen), Markus Mayer (Migration), Klaus Oschema (französische Historiografie), Ulrich Pfister (Lebensstandards und Divergence); Maximilian Schuh (Wetter nicht nur in England), Paul Schweitzer-Martin (Schreibmeister), Tanja Skambraks (die großen Fragen), Sebastian Steinbach (Münz- und Geldwesen), Lienhard Thaler (Fürstenfinanzen), Andreas Zajic (Inschriften) und Gabriel Zeilinger (Freimarkt). Glücklicherweise hat mich Hannah Potthoff als kritische und mahnende Leserin durch die Entstehung des Textes begleitet. Zum Feinschliff hat Christine Puffer beigetragen. Die Teilnehmer und Teilnehmerinnen der Vorlesung im Sommersemester 2020 an der Freien Universität Berlin waren mein erstes Publikum und bewahrten den Text mit ihren kritischen Fragen und Hinweisen vor manchen Unverständlichkeiten.

Die abenteuerliche Idee, 1000 Jahre Wirtschaft auf wenigen Seiten darzustellen, verdanke ich Martin Kintzinger. Seine sorgfältige Lektüre und Kommentierung hat den Text an vielen Stellen verbessert und bereichert. Inspirierende und hilfsbereite Kollegen wie er machen das Arbeiten innerhalb der kleinen Mittelalterforschungswelt zu einem intellektuellen und persönlichen Vergnügen. Die allgemeine Verständlichkeit des Textes wurde zuerst von meinem Tennispartner und Freund Thorsten Krüger überprüft. Zu meinen Vorbildern seit Studienzeiten gehören Gerhard Fouquet und Hans-Werner Goetz. Ich betrachte es als Glück und Privileg, dass beide bereit waren, das unfertige

Manuskript zu lesen. Ihre Korrekturen und Anregungen haben mir meine Lücken deutlich vor Augen geführt, mir aber auch dabei geholfen, ein eigentlich nie fertig werdendes Werk aus der Hand zu geben. Es waren die Diskussionen mit den genannten und vielen weiteren Personen, die das Schreiben des Buches zu einer anregenden und bisweilen sogar kurzweiligen Tätigkeit gemacht haben.

Überschattet wurde die Arbeit von der Corona-Epidemie, die mit ihren vielen individuellen Tragödien und wirtschaftlichen Verwerfungen dem gemeinsamen Nachdenken über den gesellschaftlichen Zusammenhalt und die gerechte Verteilung von Belastung und Entlohnung zusätzliche Bedeutung verliehen hat.

Thomas Ertl, im Sommer 2021

Auswahlbibliografie

Aktuelle methodische Einführungen

Goetz, Hans-Werner ([4]2014): Proseminar Geschichte: Mittelalter. Stuttgart.

Kypta, Ulla / Bruch, Julia / Skambraks, Tanja (Hrsg.) (2019): Methods in Premodern Economic History. Case Studies from the Holy Roman Empire, c.1300–c.1600. (Palgrave Studies in Economic History). Cham.

Schulz, Günther u. a. (Hrsg.) (2004): Sozial- und Wirtschaftsgeschichte. Arbeitsgebiete–Probleme–Perspektiven. 100 Jahre Vierteljahrschrift für Sozial- und Wirtschaftsgeschichte (VSWG Beihefte 169). Stuttgart.

Pionierarbeiten bis 1914

Doren, Alfred (1902): Studien aus der Florentiner Wirtschaftsgeschichte. Bd. 1: Die Florentiner Wollentuchindustrie vom vierzehnten bis zum sechzehnten Jahrhundert. Ein Beitrag zur Geschichte des modernen Kapitalismus. Stuttgart.

Doren, Alfred (1908): Studien aus der Florentiner Wirtschaftsgeschichte. Bd. 2: Das Florentiner Zunftwesen vom vierzehnten bis zum sechzehnten Jahrhundert. Stuttgart.

Engels, Friedrich (1932): Die Lage der arbeitenden Klasse in England. Nach eigener Anschauung und authentischen Quellen (Historisch-kritische Gesamtausgabe 1 / 4). Berlin. [Orig. Leipzig 1845].

Lamprecht, Karl (1885 / 86): Deutsches Wirtschaftsleben im Mittelalter. Untersuchungen über die Entwicklung der materiellen Kultur des platten Landes auf Grund der Quellen zunächst des Mosellandes. Bd. 1–3. Leipzig.

Malthus, Thomas Robert (1977): Das Bevölkerungsgesetz. München [An Essay on the Principle of Population, as it affects the future Improvement of Society, London 1798].

Marx, Karl / Engels, Friedrich (2018): Manifest der kommunistischen Partei. Bearbeitet von Martin Rowson; adaptiert und übersetzt von Michael Walter. München. [Orig. 1848].

Ricardo, David ([2]1979): Über die Grundsätze der politischen Ökonomie und der Besteuerung. Berlin. [On the Principles of Political Economy and Taxation. London 1817].

Schmoller, Gustav von (2015): Die Straßburger Tucher- und Weberzunft. Urkunden und Darstellung nebst Regesten und Glossar. Ein Beitrag zur Geschichte der Deutschen Weberei und des Deutschen Gewerberechts vom XIII.–XVII. Jahrhundert. Norderstedt. [Original: Straßburg 1879].

Schulte, Aloys (1900): Geschichte des mittelalterlichen Handels und Verkehrs zwischen Westdeutschland und Italien mit Ausschluss von Venedig. Bd. 1–2. Leipzig.

Simonsfeld, Henry (1887): Der Fondaco dei Tedeschi in Venedig und die deutsch-venetianischen Handelsbeziehungen. 2 Bde. Stuttgart.

Smith, Adam (1974): Der Wohlstand der Nationen. Eine Untersuchung seiner Natur und seiner Ursachen. Bd. 1–5. München. [An Inquiry into the Nature and Causes of the Wealth of Nations, London 1776].

Sombart, Werner (1987): Der moderne Kapitalismus. Historisch-systematische Darstellung des gesamteuropäischen Wirtschaftslebens von seinen Anfängen bis zur Gegenwart. Bd. 1: Die vorkapitalistische Wirtschaft. Unveränderter Nachdruck der zweiten Auflage. München. [Orig. 1902].

Weber, Max (2016): Die protestantische Ethik und der „Geist" des Kapitalismus (Max Weber Gesamtausgabe Abt. 1 / 18). Tübingen.

Klassiker des 20. Jahrhunderts

Abel, Wilhelm ([3]1978): Agrarkrisen und Agrarkonjunktur. Eine Geschichte der Land- und Ernährungswirtschaft Mitteleuropas seit dem hohen Mittelalter. Hamburg. [Original Berlin 1935].

Abel, Wilhelm (1974): Massenarmut und Hungerkrisen im vorindustriellen Europa. Hamburg.

Duby, Georges (1962): L'économie rurale et la vie des campagnes dans l'Occident medieval. 2 Bde. Paris.

Lopez, Robert Sabatino (1971): The commercial Revolution of the Middle Ages, 950–1350. Englewood Cliffs.

Pirenne, Henri ([6]1986): Sozial- und Wirtschaftsgeschichte Europas im Mittelalter. München. [La civilisation occidentale aus Moyen Âge du milieu du XVe siècle. Le mouvement économique et sociale, Paris 1933].

Postan, Michael M. (1972): The Medieval Economy and Society: An Economic History of Britain in the Middle Ages. London.

Roover, Raymond de (1963): The Rise and Decline of the Medici Bank. 1397–1494. Cambridge, Mass.

Stromer, Wolfgang von (1970): Oberdeutsche Hochfinanz 1350–1450. 3 Bde. Wiesbaden.

White, Jr., Lynn (1968): Die mittelalterliche Technik und der Wandel der Gesellschaft. München. [engl. Orig. 1963].

Allgemeine Einführungen und Handbücher

Broadberry, Stephen et al. (Hrsg.) (2015): British Economic Growth: 1270–1870. Cambridge.

Cerman, Markus et al. (Hrsg.) (2011): Wirtschaft und Gesellschaft. Europa 1000–2000 (VGS Studientexte). Wien.

Cipolla, Carlo M. (1993): Before the Industrial Revolution: European Society and Economy, 1000–1700. London. [ital. Orig. 1974].

Cipolla, Carlo M. (1992): Between Two Cultures: An Introduction to Economic History. New York.

Clark, Gregory (2007): A Farewell to Alms. A Brief Economic History of the World. Princeton.

Curtin, Philip D.(1984): Cross-cultural Trade in World History (Studies in Comparative World History). Cambridge.

Epstein, Stephan R. (2000): Freedom and Growth: The Rise of States and Markets in Europe 1300–1750. London.

Epstein, Stephan R./Prak, Maarten (Hrsg.) (2008): Guilds, Innovation, and the European Economy, 1400–1800. Cambridge.

Frankopan, Peter (2016): Licht aus dem Osten. Eine neue Geschichte der Welt. Berlin [Orig. The Silk Roads: A New History of the World, London 2015].

Fried, Johannes / Hehl, Ernst-Dieter (2010): WGB Weltgeschichte. Eine globale Geschichte von den Anfängen bis ins 21. Jahrhundert. Bd. 3: Weltdeutungen und Weltreligionen 600 bis 1500. Hrsg. von, Walter Demel. Darmstadt.

Fried, Johannes / Hehl, Ernst-Dieter (2010): WGB Weltgeschichte. Eine globale Geschichte von den Anfängen bis ins 21. Jahrhundert. Bd. 4: Entdeckungen und neue Ordnungen 1200 bis 1800. Hrsg. von Walter Demel. Darmstadt.

Henning, Friedrich-Wilhelm (1974): Das vorindustrielle Deutschland 800 bis 1800 (Wirtschafts- und Sozialgeschichte 1). Paderborn.

Henning, Friedrich-Wilhelm (1991–2003): Handbuch der Wirtschafts- und Sozialgeschichte Deutschlands. 3 Bde. Paderborn.

Kellenbenz, Hermann (1973): Grundlagen des Studiums der Wirtschaftsgeschichte, Köln.

Lütge, Friedrich ([3]1976): Deutsche Sozial- und Wirtschaftsgeschichte. Ein Überblick. Berlin. [Original Göttingen 1952].

Malanima, Paolo (2010): Europäische Wirtschaftsgeschichte: 10.–19. Jahrhundert. Köln u. a.

Niemann, Hans-Werner (2009): Europäische Wirtschaftsgeschichte. Vom Mittelalter bis heute (Geschichte kompakt). Darmstadt.

North, Michael (Hrsg.) (2000): Deutsche Wirtschaftsgeschichte: Ein Jahrtausend im Überblick. München.

Scheidel, Walter (2018): Nach dem Krieg sind alle gleich: Eine Geschichte der Ungleichheit. Darmstadt.

Steckel, Richard H. et al. (2018): The Backbone of Europe: Health, Diet, Work and Violence over Two Millennia. Cambridge.

Walter, Rolf (1994): Einführung in die Wirtschafts- und Sozialgeschichte. Paderborn.

Walter, Rolf (2006): Geschichte der Weltwirtschaft. Eine Einführung. Köln.

Zanden, Jan L. van (2012): The long Road to the Industrial Revolution: The European Economy in a Global Perspective 1000–1800. Leiden.

Zorn, Wolfgang ([2]1974): Einführung in die Wirtschafts- und Sozialgeschichte des Mittelalters und der Neuzeit. Probleme und Methoden. München.

Mittelalterliche Wirtschaftsgeschichte

Bautier, Robert-Henri (1971): The Economic Development of Medieval Europe. London.

Gilomen, Hans-Jörg (2014): Wirtschaftsgeschichte des Mittelalters. München.

Kulischer, Josef ([2]1958): Allgemeine Wirtschaftsgeschichte des Mittelalters und der Neuzeit. Bd. 1: Das Mittelalter. München.

Postan, Michael M. (Hrsg.) (1942): The Cambridge Economic History of Europe. Bd. 1: The agrarian Life of the Middle Ages. Cambridge.

Postan, Michael M. (Hrsg.) (1952 /²1987): The Cambridge Economic History of Europe. Bd. 2: Trade and Industry in the Middle Ages, Cambridge.

Postan, Michael M./Rich, E.E./Miller, Edward (Hrsg.) (1963): The Cambridge Economic History of Europe. Bd. 3: Economic Organization and Policies in the Middle Ages. Cambridge.

Pounds, Norman John Greville (²1994): An Economic History of Medieval Europe. London.

Regionen und Spezialthemen

Bader, Karl Siegfried (1957–1973): Studien zur Rechtsgeschichte des mittelalterlichen Dorfes. Bd. 1–3. Weimar.

Bailey, Mark (2014): The Decline of Serfdom in Late Medieval England: From Bondage to Freedom. Woodbridge.

Blickle, Peter (2000): Kommunalismus. Skizze einer gesellschaftlichen Organisationsform. Bd. 1: Oberdeutschland; Bd. 2: Europa. München.

Bavel, Bas J. P. van (2010): Manors and Markets: Economy and Society in the Low Countries, 500–1600. Oxford.

Ellenblum, Ronnie (2012): The Collapse of the Eastern Mediterranean. Climate Change and the Decline of the East, 950–1072. Cambridge.

Fouquet, Gerhard (1999): Bauen für die Stadt: Finanzen, Organisation und Arbeit in kommunalen Baubetrieben des Spätmittelalters. Eine vergleichende Studie vornehmlich zwischen den Städten Basel und Marburg (Städteforschung A/48). Köln.

Fouquet, Gerhard / Gilomen, Hans-Jörg (Hrsg.) (2010): Netzwerke im europäischen Handel des Mittelalters (Vorträge und Forschungen 72). Ostfildern.

Gilchrist, John (1969): The Church and Economic Activity in the Middle Ages. London.

Goody, Jack (1989): Die Entwicklung von Ehe und Familie in Europa. Frankfurt a. M.

Greif, Avner (2006): Institutions and the Path to Modern Economy. Lessons from Medieval Trade. Cambridge.

Isenmann, Eberhard (2014): Die deutsche Stadt im Mittelalter, 1150–1550. Stadtgestalt, Recht, Verfassung, Stadtregiment, Kirche, Gesellschaft, Wirtschaft. 2., durchges. Aufl. Köln.

Irsigler, Franz (1979): Die wirtschaftliche Stellung der Stadt Köln im 14. und 15. Jahrhundert: Strukturanalyse einer spätmittelalterlichen Exportgewerbe- und Fernhandelsstadt (Vierteljahrschrift für Sozial- und Wirtschaftsgeschichte. Beihefte 65). Wiesbaden.

Johanek, Peter (Hrsg.) (1996): Europäische Messen und Märktesysteme im Mittelalter und Neuzeit (Städteforschung A/39). Köln.

Laiou, Angeliki / Morrisson, Cécile (2007): The Byzantine Economy (Cambridge Medieval Textbooks). Cambridge.

Reynolds, Susan (1994): Fiefs and Vassals. The Medieval Evidence Reinterpreted. Oxford.

Rösener, Werner (1992): Agrarwirtschaft, Agrarverfassung und ländliche Gesellschaft im Mittelalter. (Enzyklopädie deutscher Geschichte 13). München.

Lindren, Uta (Hrsg.) (1996): Europäische Technik im Mittelalter 800 bis 1200. Tradition und Innovation. Ein Handbuch. Berlin.

Spufford, Peter (2004): Handel, Macht und Reichtum: Kaufleute im Mittelalter. Darmstadt.

Schulz, Knut (2010): Handwerk, Zünfte und Gewerbe. Mittelalter und Renaissance. Darmstadt.

Shatzmiller, Joseph (2007): Shylock geht in Revision: Juden, Geldleihe und Gesellschaft i m Mittelalter. Trier [engl. Orig. 1990].

Toch, Michael (Hrsg.) (2008): Wirtschaftsgeschichte der mittelalterlichen Juden. Fragen und Einschätzungen. München.

Weigl, Andreas (2012): Bevölkerungsgeschichte Europas. Von den Anfängen bis in die Gegenwart. Wien.

White, Sam / Pfister, Christian / Mauelshagen, Franz (Hrsg.) (2018): The Palgrave Handbook of Climate History. London.

Wood, Diana (2002): Medieval Economic Thought (Cambridge Medieval Textbooks). Cambridge.

Einleitung

Bavel, Bas J. P. van (2016): The Invisible Hand? How Market Economies Have Emerged and Declined since AD 500. Oxford.

Hayek, Friedrich von (2009): Der Weg zur Knechtschaft. München. [Orig. The Road to Serfdom, Chicago 1944].

Le Goff, Jacques (1987): Für ein anderes Mittelalter. Zeit, Arbeit und Kultur im Europa des 5.-15. Jahrhunderts. Weingarten.

Mazzucato, Mariana (2013): The Entrepreneurial State: Debunking Public vs. Private Sector Myths. London.

Piketty, Thomas (2020): Capital and Ideology. Cambridge / London.

Polanyi, Karl ([3]1995): The Great Transformation. Politische und ökonomische Ursprünge von Gesellschaften und Wirtschaftssystemen. Frankfurt a. M. [Orig. 1944].

Sombart, Werner (1987): Der moderne Kapitalismus. Historisch-systematische Darstellung des gesamteuropäischen Wirtschaftslebens von seinen Anfängen bis zur Gegenwart. Bd. 1: Die vorkapitalistische Wirtschaft, unveränderter Nachdruck der zweiten Auflage. München [Orig. 1902].

Transformationen

Börm, Henning (22018): Westrom. Von Honorius bis Justinian. Stuttgart.

Demandt, Alexander (1984): Der Fall Roms. München.

Goetz, Hans-Werner (2003): Europa im frühen Mittelalter 500–1050 (Handbuch der Geschichte Europas 2). Stuttgart.

Hägermann, Dieter / Schneider, Helmuth (Die Spätantike und der Untergang des weströmischen Reichs): Landbau und Handwerk. 750 v. Chr. bis 1000 n. Chr. (Propyläen Technikgeschichte 1). Berlin.

Hendy, Michael F. (1985): Studies in the Byzantine Monetary Economy, c. 300–1450. Cambridge.

Jones, A. H. M. (1964): Later Roman Empire 284–602: A Social, Economic and Administrative Survey. Bd. 1–3. Oxford.
Koehler, Benedikt (2014): Early Islam and the Birth of Capitalism. Lanham.
Kuchenbuch, Ludolf (1991): Grundherrschaft im früheren Mittelalter (Historisches Seminar N. F. 1). Idstein.
McCormick, Michael (2001): Origins of the European Economy: Communications and Commerce, A.D. 300–900. Cambridge.
Meier, Mischa (2019): Geschichte der Völkerwanderung. München.
Ruffing, Kai (2012): Wirtschaft in der griechisch-römischen Antike (Geschichte kompakt). Darmstadt.
Ruffini, Giovanni R. (2019): Life in an Egyptian Village in Late Antiquity: Aphrodito Before and After the Islamic Conquest. Cambridge.
Siems, Harald (1992): Handel und Wucher im Spiegel frühmittelalterlicher Rechtsquellen. (MGH Schriften 35). Hannover.
Verhulst, Adriaan E. (2002): The Carolingian Economy. (Cambridge Medieval Textbooks). Cambridge.
Wickham, Chris (2005): Framing the Early Middle Ages: Europe and the Mediterranean, 400–800. Oxford.

Gute Aussichten

Abu-Lughod, Janet (1989): Before European Hegemony. The World-System. A.D. 1250–1350. New York.
Langholm, Odd (1992): Economics in the Medieval Schools: Wealth, Exchange, Value, Money and Usury According to the Paris Theological Tradition, 1200–1350. Leiden.
Le Goff, Jacques ([2]2008): Wucherzins und Höllenqualen. Ökonomie und Religion im Mittelalter. Stuttgart.
Schönfelder, Alexander (1988): Handelsmessen und Kreditwirtschaft im Hochmittelalter. Die Champagnemessen. Saarbrücken-Scheidt.
Bartlett, Robert (1993): The Making of Europe: Conquest, Colonization, and Cultural Change, 950–1350. New Jersey.
Feldbauer, Peter (2019): At-Tiğāra. Handel und Kaufmannskapital in der Islamischen Welt des 7.–13. Jahrhunderts. Wien.

Neuordnung

Ashtor, Eliyahu (1992): Technology, Industry and Trade: The Levant versus Europe, 1250–1500. Hrsg. von Binyamin Z. Ḳedar. Aldershot.
Aston, Trevor / Philpin, C.H.E. (Hrsg.) (1985): The Brenner Debate: Agrarian Class Structure and Economic Development in Pre-Industrial Europe. Cambridge.
Campbell, Bruce M. S. (2016): The Great Transition: Climate, Disease and Society in the Late-medieval World. Cambridge.
Dijkman, Jessica (2011): Shaping Medieval Markets: The Organisation of Commodity Markets in Holland, c. 1200–c. 1450. Leiden.

Drendel, John (Hrsg.) (2015): Crisis in the Later Middle Ages. Beyond the Postan-Duby Paradigm. (The Medieval Countryside 13). Turnhout.

Epstein, Steven A. (2009): An Economic and Social History of Later Medieval Europe, 1000–1500. Cambridge.

Holbach, Rudolf (1994): Frühformen von Verlag und Großbetrieb in der gewerblichen Produktion (13.-16. Jahrhundert). Stuttgart.

Howell, Martha (2010): Commerce before Capitalism in Europe, 1300–1600. New York.

İnalcık, Halil / Quataert, Donald (1994): An Economic and Social History of the Ottoman Empire, 1300–1914. Cambridge.

Langholm, Odd (2003): The Merchant in the Confessional: Trade and Price in the pre-Reformation Penitential Handbooks. Leiden.

McGowan, Bruce / Pamuk, Sevket / Faroqhi, Suraiya (Hrsg.) (1995): An Economic and Social History of the Ottoman Empire, 1300–1914. Cambridge.

Ormrod, W. Mark (2021): Winner and Waster and its Contexts. Chivalry, Law and Economics in Fourteenth-Century England. Cambridge.

Schröder, Rainer (1984): Zur Arbeitsverfassung des Spätmittelalters. Berlin.

Signori, Gabriela (Hrsg.) (2014): Prekäre Ökonomien. Schulden in Spätmittelalter und Früher Neuzeit (Spätmittelalterstudien 4). Konstanz u.a.

Treadgold, Warren T. (1997): A History of the Byzantine State and Society. Stanford.

Tuchman Barbara (1980): Der ferne Spiegel: Das dramatische 14. Jahrhundert. Hildesheim. [engl. Orig. 1978].

Strukturen

Esch, Arnold (1997): Römische Straßen in ihrer Landschaft. Das Nachleben antiker Straßen um Rom mit Hinweisen zur Begehung im Gelände. Mainz.

Greif, Avner (2006): Institutions and the Path to the Modern Economy. Cambridge.

Kluge, Bernd (2016): Münzen: Eine Geschichte von der Antike bis zur Gegenwart. München.

Munro, John H. A.: The Medieval Origins of the Financial Revolution: Usury, Rentes, and Negotiability. In: The International History Review 25 (2003), S. 505–562.

North, Michael (2009): Kleine Geschichte des Geldes vom Mittelalter bis heute. München.

Ohler, Norbert ([3]1993): Reisen im Mittelalter. München.

Schwinges, Rainer Christoph (Hrsg.): Straßen- und Verkehrswesen im hohen und späten Mittelalter (Vorträge und Forschungen 66). Ostfildern 2007.

Spufford, Peter (1988): Money and its Use in Medieval Europe. Cambridge.

Stahl, Alan M. (2000): The Mint of Venice in the Middle Ages. Baltimore.

Lebenstandards

Datenbanken zur Preisen, Löhnen, Einkommen (online verfügbar):

Maddison Historical Statistics: https://www.rug.nl / ggdc / historicaldevelopment / maddison/

The Global Price and Income History Group: https://gpih.ucdavis.edu/

Dirlmeier, Ulf (2012): Menschen und Städte: Ausgewählte Aufsätze. Frankfurt a. M.

Dirlmeier, Ulf (1978): Untersuchungen zu Einkommensverhältnissen und Lebenshaltungskosten in oberdeutschen Städten des Spätmittelalters (Mitte 14. bis Anfang 16. Jahrhundert). Heidelberg.

Dyer, Christopher C. (1989): Standards of living in the later Middle Ages: social change in England. c. 1200–1520. Cambridge.

Dyer, Christopher C. (2002): Making a Living in the Middle Ages. The People of Britain 850–1520, New Haven.

Gläser, Manfred (Hrsg.): Lübecker Kolloquium zur Stadtarchäologie im Hanseraum VI: Luxus und Lifestyle. Lübeck.

Goldthwaite, Richard A. (1987): The Economy of Renaissance Italy: The Preconditions for Luxury Consumption. In: I Tatti Studies: Essays in the Renaissance 2, S. 15–39.

Milanovic, Branko (2006): An Estimate of Average Income and Inequality in Byzantium around Year 1000. In: Review of Income and Wealth 52 / 3, S. 449–470.

Paravicini, Werner (Hrsg.) (2010): Luxus und Integration. Materielle Hofkultur Westeuropas vom 12. bis zum 18. Jahrhundert. München.

Steckel, Richard H. u. a. (Hrsg.) (2019): The Backbone of Europe. Health, Diet, Work and Violence over Two Millennia. Cambridge.

Warenwelten

Antrobus, Abby (2018): Medieval Shops. In: The Oxford Handbook of Later Medieval Archaeology in Britain. Hrsg. von Christopher Gerrard und Alejandra Gutiérrez. Oxford.

Blondé, Bruno et al. (Hrsg.) (2006): Buyers & Sellers. Retail Circuits and Practices in Medieval and early Modern Europe. Turnhout.

Buchli, Hanns: (1962): 6000 Jahre Werbung. Geschichte der Wirtschaftswerbung und der Propaganda. Bd. 1: Altertum und Mittelalter. Berlin.

Carlin, Martha (2014): The Senses in the Marketplace. Markets, Shops, and Shopping in Medieval towns,. In: A Cultural History of the Senses in the Middle Ages. Hrsg. von Richard Gordan Newhauser / Constance Classen. London, S. 67–87.

Dyer, Christopher (2019): Retailing in the Medieval and Early Modern Worlds. In: The Routledge Companion to the History of Retailing. Hrsg. von Jon Stobart / Vicki Howard. Abingdon / New York, S. 15–30.

Farber, Lianna (2006): An Anatomy of Trade in Medieval Writing: Value, Consent, and Community. Ithaka.

Goldthwaite, Richard (1993): Wealth and the Demand for Art in Italy, 1300–1600. Baltimore.

Ham, Edward B.: The Rutebeuf Guide for Mediaeval Salescraft. In: Studies in Philology 47 / 1 (1950), S. 20–34.

Morrison, Kathryn A. (2003): English Shops and Shopping: An Architectural History (The Paul Mellon Centre for Studies in British Art). New Haven / New York.

Mosher Stuard, Susan (2017): Why visit the Shops? Taking up shopping as a Pastime. In: William Caferro Hrsg.: The Routledge History of the Renaissance. London / New York, S. 213–227.

Selzer, Stephan (Hrsg.) (2018): Die Konsumentenstadt-Konsumenten in der Stadt des Mittelalters (Städteforschung 98). Köln / Weimar / Wien.

Welch, Evelyn (2005): Shopping in the Renaissance. Consumer Cultures in Italy 1400–1600. New Haven.

Globales Mittelalter

Allen, Robert C. (2001): The Great Divergence in European Wages and Prices from the Middle Ages to the First World War. In: Explorations in Economic History 38, S. 411–447.

Bentley, Jerry H./Ziegler, Herbert F. (2000): Traditions & Encounters: A Global Perspective on the Past. Boston.

Diamond, Jared (1998): Arm und Reich: Die Schicksale menschlicher Gesellschaften. Frankfurt a. M. [Orig.: Guns, Germs, and Steel. The Fate of Human Societies. New York 1997].

Feldbauer, Peter u. a. (Hrsg.) (2007): Rhythmen der Globalisierung. Expansion und Kontraktion zwischen dem 13. und 20. Jahrhundert. Wien.

Feldbauer, Peter u. a. (Hrsg.) (2001): Vom Mittelmeer zum Atlantik. Die mittelalterlichen Anfänge der europäischen Expansion. Wien.

Findlay, Ronald / O'Rourke, Kevin (2007): Power and plenty. Trade, War, and the World Economy in the Second Millennium. Princeton / Oxford.

Jones, Eric L. (1991): Das Wunder Europa. Umwelt, Wirtschaft und Geopolitik in der Geschichte Europas und Asiens. Tübingen [engl. Orig. 1981].

Kiesewetter, Hubert (1996): Das einzigartige Europa. Göttingen.

Kuran, Timur (2011): The Long Divergence. How Islamic Law Held Back the Middle East, Princeton.

Landes, David (1998): The Wealth and Poverty of Nations. Why some are so rich and some so poor. New York / London. Auf Deutsch (1999): Wohlstand und Armut der Nationen. Berlin.

Maddison, Angus (2007): Contours of the World Economy, 1-2030 AD. Essays in Macroeconomic History. Oxford.

Maddison, Angus (2001): The World Economy. A millennial Perspective. Paris.

Mitterauer, Michael ([4]2004): Warum Europa? Mittelalterliche Grundlagen eines Sonderwegs. München.

Moraw, Peter (1995): Über Entwicklungsunterschiede und Entwicklungsausgleich im deutschen und europäischen Mittelalter. Ein Versuch. In: ders.: Über König und Reich. Aufsätze zur deutschen Verfassungsgeschichte des späten Mittelalters. Sigmaringen, S. 293–320 [Orig. 1987].

Morris, Ian: (2010): Why the West Rules ... For Now. New York.

Neal, Larry / Cameron, Rondo (2016): A Concise Economic History of the World from Paleolithic Times to the Present. New York.

North, Douglass C./Thomas, Robert P. (1973): The Rise of the Western World: A New Economic History. Cambridge.

Pomeranz, Kenneth (2000): The Great Divergence: China, Europe, and the Making of the Modern World Economy. Princeton University Press.
Van Zanden, Jan Luiten (2009): The Long Road to the Industrial Revolution. The European Economy in a Global Perspective, 1000–1800. Leiden.

Quellen

Quelleneditionen online:

Die Deutschen Inschriften des Mittelalters und der Frühen Neuzeit: http://www.inschriften.net/projekt.html
Die Hausbücher der Nürnberger Zwölfbrüderstiftungen: https://hausbuecher.nuernberg.de/index.php?do=page&mo=2
Index Librorum Civitatum (Stadtbücher): https://www.stadtbuecher.de/
Jahrrechnungen der Stadt Basel 1535 bis 1610 – digital, hrsg. von Susanna Burghartz: http://gams.uni-graz.at/context:srbas
Monumenta Germaniae Historica (MGH) digital: https://www.mgh.de/mgh-digital
Pipe Roll Society (Edition der englischen Pipe Rolls): https://piperollsociety.co.uk/
London Customs Accounts: https://www.hansischergeschichtsverein.de/london-customs-accounts.
Sound Toll Registers online: http://www.soundtoll.nl/index.php/en/welkom

Gedruckte Quellen

Annales de Saint-Bertin. Hrsg. v. Félix Grat / Jeanne Vielliard / Suzanne Clémencet (mit Einführung von Léon Levillain). Paris 1964.
Balducci Pegolotti, Francesco: La pratica della mercatura. Hrsg. von Allan Evans. Cambridge 1936.
Bonvesin de la Riva: De magnalibus urbis Mediolani (Über die Wunder von Mailand).
Burchard von Worms: Das Hofrecht der Wormser Kirche (Lex familiae Wormatiensis ecclesiae). In: Lorenz Weinrich: Quellen zur deutschen Verfassungs-, Wirtschafts- und Sozialgeschichte bis 1250, S. 89–105.
Carmina Burana. Hrsg.: Alfons Hilka / Otto Schumann. Bd. 1. Heidelberg 1930.
Chroust, Anton / Proesler, Hans (Hrsg.) (1934): Das Handlungsbuch der Holzschuher in Nürnberg 1304–1307. Erlangen.
Domesday Book. Text and Transl. Edition by John Morris (1975–1992): A Survey of the Counties of England = Liber de Wintonia. Bd. 1–38, Chichester.
Ebel, Wilhelm (Hrsg.) (1955–1967): Lübecker Ratsurteile. Bd. 1–4, Göttingen.
Esch Arnold: Importe in das Rom der Renaissance. Die Zollregister der Jahre 1470 bis 1480. In: Quellen und Forschungen aus italienischen Archiven und Bibliotheken 74 (1994), S. 360–453.

France, John (Hrsg.) (1989): [Historiae] Rodulfi Glabri historiarum libri quinque / The Five Books of the Histories (Oxford Medieval Texts). Oxford.

Franz, Günther (Hrsg.) (1967): Quellen zur Geschichte des deutschen Bauernstandes im Mittelalter (Ausgewählte Quellen zur deutschen Geschichte des Mittelalters. Freiherr-vom-Stein-Gedächtnisausgabe 31). Darmstadt.

Hägermann, Dieter (Hrsg.) (1993): Das Polyptychon von Saint-Germain-des-Prés. Studienausgabe. Köln.

Hartmann, Wilfried (Hrsg.) (2005): Das Sendhandbuch des Regino von Prüm. Darmstadt.

Helmoldi presbyteri chronica Slavorum a. 800–1172. Hrsg. von Johann Martin Lappenberg. In: Monumenta Germaniae Historica. Scriptores 21. Hannover 1869, S. 1–99.

Hoock, Jochen et al. (Hrsg.) (1991–2001): Ars mercatoria. Eine analytische Bibliographie. Handbücher und Traktate für den Gebrauch des Kaufmanns, 1470–1820 / Manuels et traités á l'usage des marchands, 1470–1820. Eine analytische Bibliographie, Bd. 1–3. Paderborn.

Kaller, Paul (2002): Der Sachsenspiegel: In hochdeutscher Übersetzung. München.

Kuske, Bruno (Hrsg.) (1914–1934): Quellen zur Geschichte des Kölner Handels und Verkehrs im Mittelalter. Bd. 1–4. Bonn.

Lesnikov, Michail P./Stark, Walter (Hrsg.) (2013): Die Handelsbücher des Hildebrand Veckinchusen: Kontobücher und übrige Manuale. Köln.

Lex Salica. Hrsg. von Karl August Eckhardt (Monumenta Germaniae Historica; Leges 2). Hannover 1969.

Marco Polo (1997): Il Milione – Die Wunder der Welt. Übers. von Elise Guignard. Zürich.

Marino Sanudo Torsello (2011): The Book of the Secrets of the Faithful of the Cross: Liber Secretorum Fidelium Crucis. Übersetzt von Peter Lock (Crusade Texts in Translation 21). Farnham.

Marzi, Werner (Hrsg.) (2011): Das Ober-Ingelheimer Haderbuch 1467–1485. Bearbeitet von Stefan Grathoff (Transkription) und Regina Schäfer (Übertragung) Ingelheimer Haderbücher. Spätmittelalterliche Gerichtsprotokolle 1. Alzey.

Mersiowsky, Mark (2000) : Die Anfänge territorialer Rechnungslegung im deutschen Nordwesten. Spätmittelalterliche Rechnungen, Verwaltungspraxis, Hof und Territorium. Stuttgart.

Mutius, Hans-Georg (1986): Rechtsentscheide Raschis aus Troyes (1040–1105). Bd. 1, Frankfurt a. M.

Nicola Oresme (2016): Trattato sull'origine, la natura, il diritto e i cambiamenti del denaro. Testo latino a fronte. Hrsg. von Alberto Labellarte. Bari.

Nonn, Ulrich (Hrsg.) (2003): Quellen zur Alltagsgeschichte im Früh- und Hochmittelalter (Ausgewählte Quellen zur deutschen Geschichte des Mittelalters 40), Bd. 1–2. Darmstadt.

Oschinsky, Dorothea (1971): Walter of Henley and Other Treatises on Estate Management and Accounting. Oxford.

Petrus Johannis Olivi (2012): Tractatus de Contractibus = Pierre de Jean Olivi, Traité des contrats , ed. and trans. Sylvain Pirón (Bibliothèque Scholastique 5). Paris.

Pierre Dubois (1956): The Recovery of the Holy Land. Übers. von Walther I. Brandt. New York.

Planitz, Hans (Hrsg.) (1937): Die Kölner Schreinsbücher des 13. und 14. Jahrhunderts. Weimar.

Richardus Eliensis / Richard von Ely (1963): Dialog über das Schatzamt: lateinisch und deutsch = Dialogus de scaccario. Bearb. von Marianne Siegrist. Zürich.

Schlosser, Hans / Schwab, Ingo (Hrsg.) (2000): Oberbayerisches Landrecht Kaiser Ludwigs des Bayern von 1346. Edition, Übersetzung und juristischer Kommentar. Köln.

Schultze, Johannes (Hrsg.) (1940): Das Landbuch der Mark Brandenburg von 1375 (Brandenburgische Landbücher 2). Berlin.

Schwab, Ingo (1983): Das Prümer Urbar (Rheinische Urbare: Sammlung von Urbaren und anderen Quellen zur rheinischen Wirtschaftsgeschichte 5), Düsseldorf.

Stürner, Wolfgang (Hrsg.) (1996): Die Konstitutionen Friedrichs II. für das Königreich Sizilien (MGH Const., 2, Suppl.). Hannover. [Engl. Übersetzung: J. M. Powell: The Liber Augustalis or Constitutions of Melfi Promulgated by the Emperor Frederick II for the Kingdom of Sicily in 1231]. Syracuse 1971.

Suger von Saint-Denis (2000): Ausgewählte Schriften: Ordinatio, De conscratione, De administratione Hrsg. von Andreas Speer / Günther Binding. Darmstadt.

Vita Edwardi Secundi (2005). The Life of Edward the Second. Re-edited Text with New Introduction, New Historical Notes, and Revised Translation Based on that of N. Denholm-Young by Wendy Childs. Oxford.

Weinrich, Lorenz (Hrsg.) (1977): Quellen zur deutschen Verfassungs-, Wirtschafts- und Sozialgeschichte bis 1250 (Ausgewählte Quellen zur deutschen Geschichte des Mittelalters. Freiherr-vom-Stein-Gedächtnisausgabe 32). Darmstadt.

Möncke, Gisela (Hrsg.) (1982): Quellen zur Wirtschafts- und Sozialgeschichte mittel- und oberdeutscher Städte im Spätmittelalter (Ausgewählte Quellen zur deutschen Geschichte des Mittelalters. Freiherr-vom-Stein-Gedächtnisausgabe 37). Darmstadt.

Weisthümer, gesammelt von Jacob Grimm / Georg Ludwig von Maurer (1957). Teil 1–7. Göttingen 1840–1878. Neudruck Darmstadt.

William of Adam: How to Defeat the Saracens. Guillelmus Adae. Tractatus quomodo Sarraceni sunt expugnandi. Hrsg. von Giles Constable (Dumbarton Oaks Medieval Humanities). Washington DC 2012.Abbildungsverzeichnis

Abbildungsverzeichnis

S. 147: Ein Buchführer (Buchhändler) packt Bücher in ein Fass; Amb. 279.2°, f.31v (Landauer I); Reproduktion: Stadtbibliothek im Bildungscampus Nürnberg, Historisch-Wissenschaftliche Stadtbibliothek

S. 165: Jahreseinkommen pro Kopf: Broadberry, British Economic Growth XX; Maddison Historical Statistics; Global Price and Income History Group. Die modernen Zahlen sind online unter anderem in OECD-Berichten zugänglich.

S. 171: Budget eines englischen Bauern 1299: Dyer, Standards of Living 113.

S. 173: Steuerklassen in Schwäbisch-Hall: Gerd Wunder, Die Sozialstruktur der Reichsstadt Schwäbisch Hall im späten Mittelalter, in: ders., Ausgewählte Aufsätze zur Sozialgeschichte, Bd. 1, Sigmaringen 1984, 179–206.

S. 178: Warenkorb in Wien um 1450: © Michael Adelsberger

S. 179: Kaufkraftentwicklung in Wien, 1448–1468: © Michael Adelsberger

S. 195: Neujahrsempfang beim Herzog von Berry; © akg-images

S. 196: Kutte des hl. Franziskus; © akg-images / Gerhard Ruf

S. 207: Brot- und Pastetenbäcker am Konzil von Konstanz; © akg-images / André Held

S. 210: Das Chichester-Kreuz als Marktplatz; © akg-images / UIG / Universal History Archive

S. 213: Miniatur aus einer spätmittelalterlichen Handschrift von Brunetto Latinis »Livre du Trésor«; Bibliothèque de Genève, Ms. fr. 160, f. xxx (www.e-codices.ch).

S. 221: Tuchsiegel aus Rotterdam; © akg-images / Liszt Collection

S. 233: Bücherproduktion in Westeuropa: Buringh Eltjo/Jan L. van Zanden, Charting the »Rise of the West«: Manuscripts and Printed Books in Europe, in: The Journal of Economic History 69 (2009) 409–445, hier 416.

S. 237: Karte der Entwicklungsunterschiede in Europa; © Johann Kammerer

S. 242: Gebrauch von Büchern pro 1000 Einwohnern in europäischen Ländern: Alexandra M. de Pleijt / Jan L. van Zanden, Accounting for the »Little Divergence«: What drove economic growth in pre-industrial Europe, 1300–1800?, in: European Review of Economic History 20 (2016), 387–409, hier 396.

S. 249: Raffelstettener Zollordnung von 906 und Speyerer Zollweistum von 1265: Franz Pfeffer, Raffelstetten und Tabersheim. Zur Geschichte des Salzverkehrs im Raum von Linz, in: Jahrbuch der Stadt Linz 1954, Linz 1955, 33–132, hier 52f.; Gisela Möncke (Hg.), Quellen zur Wirtschafts- und Sozialgeschichte Mittel- und Oberdeutscher Städte im Spätmittelalter, Darmstadt 1982, 77-91.

S. 256: Bauinschrift der Pfarrkirche St. Katharina in der Stadt Willich am Niederrhein; wikimedia commons, gemeinfrei

S. 267: Bertrand Boysset, Livre d'Arpentage (»Buch der Landvermessung«), Arles 1405; wikimedia commons, gemeinfrei

S. 272: Spangenhelm mit Nackenschirm; © akg-images / Fototeca Gilardi

S. 275: Rogier van der Weyden, Verkündigung Mariae, um 1453; © akg-images / Erich Lessing